资源与社会：
以商周时期铜器流通为中心

Resources and Society:
A Study of Bronze Circulation Systems in the Shang and Western Zhou Dynasties

黎海超　著

中国社会科学出版社

图书在版编目（CIP）数据

资源与社会：以商周时期铜器流通为中心／黎海超著.—北京：中国社会科学出版社，2020.8（2022.5重印）
ISBN 978-7-5203-7152-0

Ⅰ.①资… Ⅱ.①黎… Ⅲ.①铜器（考古）—研究—中国—商周时代 Ⅳ.①K876.414

中国版本图书馆CIP数据核字（2020）第170504号

出 版 人	赵剑英
责任编辑	郭　鹏
责任校对	刘　俊
责任印制	李寡寡

出　　版	中国社会科学出版社
社　　址	北京鼓楼西大街甲158号
邮　　编	100720
网　　址	http://www.csspw.cn
发 行 部	010-84083685
门 市 部	010-84029450
经　　销	新华书店及其他书店

印刷装订	北京君升印刷有限公司
版　　次	2020年8月第1版
印　　次	2022年5月第2次印刷

开　　本	710×1000　1/16
印　　张	25.25
插　　页	2
字　　数	351千字
定　　价	139.00元

凡购买中国社会科学出版社图书，如有质量问题请与本社营销中心联系调换
电话：010-84083683
版权所有　侵权必究

出 版 说 明

为进一步加大对哲学社会科学领域青年人才扶持力度，促进优秀青年学者更快更好成长，国家社科基金设立博士论文出版项目，重点资助学术基础扎实、具有创新意识和发展潜力的青年学者。2019年经组织申报、专家评审、社会公示，评选出首批博士论文项目。按照"统一标识、统一封面、统一版式、统一标准"的总体要求，现予出版，以飨读者。

全国哲学社会科学工作办公室

2020年7月

序　　言

　　《资源与社会：以商周时期铜器流通为中心》是黎海超的博士论文。现在即将作为国家社科基金资助的"优秀博士论文出版项目"正式出版，实在是一件可喜可贺的事情。我作为他的导师，感到欣慰的同时也稍有些不安。欣慰的是他辛苦多年的研究成果得到了许多同行的肯定，并可以在不长的时间内即正式刊布。不安的是我觉得现在出版稍显仓促，文字的推敲、插图的编排、观点的斟酌等方面都还可以再花些功夫，完成得更好一些。无奈在当今追求高效率、高产出的社会潮流下，要让青年学者再保持"板凳甘坐十年冷"的耐心，似乎也是一件不太合情理的事。好在来日方长，待书出版之后，应当可以得到更多同行的批评意见，那时再择善而从，作进一步的完善，亦不失为一种精进学问的途径。

　　黎海超的博士论文之所以选择这个题目，主要是基于两方面的原因。首先是考虑到他本人的学业背景和研究兴趣。他在武汉大学考古专业完成了本科和硕士研究生阶段的学业，奠定了比较扎实的专业基础，硕士论文在张昌平教授的指导下，以商周时期原始瓷和印纹硬陶为题，进行了比较完整的个案研究（《金道瓷行——商周时期北方地区印纹硬陶和原始瓷器研究》，上海古籍出版社2018年版）。因此，除了对商周时期南北方地区的考古材料（包括青铜器）比较熟悉之外，也树立了比较明确的学术目标，继续深化已经开始的关于商周时期南北方文化的交流和互动研究当是他的兴趣之所在。第二个原因是当时我也正计划启动"长江中下游青铜文化带的形成与发展"课题，试图以"资源与社会"的关系为主要切入点，对"长江中下游青铜文化带"形成的原因进行稍微系统、深入一些的讨论。这一点恰好和黎海超的学术目标也比较吻合。在和他多次讨论沟通之后，最终确定了论文的题目，即《资源与社会：以商周时期铜器流通为中心》。

要完成这样一篇博士论文，仅凭他原有的专业训练和知识储备显然还不够，为此，在阅读、收集相关文献资料，实地考察观摩青铜器之外，还专门安排他参加了安徽省文物考古研究所在铜陵市夏家墩和神墩遗址的发掘（附近还有师姑墩遗址），这几处地点不仅紧邻铜陵的铜矿带，而且均与早期铜矿的冶炼及铜器铸造相关。我想，这次田野考古工作对他进一步明确自己的研究方向和论文的基调产生了非常重要的作用。为了弥补研究过程中技术和方法的短板，利用北京大学和牛津大学校际交流的关系，在国家教委留学基金的资助下，于2014年派遣他赴牛津大学考古与艺术史实验室，跟随马克·波拉德教授和杰西卡·罗森教授学习科技考古方法及西方考古学理论。一年的学习，不仅拓宽了他的学术视野，而且还初步掌握了铜器样本检测的工作技能和冶金考古的分析方法，为他后来从样本采集、检测分析到数据运用等一系列相关的作业提供了直接的帮助。在论文框架大体形成之后，根据研究涉及的问题，又赴全国各地采集了大量的铜器样品（限于时间及其他原因，尚未能采集到理想状态的样本量），并在崔剑锋教授（科技考古领域的专家）的指导下完成了相关的科技分析工作，这部分内容也可以说是这项研究最重要的材料依据。论文完成后，于2016年顺利通过了答辩，并得到了答辩委员的一致好评，还获得了北京大学优秀博士论文的荣誉。毕业之后，黎海超根据答辩委员提出的修改意见和建议，对论文又做了认真的修改。现在呈现给各位读者的就是这篇论文的终稿。

众所周知，资源与社会的关系问题是人类社会自产生以来就必须面对的一个根本性问题。不同的历史阶段，不同地域的族群（或国家）所面临的获取、支配资源的形式或有差异，但都至关紧要。

具体到商周时期，涉及国之大事的"祀"与"戎"都与铜矿等金属资源密不可分，因此，关于该时期铜矿的开采、冶炼、流通及铸造等问题的研究受到了不同领域学者的高度关注，取得的成果亦可谓丰硕。该书是黎海超在汲取前人研究方法、成果的基础上，经过近十年的努力完成的一项新成果。

中国考古学经过近一百年的发展，在基本完成建构年代框架和文化谱系的任务之后，正迎来重要的转型期。从方法论层面，新技术的应用和跨学科的研究正成为当今考古学研究的主流；从学科目标层面，"透物见人"再被提上议程，籍由考古学文化的途径，进而深入讨论历史、社会层面的诸多问题已成为多数考古学者的研究取向。从这两方面看，黎海超不仅都有认真的思考，而且还做了很好的实践。鉴于目前科技考古与传统考古之间仍存在"两张皮"的现象，他主张理想状态的科技考古研究仍应以考古学问题为导向，再针对所提出的问题采取相应的科技手段去解决。基于这样的理念，在研究铜器生产体系的过程中，先依据铜器的文化特征、生产特征建立考古学分类，再针对性的采样分析，建立原料类型的标准，再通过"考古类型"和"数据类型（微量元素和铅同位素）"的对比研究，讨论铜器所用原料的来源及生产和流通情况，比较有力地增强了所得结论的可信度。我认为这也是迄今为止科技分析方法在该领域研究中比较理想的一项研究个案。

该书提出的新观点比较多，我认为比较重要的是他对商周时期青铜资源流通模式的讨论。以往的研究多关注于铜器类型、风格、组合、铭文等内容，由于研究方法的限制，对铜器的生产和流通问题一直缺乏系统性的研究。作者对铜器的"生命史"，即从采矿、冶炼、铸造、生产、流通到使用的各环节都进行了系统的考察，并重点选择多组不同阶段、不同地域出土青铜器进行综合分析，提出了商周时期青铜资源流通模式变化的三个阶段，即：商代前期的"筑城聚珍"模式，商代后期的"器料官营"模式和西周时期的"授命分器"模式。铜的获取和流通及铜器的生产及流通方式是否如确如作者所言，似乎尚可讨论，重要的是论文通过大量的证据所揭示出三个不同时期铜器的形态特征、技术水平和金属成分所反映的差异现象，为今后更深入的研究提供了非常重要的线索。继续追踪、探究产生这些现象背后的原因，将是作者或其他同仁可以选择的新课题。

作者在书中还将他曾经对商周时期印纹硬陶和原始瓷器的研究成果融入资源流通体系的构建之中，不仅丰富了资源流通的内容，也为他提出的不同阶段流通模式的变化增加了有力的旁证。

作者在完成了"资源流通体系"的构建之后，进而讨论了王朝中央与地方的关系，也提出了不少颇具新意的观点。例如，他认为盘龙城是一处具有资源转运中心功能的城邑，在盘龙城废弃后，长江流域产生了一系列的关联反应，本地土著文化兴起，形成了以三星堆、宁乡、新干（吴城文化）等为代表的若干重要的考古学文化（族群）。这些地区与殷墟之间形成了新的资源流通模式。与此同时，商王朝内部也出现了聚落结构和礼制系统的重大变化。这些认识对于宏观把握商文明的结构及发展演变都有着积极的意义。

"资源与社会"的关系可以说是一个关乎人类社会发展的普遍性问题，这个问题即大且复杂，即是历史问题，更是现实问题。我们即便只是把讨论的范围限定在某一时段、某一区域（如同本书），要把这个问题说清楚也绝非易事。该书虽然在基础性材料、研究方法及理论依据等方面都还有待进一步的补充、修正和完善，但我相信，黎海超的这项研究是一次极其有益的尝试，其意义当不限于商周考古本身，书中所提出的问题及解决问题的方法、路径和观点，对中国考古学未来的发展也当会有所启示。

是为序。

徐天进
2020 年 7 月 26 日于安吉

摘　　要

　　资源是社会存续和发展的基础，资源与社会的关系自古至今影响着人类的发展。目前，从考古学角度探讨古代社会与资源关系的研究亟待补缺。本书选择商至西周时期的青铜资源为研究对象，以复原铜器流通体系为基本目的，在此基础上探究商周时期资源与社会的关系。

　　本书所谓青铜资源包括铜器及其金属原料。讨论铜器成品及其原料的生产与流通仅依靠传统的考古学分析难以实现，因此本书借助了微量元素分组和铅同位素分析等科技方法，将科学数据置于考古学背景下进行解读。在针对铜器生产来源和流通体系的研究中，首先根据铜器形制、纹饰、铭文、铸造水平等因素建立既反映文化属性又反映生产属性的考古学分类标准。在此分类标准基础之上，结合微量元素、铅同位素分析，探讨不同类别铜器使用原料来源的异同。由此可将铜器类别与原料类别进行对应，从而判断铜器的生产来源；进一步结合其他地区数据进行对比研究则可复原铜器的流通体系。依此思路，本书对商至西周时期铜器资源的生产、流通情况做了系统研究，结合其他考古学线索，认为早中商时期、晚商时期和西周时期的资源流通模式各有特点。

　　早、中商时期，商王朝多直接设置地方性城址以开发、获取资源，盘龙城是此类城址的代表。闽、赣地区生产的印纹硬陶和原始瓷器统一汇集至盘龙城后再转运至郑州商城。另外，盘龙城的人群可能还参与了长江中游铜矿的开发，并向中原输送铜料资源。值得注意的是，盘龙城不仅仅担负着向商王朝集纳资源的责任，其本身也生产、使用铜器，并以区别于中原器用制度的方式使用印纹硬陶和原始瓷器。这种地方城址兼具权利与义务的特征类似于西周时期的诸侯国。该时期，以城为中心的资源获取模式可用"筑城聚珍"来概括。到中商末期，随着以盘龙城为代表的地方性城址的废弃，商王朝陷入"九世之乱"，这种资源流通模式也随之瓦解。

晚商时期，盘庚迁殷以后不再徙都，稳定下来的商王朝实行了新的资源控制模式。此时，在商文化区域内商王朝对于金属资源的流通甚至主要的铜器生产实行了相对集中的管控，由中央生产再向各商文化据点分配，可概括为"器料官营"的政策。相应于集中的资源管控政策，晚商王朝也表现出"中央集权"的若干特点。早、中商时期流行的地方性城址在晚商时期几乎不见，中心都城也未有更迭，形成了以都邑为绝对核心的集权式的政体结构。与之相应的是礼制系统的重大变革，包括青铜器、印纹硬陶、原始瓷器、玉器、车马、甲骨等一系列礼制因素均发生重大变化。在商文化区域之外，长江流域成为商王朝最大的资源供应地。长江流域各地的铜料资源向中原流通；印纹硬陶和原始瓷器也属流通路线中的附带品。反之，商王朝影响了长江流域各土著文化的用铜观念，并输出铸铜技术资源或铜器产品。商王朝与长江流域的各文化之间以及长江流域各文化内部形成了极为密切的资源流通体系。这或是中国历史上黄河流域与长江流域文明首次通过资源网络连为一体。

西周时期的资源流通模式是与分封制相适应的。通过对叶家山等西周诸侯国墓地铜器的分析，可知西周前期各个诸侯国出土的本国铭文铜器、商铭文铜器等铸造质量较好的铜器，不仅表面风格一致，且使用了相同的铜料、铅料，当产自统一的中央式作坊。此外，各诸侯国普遍存在铸造质量较差的本地式铜器。对叶家山等地点铜器的分析表明本地式铜器所用铜料与高质量中原式铜器不同，铜器极有可能在当地生产，铅料则可能源于中央分配。西周时期，诸侯国独立生产铜器的现象应当普遍存在，只是规模有限、技术水平较低。以族姓区分，姬姓封国的铜器大部分均为高质量中原式铜器，显示出与周王朝的密切关联。非姬姓封国则更具独立性，如西周中期时强国铜器铸造业已经相当独立。

对原始瓷器的研究表明，西周时期中原各地出土的原始瓷器可能主要是由西周王朝在钱塘江流域"订烧"，产品运抵中央后再按照组合向各诸侯国分配。这种由中央主导的铜器、原始瓷器分配模式应当是分封制的一部分。随着诸侯国独立性的增强，这种分配模式逐渐走向衰落，最终形成东周时期诸侯争霸的局面。

综合早、中商时期至西周时期的资源流通模式与王朝政治、礼制的关系，我们初步提出商周时期的资源流通模式—王朝资源系统。王朝的核心结构是王朝中心—封国—疆外之地三个层次。这三个层次之间以不同的方式建立起资源流通网络。王朝的稳定与否在很大程度上取决于这三个层级结构之间的资源流通是否平衡。

本书研究仅是在现有材料、数据下进行的初步解读，多有不足之处。结论也有待于更多材料、数据的支持。但希望能以此起步，为以资源为本位的相关研究积累点滴。

关键词：商周铜器；中心与周边；贸易与交换；资源与社会

Abstract

Resources are fundamental to the survival and development of human society. The relation between resources and society had been a basic issue since ancient times. Few research on this topic was carried out from an archaeological perspective. Therefore, this book focuses on the bronze resources of the Shang and Western Zhou Dynasty. By restoring the the circulation system, the resources and society will be discussed.

The bronze resources in this paper refer to the bronze objects and raw materials. To discuss the production and circulation and bronze resources, traditional method as well as scientific analysis are both needed. Trace elemental and lead isotope analysis are included to study the raw materials. When studying the bronze production and circulation system, an archaeological classification system was firstly built based on the typology, motif, inscription, casting technique, and quality. Then trace element data, lead isotope data of different types of bronze were studied. By comparing the the types and raw materials, production and circulation system can be restored. Based on our analysis, we believe the resource circulation model varied from the Early and Middle Shang Dynasty to the Late Shang Dynasty then to the Western Zhou Dynasty.

In the Early and Middle Shang Dynasty, the Shang Dynasty deployed regional city to collect resource directly. Panlongcheng is representative, stamped hard pottery and proto-porcelain were gathered by Panlongcheng people from other region of the Yangtze River then transferred to the Central Plains. Moreover, the Panlongcheng people might also exploited copper resource in the Yangtze River and even sent some to the Central Plains. On the other hand, Panlongcheng people casted bronze and use stamped hard pottery, proto-porcelain by themselves, however, in a different way which is similar to the Western Zhou Dynasty. The resource model can be concluded as "the early from the tribute system". As the regional city like Panlongcheng was deserted, the Shang Dynasty fell into a period of chaos and the resource system collapsed at last.

In the Late Shang Dynasty, the ritual and political system changed together with the resource circulation model. Within the Shang's territory, metal resource and even bronze casting were regulated strictly. All the bronze was produced by the dynasty then circulated to other places. Along with the strict regulation, the authority is centralized because almost no regional city was found in the Late Shang Dynasty. Also the Shang territory withdrew obviously. In the same time, almost all the ritual factors like bronze, stamped hard pottery, proto-porcelain, jade, chariot sacrifice, and oracle bones changed tremendously. All these changes are related. Outside the Shang territory, copper resource, stamped hard pottery and proto-porcelain were circulated from the Yangtze River to the Central Plains. The Shang Dynasty transferred bronze casting technique or bronze product as important resource to the Yangtze River. Several important indigenous cultures which all show intimate relationship with Shang Dynasty came into shape. I assume that the Yangtze River interact that with the Central Plains based on a "trade" model. And this "trading network" enables the Yellow River and Yangtze River civilization to connect into whole system for the very first time in Chinese history.

The resource circulation model in the Western Zhou Dynasty was built on enfeoffment system. The study on regional states' bronzes show that the high quality bronze found in different regional states were made by the same copper and lead material so they were probably all produced in the central court's workshops. Besides that, low quality bronzes were also common in regional states which were the evidence of independent casting activity. The regional states with Ji as surname show closer relationship with the central court while other states were more independent. In the middle and late period of the Western Zhou Dynasty, some regional states already developed independent bronze production system. Similar to bronze, the proto-porcelain found in the Central Plains were mostly produced in the Qiantang river by order and then circulated to regional states in certain assemblage. The resource circulation dominated by the dynasty corresponds with the enfeoffment system and collapsed when the regional states became more and more powerful. At last, the multiple centers model came into shape in the Eastern Zhou Dynasty.

Based on what we discussed above, we proposed a theory about resource circulation in the Shang and Zhou period and named it as "Dynasty resource system". We believe that the dynasty was built on the resource circulation relationship between core and periphery. There are three levels of structures in one dynasty: the central court, the regional states, and the powers outside the territory of dynasty. The resources were circulating between these three levels of structures in different ways. So to find the balance of resources between core and periphery is the key to remain the dynasty' stability. This book was based on current data and material. Mistakes are inevitable. But I would like to see it as the first step and hope it will benefit relevant research in some way.

Key Words: Bronzes of Shang and Western Zhou Dynasties; Core and periphery; Trade and exchange; Resources and society

目　　录

第一章　绪论 ………………………………………………………（1）
 第一节　缘起 ………………………………………………………（1）
 第二节　研究现状及存在的问题 …………………………………（3）
  一　商周时期青铜器生产体系及矿料来源研究 ………………（4）
  二　商周时期其他类别资源的研究 ……………………………（14）
  三　相关的理论性探索 …………………………………………（26）
 第三节　研究目的与方法 …………………………………………（34）
  一　研究目的与思路 ……………………………………………（34）
  二　微量元素分组法的原理与应用 ……………………………（35）
 第四节　本书研究采用的相关标准 ………………………………（48）
  一　分期标准 ……………………………………………………（48）
  二　数据测量和采集标准 ………………………………………（49）

第二章　商时期——由"筑城聚珍"到"器料官营" ………（51）
 第一节　商时期的采矿与铸铜遗址研究 …………………………（51）
  一　采矿遗址研究 ………………………………………………（52）
  二　铸铜遗址研究 ………………………………………………（56）
 第二节　"筑城聚珍"——早、中商时期以城为中心的
     资源获取模式 ……………………………………………（65）
  一　商文化区域内的中央与地方——郑州商城与盘
    龙城 ……………………………………………………………（65）

二　商文化区域外的周边地区——中商时期的城洋
　　　　铜器群 …………………………………………………（75）
　　三　小结 ……………………………………………………（79）
第三节　"器料官营"——晚商时期的铜器流通体系 ……（80）
　　一　商文化区域内的铜业资源分配…………………………（81）
　　二　商文化区域内、外间的资源流通………………………（93）

第三章　"授命分器"——西周时期的铜器流通体系 ………（120）
第一节　西周时期的采矿、铸铜遗址研究 …………………（120）
　　一　采矿遗址研究…………………………………………（120）
　　二　铸铜遗址研究…………………………………………（134）
第二节　西周时期的铜器流通体系 …………………………（139）
　　一　姬姓诸侯………………………………………………（141）
　　二　非姬封国………………………………………………（205）
　　三　腹心之地——周原遗址………………………………（234）
　　四　王土之外——高砂脊与炭河里遗址…………………（236）
　　五　其他地点………………………………………………（251）
第三节　金文所见的铜料与铜器 ……………………………（257）
　　一　带"金"字铭文………………………………………（259）
　　二　带"作"字铭文………………………………………（272）
　　三　小结……………………………………………………（274）

第四章　资源与社会 ……………………………………………（277）
第一节　初现分封——早、中商时期 ………………………（277）
　　一　早、中商时期的铜器生产格局………………………（277）
　　二　印纹硬陶和原始瓷器的流通…………………………（279）
　　三　中心与周边视角下的资源流通………………………（283）
第二节　集权之始——晚商时期 ……………………………（285）
　　一　晚商时期的铜器流通体系及铜料流通网络…………（285）

二　商王朝与长江流域土著文化的关联 …………………（291）
　　三　中、晚商之变—资源、政体、礼制 ………………（295）
第三节　分封定国——西周时期 ………………………………（300）
　　一　西周铜器的流通体系 …………………………………（300）
　　二　原始瓷器的流通 ………………………………………（310）
　　三　资源体系与分封制度 …………………………………（312）
第四节　商周时期的资源流通模式——王朝资源系统 ………（314）

第五章　结语 …………………………………………………（318）

参考文献 ………………………………………………………（323）

附录一 …………………………………………………………（349）

附录二 …………………………………………………………（369）

索　引 …………………………………………………………（377）

后　记 …………………………………………………………（379）

Contents

Chapter 1 Introduction ……………………………………… (1)
  Section 1 Background ……………………………………… (1)
  Section 2 History of research and current issues ……………… (3)
    1 Previous research on bronze production systems and
       metal circulation ……………………………………… (4)
    2 Previous research on other resources ………………… (14)
    3 Theoretical discussion ………………………………… (26)
  Section 3 Research aims and method ……………………… (34)
    1 Research aims and workflow ………………………… (34)
    2 Application of the "copper groups" method ………… (35)
  Section 4 Chronological framework and analytical protocol …… (48)
    1 Chronological framework ……………………………… (48)
    2 Analytical protocol ……………………………………… (49)

Chapter 2 The Shang Period: From "building regional cities for resource collection" to "centrally-controlled metal production" ……………………… (51)
  Section 1 Mining and casting sites of the Shang period ……… (51)
    1 Mining sites …………………………………………… (52)
    2 Casting sites …………………………………………… (56)
    3 Summary ……………………………………………… (65)

Section 2　Resource strategy in the Early and Middle Shang periods: The regional cities model …………（65）
  1　Core and regional cities within Shang territory: Zhengzhou Shangcheng and Panlongcheng …………（75）
  2　Powers outside Shang territory: The Chengyang bronzes ……………………………………………（79）
Section 3　Resource strategy in the Late Shang period: Centralized, court-controlled metal production …………（80）
  1　Distribution of metal resources within Shang territory ……（81）
  2　Resource circulation between the Shang and peripheral powers ………………………………………………（93）

Chapter 3　Bronze production and the circulation system of the Western Zhou period: The enfeoffment system and vessel distribution …………（120）

Section 1　Mining and casting sites of the Western Zhou period ……………………………………………（120）
  1　Mining sites ………………………………………（120）
  2　Casting sites ………………………………………（134）
Section 2　Bronze production and the circulation system in the Western Zhou period ………………………（139）
  1　Regional states of Clan Ji ………………………（141）
  2　Regional states with non-Ji clan names ………（205）
  3　The core dynastic area: Zhouyuan ……………（234）
  4　Peripheral powers outside Zhou territory: Gaoshaji and Tanheli ……………………………………………（236）
  5　Other locations …………………………………（251）
Section 3　Metal resources and bronze objects recorded in written inscriptions ………………………………（257）

1　Instances of the word "Copper" .... (259)
　2　Instances of the word "Make" .... (272)
　3　Summary .... (274)

Chapter 4　Resources and society .... (277)
　Section 1　The origin of the enfeoffment system: The Early
　　　　　　and Middle Shang periods .... (277)
　　1　Bronze production and circulation in the Early and
　　　Middle Shang periods .... (277)
　　2　Circulation of proto-porcelain and hard pottery .... (279)
　　3　Resource circulation from the perspective of cores
　　　and peripheries .... (283)
　Section 2　Centralization of authority: The Late Shang
　　　　　　period .... (285)
　　1　Bronze circulation in the Late Shang period .... (285)
　　2　The interaction between the Shang Dynasty and
　　　regional powers in the Yangtze River valley .... (291)
　　3　Diachronic change in the Shang dynasty ritual
　　　package .... (295)
　Section 3　An established enfeoffment system: The Western
　　　　　　Zhou period .... (300)
　　1　The bronze circulation system in the Western
　　　Zhou period .... (300)
　　2　Circulation of proto-porcelain .... (310)
　　3　Resource procurement strategies and the enfeoffment
　　　system .... (312)
　Section 4　The resource model of the Chinese Bronze Age:
　　　　　　A dynastic resource model .... (314)

Conclusion ……………………………………………………（318）

References ……………………………………………………（323）

Appendix 1 ……………………………………………………（349）

Appendix 2 ……………………………………………………（369）

Index ……………………………………………………………（377）

Afterword ……………………………………………………（379）

第 一 章

绪 论

第一节 缘起

资源是一个广博的概念，对于资源的定义与划分标准，不同学科甚至同一学科之内都多有差异。《辞海》中对于资源的定义是："资财的来源，一般指天然的财源。"经济学中的一种解读较有代表性，即资源是一国或一地内拥有的物力、财力、人力等各种物质要素的总称，可分为自然资源和社会资源。自然资源包括阳光、空气、水、矿藏等，社会资源则包括人力资源、信息资源以及劳动创造的各种物质财富。可见资源涵盖范围极广，资源既是社会发展的基础，反之也受到人类社会的影响。

现代社会中关于资源与社会关系的研究已经比较成熟，但针对古代社会中资源与社会的探讨仍亟待补缺。在这一背景之下，我们认为在考古学研究中有必要将资源作为独立对象予以关注，尝试研究资源与社会、政治、经济的互动关系。就具体研究而言，考古学中对于资源的分类当是多层次的，分类方法需要依据具体的研究问题而定。从资源本身的特性来讲，大体可以分为自然资源、人工产品以及技术性工匠资源。就价值属性来说，又可分为基础性资源如水、盐、粮食等，以及专为社会高等级人群消费的珍稀类资源如商周时期的青铜器、玉器等。需要说明的是以上分类标准均需对时代做严格界定，如商周时期的铜、铁、铅、锡资源属于专为高等级人群消费的珍稀类资源，但到了历史时期，这些金属资源又广泛被平民用于制作生产工具。我们强调应依据具体的问题设计相应的分类标准和研究方法，因此上述分类方式也绝非适用于所有研究。

本书的研究集中于商周时期的青铜资源，原因在于青铜器对于商周时期的王权政治具有特殊含义，是政治权利的象征性表现。因此讨论青铜器及其原料的生产、流通是理解商周时期资源与政治、礼制关系的重要途径。正如在现代社会中，石油资源是影响国际政治、经济格局的重要因素，青铜资源对于商周王朝的意义是需要详细论证的。

青铜资源包含两个层次的内涵，一是作为人工产品的青铜器资源，二是作为原材料的铜、铅、锡资源。青铜器成品资源的珍稀之处主要反映在高水平的铸造技术。商周时期的范铸技术对于工匠水平的要求极高，铸造出纹饰精致、器形规整的青铜容器并非易事，需要长久的技术传承。因此青铜器成品资源主要指的是铸造水平较高的青铜器。对于低质量的铜器，技术水平要求较低，稀缺性显然不如高质量铜器。商周王室是高水平工匠的主要拥有者，掌握着高质量铜器的生产能力。东周时期以前，大规模、专业化的铸铜作坊主要都发现在都邑类的中心遗址。因此，一般来说，高质量的青铜器成品资源主要控制在商周王朝的中心遗址。对于高质量铜器资源的流通问题，则显得较为复杂。因为高质量铜器实际是与高水平工匠相对应，铜器可远距离流通，工匠亦可作为资源进行分配。那么在判断资源流通时，具体是铜器本身的流通还是工匠人群的迁移仅凭对于铜器的表面风格的观察无法区分。针对这一点则可进一步对风格不同的铜器的原料类型进行研究。例如，一个诸侯国墓地既有高质量铜器也有低质量铜器，那么仅凭铜器风格，不能判断这些铜器的来源，可能性极多。高、低水平的铜器可能均是由中央分配的，也可能是中央分配工匠在本地生产的，又可能高质量铜器来自中央分配而低质量铜器在本地生产等。但若高、低质量的铜器所用原料不同，则基本可以说明两类铜器生产地点存在差异。原料与风格的综合考量是判断铜器流通的重要手段。

作为铜器原料的铜、铅、锡是青铜资源的另一层内涵。各类金属资源在地域上多分布不均，这促成了原料的流通。如长江流域铜矿资源丰富、开发较早、延续时间长，而长江流域土著文化对于铜料资源的需求显然不如商周王朝，这就为两大区域基于铜料流通的文化交流提供了基础条件。

我们认为原料的流通与成品的流通是需要严格区分的。本书主要讨论的主要是青铜器的流通体系，也就是成品的流通，因此所用方法主要是综合铜器风格和原料两重因素。本书对于原料的研究着重关注原料类型的异同，至于具体原料来源则不做过多关注。

以上述思路为基础复原铜器的流通体系后，再结合印纹硬陶和原始瓷器的流通，参考区域间考古学文化的关系以及王朝政体、礼制特征，以此讨论珍稀资源与王朝政治和礼制的关系。由资源流通构成的交流网络是商周王朝与周边文化交流的重要部分。因此在建立资源流通网络之后，我们尤为重视资源流通网络与文化交流网络间的关联。若以商、周王朝都邑为中心，以商、周文化区域内的周边遗址和区域外的土著文化遗址分别作为不同属性的周边地区，那么资源在中心与周边之间的流通以及其对中心与周边的关系造成的影响是我们最终要讨论的问题。

当然，本书的研究只是一次的初步尝试，无意于就此定论商周时期的资源与社会。在将来的研究中，除珍稀类资源外的基础性资源也是必须关注的，商周时期之外历史时期和史前时代的研究也必不可少，唯此才能全面的了解资源与社会的关系。

第二节　研究现状及存在的问题

目前，关于商周时期青铜器流通体系、矿料来源等问题的研究浩如烟海。其中对于青铜器矿料来源的研究除传统考古学角度的分析外，科技考古学者着力尤多，取得了不少重要成果。此外，对于商周时期其他类别的资源如盐、玉、龟、贝等也有不少个案研究成果。对于该问题理论性的探讨集中在中心与边缘（Core/Periphery）的关系、考古学中的世界体系理论（World-Systems）以及贸易与交换（Exchange and Trade）三个方面。这些理论之间也是相互关联的。应该说，资源与社会的研究在国内已经初步具备了实践和理论基础。

但是，相关研究目前仍存在不少问题。首先，正如"传统考古""科技考古"的学科领域划分形式，一些考古学者对科技方法的应用持被动态度，而一些致力科技考古研究的学者缺乏足够的考古学背景，这导致在物料流通等相关研究中两者结合还不够理想。另外，上述的理论性探讨在西方相对较为成熟，在国内则相对较少。基于各类理论体系的个案分析也远远不足。总体来说，目前对于各类资源的讨论多"就事论事"，很少有学者能从资源的视角出发，讨论其与社会的关联。

一　商周时期青铜器生产体系及矿料来源研究

商周时期青铜器的生产来源和流通体系是一个复杂而庞大的课题，其中所探讨的一个核心问题是中心与周边地区青铜器生产的格局。根据目前的考古发现，在二里头文化时期的二里头遗址，早、中商时期的郑州商城，晚商时期的殷墟遗址，西周时期的周原和洛阳普遍发现具有一定规模的铸铜遗址。商周王朝的中心都邑普遍具有铜器生产能力已成为共识。考虑到青铜器具有特殊的政治、礼制含义，其生产地点位于王都也符合逻辑。但是除了中心都邑外，商周时期周边地区也普遍发现有大量铜器，这些铜器或有地域风格或与中央铜器保持一致。对这些铜器生产地点的讨论显然极为重要，这涉及中央王朝对于铜器生产采取的控制方略及其背后反映的中心与周边的关系。一般认为，具有显著地域风格的铜器往往反映了当地生产的背景。这一认识自然有其合理性，但事实上，中央作坊也可根据地方需要生产具有地方风格的铜器，因此这一原则用于讨论铜器生产地点仍需谨慎。就目前的研究现状而言，从早、中商到晚商直至西周时期，周边地区出土铜器的生产来源仍没有清晰、明确的认识。比如早、中商时期盘龙城遗址青铜器的来源，晚商时期殷墟之外的铜器的生产地点，西周时期各个诸侯国铜器的来源均是亟待解决但并无定论的问题。

以往关于铜器生产技术、地域风格等与铜器生产、分配相关的研究极多，但专门以铜器流通体系为中心的研究则相对较少，这里仅对代表性的研究成果作简单回顾。较早对这一问题予以专门关注的可以日本学者松丸道雄先生为代表。松丸道雄先生主要以青铜器铭文为线索讨论诸侯国铜器的生产问题。他提出将铭文标示的铜器所有者与铜器实际铸造者分开来看，其中关于诸侯自作器的一些认识直到今天仍颇具启发意义①。除了针对铜器本身的研究外，近年来以田野考古工作为基础，从手工业生产角度探讨商周铜器生产和分配成为一个新的亮点。雷兴山、徐天进等先生所领导的周原地区的考古工作对于认识西周时期周人的铸铜体系及其与商系铸铜体系间的差别提供了诸多资料②③④⑤。这启示我们讨论铜器的生产问题不能局限于产品本身的分析，相关的铸造遗存也是重要的研究内容。

近年来，从中心与周边的角度出发，对于西周诸侯国铜器生产问题又产生一些新的成果。张昌平先生通过对叶家山青铜器仿制现

---

① ［日］松丸道雄：《西周青铜器とその国家》，东京大学出版社1980年版。
② 雷兴山：《论新识的一种周系铸铜工具》，《中原文物》2008年第6期。
③ 种建荣、雷兴山：《先周文化铸铜遗存的确认及其意义》，《中国文物报》2007年11月30日。
④ 雷兴山：《论周原遗址西周时期手工业者的居与葬——兼谈特殊器物在聚落结构研究中的作用》，《华夏考古》2009年第4期。
⑤ 徐天进：《近年来周原遗址的发掘收获及其相关问题》，《中国考古学》2004年第4期。

象的讨论，认为西周早期曾国存在铜器生产活动①。这为确立地方铜器的生产来源提供了新的思路。近藤晴香对弭国墓地青铜器的研究发挥了日本学者全面、细致的优点。她将使用铜器的"作器"者与铸造铜器的"作器"者进行区分，并综合铜器的器类、器形、纹饰、用途、铭文、铸造水平等因素建立科学的分类标准。其中对于青铜器铭文、铜器铸造质量高低的判断方法多有新意，可作为类似研究的参照②。

当然除以上提及的研究外，直接或间接讨论铜器流通体系的成果还有很多。这些成果的共同特征是属于传统考古学研究的范畴，基本的思路是对比铜器纹饰、铭文、铸造等细节特征，通过铜器间的细部差异推论生产来源的不同。但正如前文所讲，从理论上无法排除同一作坊出产不同风格、质量铜器的可能性。因此依据传统考古学分析讨论铜器生产，在多数情况下只能得出可能性极大的推论，而无法苛求定论。我们认为在传统考古学分析的基础之上，利用科技方法对不同类别铜器所用的原料来源进行研究，应当有助于铜器流通体系的研究。若不同风格的铜器所用原料亦有差别，则可断定其生产地点存在差异。将不同区域间的铜器数据进行对比，进一步寻找规律性认识，则有可能复原青铜器的流通体系。目前关于青铜器矿料来源的研究多仅仅针对矿料来源问题本身，极少应用到复原铜器生产和流通过程的研究。这既是问题同时也是铜器研究的一大契机。矿料来源的研究涉及的方法较为复杂，下面着重对相关的研究成果做一概述。

青铜器矿料来源研究作为一个单独的学术问题长久以来为学界所关注。商周时期青铜器出土数量极多，需要海量的金属资源，因

---

① 张昌平：《论随州叶家山西周墓地曾国青铜器的生产背景》，《文物》2013年第7期。

② ［日］近藤晴香：《弭国铜器生产体系研究》，《古代文明》（第9卷），文物出版社2013年版。

此金属原料的供应是商周王朝面临的一个重要问题。以殷墟妇好墓为例，其青铜器总重量近 2 吨；而曾侯乙墓出土的青铜器总重量约为 10 吨，需要矿石量达百吨①。青铜器所用原料主要包括铜、铅、锡，其中以铜料的需求量最大，也最为学界所关注。目前对青铜矿料来源的研究大体可分为传统考古研究和科技考古两大类。

1. 传统考古学的研究

利用科技考古技术探讨矿源产地是近年来兴起的，而此前从 20 世纪 30 年代起，便有学者从传统角度出发，关注商周铜器矿料来源问题。传统考古学上对铜料来源问题大体可归纳为四种观点，即中原来源说、长江中下游来源说、西南说、多地来源说。

持中原来源说的学者以李济、石璋如、张光直等学者为代表。石璋如在探讨殷墟铜器的矿源问题时，根据地方志和现代矿冶调查记录查出中原地区的产铜地在山西有 12 处、河南有 7 处、河北有 4 处、山东有 3 处，铜矿资源较为丰富。因此他认为殷墟的铜资源可能来自中原地区，其中以中条山脉可能较大②。近年在中条山区的考古调查等确实表明中条山铜矿的开发可能早至商时期，当然具体情况还有待于考古发掘。张光直先生通过对夏商周三代王都的变迁进行梳理，结合中原地区的铜矿产地位置，提出了三代王都的迁徙是为追逐铜矿资源的观点③。尽管具体结论还有待商榷，但将金属资源与王朝政治联系起来的视角启发了几代学人。除铜料资源的讨论外，闻广先生对锡料来源也进行了研究。他根据铜器铭文和文献的记载认为中原地区有许多锡矿产地，商周铜器的锡料来源可能在中原地区④。但童恩正先生对闻广先生引用的 26 条中原产锡文献做了详细

---

① 张光直：《青铜挥麈》，上海文艺出版社 2000 年版。
② 石璋如：《殷代的铸铜工艺》，《中央研究院历史语言研究所集刊》（26），1955 年。
③ 张光直：《考古学专题六讲》，文物出版社 1986 年版。
④ 闻广：《中国古代青铜与锡矿（续）》，《地质评论》1980 年第 5 期。闻广：《中原找锡论》，《中国地质》1983 年第 1 期。

讨论，认为无一条可证明中原产锡，这些记载指向的锡产地主要在南方，其次是燕辽地区①。

持长江中下游地区说的有郭沫若、翦伯赞、唐兰、夏湘蓉、赵宗溥等学者。赵宗溥先生早在1948年便根据当时的地质调查资料探讨先秦时期青铜原料来源问题。他认为黄河流域虽然产少量的铜但是却没有发现锡，青铜可能是冶炼铜锡共生矿石而得。他还提出江西大余县就有铜锡共生矿，青铜原料可能取自南岭一带②。郭沫若先生根据《周礼·考工记》关于"吴越之金锡"和李斯《谏逐客书》中关于"江南之金锡"的记载，认为东周时期江淮流域是著名的铜、锡产地。他还根据"金道锡行"的铭文认为，当时的青铜原料很多是南方入贡或交易所得③。夏湘蓉先生结合古文献、铜器铭文和考古材料，认为中原地区依靠本地资源仅能冶铸铅青铜，而锡青铜的大量生产还需南方资源的输入④。

持西南说的主要是翦伯赞先生，他认为黄河流域并不产锡，锡产地均在长江上游一带，铜的产地多在西南，商代晚期商人通过贸易的方式从长江上游输入锡料，又从西南输入铜矿⑤。持多产地说的如容庚、张维持先生认为商人的铜、锡资源一方面可从长江中下游输入，另一方面可在其疆域内开采⑥。

以往学者论述商周时期的青铜矿料来源多从地方志、近现代地质调查资料中记录的铜、锡资源分布着手，结合铜器铭文、古文献的记载进行推测。我们认为，矿产资源在某地的存在只是前提条件，并不意味着存在便会被开发。另外文献记载与实际发现的情况存在

---

① 童恩正等：《中国古代青铜器中锡原料的来源——评中原找锡论》，《四川大学学报》（社会科学版）1984年第4期。
② 赵宗溥：《青铜文化来源续考》，《矿测近讯》1950年第98期。
③ 郭沫若：《中国史稿（第一册）》，人民出版社1977年版。
④ 夏湘蓉、李仲均、王根元：《中国古代矿业开发史》，地质出版社1980年版。
⑤ 翦伯赞：《中国史纲》（第一卷），生活·读书·新知三联书店1950年版，第207页。
⑥ 容庚、张维持：《殷周青铜器通论》，文物出版社1958年版。

差距，如关于锡的记载，在古文献中记载中原地区也有诸多产锡之地，但实际情况是尚未发现锡矿开采的迹象。造成差异的原因可能有诸多方面，如古人对铅、锡的认识和定名是否与今人相同值得探讨①；古今采矿对于矿体的选择或有不同标准，对于矿体较小，储量不丰的地区，若在古时已开采殆尽，现在便难以发现。另外文献记载也有局限性，如对于商代及之前的青铜矿料来源便极少有文献可做参考。对青铜矿料来源进行探索，还需以实际的考古发掘资料为基础，结合科技考古的相关研究成果。

2. 科技考古研究

目前，应用于矿料来源示踪研究的科技手段主要有微量元素示踪法和铅同位素分析法两种。以往应用的微量元素示踪法原理主要是岩石中的微量元素一般不受主量元素含量的影响，在各类地质作用中一直维持比较稳定的化学性质，因此可以较好地保存成矿时地质构造信息。但这种方法应用在矿源示踪中还存在一些问题。从铜矿到铜，一些微量元素可能发生变化，部分元素留在炼渣中，部分集中在金属铜中，还有部分元素在冶炼过程中损失掉，因此需要通过大量实验来选出有效的微量元素作为研究对象。另外，商周铜器多是铜、铅、锡料的混合体，因此在利用微量元素时，需考虑到铅、锡中携带的微量元素的影响。

国外学者利用微量元素进行示踪研究的工作较多，如20世纪60年代，欧洲学者联合进行研究，分析了欧洲新石器时代晚期和青铜时代的上万件铜器。他们利用As、Sb、Ag、Ni、Bi等五种元素作为标准分出40多个组，再结合地质调查结果讨论每个分组的矿料来源问题。尽管所得数据量巨大，但该工程所得结论受到很多质疑。中国国内利用微量元素探讨矿源的尚少，如陈建立等先生利用中子活化技术对盘龙城和鄂州等地出土青铜器进行的微量元素分析。另外

---

① 李晓岑：《从铅同位素比值试析商周时期青铜器的矿料来源》，《考古与文物》2002年第2期。

中国科技大学的研究团队进行了一些有益的探索①。近年来牛津大学考古与艺术史实验室设计出微量元素分组新方法，用于解决金属原料的流通问题，本书即应用这种方法解析微量元素数据。对该方法的细节问题将在研究目的与方法一节详细介绍，此不赘述。

下面主要讨论目前在国内应用较多的铅同位素方法。从铅同位素方法的原理来讲，自然界的铅均是由 ^{204}Pb、^{206}Pb、^{207}Pb、^{208}Pb 四种稳定同位素组成，后三种铅分别由铀 238、铀 235 和钍 232 衰变而成，这三种铅的半衰期均不同。地球上的现代铅就是由这些放射性成因铅加上原始铅组成的，所谓原始铅是地球形成初期的同位素值固定的铅。在铅矿石形成时，铅和铀、钍发生分离，放射性成因铅的积累结束，因此根据放射性成因铅的同位素组成可推知矿山的成矿年代，根据矿山间成矿年代的差异，可以进行示踪研究。

1966 年布里尔（R. H. Brill）先生在当年的美国考古学年会上宣读了他和万普勒（J. M. Wampler）合作分析的世界各地数十件铅玻璃、铅丹颜料和铅青铜的分析结果，因而成为铅同位素考古的鼻祖②。1982 年，牛津大学的盖尔（Gale）夫妇首先运用铅同位素讨论青铜器中铜矿来源问题③。他们和其他学者合作对整个地中海地区出土的青铜时代铜器以及铜、铅矿进行了同位素比值测定，建立起该区域的铅同位素数据库，以此研究青铜矿料的贸易路线。另外，塞尔（Sayre）和蔡斯（Tom Chase）等学者合作对美国弗利尔美术

---

① 魏国锋、秦颖等:《若干古铜矿及其冶炼产物输出方向判别标志的初步研究》，《考古》2009 年第 1 期。魏国锋、秦颖等:《古代铜矿冶炼过程中稀土元素的变化研究》，《中国稀土学报》2005 年第 3 期。秦颖、魏国锋等:《长江中下游古铜矿及冶炼产物输出方向判别标志初步研究》，《江汉考古》2006 年第 1 期。李清临、朱君孝等:《微量元素示踪古代青铜器铜矿料来源的可行性》，《文物保护与考古科学》2004 年第 3 期。

② Brill R. H. and Wampler J. M., "Isotope Studies of Ancient Lead", *American Journal of Archaeology*, Vol. 71, No. 1, Jan. 1967, pp. 63 – 77.

③ Gale N. H. and Stos-Gale Z., "Bronze Age Copper in the Mediterranean: A New Approach", *Science*, Vol. 216, No. 4541, May 1982, pp. 11 – 18.

馆和赛克勒博物馆收藏的大量商周青铜器进行了铅同位素测定，将这些铜器分为11个小组，并探讨矿料的可能来源①。尽管在理论上具有可行性，但铅同位素方法讨论矿源也存在一些限制。学界讨论较多的如在冶炼过程中，元素的同位素是否会随之变化，即是否存在分馏效应；不同矿山间出现的铅同位素比值的重叠效应如何解决；古代青铜器存在的重熔现象是否影响铅同位素比值的结果；另外铜、铅、锡的混合作用对铅同位素数据又有怎样的影响。

崔剑锋先生对铅同位素考古的发展过程及该方法的可行性进行了系统的评述、研究②。对于铅同位素的分馏效应，英国布拉德福德大学（University of Bradford）的保罗·巴德（Paul Budd）小组从1995年起连续发表数篇文章，认为在冶炼过程中存在铅同位素的分馏效应，否定了利用铅同位素技术进行矿源研究的可行性③。对此牛津大学的盖尔夫妇与一些学者合作进行铜、锡、铅同位素的分馏实验，认为分馏是在误差范围内，可以忽略。许多其他学者也加入这场讨论，最终巴德等人通过实验认为铅同位素在冶炼过程中确实没有发生大的分馏，因而放弃之前的观点。崔剑锋先生也进行了铅同位素分馏实验，确认了铅同位素方法的可行性。另外针对铅同位素比值的重叠效应，崔剑锋先生引入朱炳泉等先生提出的地球化学省概念④，认为地球不同地质块体中的铅同位素均有自身特点。

对于铅同位素数据指征的是铜还是铅、锡来源的问题，一般认

---

① Chase W. T., "Lead Isotope Ratio Analysis of Chinese Bronzes: Examples from the Freer Gallery of Art and Arthur M. Sackler Collections", in *The Ancient Chinese and Southeast Asian Bronze Cultures: The Proceedings of a Conference, the Edith and Joy London Foundation Property*, Kioloa, NSW, February 8 – 12, 1988, Taipei: SMC Publishing, 1996.

② 崔剑锋、吴小红：《铅同位素考古研究——以中国云南和越南出土青铜器为例》，文物出版社2008年版。

③ Budd P., Pollard A. M., Scaife B., Thomas R. G., "The Possible Fractionation of Lead Isotope in Ancient Metallurgical Processes", *Archaeometry*, Vol. 37, Issue 1, February 1995, pp. 143 – 150.

④ 朱炳泉：《地球化学省与地球化学急变带》，科学出版社2001年版。

为铅同位素不能作为锡矿来源的依据。至于铜和铅的问题也存在不同意见。例如不少学者认为铅含量在50ppm到4%之间时，铅元素是由铜矿石带入的①。斯特奇（Stech）认为含量低于5%的元素都难以判断是人工有意添加的还是矿物杂质②。考虑到商周时期青铜器含铅量低于1%和高于5%的占据大多数，低于1%的当是铜矿带入，高于5%的应为人工加入，崔剑锋先生认为商周时期的矿源主要是来自铜铅多金属共生矿。根据地球化学省的概念，无论是铜矿带入的铅还是铅矿带入的铅在地球化学省的概念中是一致的。这为铅同位素的研究提供了新的途径。另外目前比较普遍的意见是，当青铜器中的铅含量达到或超过2%时，青铜器的铅同位素数据主要指征的是铅的来源。这提示我们在进行铅同位素研究时，必须要对主量元素予以关注。综上而论，铅同位素方法应用于金属原料的溯源研究是可行的，尤其是探讨铅青铜的铅料来源较为有效，至于对铜、锡资源的探讨则需更多研究。

应用铅同位素的方法，中国学者对商周时期矿料来源问题进行了诸多讨论。金正耀先生是首位在中国利用铅同位素方法进行研究的学者，他于1983年首先利用铅同位素技术分析了殷墟出土的12件青铜器③，发现了殷墟时期使用的高放射性成因铅。他还提出著名

---

① Gale N. and Stos-Gale Z., "Lead Isotope Analyses Applied to Provenance Studies", in Ciliberto E., Spoto G., eds., *Modern Analytical Methods in Art and Archaeology*, Chicago: Wiley, 2000, pp. 503 – 584. J. Ling, E. Hjärthner-Holdar, L. Grandin, K. Billström, P.-O. Persson, "Moving Metals or Indigenous Mining? Provenancing Scandinavian Bronze Age Artefacts by Lead Isotopes and Trace Elements", *Journal of Archaeological Science*, Vol. 40, Issue 1, January 2013, pp. 291 – 304. S. Baron, C. G. Tămaş, C. Le-Carlier, "How Mineralogy and Geochemistry Can Improve the Significance of Pb Isotopes in Metal Provenance Studies", *Archaeometry*, Vol. 56, Issue 4, August 2014, pp. 665 – 680.

② T. Stech, "Aspects of Early Metallurgy in Mesopotamia and Anatolia", in V. C. Pigott, ed., *The Archaeometallurgy of the Asian Old World*, Philadelphia: University Museum, 1999, pp. 59 – 72.

③ 金正耀：《中国学者的首篇铅同位素考古研究论文》，《文物保护与考古科学》2004年第4期。

的矿料来源"云南说",虽然在考古材料上尚未见云南地区与中原商文化的密切交流,但云南地区作为丰富的矿产资源产地依然值得关注。在西南地区进行系统的考古调查和发掘工作是认识这一问题的必要途径。朱炳泉、常向阳等地球化学学者重新分析了以前发表的数据,认为高放性成因铅均来自一处25亿年等时取向的矿山。他们列出这种矿铅最为可能的来源,包括滇东北、辽东半岛、华北小秦岭地区、长江中下游地区,其中以滇东北的云南永善金沙厂可能性最大①。彭子成等学者认为在发现这种高放射性成因铅铜器的河南、江西、四川、湖南等地可能都出产这类铅矿②。日本学者斋藤努认为殷墟青铜器中的高放射性成因铅和正常铅均来自同一类矿石,且可能位于秦岭地区③。对于这种特殊的高放射性成因铅,中国地球化学学者在辽东半岛的青城子地区也有发现;金正耀先生提到,目前江西等地有一些铀矿中的方铅矿或岩石显示出类似同位素数据,但还没见到这种特殊铅中具有工业价值的金属矿床的报道;另外战国时期楚墓出土的许多玻璃钱币中有此类高放射性成因铅,湖南地区也有这类矿体存在的可能。

除金正耀先生外,崔剑锋先生是进行铅同位素考古研究的另一位重要学者。他运用地球化学省和铅同位素高分辨率矢量填图的方法着重对商周时期青铜器中的普通铅数据进行研究④。他认为铅同位

---

① 朱炳泉、常向阳:《评"商代青铜器高放射性成因铅"的发现》,《古代文明》(第1卷),文物出版社2002年版,第278—283页。

② 彭子成、孙卫东、黄允兰、张巽、刘诗中、卢本珊:《赣、鄂、皖诸地古代矿料去向地研究》,《考古》1997年第7期。

③ Saito, T., Han, R., Sun, S., "Preliminary Consideration of the Source of Lead Used for Bronze Objects in Chinese Shang Dynasty: Was it Really from the Area Where Sichuan, Yunan and Guizhou Provinces Meet?", Paper Presented at the BUMA – V (The Fifth International Conference on the Beginning of the Use of Metal and Alloys), Gyeongju, Korea, April 21 – 24, 2002.

④ 崔剑锋、吴小红:《铅同位素考古研究——以中国云南和越南出土青铜器为例》,文物出版社2008年版。

素地球化学省主要有4个区域，Ⅰ区扬子省、Ⅱ区扬子省和华夏省边界扬子省一端、Ⅲ区华夏省、Ⅳ区华北省。根据分析，夏、商、西周三代的铜器数据大都分布在扬子省，且有超60%的数据集中在Ⅱ区，这说明三代时矿床开发的地域可能比较集中。他还认为中原地区三代矿料来源相对稳定，除一些小矿外，长期稳定供应的只有Ⅱ区的两座特大型矿山。Ⅱa的开发晚于Ⅱb，且正处于商王朝迁都殷墟的时候，也许中条山和太行山区可以找到Ⅱa和Ⅱb的线索。在近五百个铜器数据中，除了十多个数据属于华北省范围外，其余均落在扬子省和华夏省中，尤其以扬子省为多，推测可能在华北块体中存在着与扬子型和华夏型相类似的矿铅。另外中条山和安徽铜矿的部分数据有少部分落入Ⅱ区，特别是中条山矿区有2个样品落入Ⅱ区，1个样品落入Ⅲ区，但大部分都处于三个区域之外，晋侯墓地和琉璃河燕国遗址有几个数据却落在了中条山这些处在三个区域之外的数据范围。这表明中条山可能是那种位于华北省而具有扬子型和华夏型特征的铜矿。

近年来，北京科技大学、北京大学、中国科学院大学、中国科技大学等多家单位的冶金考古团队发表了大量的铜器科技分析成果，难以一一介绍。这些研究有力地推动了商周铜器的溯源研究的进展，并让铜器流通的综合性研究成为可能。基于以往研究，我们可知中原地区的矿料来源在中、晚商之际，商周之际，以及两周之际都有较大变化，必然与政治因素相关。这预示着金属资源与政治变迁间存在密切联系。另外，微量元素示踪法和铅同位素方法固然可行但也有一定局限性，这启示我们在讨论金属资源的来源和流通时不能仅凭借单一方法，而应综合铅同位素、微量元素和主量元素进行全面分析。

二　商周时期其他类别资源的研究

尽管本书并未对其他类别的资源开展个案研究，但对相关资料进行扼要梳理也是理解资源与社会的重要基础。除铜器及原料外，商至西周时期还有一些其他类别的珍稀资源,例如玉器及玉料、印纹硬陶和原始瓷器以及海贝等。盐作为生活必需品是另一类意义特殊的资源。晚商时期使用大量龟甲用于占卜,其中不少也是外来的。此处仅对以上几类资源做简要阐述,事实上商周时期还有不少其他类别的重要资源,如漆器、马匹以及各类难以保存的有机质珍稀资源等。这些类别的资源或资料不足或目前无有效手段开展研究,本书未纳入讨论中。

1. 玉器及玉料

商周时期的铜器与玉器在诸多方面表现出相同的特质。两者均属珍稀资源,在礼制系统中均发挥作用,原材料均是在中原之外更为丰富,而高水平的制作技术则集中于王朝中央。不同之处在于商时期的玉器在礼制系统中的作用还不确定,但其地位显然不及铜器。

玉器缘于其本身的矿物特质,其价值的高低除了玉工外,玉料品质也起到决定性作用。根据现代矿物学和宝石学,只有软玉（Nephrite）和硬玉（Jadeite）属于真玉,与之相对的有其他非玉矿物组成的假玉（False Jade）或似玉（Near Jade）[①]。但依照中国古代"石之美者为玉"这一标准,古代所用之玉是真玉、假玉相混杂。比起现代矿物学概念,这里更为重要的是理解商周时期对于玉的判别标准。《周礼·冬官考工记·玉人》有"天子用全,上公用龍,侯用瓒,伯用埒"的记载。《说文解字》中解释"全"指纯玉,"龍"为四玉一石,瓒为三玉二石,埒为玉石半。尽管无法据此确证周代的用玉标准,但显然古人很早便有了玉、石的区分标准。闻广和荆志淳先生对新石器早期至汉代的40多处遗址500余件样品进行取样,利用室温红外光谱（RTIR/FTIR）判断矿物成分,用扫描电镜（SEM）研究显微结构。共发现天然矿物20种,包括透闪石、阳起石和其他18种假玉矿,种类较为复杂。

---

① 闻广、荆志淳:《中国古玉地质考古学研究》,《地学研究》1997年第29—30号。

对于玉器和玉料的流通问题，科技方法的应用必不可少。目前对于玉器的科技分析大体包括对玉器主量、微量成分、同位素以及微观结构的研究。所应用的科技方法也较多，如 X 射线衍射（XRD）、拉曼光谱分析（Raman）、红外光谱分析（IR）、质子激发 X 荧光发射分析法（PIXE）、中子活化分析技术（INAA）、X 射线荧光光谱仪（XRF）、激光剥蚀电感耦合等离子体质谱仪（LA－ICP－MS）以及扫描电镜、透射电镜、偏光显微镜等[1]。上述各种方法各有优劣之处，总体来说对于玉料类别、微观结构和主量成分的分析和判断可以达到较为准确的精度。但玉器产地问题仍有很大的探讨空间。微量元素和同位素在这一方面的研究上体现出较大潜力，建立系统的古代玉器、古代玉矿以及现代玉矿的综合性数据库，综合多种手段应是解决玉器产地问题的发展趋势。

从传统角度出发关注到玉资源的流通问题可以杨伯达先生在20世纪80年代提出的"玉石之路"为代表[2]。通过这条"玉石之路"，和田玉由新疆输入内地到达安阳等地。其后他又对"玉石之路"的

---

[1] 岳超龙、朱剑：《中国古代玉器科技研究述评》，《中国科技史杂志》2017 年第 38 卷第 1 期。承焕生、陈刚、朱海信等：《用质子激发 X 荧光分析技术鉴别玉器种类》，《核技术》1999 年第 4 期。赵虹霞、干福熹：《拉曼光谱技术在中国古玉、古玉器鉴定和研究中的应用》，《光谱学与光谱分析》2009 年第 11 期。干福熹、曹锦炎、承焕生等：《浙江余杭良渚遗址群出土玉器的无损分析研究》，《中国科学：技术科学》2011 年第 1 期。干福熹、承焕生、孔德铭等：《河南安阳新出土殷墟玉器的无损分析检测的研究》，《文物保护和考古科学》2008 年第 4 期。伏修峰、干福熹、马波等：《几种不同产地软玉的岩相机构和无破损成分分析》，《岩石学报》2007 年第 5 期。贾秀琴、韩松、王昌燧：《中子活化分析对河南南阳独山玉的研究》，《核技术》2002 年第 3 期。谷岸、罗涵、杨晓丹：《近红外光谱结合化学计量学无损鉴定软玉产地的可行性研究》，《文物保护与考古科学》第 27 卷第 3 期，2015 年。钟友萍、丘志力、李榴芬、谷娴子、罗涵、陈瑶、江启云：《利用稀土元素组成模式及其参数进行国内软玉产地来源辨识的探索》，《中国稀土学报》2013 年第 6 期。王时麒、员雪梅：《论同位素方法在判别古玉器玉料产地来源中的应用》，《首届"地球科学与文化"学术研讨会暨地质学史专业委员会第 17 届学术年会论文集》，2005 年。

[2] 杨伯达：《"玉石之路"的探索》，《故宫博物院院刊》1989 年第 1 期。

内涵进行了扩展①。所谓和田玉有广义狭义之分。狭义是指新疆和田玉龙喀什河（白玉河）和喀拉喀什河（青玉河）次生矿床的子玉和山料玉，广义是指昆仑山和阿尔金山的透闪石玉矿②。在殷墟妇好墓出土的755件玉器中，有不少学者根据目测或成分分析对比结果，提出其中有部分玉器使用了和田玉料③。另外，有学者提出新干大洋洲和广汉三星堆出土玉器也有部分为和田玉④。这些认识目前来看仍需要持谨慎态度，有学者提出化学元素在区分玉器产源时作用有限，目测方法也不能作为绝对依据⑤。根据以往学者所开展的大量个案研究，我们初步认识到商周时期尤其是殷墟、丰镐这类王朝核心区，玉料类别较多，来源也并不单纯。闻广、荆志淳先生分析沣西玉器时已经注意到其信息复杂多样，软玉原料应是多源的⑥。这种多源的背景必然指向当时玉料的流通，而流通的方向和路径应该也是复杂的。

在甲骨卜辞和西周金文中，我们也可以看到玉资源流通的证据。杨州先生对甲骨和金文中与玉相关的资料进行了梳理，其中有不少关于玉流通的记载⑦。首先是卜辞中"献玉"的记载。例如花园庄东

---

① 杨伯达：《"玉石之路"的布局及其网络》，载《巫玉之光——中国史前玉文化论考》，上海古籍出版社2005年版。

② 闫亚林：《关于"玉石之路"问题的探讨》，《考古与文物》2010年第3期。

③ 申斌：《"妇好墓"玉器材料探源》，《中原文物》1991年第1期。闻广：《中国古玉研究的新进展》，《中国宝玉石》1991年第4期。王时麒、赵朝洪、于洸、员雪梅、段体玉：《中国岫岩玉》，科学出版社2007年版。

④ 陈聚兴：《新干商代大墓玉器鉴定》，载《新干商代大墓》，文物出版社1997年版。苏永江：《广汉三星堆出土玉器玉料来源的讨论》，载《出土玉器鉴定与研究》，紫禁城出版社2001年版。

⑤ 闫亚林：《关于"玉石之路"问题的探讨》，《考古与文物》2010年第3期。王时麒、于洸、员雪梅：《论古玉器原料产地探源的方法》，载《中国玉文化玉学论丛三编》，紫禁城出版社2005年版。

⑥ 闻广、荆志淳：《沣西西周玉器地质考古学研究——中国古玉地质考古学研究之三》，《考古学报》1993年第2期。

⑦ 杨州：《甲骨金文中所见"玉"资料的初步研究》，博士学位论文，首都师范大学，2007年。

地 H3 出土的甲骨资料中就有各类下对上的进献用玉的记载①。其他如《合集》33201 等也有贡纳玉器的记录。妇好墓出土的一件玉戈上就刻着"卢方皆？入戈五"。

另外，在甲骨卜辞中也有关于索取、征收玉器的记载。如"庚子卜、争贞：令念取玉于龠。"（《合集》4720）。"念"是人名，卜辞多见"念"入贡甲骨②。"征玉"的卜辞也有不少，见于《合集》7053 正反、16536、40574 正反。西周金文中有不少关于玉的流通的内容，尤其是赏赐玉器的记载颇多。例如应侯视工簋、尹姞鬲等就有赐玉的记载。

种种迹象表明，玉资源在商周时期必然存在复杂的流通。本书未对玉器开展具体研究，但从资源流通的视角下，笔者认为未来的玉器研究应注意如下几点。先是要分清玉器与玉料，这两个层次的资源可能有着不同的流通路径。对于制作玉器的技术也应尝试进行体系性的把握，尝试观察不同区域是否存在不同的技术体系。对于玉料的研究，则应在分清年代、等级、器类、出土背景等信息的前提下，构建玉料材质的分类体系。在不同材质的体系下结合微量元素、同位素和其他方法讨论产地问题。这与我们开展铜器生产、流通体系的研究思路是相同的。

2. 印纹硬陶和原始瓷器

黄河流域出土的商周时期印纹硬陶和原始瓷器自发现以来便引起学界关注。由于在北方地区发现较少，且多与高等级遗存相关，又不见相应的窑炉证据，这两类器物存在来源于南方地区的可能性。因此产地问题成为关于印纹硬陶和原始瓷研究的焦点问题。无论是从科技手段着手还是以传统方法分析，关于两类器物产地的研究论

---

① 杨州：《从花园庄东地甲骨文看殷代的玉礼》，《中原文物》2009 年第 3 期。
② 杨州：《甲骨金文中所见"玉"资料的初步研究》，博士学位论文，首都师范大学，2007 年。

著颇丰。总结而言，"南方来源说"①"北方本地生产说"② 是最为主要的两类观点，另外近年来也有学者提出"多产地说"③。

主张"北方本地生产说"的学者可以安金槐先生为代表。他主要对郑州出土的早、中商时期印纹硬陶和原始瓷器进行讨论，认为这两类器物符合郑州当地陶器的特征而与南方吴城等遗址的同类器相差较大④。另外最为重要的是郑州出土有烧裂、带有气泡的印纹硬陶和原始瓷器。安金槐先生认为这些属于残品，将残品从东南沿海地区输送到郑州地区显然不太可能。这种表述似乎是目前考古学家提出的"北方本地生产说"的主要依据之一。但笔者认为对待这一材料需持谨慎态度。"残品"的判断标准在现代和古代可能并不一致。在印纹硬陶和原始瓷器发展的早期阶段，气泡、裂纹等缺陷是较为常见的现象，即便到了西周时期，南方屯溪土墩墓出土的完好的原始瓷器上也常见气泡、烧流等现象，而这些墓葬中的随葬品显然并非残品。因此上述论断尚有进一步讨论的空间。持有"南方来源说"的学者最早可以周仁等先生对张家坡墓地西周原始瓷器的研究为代表⑤。目前学界普遍倾向于将原始瓷器看作是来源于南方地区的产品。

---

① 周仁、李家治、郑国圃：《张家坡西周居住遗址陶瓷碎片的研究》，《考古》1960年第9期。罗宏杰、李家治、高力明：《北方出土原始瓷烧造地区的研究》，《硅酸盐学报》1996年第3期。陈铁梅、拉普（Rapp G. Jr.）、荆志淳、何驽：《中子活化分析对商时期原始瓷产地的研究》，《考古》1997年第7期。陈铁梅、拉普（Rapp G. Jr.）、荆志淳：《商周时期原始瓷的中子活化分析及相关问题讨论》，《考古》2003年第7期。

② 安金槐：《谈谈郑州商代瓷器的几个问题》，《文物》1960年8、9期合刊。安金槐：《谈谈郑州商代的几何印纹硬陶》，《考古》1960年第8期。李科友、彭适凡：《略论江西吴城商代原始瓷器》，《文物》1975年第7期。

③ 朱剑、王昌燧等：《商周原始瓷产地的再分析》，《南方文物》2004年第1期。

④ 安金槐：《谈谈郑州商代瓷器的几个问题》，《文物》1960年8、9期合刊。安金槐：《谈谈郑州商代的几何印纹硬陶》，《考古》1960年第8期。

⑤ 周仁、李家治、郑国圃：《张家坡西周居住遗址陶瓷碎片的研究》，《考古》1960年第9期。

笔者曾对商周时期的印纹硬陶和原始瓷器做过系统梳理，总体来说赞同南方来源的观点①。但同时认为不区分时代、器类、具体来源地点的笼统的"南方来源说"仍有较大的讨论空间。事实上，北方地区印纹硬陶和原始瓷器并非同一器类，需分开讨论。两类器物从商至西周时期中间经历了若干重大的变化，所谓的"南方"地区也可以划分为多个不同的生产中心，而这些生产中心也在随时间逐渐变化。再考虑到具体南北流通的器类问题，中间的流通过程就显得非常复杂，显然不是一句南方来源就可以概括的。本书在后续对于资源流通的总体讨论中，将引用以往笔者对于印纹硬陶和原始瓷梳理的结果，将其与青铜资源通盘考量。

3. 盐业资源

考古学对于资源问题的关注实际上在很大程度上源于盐业考古的发展。17世纪末，法国的一位工程师注意到摩泽尔河（R. Moselle）的支流塞耶河（R. Seille）上游有大量烧土和形状各异的陶器，考虑到附近多有盐沼分布，他推测可能是制盐遗存，将这些陶器命名为"Briquetage"②。1901年梅斯（Metz）博物馆馆长在塞耶河谷进行考古发掘，确认这是一处公元前6世纪的制盐遗址，标志着盐业考古的诞生③。我国古代的盐产地有海盐与池盐之分。《禹贡》记载青州有盐贡。池盐主要在山西境内。《说文》："河东盐池也，袤五十里，广七里，周百六十里。"尽管盐业历史悠久，但我国的盐业考古起步相对较晚，目前中国盐业考古的相关研究主要集中在峡江地区以及山东沿海莱州湾地区。

---

① 黎海超：《金道瓷行——商周时期北方地区印纹硬陶和原始瓷器研究》，上海古籍出版社2018年版。

② 李水城：《中国盐业考古十年》，《考古学研究》（九），文物出版社2012年版，第362页。

③ 李水城：《中国盐业考古十年》，《考古学研究》（九），文物出版社2012年版，第362页。Olivieier, L. and Kovacik, J., "The 'Briquetage de la Seille'（Lorraine, France）: Proto-industrial Salt Production in the European Iron Age", *Antiquity*, Volume 80, Issue 3091, September 2006, pp. 558–566.

峡江地区的盐业考古发现和研究工作均较为丰富。目前已经确认了中坝①、瓦渣地②、哨棚嘴③等一系列的盐业遗址。陈伯桢先生认为三峡地区至迟在新石器时代晚期（公元前 3500—前 1800）便已经开始盐业生产，工具是花边口的大口尖底缸；三星堆文化（公元前 1800—前 1250）和十二桥文化时期（公元前 1250—前 1000），熬盐工具变为小型尖底杯和船形小杯；西周初期变为花边口圜底罐；直到春秋时期，圜底罐的形态和容量变的标准化，暗示了盐的远距离运输④。山东沿海地区有产海盐的传统。目前在山东地区发现盔形器这类熬盐器具，并确认了一批商周时期制盐遗址⑤。山西地区的盐

---

① 四川省文物考古研究所等：《忠县中坝遗址发掘报告》，载重庆市文物局等编《重庆库区考古报告集 1997》，科学出版社 2001 年版，第 559—609 页。四川省文物考古研究所等：《忠县中坝遗址 II 区发掘简报》，重庆市文物局等编《重庆库区考古报告集 1998 卷》，科学出版社 2003 年版，第 607—648 页；四川省文物考古研究所等：《中坝遗址的盐业考古研究》，《四川文物》2007 年第 1 期。

② 北京大学考古学系三峡考古队等：《忠县瓦渣地遗址发掘简报》，载重庆市文物局等编《重庆库区考古报告集 1998 卷》，科学出版社 2003 年版，第 649—678 页。

③ 忠县试掘工作组：《四川省忠县㽏井沟新石器时代遗址试掘简况》，《文物》1959 年第 11 期。北京大学考古文博院三峡考古队等：《忠县㽏井沟遗址群哨棚嘴遗址发掘简报》，载重庆市文物局等编《重庆库区考古报告集 1997 卷》，科学出版社 2001 年版，第 610—657 页。北京大学考古文博学院三峡考古队：《重庆市忠县哨棚嘴遗址商周时期遗存 2001 年发掘报告》，载成都市文物考古研究所编《成都考古发现 2001》，科学出版社 2003 年版，第 421—438 页。北京大学考古学研究中心等：《忠县哨棚嘴遗址发掘报告》，载重庆市文物局等编《重庆库区考古报告集 1999 卷》，科学出版社 2006 年版，第 530—643 页。

④ 陈伯桢：《中国盐业考古的回顾与展望》，《南方文物》2008 年第 1 期。

⑤ 北京大学中国考古学研究中心鲁北沿海地区先秦盐业考古课题组（燕生东、兰玉富）：《2007 年鲁北沿海地区先秦盐业考古工作的主要收获》，《古代文明研究通讯》2008 年总第 36 期。燕生东：《山东地区早期盐业的文献叙述》，《中原文物》2009 年第 2 期。曹元启：《试论西周至战国时代的盔形器》，《北方文物》1996 年第 3 期。王青、朱继平：《山东北部商周时期海盐生产的几个问题》，《文物》2006 年第 4 期。王青、朱继平：《山东北部商周盔形器的用途与产地再论》，《考古》2006 年第 4 期。王青：《淋煎法海盐生产技术起源的考古学探索》，《盐业史研究》2007 年第 1 期。方辉：《商周时期鲁北地区海盐业的考古学研究》，《考古》2004 年第 4 期。李水城、兰玉富、王辉、胡明明：《莱州湾地区古代盐业考古调查》，《盐业史研究》2003 年第 1 期。王青、朱继平、史本恒：《山东北部全新世的人地关系演变：以海岸变迁和海盐生产为例》，《第四纪研究》2006 年第 4 期。王青：《〈管子〉所载海盐生产的考古学新证》，《东岳论丛》2005 年第 6 期。

业生产主要指晋南的池盐。河东盐池可谓中原地区最重要的盐业资源。但目前考古工作相对较少。刘莉、陈星灿先生很早便提出夏县东下冯遗址的数十座圆形建筑可能为粮仓或储盐的仓库，东下冯应是中原王朝控制晋南盐、铜资源的一处据点①。

与铜器、玉器、印纹硬陶和原始瓷器这些明确的珍稀物品相比，盐业资源显得极为特别。盐是生活必需品，一般来说人类对盐每日最低的需求是0.5—2克。若无直接的盐的摄入，这一需求量需要从150磅的瓜、豆、玉米或者米、小麦、大麦中才能满足②。但正如阿尔君·阿帕杜莱（Arjun Appadurai）指出，用以维生的普遍性资源和珍稀资源之间不存在种类的区别，例如不同时间的不同需求，产地和消费地的差异均可导致不同的资源区分体系③。傅罗文（Rowan Flad）就提到，盐的角色在不同社会中是多变的。例如盐在新几内亚高地的巴鲁亚（Baruya）人群中同时具有日用和礼仪意义；在乌干达西部的基比罗（Kibiro），盐可用于交易；在罗马帝国西部，盐和盐渍品是整个帝国复杂经济体系的一部分④。此外，他对中坝盐业遗址的研究表明：中坝的盐业资源最早由周边的消费者开发，在公元前一千纪出现一个互动网络。这一网络由遗址附近一小部分人经营，他们控制了盐及腌制品的分配。

从中国的各类文献材料来看，盐在很早的时期便与国家经济产

---

① 刘莉、陈星灿：《城：夏商时期对自然资源的控制问题》，《东南文化》2000年第3期。

② [美]傅罗文著、陈伯桢译：《新几内亚、乌干达及西罗马帝国的盐业生产、交换及消费——重庆地区先秦时期盐业生产的比较研究》，《盐业史研究》2003年第1期。

③ Arjun Appadurai, "Introduction: Commodities and the Politics of Value", in Arjun Appadurai, ed., *The Social Life of Things: Commodities in Cultural Perspectives*, Cambridge and New York: Cambridge University Press, 1986, p.40.

④ [美]傅罗文著、陈伯桢译：《新几内亚、乌干达及西罗马帝国的盐业生产、交换及消费——重庆地区先秦时期盐业生产的比较研究》，《盐业史研究》2003年第1期。[美]傅罗文著、吕红亮译：《专业化与生产：若干基本问题以及中坝制盐的讨论》，《南方民族考古》（第六辑），科学出版社2010年版。

生密切的关联。根据现有文献资料，盐的专卖最早见于春秋时期的齐国，《管子·轻重甲》《管子·地数》《管子·海王》等记载了齐国已经实行了食盐官营制度。之后盐的专营制度虽然在不同时期屡有变化，但国家始终保持着对盐的控制。早在东周以前，国家已经开始对盐进行了有效管理。商代甲骨卜辞中称盐为"卤"。《合集》5596载："卤小臣其又（有）邑"。小臣一般有两类人群，一类是奴隶类人群，另一类是商朝职官①。卤小臣应是专管盐务的官员。卜辞记载卤小臣拥有邑，可知其身份、地位较高，由此可以推测商代应该对盐实行了有效管理。

另外甲骨卜辞中还可见关于"取卤"（征收盐）和"致卤"（贡纳盐）的记载：

  壬午……令弜……取卤，二月（《合集》7022）
  弜取卤（《合集》21429）
  己酉卜，宾贞，戍卤（《合集》7023正）
  口氐（致）卤五（《合集》7023反）

这些记载表明盐业资源应该在商代国家贡赋体系中进行流通。周人对盐业管理同样实行国家管控，有盐人掌盐政。《周礼·天官·盐人》记载："盐人掌盐之政令，以共百事之盐。祭祀共其苦盐、散盐。宾客共其形盐、散盐。王之膳羞，共饴盐，后及世子亦如之。"

考古资料也表明盐业资源在商周王朝占据重要地位，甚至影响着王朝的发展策略。方辉先生对晚商时期商王朝与鲁北海盐生产的关系做了系统论述。他估算按照晚商王都20万的人口规模来统计，每年食盐需求量大致在73—182.5吨，王畿地区的需求量可高达上千吨。这种需求量当地恐怕难以满足。方辉先生认为一部分食盐可能来自鲁北

---

① 张永山：《殷契小臣辨正》，载胡厚宣主编《甲骨文与殷商史》，上海古籍出版社1983年版。

沿海地区。山东滨州兰家村层发现一组年代约在殷墟三期的青铜器，其中一件铜卣上的铭文应为"卤"字。滨州兰家村商墓的主人可能与甲骨卜辞中的"卤小臣"有关①。结合商文化的发展趋势，他进一步认为商文化在东方的发展可能与控制海盐资源有关。我们认同方辉先生的观点。在山东地区，商王朝设置了大辛庄、苏埠屯等重要据点，甲骨文中还记载了晚商时期征伐夷方的记载。此外杨升南先生认为武丁征伐西北的目的之一是为了控制晋南的盐业资源②。种种线索表明，晚商时期商王朝对盐业资源采取了全面控制的方略。

尽管盐业考古取得长足进展，但目前关于盐业资源的研究中如何串联生产地和消费地仍是极大的困难。盐的消费是无形的，串联生产、消费，构建完整的流通体系是需要进一步思考的方向。

4. 龟甲、海贝

龟甲主要用于满足晚商时期大量占卜所需。据胡厚宣先生推测，安阳出土的刻辞和未刻辞的龟甲至少有 16 万片，按十片为一整个龟甲来算，至少有 1 万 6 千只龟③。如此数量的龟甲来源主要是各地的进献。甲骨文中有不少关于"贡龟"的记载，其中贡龟千者一次，五百者、三百者各两次，贡龟二百五十者有 12 次等。最终统计贡龟共 491 次，12334 版④。

根据甲骨卜辞中贡龟的记载以及龟甲鉴定结果可知，这些龟甲的产地是多元的。大部分龟甲来自长江流域、黄河流域，也有部分来自殷墟周边⑤。甚至根据伍献文先生的鉴定结果，1936 年殷墟第

---

① 方辉：《商周时期鲁北地区海盐业的考古学研究》，《考古》2004 年第 4 期。
② 杨升南：《从"卤小臣"说到武丁北征的经济目的》，载台湾师范大学国文系、"中央研究院"历史语言研究所《甲骨文发现一百周年学术研讨会论文集 1898—1998》，文史哲出版社有限公司 1998 年版。
③ 胡厚宣：《殷代卜龟之来源》，载《甲骨学商史论丛初编》第四册，成都齐鲁大学国学研究所专刊，1944 年版。
④ 同上。
⑤ 宋镇豪：《再谈殷墟卜用甲骨的来源》，《殷都学刊》1999 年第 2 期。叶祥奎、刘一曼：《河南安阳殷墟花园庄东地出土的龟甲研究》，《考古》2001 年第 8 期。

三次发掘 YH127 坑中的最大一版龟腹甲（《合集》14659）当产自马来半岛①。

海贝是商周时期高等级墓葬普遍出土的一类遗物。金文中也常见"赐贝"等各类记载。商周时期的海贝通常被认为是发挥货币的作用。海贝作为货币是世界范围普遍出现的现象。例如货贝（Monetaria Moneta）和环纹货贝（Monetaria Annulus）两类原产于印度—太平洋的海贝在历史时期的非洲西部普遍用作货币。北美历史时期的遗址中也发现有海贝。以往通常被认为是反映了非洲人或非裔美国人的精神认同。但最近也有学者提出海贝集中出土于奴隶贸易的殖民地港口，由于长期缺少货币，海贝可能在殖民地也作为货币使用②。但商周时期海贝的货币功能仍值得进一步探讨，或者说商周时期的货币与后世通常理解的货币有何异同仍不明确。

从种属来讲，商周所见海贝包括货贝（Monetaria Moneta）、环纹货贝（Monetaria Annulus）以及拟枣贝（Erronea Errons）等不同类别，但发掘报告通常不做区分③。通常认为海贝主要栖息于印度—西太平洋的印马亚区海域内，包括印度洋以及海南岛和台湾岛南端的广阔海域④。彭柯、朱岩石先生认为中国古代东海及其以北的沿海地区无海贝出产，古代海贝主要分布在印度洋和中国南海。他们通过对古代海贝及相关资料的系统梳理，认为中国古代所用的大量海贝不是自中国沿海输入的⑤。

甲骨文中有关于进献贝的记载，如"戈允来豕二，贝……王。"

---

① 伍献文：《"武丁大龟"之腹甲》，《中央研究院动植物研究所集刊》1943 年第 14 卷第 1—6 期。

② Barbara J. Heath, "Cowrie Shells, Global Trade, and Local Exchange: Piecing Together the Evidencefor Colonial Virginia", *Historical Archaeology*, Vol. 50, December 2016, pp. 17–46.

③ 彭柯、朱岩石：《中国古代所用海贝来源新探》，《考古学集刊》（12），中国大百科全书出版社 1999 年版。

④ 同上。

⑤ 同上。

(《合集》1027)。"车不其致十朋。"(《合集》11443)。金文资料中还可见征贝的记载,如"伯懋父承王命锡师率征五(卤禺)贝"。但迄今为止,对于海贝的系统性、科学性的研究仍然是缺乏的。基本可以肯定的仅是海贝外来的事实,但无法进一步对来源地和流通路线做详细的解读。这一研究前景广阔,对于讨论商周时期的资源流通也有重要意义。

上述各类资源显然在商周时期已经形成了复杂的贸易/交换网络,支撑这一网络的背后或是军事、政治、礼制的因素。复原这一囊括各类资源的交流网络,讨论其与考古学文化、社会的关联,就是在解读考古学中资源与社会的课题。但迄今为止,这类纳入多种资源的综合性、理论性的探讨仍然不多。以刘莉、陈星灿先生的研究为代表。他们以晋南地区为中心,探讨了东下冯、垣曲城址与附近资源的关系。他们认为二里头至二里岗上层时期,晋南地区的东下冯和垣曲商城是为控制铜、铅以及盐业资源而设立。其后两个遗址废弃,在东方大辛庄的出现可能与盐业资源有关,盘龙城城址的建立则当为控制铜矿资源,一衰一兴,都因资源而起。城,是夏商时期资源控制的主要模式。中央与地方的关系是王室对地方城址进行单向的政治和军事支配[①]。这种宏观视角的观察为资源与社会的讨论提供了很好的借鉴和参考。

三 相关的理论性探索

正如陈淳先生所言:"文明起源和演进的理论探讨是不可能从考古材料的积累和简单的经验归纳中获得的,它绝不是单凭考古学家对具体材料的常识性解释就能解决的,它更有赖于社会科学整体理论的抽象思维和假设,并有待于大量考古学实践的检验。"这一论述同样适用于资源理论的探讨。考古学材料的阐释,只是解读资源理

---

① 刘莉、陈星灿:《城:夏商时期对自然资源的控制问题》,《东南文化》2000年第3期。

论的一部分论据，其他学科的借鉴不可或缺①。

在现代的学术体系中，与资源相关的学术命题几乎囊括了所有人文、社会以及部分自然科学领域。资源与政治、经济、文化、社会各个方面均息息相关，因此讨论古代资源与社会的问题同样也需要多学科的理论支撑。具体来说政治学、经济学、地理学、社会学、民族学等学科与这一课题关联较多。从更细致的角度来讲，讨论某一具体问题往往涉及这些学科的分支学科和交叉领域。例如讨论资源安全问题便涉及资源经济理论、地缘政治理论、技术经济学、国际贸易理论、生态学等领域。

上述学科有不少理论模型有助于我们理解古代社会的资源问题。例如联合国环境规划署（UNEP）和经济合作与发展组织（OECD）等部门所提出 PSR 模型（Pressure-State-Response），也就是"压力—状态—响应"模型可用于理解现代资源安全机理，其对于古代资源安全的问题也有借鉴意义。简单而言，"压力"是指造成资源问题的负面效应；"状态"是指压力而产生的问题，包括资源体系中各个系统的状态；"响应"主要指应对策略。这一模型主要是揭示资源安全各个因素的相互作用过程和所产生的结果②。

从资源类别来讲，现代社会和古代社会的一些资源可以进行类比，例如石油资源。现代社会的石油资源具有政治、经济双重属性。石油价格的波动并不完全遵守供求定律，而受到国际政治因素的强烈影响。石油利益分配格局直接反映着国际格局和国家间的关系③。这对于理解古代的铜器原料等资源的属性也有借鉴意义。

尽管现代学科的理论有助于我们理解古代的资源问题，我们在参考相关理论时也需注意到古今差异。例如现代经济中很多经济模

---

① 陈淳：《资源，神权与文明的兴衰》，《东南文化》2000 年第 5 期。
② 姚予龙、谷树忠：《资源安全机理及其经济学解释》，《资源科学》2002 年第 5 期。
③ 李纪建、管清友：《石油双重属性与国际油价波动分析——一个国际政治经济的视角》，《国际石油经济》2007 年第 1 期。

型是基于多种变量的数学运算过程。这些变量如 GDP、劳动力结构、资源进出口总量等，我们无法取得古代社会的相应数据。甚至其中一些现代复杂社会中的变量是否在古代出现也难以衡量。因此对于一些具体的现代理论模型的应用应持谨慎态度。更多的可以参考一些宏观视角的理论。

就本书的研究而言，我们着眼构建的资源流通体系还难以通过很多量化的因素来衡量，更多的是粗线条、宏观的体系。所参考的相关理论也主要是宏观理论。这里对各个学科的相关理论不做详细阐述，仅简要说明与本课题直接相关的，已经在考古学中有应用先例的理论。这包括世界体系（World-Systems）理论、中心与周边（Core/Periphery）模型、贸易与互换（Trade and Exchange）的相关探讨。事实上这三者之间也互为一体，很难进行严格区分。

世界体系理论是将世界整体作为研究对象，突破以往民族国家的局限，在跨国架构下探讨整体世界的发展逻辑①。世界体系理论是 1974 年沃勒斯坦（Wallerstein）提出的。他认为自 16 世纪资本主义在欧洲兴起以来，世界体系形成至今已经 500 年②。弗兰克（Frank）则认为世界体系已经形成至今有 5000 年的时间③。两者的差异主要源于对生产方式的不同看法。沃勒斯坦强调生产方式的划分以及资本主义生产方式的特殊性。他认为人类历史存在三种生产方式对应三种社会体系。互惠氏族的生产方式（Reciprocal-lineage Mode）对应迷你体系（Mini Systems）；再分配（Redistributive Mode）的生产模式对应世界帝国（World Empire）体系；资本主义的生产方式

---

① 聂志红：《沃勒斯坦与弗兰克世界体系思想的比较》，《当代经济研究》2011 年第 12 期。陈伯桢：《世界体系理论观点下的巴楚关系》，《南方民族考古》（第六辑），科学出版社 2010 年版，第 41—68 页。
② ［美］沃勒斯坦：《现代世界体系》第 1 卷，郭方、刘新成、张文刚译，高等教育出版社 1998 年版。
③ ［德］弗兰克、［英］吉尔斯：《世界体系：500 年还是 5000 年？》，郝名玮译，社会科学文献出版社 2003 年版。

(Capitalist Mode)对应现代世界体系（World Systems）①。

弗兰克则主张抛开生产方式的束缚，关注一般性分工。但他们均认为资本积累是世界体系演进的动力，体系中不平等的交换使得剩余价值由边缘流向中心②。两人对于中心—周边概念的表述也有差异。沃勒斯坦提出了中心—半外围—外围的结构，弗兰克则表述为中心—外围—边缘结构，边缘是并未完全屈从于中心的地区，但通过外围与中心联系在一起。边缘可以向中心和外围提供资源，维系发展。

陈伯桢先生曾对世界体系及其在考古学中的应用有全面系统的分析③。以下主要参考陈伯桢先生的梳理以及其他资料对这一理论的考古学应用进行简述。自 20 世纪 80 年代中期以来，世界体系理论（World-systems Theory）开始在考古学研究中得到应用。这一体系的运用是从中心与周边的视角来讨论央地的相互作用以及对于资源的控制④。世界体系理论中沃勒斯坦强调大宗物品或生活必需品的在中心和边缘流通中的重要性。奢侈品一般来说体积小，价值高，适合远距离贸易，因为奢侈品的贸易非常规贸易，在体系中不起大的作用。生活必需品将世界体系中的各单位联系在一起。但考古学家亚当斯（Robert McCormick Adams）提出奢侈品的贸易会带动贸易双方乃至沿途群体的阶级结构、意识形态等方面的改变⑤。蔡斯－邓恩（Christo-

---

① 陈伯桢：《世界体系理论观点下的巴楚关系》，《南方民族考古》（第六辑），科学出版社 2010 年版，第 41—68 页。

② 聂志红：《沃勒斯坦与弗兰克世界体系思想的比较》，《当代经济研究》2011 年第 12 期。

③ 陈伯桢：《世界体系理论观点下的巴楚关系》，《南方民族考古》（第六辑），科学出版社 2010 年版，第 41—68 页。

④ Elena F. Guarini, "Center and Periphery", *The Journal of Modern History*, Vol. 67, December 1995, pp. 47 – 96. 魏峭巍：《央地关系模型在考古学中的应用：现状与趋势》，《东岳论丛》2011 年第 6 期。

⑤ Robert McCormick Adams, "Anthropological Perspectives on Ancient Trade", *Current Anthropology*, Vol. 15, No. 3, Sep., 1974, pp. 211 – 239.

pher Chase-Dunn）也认为奢侈品贸易可将不同群体联结起来①。

沃勒斯坦的世界体系中强调边缘地区对中心地区的依赖，难以离开中心地区的控制。与此不同，理查德·布兰顿（Richard Blanton）、史蒂芬·戈娃列夫斯基（Stephen Kowalewski）、加里·费曼（Gary Feinman）针对中心和周边的关系提出了核心策略（Core Strategy）和边界策略（Boundary Strategy）。核心策略是指中心通过政治、宗教或经济的管控，来掌握边缘地区。但边界策略中，中心与周边的关系更像是贸易伙伴②。罗伯特·桑特利（Robert S. Santley）以及拉尼·亚历山大（Rani T. Alexander）列举了三种不同的中心与周边的关系。树枝状政治经济（Dendritic Political Economy）体系中，核心通过贸易与周边形成联系，政治作用力较小；霸权帝国（Hegemonic Empire）体系中，核心依靠政治和武力控制周边，但不进行直接的政治统治，周边以贡赋的形式向中心运输资源；领土帝国（Territorial Empire）中，周边地区完全融入中心的控制之下③。

另外，沃勒斯坦和弗兰克均采纳了康德拉捷夫周期论（Kondratiev Cycle）。所谓康德拉捷夫周期论是苏联经济学家康德拉捷夫提出的每50—60年便会出现景气和萧条交替的周期性经济现象。弗兰克在采用这一理论时，倾向于更长的约500年的周期。他认为中心—外围位置的变化是周期性的。如同1400年以来世界中心从亚洲转移

---

① Christopher Chase-Dunn and Thomas D. Hall, "Comparing World-systems: Concepts and Working Hypotheses", *Social Forces*, Vol. 71, Issue 4, June 1993, pp. 851 – 886. Thomas D. Hall ed., *A World-Systems Reader: New Perspectives on Gender, Urbanism, Cultures, Indigenous Peoples, and Ecology*, Lanham: Rowman & Littlefield Publishers, 2000, pp. 237 – 270.

② Richard Blanton, Stephen Kowaleski and Gary Feinman, "The Mesoamerican World System", *American Anthropologist*, Vol. 86, No. 3, Sep., 1984, pp. 673 – 682.

③ 陈伯桢：《世界体系理论观点下的巴楚关系》，《南方民族考古》（第六辑），科学出版社2010年版，第41—68页。Robert S. Santley and Rani T. Alexander, "The Political Economy of Core-periphery Systems", in Edward M. Schortman and Patricia A. Urban, eds., *Resources, Power, and Interregional Interaction*, New York: Plenum Press, 1992, pp. 23 – 49.

到欧洲再转移到北美①。可见世界体系理论对于理解资源流通网络中的中心与周边的关系有着重要价值。

在中国，20世纪80年代左右，苏秉琦先生提出"区系类型理论"②，张光直先生提出"龙山文化形成期"的概念③，都是强调区域间的互动关系。基于世界体系理论，陈伯桢先生从政治、军事、经济和意识形态四种不同的权利关系出发，解读了东周时期的巴楚关系④。安赋诗（Francis Allard）运用世界体系的概念对楚国对外关系进行了讨论⑤。吉迪·谢拉赫（Gideon Shelach）利用中心与周边的关系模型研究了二里头文化和夏家店下层文化的关系⑥。刘莉和陈星灿先生在中心与周边的视角下，分析了二里头与边缘地区的关系以及成为早期国家的历程⑦。

贸易与互换是资源流通的另一讨论主题。贸易通常与专业化生产和商业行为相关；互换则指同一群体或不同族群之间的互惠性的交换。很多时候两者无法严格区分，例如本书讨论的资源流通有时便难以明确性质。因此本书所指的贸易与交换等同于资源、物料在不同群体中的流通。

---

① 聂志红：《沃勒斯坦与弗兰克世界体系思想的比较》，《当代经济研究》2011年第12期。

② 苏秉琦、殷玮璋：《关于考古学文化的区系类型问题》，《文物》1981年第5期。

③ Kwang-chih Chang, *The Archaeology of Ancient China*, New Haven: Yale University Press, 1986.

④ 陈伯桢：《世界体系理论观点下的巴楚关系》，《南方民族考古》（第六辑），科学出版社2010年版，第41—68页。

⑤ Francis Allard, "Lingnan and Chu During the First Millennium B. C.: A Reassessment of the Core-periphery Model", in Shing Muller, Thomas Hollmann, and Putao Gui eds., *Guangdong: Archaeology and Early Texts (Zhou-Tang)*, Wiesbaden: Harrassowitz Verlag, 2004, pp. 1–21.

⑥ Gideon Shelach, *Leadership Strategies, Economic Activity and Interregional Interaction: Social Complexity in Northeast China*, New York: Plenum Publisher, 1999.

⑦ 刘莉、陈星灿：《中国新石器时代：迈向早期国家之路》，乔玉、李新伟译，文物出版社2007年版。

自 20 世纪 80 年代以来，随着科技考古文物溯源研究的发展以及考古学中利用贸易与交换解释社会开始流行，这一主题成为焦点话题①。当然利用科技开展文物产地研究在此之前已有不少工作②。考古学研究中关注到贸易与交换的重要性主要是因为传统的文化传播/迁徙等模型无法很好的解释跨区域出现的同类材料。在一些人类学研究的启示下，考古学家逐渐意识到贸易与交换机制的重要性。例如经济人类学家 Polanyi 将贸易和交换分为互惠式（Reciprocity）、再分配式（Redistribution）以及市场交换式（Market Exchange）③。伦福儒（Colin Renfrew）对于欧洲史前的贸易和交换的讨论是此时期的代表作④。之后，关于贸易与互换的主题出现了一系列重要著作⑤。在解释贸易与互换时，也出现了不同趋向。有的学者倾向于利用市场经济的规律和模式来解释；有的学者则强调贸易与互换的社会属性，注重对

---

① Glenn R. Summerhayes, *Trade and Exchange*, *Archaeology of*, Oxford: Pergamon, 2001.

② Shepard, A., "Rio Grande Glaze-paint Pottery: A Test of Petrographic Analysis", in Matson, F. R., ed., *Ceramics and Man*, Viking Fund Publications in Anthropology, Chicago: Aldine, Vol. 41, 1965, pp. 62 – 87. Sayre, E. V., Dodson, R., "Neutron Activation Study of Mediterranean Potsherds", *American Journal of Archaeology*, Vol. 61, No. 1, Jan., 1957, pp. 35 – 41. Young, W., Whitmore, F., "Analysis of Oriental Ceramics by Non-destructivex-ray Methods", *Far Eastern Ceramic Bulletin*, Vol. 9, No. 1 – 2, 1957, pp. 1 – 27.

③ Polanyi, K., "The Economy as Instituted Process", in Polanyi, K., Arensberg, C. M., Pearson, H. W., eds., *Trade and Market in the Early Empires*, Glencoe: Free Press, 1957, pp. 243 – 270.

④ Renfrew, C., "Trade and Cultural Process in European Prehistory", *Current Anthropology*, Vol. 10, No. 2/3, Apr.-Jun., 1969, pp. 151 – 169.

⑤ Sabloff, J. A., Lamberg-Karlovsky, C. C., *Ancient Civilization and Trade*, Albuquerque: University of New Mexico Press, 1975. Ericson, J. E., Earle, T. K., eds., *Exchange Systems in Prehistory*, New York: Academic Press, 1977. Earle, T. K., Ericson, J. E., eds., *Contexts for Prehistoric Exchange*, New York: Academic Press, 1982. Renfrew, C., Shennan, S., eds., *Ranking, Resource and Exchange: Aspects of the Archaeology of Early European Society*, Cambridge: Cambridge University Press, 1982. Renfrew, C., Cherry, J. F., *Peer Polity Interaction and Socio-Political Change*, Cambridge: Cambridge University Press, 1986.

社会群体以及社会本身变化的观察。在解释贸易与互换的方法中，衰减曲线（Falloff Curves）方法被经常用到。所谓衰减曲线就是将流通器物的出现频率与其距离原产地的距离作为两个变量做图，以此讨论流通模式。伦福儒基于衰减曲线注意到不同贸易交换模型与不同曲线分布模式的关系[1]。

开展贸易与互换的研究，确认流通本身是否存在无疑是一个前提。以往学者习惯基于器物风格和器形的相似性便予以判定，但无数案例表明这种做法极为危险。我们以往的研究实践中也经常发现器物之"形"与所用原料往往并不对应。另外，目前大量的文物产地研究关注的重点在于文物原始的产地。实际上，这一思路应当调整到关注文物本身的流通路径和流通方式上。例如确定铜器所用原料的矿源产地实际上极为困难，这涉及铜、铅、锡的混熔，不同矿物类型的差异，冶炼技术的差异，古今采矿遗址的差异等因素。但对考古学家而言，揭示流通的现象、原因才是用于解释社会的依据。

如前文所述，无论是世界体系理论、央地关系模型还是贸易与互换主题，这些均是解释资源流通体系的工具，互为补充，缺一不可。如阿尔加瑞（Algaze）等学者提出两河流域中央与地方的交流主要是通过资源的贸易实现的，中央与地方在资源基础上相互依赖，共同构成一个整体[2][3]。本书也是基于上述理念，尝试构建商周时期资源流通与社会的互动关系。

---

[1] Renfrew, C., "Trade as Action at a Distance", in Sabloff, J. A., Lamberg-Karlovsky, C. C., eds., *Ancient Civilization and Trade*, Albuquerque: University of New MexicoPress, 1975, pp. 3 – 59.

[2] Algaze Guilermo, *The Uruk World System*, Chicago: The University of Chicago Press, 1993.

[3] Kohl. P., "The Use and Abuse of World Systems Theory: the Case of the Pristine West Asian State", *Advances in Archaeological Method and Theory*, Vol. 11, 1987, pp. 1 – 35.

第三节 研究目的与方法

一 研究目的与思路

本书的研究目的是建立起商周时期青铜器的流通网络，再结合区域间考古学文化交流情况以及王朝政治特征等因素，讨论珍稀资源与商周社会间的关联。研究的时代范畴为商至西周时期，空间范畴则包括以中原地区为代表的北方地区和以长江流域为代表的南方地区，主要讨论两大区域间及区域内部的资源、文化交流情形。

复原铜器的流通体系需要涉及铜器的表面特征和金属原料的研究两个层面。这一点与其他古器物的研究有共通之处。古代玉器研究中应用较多的"料、工、形、纹"的思路和方法对于铜器研究有重要的借鉴意义[①]。我们的基本思路是首先建立铜器的考古学分类标准，这包括依据铜器形制、纹饰、铭文建立反映铜器文化属性（"形"）的标准以及依据铜器铸造技术特征和质量水平建立反映生产属性（"工"）的标准。在所建立的考古学分类标准之上，再利用科技手段讨论不同类别铜器所用原料（"料"）的异同。这包括以微量元素分组法讨论铜料来源，以铅同位素分析方法讨论铅料来源两个方面（图1.1）。由此对铜器可以做到由形至料的对应，为铜器的生产地点判断的判断提供依据，进一步对比区域间的数据则可复原铜器的流通体系。

对于铜器原料来源的研究需要综合铅同位素、微量元素和主量元素数据共同分析。其中铅同位素和主量元素分析方法目前已经较为成熟，下面主要对微量元素分组新方法进行介绍。

---

① 吴棠海：《中国古代玉器》，科学出版社2012年版。

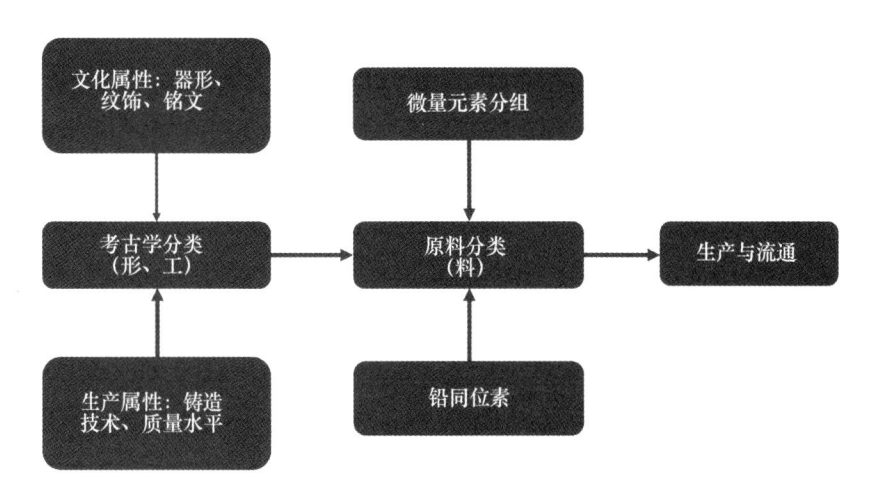

图1.1 铜器流通体系研究思路图

二 微量元素分组法的原理与应用

1. 基本原理

微量元素是伴生在金属矿床中的各类杂质元素，含量往往在1%以下。利用微量元素进行原料溯源的研究主要是由于各类微量元素在不同矿床中的含量和组合类别各有不同，从而形成微量元素的区域性特征。这种区域性特征为讨论金属原料的来源和类型差异提供了基础。但实际上，矿源中的微量元素特征会随着冶炼、铸造的一系列环节发生变化。铜器中微量元素的含量与矿源本身的微量元素特征以及后续的冶炼、铸造、原料混合及铜器的再加工均有关系。比如，马克·波拉德（Mark Pollard）等学者通过实验认为只有冶炼温度超过950℃时，铜矿中的镍元素才能进入产品中。而锌元素在高温环境下会迅速流失，但温度降低后少部分的锌元素会在铜器表面富集。表面的锌元素又会在铜器的后续使用和埋藏过程中流失。微量元素的复杂性使得我们在利用微量元素探讨金属原料流通时很难通过定量分析的对比进行讨论。将铜器微量元素数据与矿山数据直接对比讨论原料来源的做法在一般条件下很难实现。

尽管微量元素的变化较为复杂，但并非毫无规律。麦克凯雷尔

（Mckerrell）等学者通过实验认为银、镍是两种比较稳定的元素。而砷、锑两种元素在氧化气氛下会逐渐流失，铜器在物理加工锻打时，流失速率会更高①。大量的研究实验表明砷、锑、银、镍四种元素是微量元素用于示踪研究中最为有效的元素，可称为"诊断性元素"。近年来，由马克·波拉德教授领导的牛津大学考古与艺术史实验室冶金考古团队提出了"牛津研究体系"（Oxford System）。这套研究体系致力于利用铜器的微量元素、主量元素、同位素来综合研究铜器及其原料的流通。目前这一体系已经应用于欧亚大陆多个区域的研究，并初步取得成果②。对于该体系已有学者详细介绍，不再赘述③。在该体系中，处理微量元素的方法是微量元素分组法（Copper Groups）。这种方法是利用砷、锑、银、镍四种元素在铜器中的有无（以0.1%为界进行区分），建立 16 个不同的微量元素小组（表

---

① Mckerrell, H. and Tylecote R. F., "Working of Copper-arsenic Alloys in the Early Bronze Age and the Effect on the Determination of Provenance", *Proceedings of the Prehistoric Society*, Vol. 38, December 1972, pp. 209 – 218.

② Bray, P., Cuénod, A., Gosden, C., Hommel, P., Liu, R., Pollard, A. M., "Form and Flow: the 'Karmic Cycle' of Copper", *Journal of Archaeological Science*, Vol. 56, April 2015, pp. 202 – 209. Pollard, A. M. and Bray, P. J., "A New Method for Combining Lead Isotope and Lead Abundance Data to Characterize Archaeological Copper Alloys", *Archaeometry*, Vol. 57, Issue 6, December 2015, pp. 996 – 1008. Perucchetti, L., Bray, P., Dolfini, A., Pollard, A. M., "Physical Barriers, Cultural Connections: Prehistoric Metallurgy across the Alpine Region", *European Journal of Archaeology*, Vol. 18, Issue 4, 2015, pp. 599 – 632. Cuénod, A., Bray, P. & Pollard, A. M., "The 'Tin Problem' in the Near East—Further Insights from a Study of Chemical Datasets on Copper Alloys from Iran and Mesopotamia", *Iran*, Vol. 53, Issue 1, 2015, pp. 29 – 48. Hsu, Y.-K., Bray, P. J., Hommel, P., Pollard, A. M., Rawson, J., "Tracing the Flows of Copper and Copper Alloys in the Early Iron Age Societies of the Eastern Eurasian Steppe", *Antiquity*, Vol. 90, Issue 350, April 2016, pp. 357 – 375.

③ Pollard, A. M., Bray, P. J., Hommel, P., Hsu, Y.-K., Liu, R., Rawson, J., "Bronze Age Metal Circulation in China", *Antiquity*, Vol. 91, Issue 357, June 2017, pp. 674 – 687. [英]马克·波拉德、[英]彼得·布睿、[英]彼得·荷马、徐幼刚、刘睿良、[英]杰西卡·罗森：《牛津研究体系在中国古代青铜器研究中的应用》，《考古》2017 年第 1 期。

1.1）。如第 1 组为 NNNN，代表砷、锑、银、镍四种元素均无（Y 为 Yes，N 为 No）。第 2 组为 YNNN，代表四种元素中仅有砷元素。这些铜器分组本身仅仅是化学元素的特定组合，不具有任何考古学意义。但这样分组的作用是构建一种新的语言，可以让考古学家更加方便地运用科技分析结果。另外通过归纳不同铜器分组所占比重在时代、地域上的变化规律，结合考古学的相关线索，我们有可能通过基于化学分析的语言重现当时的铜器生产和分配过程。

表1.1　　　　　　　　微量元素分组表
（元素顺序为砷、锑、银、镍，Y 代表有，N 代表无）

1	NNNN	9	YNYN
2	YNNN	10	NYNY
3	NYNN	11	YNNY
4	NNYN	12	YYYN
5	NNNY	13	NYYY
6	YYNN	14	YYNY
7	NYYN	15	YNYY
8	NNYY	16	YYYY

该方法的基本思路之一是通过分组的不同和相同来讨论不同区域铜器的关系。那么铜器分组所代表的含义是首先需要明确的。从普遍意义而言，没有考古学背景的单个分组无法进行有效解读，如 A 地点出土的一批铜器中既有 1 组数据也有 2 组数据，那么其中存在诸多可能，或许 1、2 组铜器使用的原料来自不同的矿床，或许两组铜器原料来自同一矿床的不同矿山，总之难以直接将分组数据与矿料来源作直接的对应。谨慎地说，1、2 组铜器数据只代表两批铜器的微量元素组合不同，使用了不同批次、类型的原料，至于两种原料的差别是矿源的差别抑或其他则还要结合其他数据判断。因此就单一地点的铜器分组数据而言，不同分组的含义可以指向不同批次、类型的原料。

单一的"组"的概念能提供的信息十分有限,我们提倡利用不同小组"组合"的概念来讨论问题。假设我们建立起某一时段内涵盖各个区域铜器的微量元素数据库,发现A、B、C、D、E五个不同区域的铜器数据均为1、2、9、12四个小组的组合,那么我们基本可以判断以上五个区域的铜器使用的原料来源应当是相同的。因为四类不同类型的原料形成固定组合,规律性地出现在多个不同区域,其为偶然巧合的概率是极低的,这种规律反映的当是有意义的考古学文化现象(图1.2)。因此,我们利用微量元素数据进行分组研究只是研究中的第一步。在全面建立同一时段的微量元素数据库后,关注不同区域铜器微量元素小组的"组合"特征,并进行区域间的对比寻找异同是我们的基本思路。

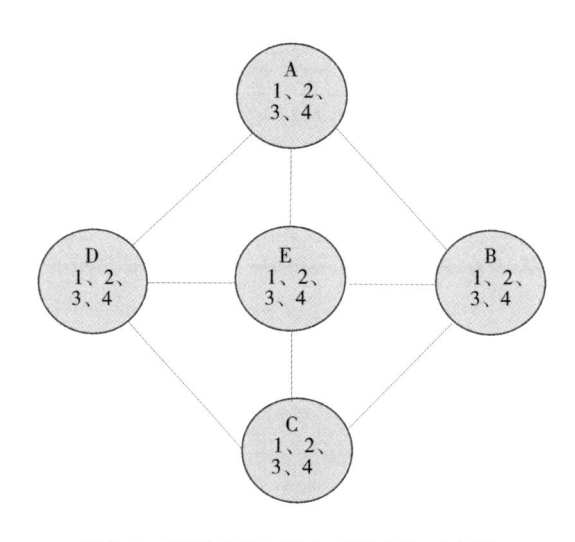

图1.2 微量元素小组之"组合"示意图

2. 方法缺陷及解决途径

与大多数自然科学方法一样,微量元素分组法也有其缺陷和局限性,在不同地区和环境下发挥的作用也不一致。结合中国商周时期的具体情况,该方法主要存在以下缺陷:

该方法的第一个缺陷是微量元素分组的重叠效应。重叠效应是进行矿料溯源研究中普遍遇到的一个问题。一般来说不同区域的矿床由于成矿条件、时间的差异会表现出一定的特征。但事实上不同区域矿山具有相同元素特征的情况也并不罕见。尽管缺乏中国境内矿山的微量元素数据,但根据我们的分析数据推测重叠效应也见于中国。尤其是微量元素第 1 组,也就是四种元素都无的小组可能并不只见于一地。

解决重叠效应的主要方法便需要用到前文论述的"组合"概念。单纯讨论某一地点的铜器数据,很难排除重叠效应的影响。但我们主要关注不同区域的微量元素小组的"组合"特征,由此基本可以排除这种影响。地质学上也很难出现不同区域的矿床同时出现相同的微量元素小组的"组合"。况且我们关注的主要问题并非是微量元素小组与矿山数据的直接对应。

该方法的第二个缺陷是青铜器中铜、铅、锡原料混合效应的影响。由于商周铜器多添加铅、锡,因此微量元素数据指征的原料类型是需要明确的。我们解决这一问题的直接方法是分类讨论铜、铅、锡含量与微量元素组合间的关联。比如 A 地点的铜器一半为红铜器,另一半为铅青铜。属于红铜器的数据均为微量元素 1 组(NNNN),而铅青铜的数据均为微量元素 6 组(YYNN),这表明 A 地点 6 组铜器的微量元素数据明显受到铅料添加的影响。1 组指征的当是铜料来源,6 组数据则指征铅料或铜料、铅料的混合。

该方法的第三个需要注意的问题是对重熔问题的讨论。事实上,设计这一方法的重要目的之一便是讨论铜器的回收、重熔问题。由于铜器在回收、重熔过程中部分微量元素的含量会发生变化,理论上讲动态的观察不同区域微量元素数据的变化可以讨论铜器是否为回收、重熔。这一思路也确实在关于欧洲地区的研究中得以实现[①],

---

① Bray, P. J. and Pollard, A. M., "A New Interpretative Approach to the Chemistry of Copper-alloy Objects: Source, Recycling and Technology", *Antiquity*, Vol. 86, Issue 333, September 2012, pp. 853–867.

但中国的商周时期与欧洲情况则有极大的不同。首先，商周时期的青铜容器是铜器的主要类别，体量最大。我们认为青铜容器并不存在大规模的回收、重熔现象。除了王朝更替等特殊条件下，青铜容器作为权利和礼制的重要象征被重熔用作铜料是不符合逻辑的。若大量重熔铜器，又如何"子子孙孙永宝用"？此外，自二里头至西周时期，各个阶段的铜器均有连续的发展序列，不见某一阶段出现缺环，若对铜器进行大规模的回收重熔，为何还有如此完整的铜器序列？并且商周时期铜器数量如此之多，对于原料需求量巨大，若以重熔手段作为原料来源的主要途径，何来如此数量的废旧铜器？其次，更为重要的是，根据我们对商周时期青铜容器数据的梳理，发现数据的规律性极强，回收、重熔显然不占重要地位。

当然，我们并非否认回收、重熔现象在中国的存在，只是强调其规模上必然不是主流。除铜容器外，青铜兵器、青铜车马器、青铜工具等小件铜器可能存在较多的重熔现象。郑州商城铸铜作坊就见有重熔小件铜器的明确例证[1]。根据我们对商周时期小件铜器的系统梳理，我们认为回收、重熔在数据上的一个表现是微量元素分组极其杂乱，规律性不强。这可能是由于回收过程中将不同原料的废旧铜器随机混合在一起而造成的。本书讨论的核心是青铜容器，因此对回收、重熔问题并未过多涉及。

综上而言，尽管微量元素分组法在应用上存在一些局限性，但我们均可设计相应的方法予以解决。在中国，利用微量元素分组法直接讨论原料的地质来源较为困难，但以不同的微量元素分组代表不同的原料类型并无问题。本书关注的主要问题是铜器的流通体系，掌握铜器原料类型足以解决这一问题。对于矿料来源的研究或许可以通过一些侧面途径进行讨论。比如我们在建立某一时段内各个区域铜器的数据库后，发现 A 地点铜器几乎都为微量

---

[1] 河南省文物研究所：《郑州商代二里冈铸铜基址》，《考古学集刊》（6），中国社会科学出版社1989年版。

元素第 1 小组，其他地区所见的第 1 小组则比例较低，这表明 A 地点的人群很可能掌握了 1 组原料的来源，才能持续、固定的使用同一类原料。讨论上述问题中，建立涵盖多个区域的数据库显得尤为重要。由于不同时期被开发的矿床可能不同，所以我们强调动态的建立不同时段的铜器数据库，如此才能全面复原不同时期铜器流通体系的全貌。

3. 微量元素分组法的考古学验证

以上介绍了微量元素分组法的基本原理和应用情况，下面以一些具体实例对这一方法进行验证。验证分为两部分内容，一是以成批和不同批次的铜器与微量元素分组对应，观察其能否准确反映出原料类型的差异；二是对照不同文化区域出土的相同风格铜器，观察铜器的分组数据是否与铜器风格相一致。

第一，铜器批次与微量元素分组的对应。

通常来说，属于同一批次生产的铜器，往往使用的是相同的原料，不同批次生产的铜器使用的原料可能相同也可能不同。判断铜器是否属于同一批次的产品可依据铜器的整体风格和铭文内容、铭文字体等。若风格相同的一批铜器，铭文内容、字体、款行完全一致，则表明工匠可能为同一人或人群，铜器极可能属于同一批次的产品，所用原料也当相同，微量元素分组研究也应属于同一小组。循此思路，我们首先选取前掌大墓地中的若干成对铜器进行微量元素分组研究，结果显示成对的觚、爵、鼎均属同一微量元素小组，批次与分组可以相互对应（图 1.3）。

另外，叶家山墓地出土的多件成组合的曾侯铜器。其中曾侯谏铜器数据包括 1 圆鼎、1 簋、1 盘，3 件铜器的铭文内容均为"曾侯谏作宝彝"，且字体、款行极其一致，当属同批制作的产品。叶家山墓地出土的曾侯谏作器共 16 件，铭文均相同，应属同批制作的一套礼器。根据微量元素分组研究，3 件曾侯谏铜器都属于 6 组，说明使用了相同的原料，这与铭文显示的结果一致（图 1.4）。

曾侯谏作媿铜器数据共 5 个，其中铭文内容相同的有卣、尊、

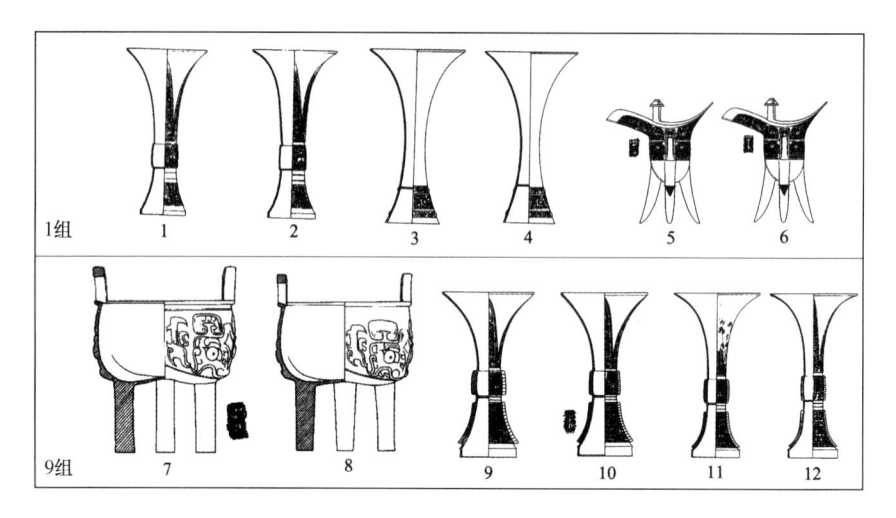

图1.3 前掌大成对铜器与微量元素分组对应图

1—4. 觚（M11∶100、M11∶105、M120∶22、M120∶13） 5、6. 爵（M120∶15、M120∶17） 7、8. 鼎（M11∶88、M11∶89） 9—12. 觚（M38∶59、M38∶67、M38∶68、M128∶4）

簋和甗，均为"曾侯谏作媿宝尊彝"，但从字体来看，卣、尊、簋的字体较为一致，而甗的字体则不同，"宝"与"彝"不规则（图1.4）。壶的铭文内容与其他器物不同，字体也略有差异，因此卣、尊、簋当属同批生产，而壶、甗可能各属于不同生产批次。微量元素分组研究显示出相同的结果，卣、尊、簋均为3组，使用了相同原料，壶和甗则分属于1组和12组，表明所用原料不同（图1.4）。曾侯谏作媿铜器的铭文与曾侯谏作器铭文相比显得潦草，又多反书，应当非同批制作[①]。微量元素分组研究也表明，两组铜器使用了不同的原料。

曾侯犺铜器数据包括3件簋，其中2件形制、大小、纹饰、铭文完全相同，铭文为"曾侯犺作宝尊彝"，这两件铜器的微量元素分组均为1组，表明所用原料也相同（图1.4）。另外1件簋为形制不同的方座簋，铭文为"犺乍列考南公宝尊彝"，也属于

---

① 张昌平、李雪婷：《叶家山墓地曾国铭文青铜器研究》，《江汉考古》2014年第1期。

微量元素1组。这3件器物的制作背景应当相同。类似的对应案例还有不少，此不赘述，可见微量元素分组结果与铜器的批次完全吻合。

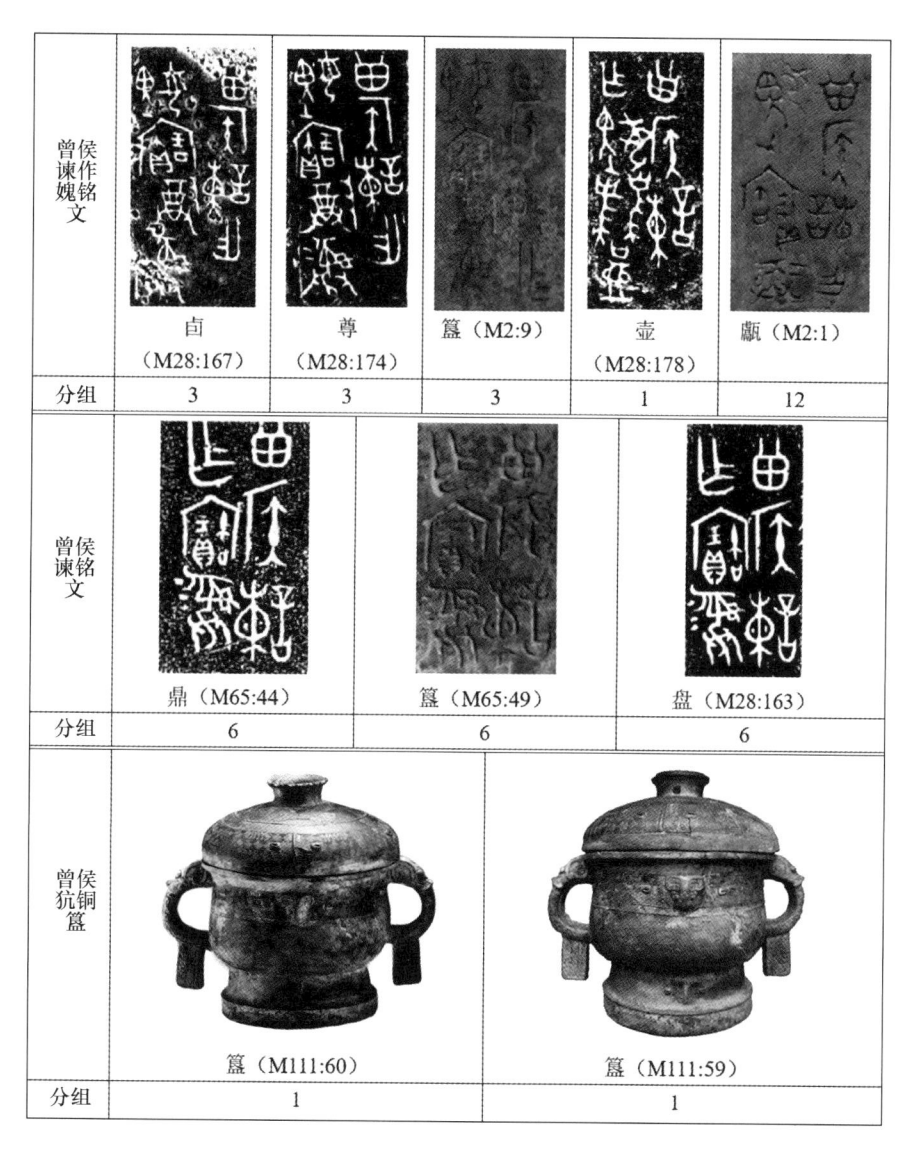

曾侯谏作媿铭文					
	卣（M28:167）	尊（M28:174）	簋（M2:9）	壶（M28:178）	甗（M2:1）
分组	3	3	3	1	12
曾侯谏铭文					
	鼎（M65:44）		簋（M65:49）		盘（M28:163）
分组	6		6		6
曾侯尤铜簋					
	簋（M111:60）				簋（M111:59）
分组	1				1

图1.4 叶家山铭文铜器与微量元素分组对应图

第二，铜器风格与微量元素分组的对应。

具有同一产地的铜器其所用原料往往是相同的。这种相同并不一定局限于某个组别的原料的一致，更可能表现为微量元素小组的"组合"是相同的。也就是说，虽然同一产地的铜器可能使用了A、B、C、D四类不同来源、类型的原料，但这些不同原料的组合是固定的。从同产地的铜器中抽选若干铜器，其所用原料也必然落入A、B、C、D四类原料的范畴中。我们对早、中商时期郑州商城铜器进行微量元素分组研究，发现所分析的铜器集中使用了1、2、4、9共四个组别的原料。远在汉中的城洋铜器群中也有少量中商时期铜器。其中大部分铜容器如鼎、斝、提梁卣等纹饰、造型与中原地区铜器如出一辙，可以判断为中原地区的直接传播品。微量元素分组研究表明这些铜器主要分布在1、2、4组，与郑州商城铜器原料类型一致，微量元素分组结果与铜器风格相对应（图1.5）。同样的，我们对中原地区晚商时期铜器进行分析，认为商文化区域内流行使用1、2、9、12四个组别的原料。城洋晚商时期铜器中有瓿、罍的纹饰、形制与殷墟铜器完全一致，当是来自于中原地区，其微量元素分组也分别属于1、9组，符合中原地区铜器所用的原料类型（图1.5）。以上分析表明，微量元素分组法与铜器批次、铜器风格均可准确对照，其应用于铜器研究，判断铜器所用原料类别的异同是完全可行并较为准确的。

4. 微量元素分组法在中国的应用

通过对微量元素分组法的全面论述，我们认为微量元素分组法作为探究铜器原料类型的新方法，尽管存在一些局限性，但辅以恰当的解决途径，其应用于商周时期铜器的研究是完全可行并富有前景。与大多数方法一样，微量元素分组法在不同地区所发挥的作用是不同的。结合我们在中国的研究实践，我们提出在中国使用该方法的几条原则和建议：

第一，先依据铜器的考古学背景，提出考古学问题，再对微量元素分组法予以恰当地运用以解决问题。这也当是利用科技手段解

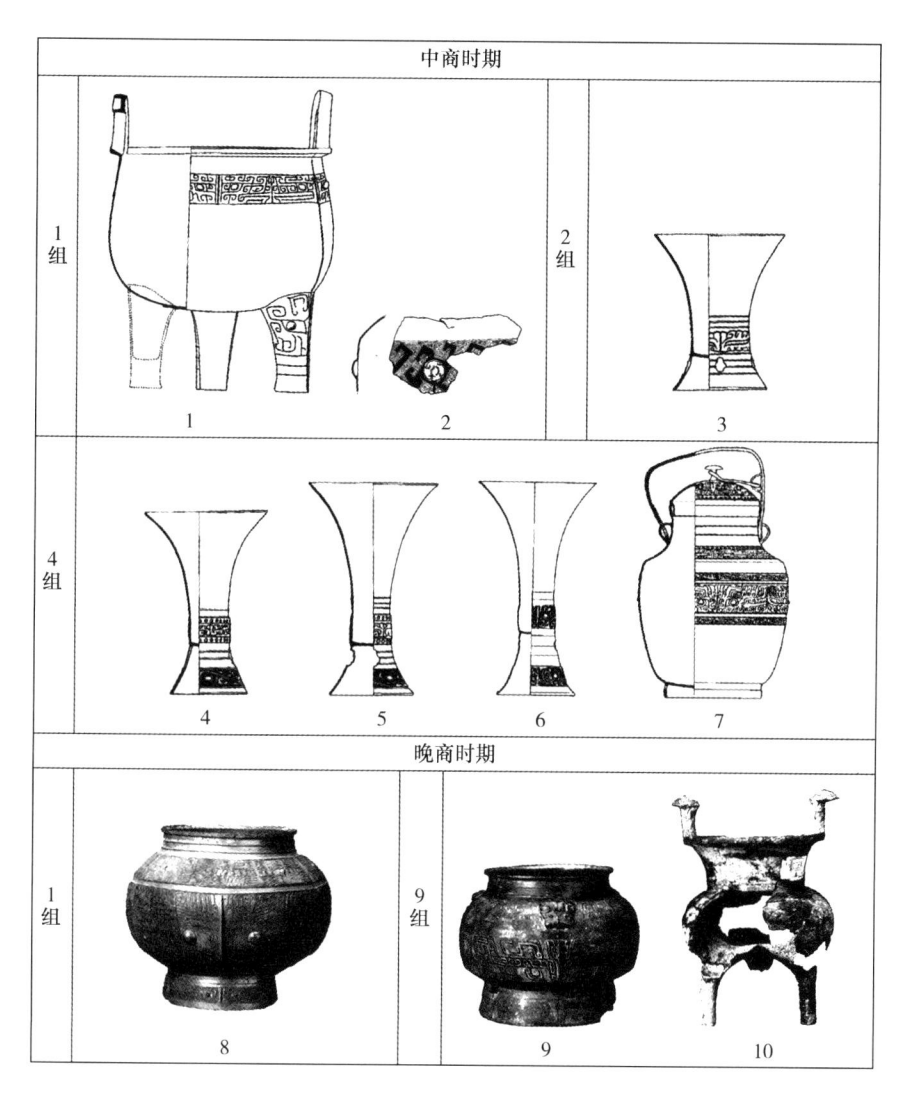

图 1.5　城洋地区早、中商时期铜器微量元素分组图

1. 鼎（2004CHLTT∶2）　2. 瓿（2004CHLTT∶4）　3. 觚（1980CHLTT∶10）　4—6. 觚（1980CHLTT∶8、1980CHLTT∶9、1981CHLTT∶7）　7. 提梁卣（1980CHLTT∶4）　8. 瓿（1990YMAT∶1）　9. 瓿（1973CHLHT∶1）　10. 斝（1981YZHCT∶4）

决考古问题的基本步骤。比如研究铜器组合与批次的问题，就可以利用微量元素分组法分析同一组合的铜器是否使用相同原料，进而可以判断同一组合的铜器是否来自同一生产批次。

第二，结合铅同位素和主量元素分析。任何一种自然科学方法均有其局限性和优势所在。根据我们的研究实践，微量元素分组法较多情况下反映的是铜料来源特征，而铅同位素方法用于讨论铅料来源较为有效，主量元素的分析则对于判断微量元素和铅同位素数据指征的原料类别有重要作用。因此将三种方法结合使用当成为研究铜器原料的基本手段。

第三，统一数据分析标准。本书所分析数据绝大多数均在北京大学考古文博学院实验室采用 ICP – AES 方法测定，该方法测定微量元素数据精度较高，符合微量元素分组研究的要求。统一数据分析标准，有利于将不同区域铜器以及不同实验室分析的数据置于同一平台进行研究。

第四，注意区分铜容器和兵器、工具等小件铜器数据。前文论述认为商周时期青铜容器的回收、重熔现象并非主流，但兵器、工具等小件铜器有不少可能存在回收、重熔现象。因此在分析铜器数据时，对于小件铜器需要区分开来进行研究。

第五，主要讨论铜器所用原料类型的异同，对矿料的地质学来源不做过多关注。由于中国矿产资源分布较广，地质环境复杂，加之微量元素在冶炼、铸造等过程中变化较多，因此利用微量元素分组法讨论矿料的具体来源较为困难。但其区分铜器所用原料的异同则十分有效。因此在中国使用该方法也主要用于讨论铜器的原料类型。

上述原则和建议是针对微量元素分组法的特点和中国商周时期铜器的考古学背景提出。商周时期铜器可提供诸多考古学信息，结合考古学背景该方法可应用于多类问题的研究。大体而言，根据我们的研究实践，至少以下问题可运用该方法进行讨论：

第一，铜器的生产来源和流通体系。该问题也是本书讨论的重点。仅仅凭借对铜器表面风格的分析只能对铜器来源给出推测性意见，而无法定论。但在考古学分类基础上，讨论不同类别铜器所用原料的异同就可推知铜器的生产来源。进一步对比不同区域的铜器数据，关注区域间微量元素小组"组合"的关系，则可复原铜器的流通体系。

第二，铜器的生产模式。商周时期铜器的生产模式是一个关注较少的问题。一般来说，手工业生产会遵循生产效率为本的原则。但商周时期的青铜容器具有礼制含义，可能对于铜器的视觉效果更为关注而采取不计工料的原则，兵器等小件铜器则可能注重生产效率。利用微量元素分组法可判断铜器是否属于同一生产批次。由此可以设计一些方法来讨论铜器的生产模式。如讨论车马器的生产模式，可以选取同一出土单位相同形制的若干小件铜器进行微量元素分组研究，若分组相同，则表明这些小件铜器可能使用相同批次的原料，成批次的进行浇铸生产。再选取组成一套车马具的不同构件进行研究，则可知车马器是按照功能组合生产还是按照器类进行生产。

第三，铜器组合方式的研究。我们研究铜器组合往往关注铜器器类上的固定关系，而对铜器来源关注较少。事实上，铜器组合往往是各类来源的铜器拼凑而成的。铜器的组合含义当有宗庙之制和墓葬之制的区别，讨论组合方式对于理解铜器的礼制内涵也有重要意义。比如对于列鼎制度的讨论，组成列鼎的大小相次的鼎是否是同批制作反映的意义并不相同。以微量元素分组法研究同一组合的铜器所用原料的异同则有助于这一问题的探讨。

第四，铜器断代研究。商周时期铜器的断代向来以铜器形制、纹饰特征作为主要依据。但某些特定时段，尤其是王朝交替阶段的铜器断代往往较为困难。比如商末与周初的铜器形制相同，多难以分辨。我们通过研究认为商时期和西周时期铜器所用的原料类型有明显变化。晚商时期流行使用1、2、9、12四组类型的原料，而西周时期则流行使用1、3、6、12四组类型的原料。微量元素分组数据具有时代特征，因此有助于判断铜器的生产年代。例如我们对叶家山铜器的研究表明，叶家山墓地出土的大量带有商铭文、族徽的铜器既有晚商时期生产的也有相当部分当是西周时期制作的。

第五，金属原料的流通。讨论金属原料的流通首先要建立起基本完整的数据库。在完善数据库的基础之上，观察不同区域间的数据特征有可能复原金属原料的流通路线。如前文所述，若某一时段的 A 区域所用铜器几乎都为 1 组数据，则表明该区域可能掌握该组原料的来源。如果其他区域也发现 1 组数据，但比例较低，又有考古学证据显示这些区域与 A 区域之间存在交流，则有可能存在 A 区域向其他区域输出 1 组原料的情况。当然对于金属原料流通的讨论要尽可能多的综合各类信息进行判断。

微量元素分组法应用于考古学研究并不局限于以上所列，还有不少其他课题有待探索。我们认为对于自然科学方法的态度是不寄希望其为万能的解决方案，而是要结合相关方法的优势和缺陷，以考古问题为本位，针对性的设计途径利用这些方法。微量元素分组法从本质上是一种数据分类方法，如同我们进行类型学研究将器物进行分类一样。"数据类型学"与"考古类型学"的相互结合是将科技方法用于考古研究的重要思路。科技考古领域应当着重开发数据分类的方法。考古学家则应主动的利用数据分类的方法进行研究。这一过程中，不拘泥于某一具体方法，而尝试用不同方法解析同一批数据显得尤为必要。对比各类方法产生的结果，才能更接近真实的历史逻辑。

第四节　本书研究采用的相关标准

一　分期标准

本书讨论的时段集中于商和西周时期。其中对于早、中商时期的分期采用唐际根先生的观点[①]；晚商时期的分期以及殷墟文化的分

[①] 唐际根：《中商文化研究》，《考古学报》1999 年第 4 期。

期采用邹衡先生的观点①。也就是说，本书采用了早商、中商、晚商的三段划分标准。采用这一分期体系除了客观年代标准更为精确外，我们认为三段的划分标准更有利于揭示资源体系和社会互动的历时性变化。

此处需要强调的是唐际根先生提出的中商文化分为三期，分别以郑州小双桥遗址和白家庄上层、洹北花园庄早期遗存和藁城台西早期墓葬、洹北花园庄晚期遗存和藁城台西晚期居址与晚期墓葬为典型的代表。三期与邹衡先生提出的早商文化第Ⅵ、Ⅶ、Ⅷ三组大体对应②。

对于西周考古学文化分期和绝对年代框架学界并不大的分歧，基本都采用西周早、中、晚的划分方法。本书采用《中国考古学·两周卷》中提出的西周考古学文化分期和绝对年代框架③。

此外，对于文中提及的具体遗址的分期和年代判定，如无具体说明，则均以报告或简报观点为准。

二 数据测量和采集标准

对文物进行科技分析的过程中，数据误差是不能回避的一个因素。例如成分测定，不同方法的精确度不同，同一方法在不同实验室也可能会受到各种影响。本书的研究基于元素分析和铅同位素分析，同样面临这些问题。为了最大限度的减少数据误差，提高数据质量，本书分析的全部样品采用了统一的标准化的分析流程。微量元素数据均在北京大学考古文博学院实验室采用利曼（Leeman）公司的 Prodigy 型全谱直读电感耦合等离子体发射光谱仪（ICP – AES）测定。铅同位素数据全部在北京大学地球与空间学院

---

① 邹衡：《试论殷墟文化分期》，载《夏商周考古学论文集》，文物出版社 1980 年版。邹衡：《试论夏文化》，载《夏商周考古学论文集》，文物出版社 1980 年版。

② 唐际根：《中商文化研究》，《考古学报》1999 年第 4 期。

③ 中国社会科学院考古研究所编：《中国考古学·两周卷》，中国社会科学出版社 2004 年版，第 51—55 页。

造山带与地壳演化教育部重点实验室，使用 VG Axiom 型多接收高分辨等离子体质谱仪（MC－ICP－MS）测定。且样品的前处理、制样过程，仪器分析所用的参考标准以及仪器工作参数全部保持一致。由此可以确保本书分析的数据质量高度统一，将误差控制在最小范围内。

就具体的分析过程来说，对于所取样品首先去除浮锈和其他杂质，进行精确称量。之后使用王水溶解样品，定容至 100ml，完成制样。分析标准溶液使用市售国家单一标准储备溶液混合配制。仪器分析条件如下：RF（高频发生器）功率：1.1kw，氩气流量：20L/min，雾化器压力：30psig（英制单位，约 20MPa），蠕动泵（样品提升）速率：1.2ml/min，积分时间：30sec/time。铅同位素分析是根据成分分析得到的铅含量结果，将样品溶液分别稀释 10—100 倍，加入国际标准 Tl 溶液，再进行测量。

除本书直接测定的数据外，对于所引用的数据也优先选择高质量的数据，如采用 ICP－AES 方法测定的微量数据。但文中也引用了少量采用不同方法测量的成分数据。将不同方法测量的微量元素数据进行对比，或多或少存在一些误差问题。我们对于相关结果也持更为谨慎的态度。

第 二 章

商时期——由"筑城聚珍"到"器料官营"

商时期是中国古代青铜器的发展、鼎盛时期，考虑到商王朝前、后期在政治、礼制上出现诸多变化，青铜器的数量也存在明显差别，由此造成对金属资源的需求发生变化。因此本书分为早、中商和晚商时期两个阶段分作讨论。讨论内容涵盖采矿、铸造以至于产品流通的整个环节。

第一节 商时期的采矿与铸铜遗址研究

青铜资源涉及原料生产和铜器铸造的一系列环节。因此对商周时期采矿、冶炼和铸造遗址进行梳理和研究，掌握各类遗存的分布状态和存续时代是首先需要解决的问题。比如讨论铜料资源的流通，就不可避免的需要对目前已经发掘的采矿遗址做综合研究，理清不同遗址的开发年代，开发人群。

采矿和冶炼遗址往往存在密切关联，商周时期的一些大型采矿遗址附近多分布有冶炼遗址，这有助于缩短运输距离，提高工作效率。鉴于采矿、冶炼遗址地域分布的重叠性，本书不再对冶炼遗址单独进行分析。就采矿遗址而言，根据目前的考古发现，东北、西北以及长江流域多个地区均发现有采矿遗址，但年代可早至商、西周时期，发掘工作较为全面的则以长江中、下游地区最为重要。本书讨论的主要区域也是以黄河流域和长江流域为中心，因此这里着重对长江中、下游商周时期的采矿遗址做综合研究。

一　采矿遗址研究

以鄂东南、赣北、皖南地区为中心的长江中下游铜矿带是中国铜矿资源最为丰富的地区之一。在这一区域发现了湖北大冶铜绿山、江西瑞昌铜岭以及安徽铜陵[①]等一批商周时期的采矿遗址。这些遗址时代跨度长，规模大，为我们研究商周时期铜矿资源的生产与流通提供了重要资料。目前考古工作者已经建立起对该区域采矿生产系统的基本认识，积累了从采矿到冶炼环节的丰富信息。但以往的研究多属基础研究，且多注重于单一遗址，忽略了不同采矿遗址间的关系。这里拟从生产技术和考古学文化两个层次来对长江中下游不同采矿遗址进行对比研究，并进一步揭示这些遗址产生的社会背景。

古代的采矿流程与现代大体相同，采矿过程中将涉及井巷支护、生产工具（挖掘、盛装、提升等工具）、选矿技术、排水、通风、照明等技术。长江中下游的采矿遗址以井巷支护结构资料最为全面，是我们讨论的重点。所谓井巷支护技术是指古人在井下开采矿石时，向下开挖各种井巷并采用木质框架支撑井巷的支护技术。支护结构主要有竖井支护、平巷支护、斜巷支护和连接竖井、平巷的马头门。目前发现有支护结构的遗址有大冶铜绿山、瑞昌铜岭、铜陵金牛洞、阳新港下以及湖南麻阳采矿遗址。其中以铜绿山和铜岭发现最多。铜绿山共清理竖井231个，平巷和斜巷100条以及马头门结构4处。铜岭遗址清理竖井103个、巷道19条，此外还有露采坑3处、探矿

---

① 安徽铜陵并非指某一具体遗址，而是涵盖铜陵境内集中发现的多处矿冶遗址，这里为行文方便，暂称之为遗址。

槽坑2处、工棚6处、选矿厂1处、斫木场1处。铜陵地区针对矿冶遗址的发掘工作较少，因而发现和研究有限，其中金牛洞遗址发掘面积有四十余平方米，发现少量支护结构。湖北阳新港下与湖南麻阳战国采矿遗址也发现少量支护结构。对于这些井巷结构的年代，发掘者多依据地层关系、井巷间的打破关系以及碳十四数据进行判断，本书采用发掘报告或简报中的观点①②③④⑤⑥。

综合以上考古发现，我们对上述遗址发现井巷支护结构分时段进行对比。目前年代最早的井巷支护结构发现于铜岭遗址，根据陶器资料和碳十四数据判断，年代可早至商中期。此时竖井采用了同壁碗口式结构和内撑式框架（图2.1，1）；平巷采用碗口式结构⑦（图2.1，2）。碗口式结构即将支护木的承接端砍削成凹陷状碗形，以与横木相契合，这也是目前发现最早的井巷支护技术（图2.1，2）。

商代晚期时，铜岭遗址的竖井支护沿用碗口式结构，做出的改动是增加了内撑木，成为"同壁碗口与内撑加强式"支护（图2.2，1）。与竖井支护技术不同，平巷开始采用榫卯技术——"开口贯通榫接式"平巷支护，这约是铜岭遗址最早出现的榫卯支护结构（图2.2，2）。铜绿山遗址发现的最早的井巷结构可早至晚商时期，竖井、平巷均采用榫卯结构。竖井中的"同向立柱榫卯"和"串联式

---

① 黄石市博物馆：《铜绿山古矿冶遗址》，文物出版社1999年版，第103—106页。
② 江西省文物考古研究所、瑞昌博物馆：《铜岭古铜矿遗址发现与研究》，江西科学技术出版社1997年版。
③ 刘诗中、卢本珊：《江西铜岭铜矿遗址的发掘与研究》，《考古学报》1998年第4期。
④ 安徽省文物考古研究所、铜陵市文物管理所：《安徽铜陵金牛洞铜矿古采矿遗址清理简报》，《考古》1989年第10期。
⑤ 李天元：《湖北阳新港下古矿井遗址发掘简报》，《考古》1988年第1期。
⑥ 湖南省博物馆、麻阳铜矿：《湖南麻阳战国时期古铜矿清理简报》，《考古》1985年第2期。
⑦ 本书支护结构定名及所用图片主要摘自刘诗中、卢本珊：《江西铜岭铜矿遗址的发掘与研究》，《考古学报》1998年第4期。

图 2.1 长江中下游地区商代中期的井巷支护技术

1. 商代中期竖井（J72）支护结构 2. 商代中期平巷（X12）支护及碗口式结构

榫卯"均使用板木（图 2.2，3、4）。在平巷中还出现立柱上端为榫卯，下端为鸭嘴式的支护结构（图 2.2，6）。

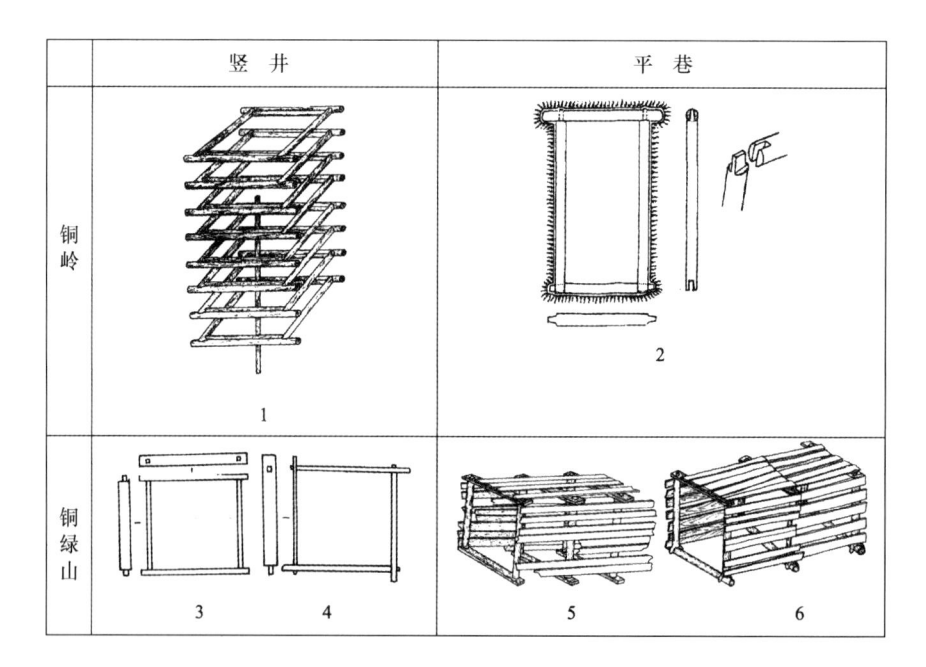

图 2.2 长江中下游地区商代晚期的井巷支护技术

1. 商代晚期竖井（J81）支护 2. 商代晚期平巷（X1）支护 3. 商代晚期竖井 I 式
4. 商代晚期竖井 II 式 5. 商代晚期平巷 I 式 6. 商代晚期平巷 II 式

第二章 商时期——由"筑城聚珍"到"器料官营" 55

尽管目前商时期的采矿遗址材料较少，但从铜岭和铜绿山遗址的情况来看，两地晚商时期采用的采矿技术可能存在一定差异。从陶器材料来看，目前商时期的陶器材料仅见于铜岭遗址。该遗址的陶器群主要由商文化、吴城文化以及万年文化因素陶器组成。铜岭遗址出土的罍、鬲属商式陶器；印纹硬陶罐是万年文化的特色器物；子母口器盖、折肩罐、高领罐是吴城文化典型器物（图2.3）。这些陶器中，以万年、吴城等本地文化居主体地位，商文化因素居次。根据商式敛口罍、矮体鬲判断，年代可早至早、中商时期。铜绿山遗址虽缺乏晚商时期的陶器资料，但遗址周边地区此时多属大路铺文化分布区域，与铜岭遗址陶器群差异较大，因此推测晚商时期，

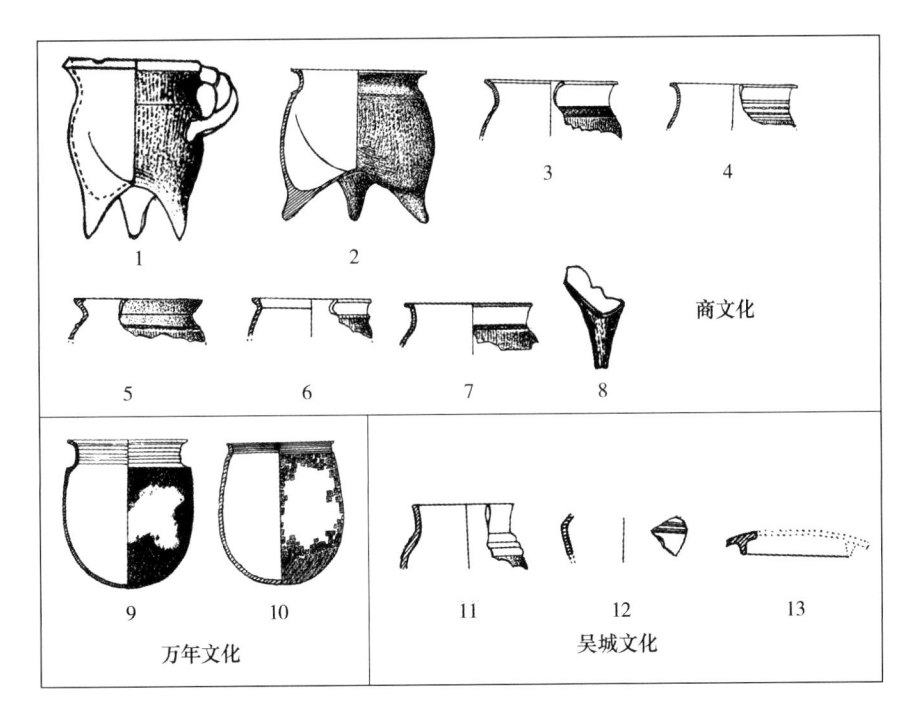

图2.3 铜岭遗址商代陶器

1. 罍（J11:1） 2—7. 鬲（T5⑨D:2、T14⑩B:4、T14⑩B:6、T14⑩B:5、T14⑩B:3、T2⑨D:10） 8. 鬲足（T14⑩B:7） 9—11. 罐（P1:2、T10⑩B:4、91采:5） 12. 罐（T15⑩B:2） 13. 器盖（T15⑩B:6）

铜岭和铜绿山遗址在技术和文化面貌上均有不同。这是我们对晚商时期长江中、下游矿冶遗址的基本认识。

二 铸铜遗址研究

本书所指铸铜遗址主要发现有陶范、炉渣、炼炉等遗物、遗迹，可以确定为曾发生铸造活动的原生性遗址。考虑到考古发掘的局限性，判断一地是否具有铜器铸造能力，不能仅依据铸铜遗址的发现与否，对于陶范、石范、熔渣等零星的铸铜遗物也需要特别关注。一般来讲，陶范、铜渣类的铸铜遗物属于生产废弃物，几乎不可能存在远距离传播的现象。这里废弃物也可作为铜器生产的确凿证据。这里对商周时期的铸铜遗址和出土铸铜遗物的地点进行系统梳理，为铜器生产的研究提供参考。陈建立先生曾对商周铸铜遗址材料进行过全面梳理，除个别未发表及新发现的材料外，已发表的材料均有讨论，这里主要以此为材料基础①。

目前，已发现的铸铜遗址主要见于商周中心都邑型遗址。二里头时期在二里头遗址发现有铸铜作坊②；早、中商时期在郑州商城发掘了南关外和紫荆山北两处铸铜遗址③；晚商时期殷墟遗址发现的铸铜遗址较多，包括孝民屯、苗圃北地、薛家庄、小屯东北地、大司空村等地均有发现④；西周时期的铸铜遗址主要以洛阳北窑铸铜遗址和周原地区发现的李家铸铜作坊、周公庙铸铜作坊、孔头沟铸铜作

---

① 陈建立：《中国古代金属冶铸文明新探》，科学出版社2014年版。
② 中国社会科学院考古研究所：《偃师二里头——1959—1978年考古发掘报告》，中国大百科全书出版社1999年版。
③ 河南省文物研究所：《郑州商代二里冈期铸铜基址》，《考古学集刊》（6），中国社会科学出版社1989年版。河南省文物考古研究所：《郑州商城——1953—1985年发掘报告》，文物出版社2001年版。
④ 中国社会科学院考古研究所：《殷墟的发现与研究》，科学出版社1994年版。中国社会科学院考古研究所安阳工作队：《2000—2001年安阳孝民屯东南地殷代铸铜遗址发掘报告》，《考古学报》2006年第3期。殷墟孝民屯考古队：《河南安阳市孝民屯商代铸铜遗址2003—2004年的发掘》，《考古》2007年第1期。

坊为代表；东周时期侯马等铸铜遗址的发现表明各诸侯国普遍拥有铜器生产能力，因此对该时期的材料不做讨论。以上铸铜遗址的发现表明商周时期的都邑型遗址普遍拥有铜器生产能力，这些作坊多数属于后世所谓的"官营作坊"。本书关注的核心问题是铜器的流通体系而不是生产流程，因此中心与周边地区铸铜遗存的分布情况对我们更具有直接意义，我们要尤其注意商周时期中心都邑以外的遗址是否具有铜器生产能力。以铜器流通体系为研究中心，也就意味着不需对中心铸铜遗址做过多的细节分析，因为中心遗址拥有最高水平的铸铜技术、出产高质量的产品已是定论，这里主要关注铸铜遗存的分布状态。

1. 早、中商时期

郑州商城已发掘的铸铜遗址有南关外和紫荆山北两处。前者从南关外期启用至白家庄期废弃，后者则从二里岗上层时期沿用到白家庄期。南关外铸铜遗址南北两区面积合计有25000平方米，发现有烘范窑、窖穴、铸造场地等遗迹，另有陶范、熔炉残片、铜渣、铜矿石、坩埚等遗物。就产品类别而言，除了小件的斧、刀、锥、镞、戈等工具、兵器范外，还有鼎、斝、爵、觚、盆范，类别较为齐全。紫荆山北铸铜作坊面积超过1000平方米，发现有房基、铜锈面以及陶范、铜渣等。从陶范类别来看，包括容器范、刀范、车器范等。两处铸铜作坊所见工序齐全。常怀颖先生以操作链的思路对郑州商城两处铸铜遗址进行研究，认为两处遗址表现出布局严密、规划合理的特征，显示出有周密安排的操作链迹象[1]。作坊的发掘者对两处遗址出土的各类陶范进行统计，其中生产工具范为151件、兵器范有46件、容器范71件、其他类别范17件。按比例计算，容器范仅占16.6%，因此发掘者认为两处作坊是以铸

---

[1] 常怀颖：《郑州商城铸铜遗址研究三题》，《三代考古》（5），科学出版社2013年版。

造工具为主①。但作为都邑类遗址的铸铜作坊，仅发现百余件陶范并不符合常理，可能受到考古发现局限性的影响。

1960年对孝民屯村西铸铜作坊的发掘揭露100平方米的面积。根据有限的发现，发掘者认为这一作坊规模较小，以生产工具和武器为主，可能是民间手工业铸铜作坊②。但2003—2004年对孝民屯南部和东南铸造作坊的发掘取得重大收获，发现大量铸造遗迹、陶范等。孝民屯南部的铸铜作坊与早年发掘的村西铸铜作坊连为一体，并与孝民屯东南铸铜作坊合称孝民屯商代铸铜作坊遗址。发掘者认为该遗址规模巨大、出土遗物甚多，可能为王室控制下的铸铜作坊遗址③。这种前后认识的不同主要是基于考古材料的多少。郑州商城虽然已发掘两处铸铜作坊，但完全可能存在尚未发现的铸铜遗存。

除郑州商城外，偃师商城、郑州小双桥作为中心型遗址，也可见到铜器铸造的迹象。在偃师商城大城城墙东北隅，城墙内侧附属堆积下发现3个灰坑，坑内发现有陶范、铜渣等，灰坑附近还发现红烧土面。另外在城墙的下部夯土和附属堆积中也发现有铜渣、坩埚、陶范等④。这些现象表明在城墙修筑前，此处已有早商时期的铸铜作坊。郑州小双桥遗址在一些灰坑中多见孔雀石、铜渣、炉壁，甚至还发现了炼炉，另外在T54H6附近也发现有陶范残块⑤。尽管该地铜器生产的规模和产品类别还不清楚，但存在铜器铸造活动则

---

① 河南省文物考古研究所：《郑州商城——1953—1985年发掘报告》，文物出版社2001年版，第384页。
② 中国社会科学院考古研究所：《殷墟发掘报告（1958—1961）》，文物出版社1987年版，第60—69页。
③ 殷墟孝民屯考古队：《河南安阳市孝民屯商代铸铜遗址2003—2004年的发掘》，《考古》2007年第1期。
④ 中国社会科学院考古研究所河南第二工作队：《河南偃师商城东北隅发掘简报》，《考古》1998年第6期。
⑤ 河南省文物考古研究所、郑州大学文博学院考古系、南开大学历史系博物馆学专业：《1995年郑州小双桥遗址的发掘》，《华夏考古》1996年第3期。

第二章 商时期——由"筑城聚珍"到"器料官营"

无疑问。

以上都邑类中心遗址存在铸铜活动是较为普遍的现象，此外作为商文化区域性中心的东下冯商城和盘龙城也见有一些迹象。夏县东下冯第5期，相当于二里岗下层时期，发现有石范3块，其中1块有镞、凿、斧三个型腔的残部，属多用范，另两块属于斧范的一部分①。关于盘龙城遗址的是否存在铜器生产是学术界多有争论的问题。事实上在盘龙城遗址可以见到铜器铸造的一些迹象。盘龙城遗址杨家嘴发现有灰烬坑，K1发现有坩埚2件、铜刀、残铜片和铜渣等。K2出土2件较完整的陶缸，也发现有铜片、铜渣等。另外该区域发现的灰烬沟中也发现有少量铜渣②。近期在盘龙城城垣以西的小嘴遗址发现南、北范围均超过30米的大型遗迹，局部发现大量铜颗粒或铜渣颗粒，可能是铜器作坊遗存，相关工作正在进行中。这些铜渣、坩埚的最终定性还需要进一步研究，但综合以上信息，我们认为在盘龙城、东下冯存在铜器铸造活动是基本可以肯定的。问题在于生产规模的大小。

近年来安徽阜南台家寺发现了中商时期的铸铜遗迹和遗物③。在河北临城县补要村发现有中晚商时期的铸铜作坊活动面，并发现有觚陶范、坩埚、残炉壁、范芯及铜器碎片等④。但简报中并未明确该遗迹属于中商时期还是晚商时期。这些材料有待进一步讨论。

从早、中商时期铸铜遗迹、遗物的发现来看，在中心遗址，至

---

① 中国社会科学院考古研究所、中国历史博物馆、山西省考古研究所：《夏县东下冯》，文物出版社1988年版。

② 湖北省博物馆：《盘龙城——1963—1994年考古发掘报告》，文物出版社2001年版。

③ 陈冰白、何晓琳：《安徽阜南台家寺遗址发现商代高等级聚落》，《中国文物报》2017年4月28日，第008版。武汉大学历史学院考古系、安徽省文物考古研究所：《安徽阜南县台家寺遗址发掘简报》，《考古》2018年第6期。

④ 北京大学考古文博学院、河北省文物局、邢台市文物管理处等：《河北临城县补要村遗址北区发掘简报》，《考古》2011年第3期。

少存在四处铸铜遗址，当然这也与早、中商时期迁都活动有关。在地方遗址中，东下冯和盘龙城都发现有铸铜迹象，其中盘龙城发现遗迹较多，显示其铸铜规模可能不小。中心遗址在铜器生产流程中发现的各个环节的遗存更多，这在一定程度上或许受到考古发掘局限性的影响（表2.1）。另外值得注意的一点是，在河南郑州，早、中商时期的南关外，紫荆山北，小双桥遗址均发现有矿石，这在晚商、西周时期的中心铸铜遗址少见，其是否表明生产过程中的差异还需更多材料的证实。从宏观分布状态来看，此时期总的特点是呈现多中心形式，商王朝对于铸铜活动似未有严格限制（图2.4）。

表2.1　　　　　　　　　　早、中商时期铸铜遗存统计表

地点	遗存类别	金属原材料		制范遗存	熔铜遗存	铸造遗存
		矿石	纯金属			
中心遗址	南关外铸铜遗址	√			√	√
	紫荆山北铸铜遗址	√	√		√	√
	偃师商城遗址				√	√
	小双桥遗址	√			√	√
地方遗址	东下冯商城					√
	盘龙城遗址				√	

2. 晚商时期

殷墟遗址的铸铜遗址材料是目前商周时期最为丰富的。目前在殷墟已经发现的铸铜作坊至少有四处。苗圃北地铸铜作坊范围在1万平方米以上，已经初步体现出生产、生活分区的特征。东、西两区相距约25米，东区多铸铜遗迹，当是生产区；西区则多分布房基，少铸铜遗物，可能是居住区。该遗址的发现涵盖从制范到铸铜的全过程。发现的一座半地穴式房址（ⅣF1）呈方形，东西长3.3米，南北宽3.5米，房底有一层硬面，硬面中部置有一套长方形或

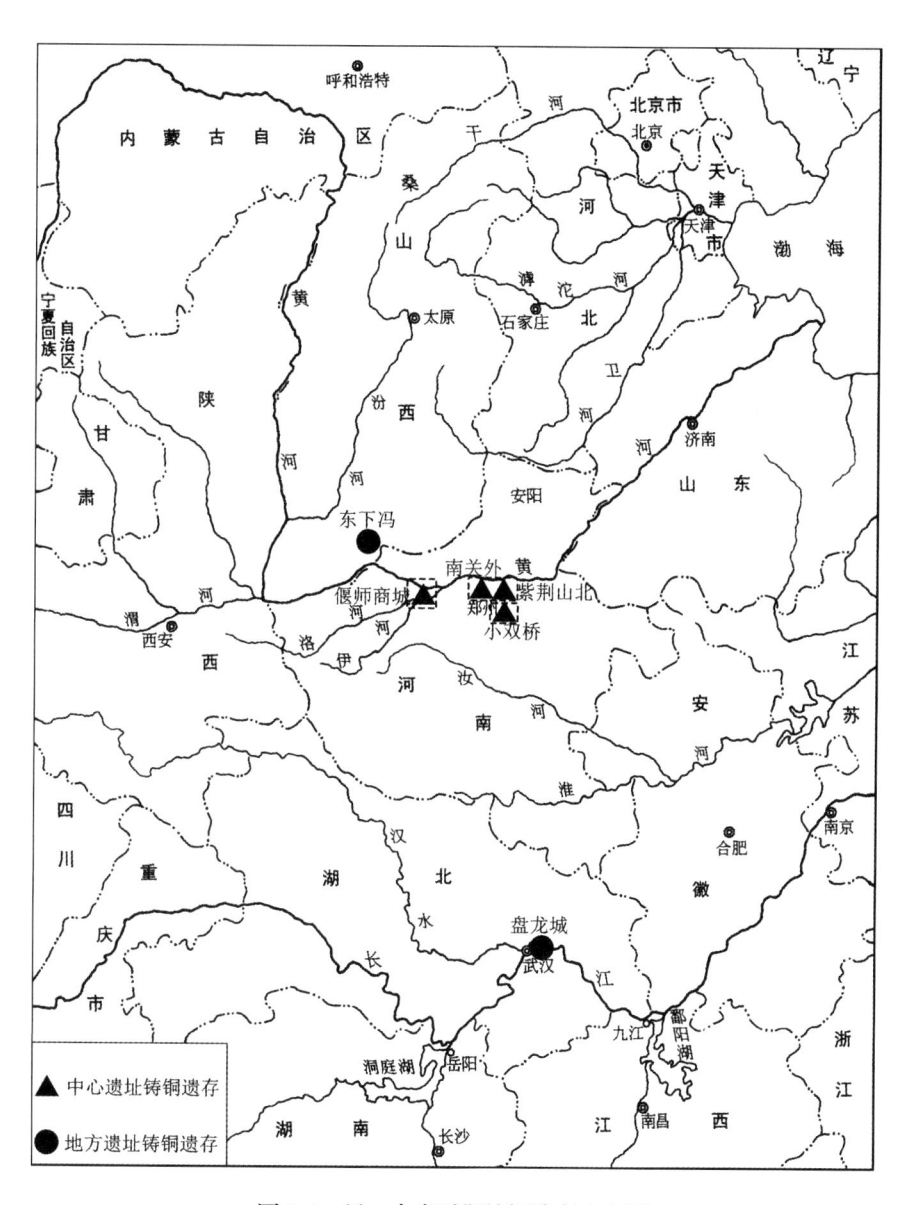

图 2.4　早、中商时期铸铜遗存分布图

方形陶范，应是专门铸造大型铜器的工棚①。另外在孝民屯铸铜作坊发掘出土陶范上万，大部分为礼器范，涵盖各种器类。除陶范外，

---

①　中国社会科学院考古研究所：《殷墟的发现与研究》，科学出版社 1994 年版。

铸造场、烘范窑、熔炉等遗迹也发现较为全面，孝民屯东南地还出土有不同类型的熔铜炉。草泥炉可能专为浇铸大型器物和成组器物群所建；夹砂炉则可能是为浇铸小型器物而建。可见殷墟铜器工业的分工已较为成熟①。殷墟薛家庄和小屯东北地也发现有铸铜遗址，值得注意的是 1929 年秋在小屯东北地出土一块重达 18.8 公斤的孔雀石和 21.8 公斤的"炼渣"。由于殷墟其他铸铜遗址都未发现铜矿石，因此小屯孔雀石和"炼渣"的出土背景也有待验证。

殷墟之外的商文化遗址罕见铸铜遗存，仅在老牛坡遗址等个别地点有所发现。老牛坡遗址发现有一处冶铜炼渣堆积坑，另发现有陶范，两地点相距约 80 米。老牛坡的铸铜遗物类别较简单，有陶范、炉渣、红烧土块、木炭屑、残炉壁等。陶范残块共 22 件，器形有人面形饰、牛面形饰、戈、钺、圆形泡等②。这些发现表明老牛坡遗址可能既有冶铜活动也有铸造活动。但较为特别的是所发现的陶范如人面饰、兽面饰在城洋地区多见有对应的铜器。这指向两种可能性，一种可能是老牛坡人群受城洋人群的文化影响而在当地制作、使用此类铜器；另一种可能性是老牛坡遗址就是城洋铜器群的一个生产中心。无论哪种可能，均较为特别，铜器器形也具有地域风格，可能并非是在商王朝控制体系下的铜器生产活动。

商文化区域之外，位于长江流域的吴城遗址年代从二里岗上层一期延续至殷墟四期。该遗址发现有 7 个与青铜冶铸相关的灰坑，报告称之为冶铸区③。灰坑中出土有石范、陶铸件、铜渣、铜块以及大量的炭渣、红烧土块等。所发现的铜器范中，尚未见与青铜容器相关的范，而以工具和兵器范为主，因此吴城遗址必定存在铸造铜工具、兵器的活动。7 个与青铜冶铸相关的灰坑，主要分布在Ⅲ区

---

① 中国社会科学院考古研究所安阳工作队：《2000—2001 年安阳孝民屯东南地殷代铸铜遗址发掘报告》，《考古学报》2006 年第 3 期。
② 刘士莪：《老牛坡》，陕西人民出版社 2002 年版。
③ 江西省文物考古研究所、樟树市博物馆：《吴城——1973—2002 年考古发掘报告》，科学出版社 2005 年版。

和Ⅳ区，分布范围相对集中。报告将 7 个灰坑均定为二期，其中 1974QSWT13Z1 为二期早段，相当于殷墟一期；其余灰坑包括 1974QSWT6Z2、1974QSWT6Z4、1974QSWT6Z3、1975QSWT8Z5、1975QSWT8Z6、1975QSWT8Z7 均定为二期晚段，约当殷墟二期晚段。可见吴城遗址的冶铸活动集中在殷墟前期。

总体而言，与早、中商时期郑州商城的铸铜遗址相比，殷墟遗址的铸铜作坊显得更为专业化、规模化。首先，殷墟遗址发现反映完整铸造流程的各类遗迹（表2.2）。甚至有针对不同体量的铜器而专门设置的工棚，分工更为细致。其次，苗圃北地遗址可能存在生产区和生活区的划分，表现出更高的专业化程度。另外，几处铸铜遗址的规模均较大，产品类别较全，都处于殷墟遗址之内，表现出典型的官营作坊特征。地方型商文化遗址极少见有铸铜迹象，老牛坡是较为特别的发现。从早、中商到晚商时期，商文化区域内的铸铜活动似乎从多中心逐渐走向集中化生产，晚商王朝的铜器生产可能均控制在中心都邑之内（图2.5）。对于都邑之外发现的铸铜迹象一定要区分规模和文化背景，零星发现与大规模生产所代表的含义显然不同。早、中商时期的盘龙城遗址就发现有较大区域的与铸铜相关遗迹，若其确实存在铸铜活动，则当是规模化的生产，暗示商

表 2.2　　　　　　　　　晚商时期铸铜遗存统计表

地点	遗存类别	金属原材料		制范遗存	熔铜遗存	铸造遗存
		矿石	纯金属			
中心遗址	苗圃北地铸铜遗址		√	√	√	√
	孝民屯铸铜遗址			√	√	√
	薛家庄铸铜遗址				√	√
	小屯东北地铸铜遗址	√			√	√
地方遗址	老牛坡遗址				√	
	吴城遗址			√	√	√

王朝在政策上不对此类活动进行限制。晚商时期老牛坡的发现更侧重于冶炼遗存，铸造遗存发现不多，文化背景也可能属商文化体系外的铜器生产活动。

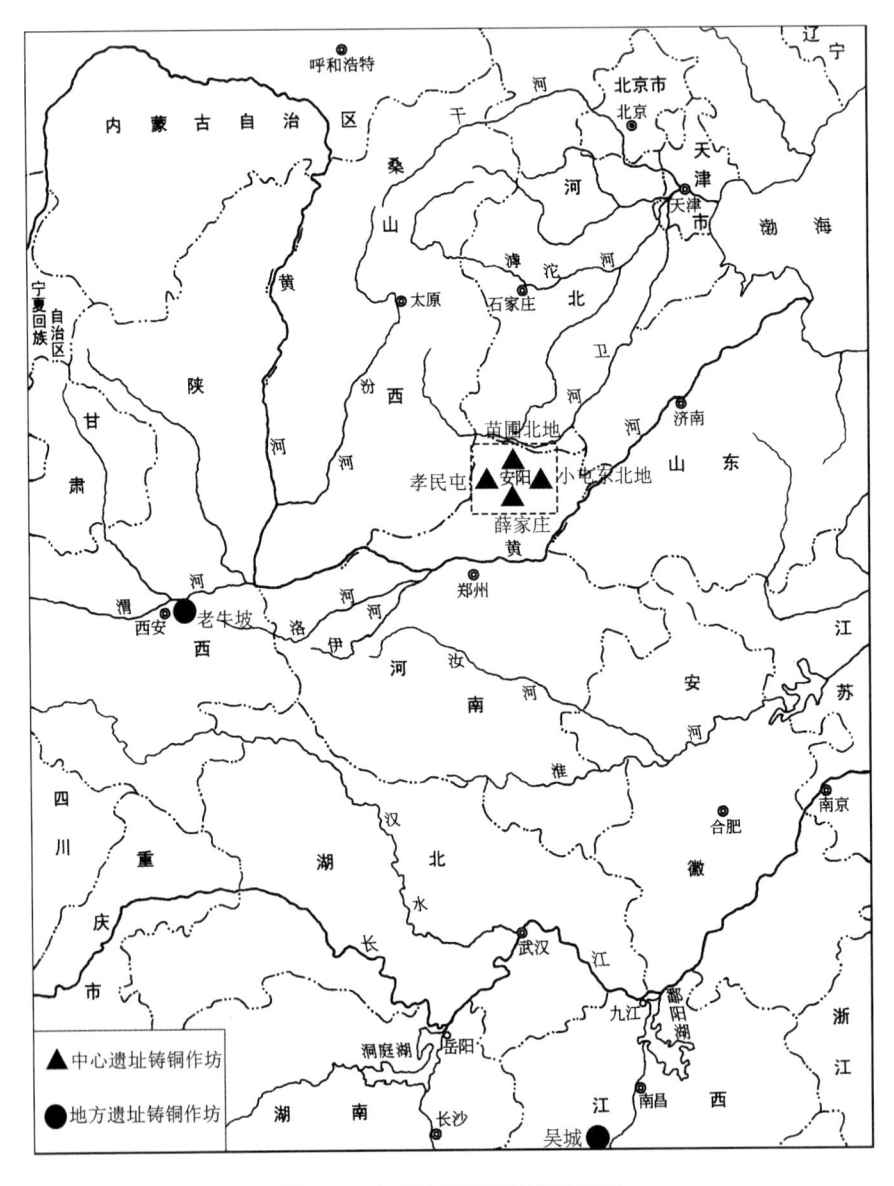

图 2.5　晚商时期铸铜遗存分布图

第二节 "筑城聚珍"——早、中商时期以城为中心的资源获取模式

本书讨论资源与社会的落脚点之一在于探索资源流通模式与中心—周边关系的相互影响。早、中商时期的中心遗址以郑州商城为代表,周边遗址则可按照文化因素分为两类,一类是以盘龙城为代表的典型商文化性质据点,另一类以城洋、闽赣地区的土著文化为代表。也就是说对中心与周边关系的讨论需要分为商文化区域内的中央与地方和商文化区域内、外的两地关系两个层次。下面依次分别展开讨论。

一 商文化区域内的中央与地方——郑州商城与盘龙城

我们认为中心与周边的关系会反映在珍稀资源的流通模式上。作为地方遗址,若其具有独立生产并直接使用珍稀资源的权利,则说明中心遗址并不对珍稀资源实行严格管控,地方也具有一定的独立性。以青铜器为例,若盘龙城等地方型城址存在独立铸造铜器的活动,这表明商王朝并未对具有政治、礼制涵义的青铜器实行中央集中生产的政策。地方城址能生产、使用此类珍稀资源,也暗示其与中央的关系并非单纯的依附。依此逻辑,我们讨论郑州商城和盘龙城的关系,主要是通过对盘龙城青铜器来源的讨论来实现。

对于盘龙城青铜器的自身特点早为学者广泛讨论。例如凯恩(V. Kane)[1]、贝格立(R. Bagley)[2]、张昌平[3]等学者通过对于青铜器

---

[1] V. Kane, "The Independent Bronze Industries in the South of China Contemporary with the Shang and Western Chou Dynasties", *Archives of Asian Art*, Vol. 28, (1974/1975), pp. 77 – 107.

[2] R. Bagley, P'an-lung-ch'eng, "A Shang City in Hupei", *Artibus Asiae*, Vol. 39, No. 3/4, 1977, pp. 165 – 219. R. Bagley, *Erligang Bronzes and the Discovery of the Erligang Culture in Art and Archaeology of the Erligang Civilization*, New York: Princeton University Press, 2014.

[3] 张昌平:《盘龙城商代青铜容器的初步考察》,《江汉考古》2003年第1期。

纹饰、器型以及铸造方式的观察，提出盘龙城的自身特点以及对后来南方金属工业体系的深远影响。这从侧面反映了盘龙城与郑州商城之间的互动关系并不单一，值得深入研究。下面将从青铜器的器形、纹饰、铸造工艺、成分特征等方面着手，将盘龙城与郑州商城铜器进行对比来讨论盘龙城遗址青铜器的来源。

1. 青铜器器形、纹饰、铸造工艺

盘龙城遗址出土的青铜器多达三百余件，仅这一项数据已经暗示出盘龙城在早商时期的特殊地位[①]。从青铜器的器形、装饰来看，盘龙城出土的若干铜器不见于郑州商城遗址。盘龙城出土的镂空瓿有着极具特色的几何形镂空装饰，这种装饰及铸造技术罕见于早商时期的其他遗址（图2.6，1）。盘龙城出土的提梁卣是早商时期该类型铜器最早的发现之一，其细高颈，圆鼓腹的卣体形态不见于郑州商城遗址（图2.6，2）。罍（PWZT82H7∶1）的器形虽无特别之处，但菱形纹与乳钉纹的组合纹饰在罍上出现较为罕见（图2.6，3）。盘龙城出土的高体尊是最富特色的一类铜器，这类尊高领、高圈足，饰平行连珠纹，与郑州商城出土的兽面纹尊差异较大（图2.6，5、9）。虽然相似器物在藁城台西遗址也有发现，但形体不如盘龙城尊瘦高。青铜鬲在盘龙城遗址出土数量不少。袋足加尖锥足跟，饰人字纹的基本特征与郑州商城出土青铜鬲一致。但盘龙城部分青铜鬲或卷沿、垂腹（图2.6，6），或直领，领腹分界明显（图2.6，8），形制较为特别。此外，区别于普通铜爵的敞开式流口，盘龙城出土有流上部封闭而形成扉棱状装饰的铜爵（图2.6，7）。除以上容器外，盘龙城出土的铜兽面等也具有地方特色（图2.6，4）。虽然盘龙城遗址出土的这些特征性铜器主体因素与郑州商城出土青铜器无异，均属商文化青铜器，但其在主体因素的基础上又呈现出一定差异。这一方面可能与郑州商城考古发现的局限性有

---

① 湖北省文物考古研究所：《盘龙城——1963—1994年考古发掘报告》，文物出版社2001年版。

第二章　商时期——由"筑城聚珍"到"器料官营"　67

关,另一方面也需要考虑这些差异是否指示了盘龙城青铜器的特征性因素。

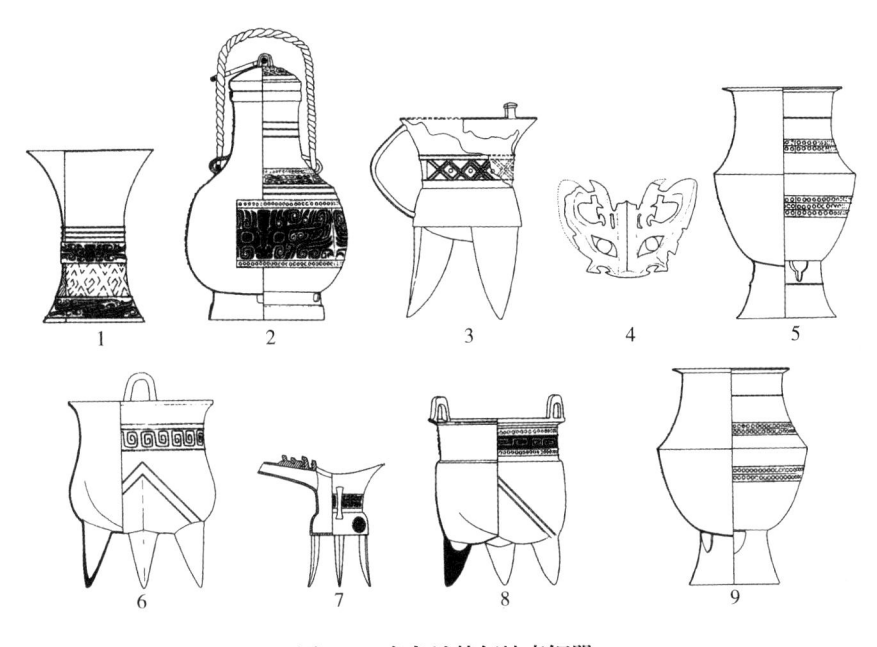

图 2.6　盘龙城特征性青铜器

1. 觚（PLZM1∶19）　2. 卣（PLZM1∶9）　3. 斝（PWZT82H7∶1）　4. 兽面（P∶015）
5. 尊（PYWH6∶15）　6. 鬲（PYWH6∶17）　7. 爵（PYWH6∶28）　8. 鬲（PYWM4∶2）
9. 尊（PYWM11∶34）

对于盘龙城青铜器的区域特征,张昌平先生曾有过全面论述①。他认为盘龙城出土的部分青铜器与郑州商城出土青铜器在器形、纹饰方面都存在一些细部差异,并提出盘龙城青铜器铸造工艺的一些特点。以下援引张昌平先生的观点对这一问题进行概况。他注意到在器类、器形上,盘龙城出土的簋、甗和郑州商城出土的方鼎、盂、盘均不见于对方;盘龙城出土的独柱爵少见于郑州地区;圈足上铸有条形缺口的折棱觚不见于郑州商城;两地的尊相较而言,盘龙城

---

① 张昌平:《盘龙城商代青铜容器的初步考察》,《江汉考古》2003 年第 1 期。

出土的尊口径多小于腹径，口沿较薄，肩部不饰兽首，而郑州商城出土的尊口径多大于腹径，口沿较厚，肩部多饰三个兽首。从纹饰来看，盘龙城青铜器上装饰的兽面纹在较早阶段鼻梁不凸出，且少见郑州地区流行的长尾兽面；较晚阶段盘龙城出现的一类结构抽象的兽面纹不见于郑州地区。从铸造工艺来看，盘龙城出土的一件鼎（M1∶3）已采用双耳与一足垂直的"五点排列式"铸造方法，这种方法自晚商时期开始流行，因此盘龙城铜鼎是此类方法较早的例证。盘龙城出土的提梁卣和簋均采用了分铸法连接附件，这是目前所见分铸法最早的实例。这些现象均显示出盘龙城人群在铜器的设计、制作上具有一定独立性。

2. 青铜器的科技分析

利用新的微量元素分组法，我们引用已发表数据将盘龙城和郑州商城遗址出土的青铜器进行了微量元素分组研究。其中盘龙城共41 例数据①，郑州商城共 25 例数据②，均以青铜容器为主。需要说明的是，虽然盘龙城微量元素数据来自中子活化技术分析，而郑州商城微量元素数据采用 ICP－OES 方法分析，但两类分析方法产生的数据精度均较高，这为数据之间的比较提供了可能性。

经过分析，我们认为两地的青铜器集中在 6 个微量元素小组中，因此我们主要对这 6 个小组进行讨论。青铜器比例超过 10% 的小组在盘龙城包括第 1、2、5、11 组，在郑州商城包括第 1、2、4、9 组（表 2.3）。第 1、2 组是两地共有的微量元素小组，且均以第 1 组为主。盘龙城第 1、2 组数据占总数量的 50.1%，郑州商城第 1、2 组数据占 56%，由此可见两地青铜器中约有半数具有相同的微量元素特征。除第 1、2 组外，盘龙城的第 5、11 组与郑州商城的第 4、9

---

① 湖北省博物馆：《盘龙城——1963—1994 年考古发掘报告》，文物出版社 2001 年版。

② 郑州商城铜器数据及图片均引自田建花：《郑州地区出土二里岗铜器研究》，博士学位论文，中国科学技术大学，2013 年。田建花、金正耀等：《郑州二里岗期青铜礼器的合金成分研究》，《中原文物》2013 年第 2 期。

组是两地的特征性小组。其中盘龙城第5、11组占总数量的31.3%，郑州商城第4、9组占36%，均占有相当比例。此外第4、9组和第5、11组分别属于两种共生组。所谓共生组即青铜器在多次的重熔等高温加工过程中，砷元素不断流失，第9组和第11组会分别变成第4组和第5组。不同的共生组在郑州商城和盘龙城发现更加表明了两地青铜器化学元素的区别。

至于两地微量元素小组所指征的原料类型则需要对主量元素予以关注。所分析的数据中，郑州商城和盘龙城全部数据的锡含量均在2%以上，铅含量在2%以下的数据郑州商城有5个，盘龙城则有4个。也就是说，两地数据绝大部分均为铅锡型青铜，少数为锡青铜。郑州商城5个锡青铜数据中有3个分布在1组，2个分布在2组；盘龙城的4个锡青铜数据中，2个属于2组，另外2个则属于4组。既然所有分析的铜器均含锡料，而微量元素组别仍呈现多元化的状态，并包括四种元素均无的1组，因此推测锡料的添加对微量元素组合并无明显影响。至于铅料，铅锡青铜数据也分布在所有组别，以目前有限的数据也看不到铅料添加对微量元素组合产生明显影响。因此两地的微量元素数据最可能指征铜料来源，而铅、锡料的加入可能并未对微量元素含量有明显改变。

表2.3　　　　　　　盘龙城与郑州商城微量元素分组表

遗址\组别	1组	2组	4组	9组	5组	11组
盘龙城	31.3%	18.8%			12.5%	18.8%
郑州商城	40%	16%	12%	24%		

由上述数据来看，盘龙城青铜器与郑州商城青铜器之间的关系显然不能一概而论。两地约有半数的青铜器指向了相同的来源，另外各有约三分之一的青铜器可能存在不同来源。对这种现象的解释，

需要我们对不同组别器物进行具体分析。由于数据较多，因此我们仅选取在年代、器形上具有代表性的器物进行讨论。

盘龙城青铜器中，以二里岗上层一期阶段的青铜器数量最多。在我们分析的32例数据中，年代也基本集中在该时间段。从器形特征来看，第1、2组与第5、11组青铜器均与郑州商城出土青铜器无异（图2.7）。第5组的分裆斝（PWZM1∶1）虽不见于同期的郑州商城，但在郑州商城二里岗上层二期的墓葬C1M1中出土有同类型的分裆斝（C1M1∶1），因此不排除这类器物在更早时期存在的可能性（图2.7，4）。此外，盘龙城出土的器形较为独特的青铜器均无数据，因此从现有资料看，盘龙城青铜器中的第1、2、5、11组年代较为集中，器形也与郑州商城铜器无异。

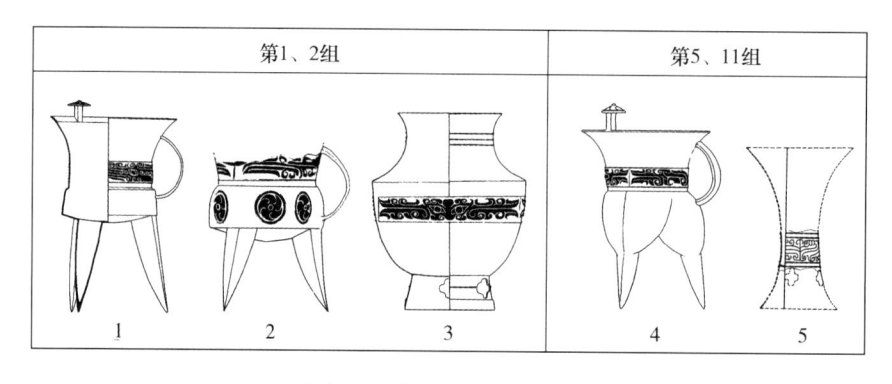

图2.7 盘龙城出土青铜器
1. 斝（PLWM3∶3） 2. 斝（PWZM1∶6） 3. 尊（PYWM4∶1） 4. 斝（PWZM1∶1）
5. 觚（PWZM1∶5）

郑州商城的25例数据虽为博物馆藏品，但出土点位于郑州商城遗址或附近区域，年代也可根据器形、纹饰特征判断。从年代来看，郑州商城的第1组铜器中既有二里岗下层文化时期铜器（图2.8，3），也有二里岗上层文化时期铜器（图2.8，1、2、4、5），可见该组铜器出现时间较早。第2组铜器年代约为二里岗上层文化一期前后（图2.8，6、7）。第4、9组铜器的年代均为二里岗下层文化时期（图2.8，8、9）。从现有数据来看，若第4、9组是二里岗下层文化时期的特征性小组，那么联系到盘龙城遗址的数据多属二里岗上层一期的现象，这两组罕见于盘龙城遗址或许与年代有关。从器形来看，第1、2组和第4、9组的铜器均与盘龙城同类器无异。

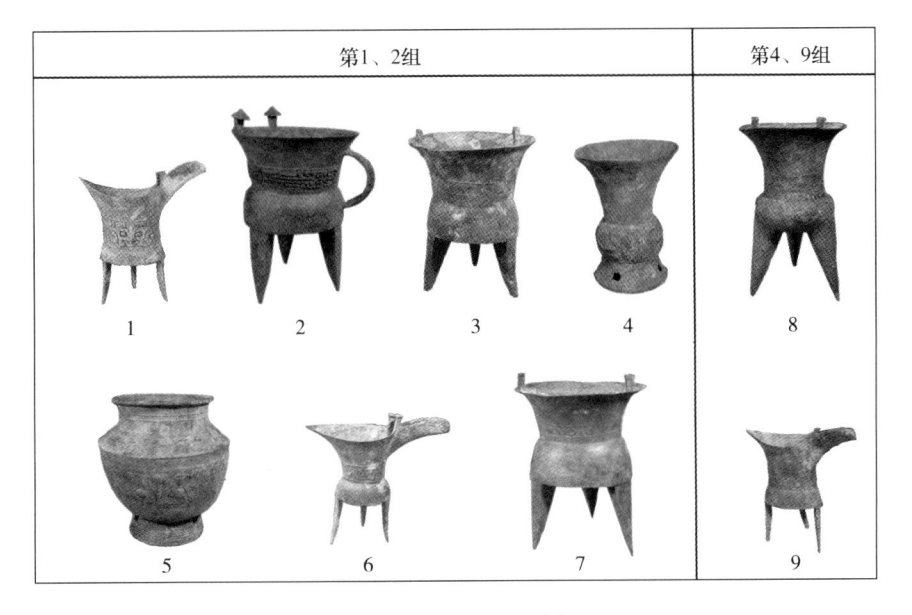

图2.8　郑州商城出土青铜器

1、6、9. 爵　2、3、7、8. 斝　4. 瓿　5. 尊（1—5. 第1组、6—7. 第2组、8. 第4组、9. 第9组）

由盘龙城与郑州商城青铜器微量元素的分组特征来看，约有半数青铜器关系密切，可能具有相同来源。另外，较为特别的是盘龙城的第5、11组铜器，这两组铜器的微量元素特征不见于郑州商城遗址，因此可能具有不同的来源。这批青铜器反映了盘龙城人群利用特殊原料，独立制作青铜器的可能性。盘龙城遗址出土青铜器的来源显然并不单一。需要说明的是由于一些数据来自残损器物，很难对其进行类型学分析，故无法对更多的数据进行深入讨论。

综合以上分析，我们认为盘龙城出土的青铜器在化学元素构成、器形、纹饰、铸造工艺方面均表现出自身的独特性。虽然与郑州商城出土青铜器同为商文化系统青铜器，但这些自身特征的存在表明盘龙城人群在青铜器的用料、设计、制作方面具有一定自主性，可能存在独立的青铜器生产活动。当然这并不意味着其与郑州商城之间毫无关联，微量元素分组结果表明其中有半数铜器与郑州商城铜器特征相同，或有相同来源。因此盘龙城与郑州商城的关系并不单一，一方面可能有直接的铜器流通，另一方面盘龙城遗址本身也或有铜器生产活动。

3. 印纹硬陶和原始瓷器

盘龙城遗址墓葬中出土有数量较多的印纹硬陶和原始瓷器，这两类器物在郑州商城的铜器墓中也有发现。与青铜器一样，印纹硬陶和原始瓷器被认为是代表较高等级的遗物，它们为盘龙城与郑州商城关系的探讨提供了另一个视角。

以往学术界对印纹硬陶和原始瓷器两类器物的关系认识不清，因此我们在讨论时将两类器物分开进行分析。通过盘龙城与郑州商城材料的对比，我们认为两个遗址出土的印纹硬陶和原始瓷器既有密切关系，又有明显差别。就联系而言，郑州商城出土的原始瓷折肩尊、印纹硬陶圆腹罐、折腹罐、尊形器均可在盘龙城遗址找到相似的类型，不仅器形相近，纹饰、附件等也极为一致（图2.9）。事实上，郑州商城出土的印纹硬陶和原始瓷器的全部类型几乎都可在盘龙城遗址找到对应。

两地的差别主要在于盘龙城遗址出土的部分印纹硬陶和原始瓷器不见于郑州商城遗址。郑州商城出土的原始瓷器主要是折肩尊，但在盘龙城遗址发现有另一类双折肩尊（图2.10，7、8），这类器物多见于吴城遗址，因此可能源于吴城。另外在盘龙城遗址，罐、尊形器等印纹硬陶的常见器类也出现在原始瓷器中（图2.10，9、

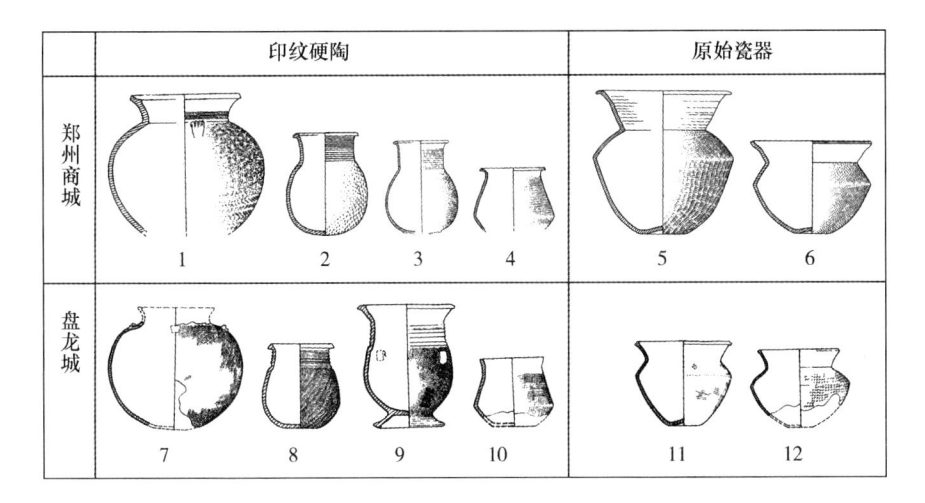

第二章　商时期——由"筑城聚珍"到"器料官营"　　73

	印纹硬陶	原始瓷器
郑州商城	1　2　3　4	5　6
盘龙城	7　8　9　10	11　12

图 2.9　郑州商城与盘龙城印纹硬陶和原始瓷器对比图

1. 圆腹罐（C11. H111：12）　2. 尊形器（郑州商城 C11T102②：77）　3. 尊形器（C7T37②：151）　4. 折腹罐（C5T21①：72）　5. 折肩尊（郑州商城 MGM2：1）　6. 折肩尊（郑州商城 C5T4①：18）　7. 圆腹罐（PLZM3：18）　8. 尊形器（PLZH1：15）　9. 尊形器（PLWM3：4）　10. 折腹罐（PYWT5④：5）　11. 折肩尊（PLWM6：6）　12. 折肩尊（PYWM7：02）

10、11）。盘龙城遗址出土的印纹硬陶器类、器形也更为丰富，罐、尊形器的类型明显多于郑州商城（图2.10，1、2、4、5）；圈足尊仅见于盘龙城遗址（图2.10，3）；多作为原始瓷器出现的折肩尊也有印纹硬陶的形式（图2.10，6）。因此，盘龙城遗址出土的印纹硬陶和原始瓷器类型明显较郑州商城更为丰富。值得注意的是，在郑州商城遗址，高等级墓葬主要随葬原始瓷器，器类基本都为折肩尊。印纹硬陶器类多为罐和尊形器，在居址中出土较多。两类器物在器类和使用上存在明显区别。但在盘龙城遗址的高等级墓葬中，印纹硬陶和原始瓷器均有随葬，且两类器物的器类常有重合，没有严格区分。从数量来讲，盘龙城遗址出土的印纹硬陶和原始瓷器也多于郑州商城。可见就印纹硬陶和原始瓷器来说，盘龙城存在自身独有的特征。

通过以上分析，我们看到盘龙城青铜器的化学元素、器类、器

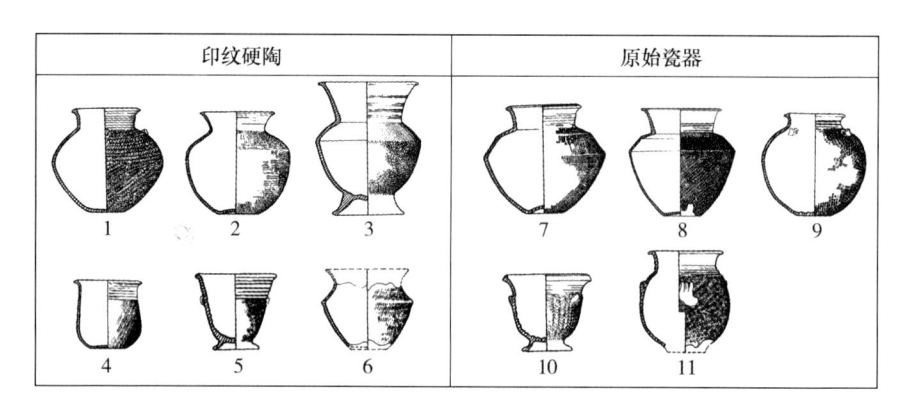

图2.10 盘龙城出土特征性印纹硬陶和原始瓷器

1. 小口瓮（PLWM3:15） 2. 折肩尊（PLZM2:4） 3. 圈足尊（PLWM1:8） 4. 尊形器（PLZH25:5） 5. 尊形器（PYZT3⑤:29） 6. 折肩尊（PLZH12:3） 7. 双折肩尊（PLWM10:2） 8. 双折肩尊（PWZT82⑧:4） 9. 小口瓮（PYWT5④:4） 10. 尊形器（PYWM9:5） 11. 鼓腹罐（PWZT9⑧:12）

形、纹饰、铸造工艺以及印纹硬陶和原始瓷器的类型和器用制度均存在自身特征。就青铜器而言，种种证据表明盘龙城当拥有独立的青铜器生产活动，这提示我们在考虑盘龙城青铜器的来源时，不能简单地以本地生产或郑州输入来一以概之，实际情况当更为复杂。另外，在印纹硬陶和原始瓷器的选择、使用上盘龙城人群并未遵循商王朝核心地区的制度。

青铜器和印纹硬陶、原始瓷器是盘龙城高等级人群使用的遗物，根据这些遗物反映的文化因素判断，盘龙城高等级人群属商人当无疑问，但以往的研究多关注盘龙城遗址的商文化属性及其与商王朝之间的隶属关系。我们通过分析认为盘龙城遗址的高等级人群虽为商人，但具有一定的独立性和自主性。这表明盘龙城与郑州商城人群间的互动关系并不单一。盘龙城作为商王朝在南方地区的中心据点，一方面承担着向中央聚集、转运印纹硬陶、原始瓷器等资源的义务，另一方面也具有一定的独立权利。地方与中心的关系集中体现在权利和义务两个方面。

二 商文化区域外的周边地区——中商时期的城洋铜器群

早、中商时期，在商文化区域之外出土的青铜器数量十分有限，城洋铜器群中有相当数量的中商时期铜器。其中不仅包括商式铜器还有本地式铜器，可作为商文化区域外的铜器群的代表。据赵丛苍先生统计，该地区19个地点共出土33批青铜器，总数达710件。我们认为在这些铜器中，年代可早至中商时期的青铜器多数出于龙头铜器点（CHLTT）。这包括1980年该地点出土的罍1、尊2、提梁卣1、簋1、壶1、盘1、瓿4、钺4、矛7以及43件弯形器。1981年出土的罍2、鬲1、提梁卣1、盘1、瓿1、爵、戈2以及17件弯形器。2004年出土的鼎1、鬲1、甗1以及1件瓿的残片。

对于这三批铜器的年代，可依据铜容器的形制判定。1980年出土的铜容器数量最多，其中瓿体曲率均较大（图2.11，12—13）；提梁卣最早出现于中商时期（图2.11，15）；未做科技检测的罍、簋均具有典型的中商时期特征，在郑州商城有同类器可做参照。1981年出土的铜容器仅对1件瓿进行了检测，这件瓿器身曲率较大，且中腰部已略凸起，年代当属中商时期。该批铜器中爵的底部开始变为圆底，罍、盘、提梁卣均具中商时期铜器特点。2004年出土的铜器中，完整器包括1件鼎和1件鬲。其中鬲袋足饰人字纹，沿下饰弦纹，耳为槽状耳，足与耳的配置方式为"四点式"，这些特征表明其年代当为中商时期（图2.11，20）。鼎也为槽形耳，沿下与鼎足所饰兽面纹为阳线，兽角内卷，年代当与同出的鬲相差不远（图2.11，1）。因此，我们认为龙头铜器点出土的几批铜器年代大体一致，均为中商时期。对于与铜容器同出的弯形器、矛、钺，我们也依据铜容器的年代，判断为中商时期。

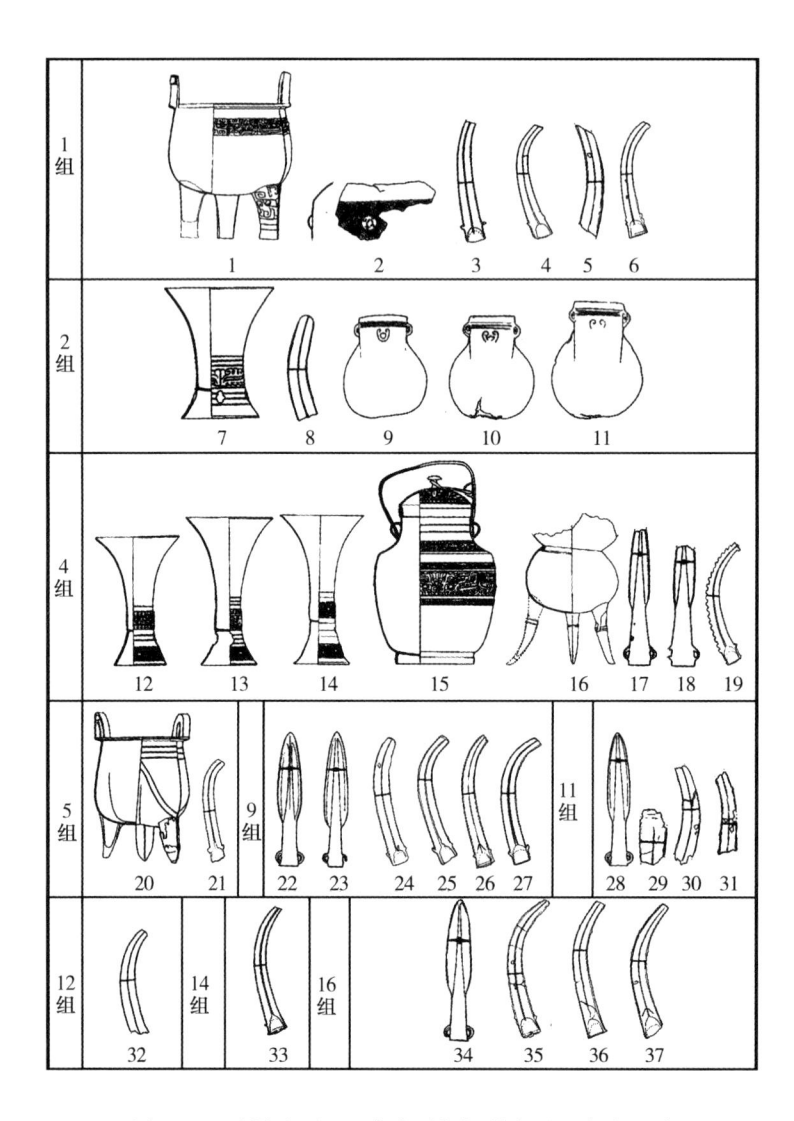

图 2.11　城洋地区早、中商时期铜器微量元素分组图

1. 鼎（2004CHLTT：2）　2. 瓿（2004CHLTT：4）　3—6. 弯形器（1980CHLTT：34、1981CHLTT：12、1981CHLTT：20、1981CHLTT：3）　7. 觚（1980CHLTT：10）　8. 弯形器（1980CHLTT：65）　9—11. 钺（1980CHLTT：11、1980CHLTT：13、1980CHLTT：14）　12—14. 觚（1980CHLTT：8、1980CHLTT：9、1981CHLTT：7）　15. 提梁卣（1980CHLTT：4）　16. 瓿（2004CHLTT：3）　17—18. 矛（1980CHLTT：15、1980CHLTT：16）　19. 弯形器（1980CHLTT：50）　20. 鼎（2004CHLTT：1）　21. 弯形器（1981CHLTT：11）　22—23. 矛（1980CHLTT：17、1980CHLTT：20）　24—27. 弯形器（1981CHLTT：13、1981CHLTT：14、1980CHLTT：45、1980CHLTT：53）　28. 矛（1980CHLTT：18）　29—33. 弯形器（1981CHLTT：17、1981CHLTT：18、1981CHLTT：22、1980CHLTT：55、1980CHLTT：51）　34. 矛（1980CHLTT：21）　35—37. 弯形器（1980CHLTT：23、1980CHLTT：28、1980CHLTT：46）

从文化内涵来讲，这批铜器由几类不同内涵的铜器组成。铜容器均为中原式铜器，从器形到纹饰与郑州商城出土铜器极为相近。矛在中原地区主要流行于殷墟时期，殷墟时期流行的矛主体形制虽与龙头铜器点出土的矛近似，但殷墟出土矛叶部多较短，系略偏上（图2.12，2）。在殷墟时期之前，盘龙城、藁城台西等地出土少量相当于中商时期铜矛。该时期的矛多为柳叶形，盘龙城出土的1件矛在末端还配有近似于系的凸起，这与龙头所出矛相似（图2.12，4）。因此，龙头所出铜矛属于中原式铜器的可能性较大，只是目前中原地区该类矛发现尚少。至于该地所出的弯形器与钺，均不见于其他地区，无疑为本地特色铜器。

陈坤龙、梅建军等先生对这批铜器进行了系统的科学分析[①]，我们利用这批数据进行了微量元素分组研究。结果表明铜容器分布在1、2、4、5共4个小组内，其中以1组和4组为主，2组与5组仅各1例数据（表2.4）。郑州商城铜器的微量元素分组以1、2、4、9四个小组为主。与郑州商城的数据相比而言，两地显示出很强的一致性。这表明龙头铜器点出土的中原式铜器当是直接来自郑州地区。

铜矛共有6例数据，其中4例分别属于4组和9组，另外2例分属11组和16组。4组与9组是郑州铜器的特征，如前所述，铜矛的形制也可能属中原式，因此，这些铜矛与铜容器同样来自郑州地区的可能性较大。

本地特色的弯形器和铜钺中，铜钺仅有3例数据，均属于2组，数据过少，不做讨论。弯形器则表现出与中原式铜器截然不同的分组特征。出现弯形器的小组包括1、2、4、5、9、11、12、14、16，包含了龙头出土铜器的全部组别。其中比例超过10%的有1、9、

---

① Chen K., Rehren T., Mei J., Zhao C., "Special Alloys from Remote Frontiers of the Shang Kingdom: Scientific Study of the Hanzhong Bronzes from Southwest Shaanxi, China", *Journal of Archaeological Science*, Vol. 36, Issue 10, October 2009, pp. 2108 – 2118.

11、16 四组，其余各组均为零星出现。这种杂乱的分组特征反映了这类器物的原料来源可能是多元化的。

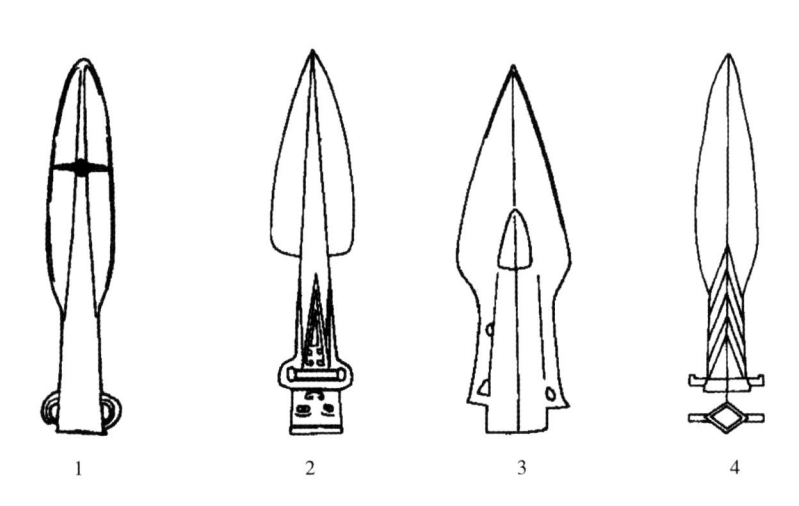

图 2.12　龙头、殷墟、盘龙城出土铜矛对比图

1. 龙头铜器点（1980CHLTT:21）　2. 殷墟（小屯 E16）　3. 殷墟（大司空 M108:4）　4. 盘龙城（李家嘴 M2:56）

表 2.4　　　　城洋铜器群中商时期铜器微量元素分组比重表

分组 类别	1组	2组	4组	5组	9组	11组	12组	14组	16组
铜容器	57%	15%	14%	14%					
弯形器	21%	6%	5%	5%	21%	16%	5%	5%	16%

就主量元素而言，城洋铜器群的商式铜容器多属铅锡型青铜，这也符合中原铜器的特征。弯形器、钺等本地式铜器则几乎没有添加铅、锡，属于红铜器。主量元素的结果与微量元素分析相符合。另外，金正耀等先生还做了铅同位素研究[①]。研究表明，中商时期的

---

① 金正耀、赵丛苍等：《宝山遗址和城洋部分铜器的铅同位素组成与相关问题》载赵丛苍《城洋青铜器》，科学出版社 2006 年版。

铜容器除 1 件铜瓿数据接近高放射成因铅数据外，其余数据均为高放射成因铅特征。同时期郑州商城铜器也流行高放射成因铅，甚至郑州商城出土的 1 件孔雀石也具有高放射成因铅特征。可见这些铜容器的微量元素、主量元素和铅同位素特征均与郑州商城铜器一致，可以确定是直接来源于郑州商城地区。中商时期本地式铜器也多高放射成因铅数据，而其为红铜器的可能性较大，由此推测铅同位素数据可能指征了铜料来源。既然本地式铜器的微量元素分组结果和铅同位素数据均与郑州商城铜器具有一定的重合度，我们推测部分本地式铜器可能使用了与郑州商城铜器相同的铜料，此时郑州商城不仅有铜器直接流通至城洋地区，铜料或许也同时流通。当然，微量元素分组结果显示，城洋本地式铜器使用的铜料来源较为多元化，除郑州商城外应当还有其他来源。

根据以上分析，我们认为城洋地区中商时期商式铜容器是直接从郑州商城地区传播至此，本地式铜器则可能为本地生产。本地生产铜器使用的铜料呈现多元化状态，其中有部分铜料可能源自郑州商城地区。也就是说，郑州商城作为中心，不仅向城洋地区流通铜器，还可能流通铜料资源。至于流通的具体方式是贸易抑或其他途径则尚难定论。作为商文化区域外的周边遗址，可以看到青铜器成品及原料由中心流通至此的现象。

三　小结

早、中商时期，商王朝的中心可以郑州商城作为代表，盘龙城和中商时期的城洋铜器群可分别代表商文化区域之内和之外的周边遗址。在商文化区域之内，盘龙城出土的铜器中部分使用了与郑州商城铜器相同类型的原料，另有部分原料则不同。另外盘龙城铜器本身也显示出一些特征性因素，因此我们推测盘龙城出土的部分铜器可能是利用了独立获取的原料在当地生产，另有部分铜器则或与郑州商城相关。

盘龙城与郑州商城出土的印纹硬陶和原始瓷器相同，且盘龙城所见类型更多，可见郑州商城出土的这些遗物应当是来自于盘龙城遗址。另外瑞昌铜岭矿冶遗址的矿井中发现有典型的商式陶器，表明商人应当直接参与铜矿的开发。近年来，铜岭遗址附近的荞麦岭遗址取得重要收获，发掘资料显示其与盘龙城之间具有密切关联。种种迹象表明，盘龙城出现在长江流域与铜矿资源的开发有关，这也当是盘龙城设置的主要意义。盘龙城充当着为商王朝收集、开发资源的作用，铜料以及印纹硬陶、原始瓷等资源经由盘龙城转运至郑州商城等地。早、中商时期，其他地方型城址如晋南地区的商城也应当具有为商王朝聚集资源的作用。正如刘莉、陈星灿先生所言，早、中商时期商王朝是以城的模式对自然资源进行控制，采取了直接设置据点的方式。商王朝对这些城址无疑具有支配权，地方城址具有向中央输送资源的义务。"筑城聚珍"是该时期资源流通模式的概括。但是，盘龙城的情况表明，地方城址也有消费资源的权利，具有一定独立性，这与西周时期的诸侯国颇有几分相似之处。

商文化区域之外，郑州商城不仅向城洋地区直接输出铜器成品，还可能输出金属原料用于本地的铜器生产。反之城洋向郑州输出的资源则尚不明确。郑州与城洋之间虽存在资源流通，但具体背景仍需进一步探索。

第三节 "器料官营"——晚商时期的铜器流通体系

晚商时期商王朝内部的青铜工业急剧发展，青铜器的制作水平、生产规模均达到阶段性的顶峰。在商文化区域之外，三星堆、新干、宁乡等具有显著地域风格的铜器群同时兴起，且表现出与商文化的密切联系。商王朝的铜器生产和流通体系及其与长江流域土著文化间的关系是亟待讨论的问题。这些问题的讨论也需分为商文化区域内、外两个层次分别展开。

一 商文化区域内的铜业资源分配

商文化区域内以殷墟妇好墓和殷墟西区墓地作为中心遗址的代表，以前掌大墓地为地方型遗址的代表。另外赛克勒、弗利尔馆藏铜器数据也可供利用。下面以这些地点的材料为基础，讨论不同等级、不同区域间铜器资源的生产、流通。

1. 妇好墓

妇好墓中出土有大批铜器，除铜泡外，总数达468件[①]。中国社会科学院考古研究所实验室对墓中约四分之一的铜器进行了成分分析[②]。我们以这批数据为基础对妇好墓出土铜器进行了微量元素分组研究。

妇好墓27例数据共分布在1、2、3、9四个小组，其中1组和3组分别仅有2例和1例数据，其他数据集中在2组和9组。这两组也是我们关注的重点。从器类来看，数据分布在2组和9组的铜器既有相同之处也存有一定差异，2组的方彝、鸮、罐等不见于9组，9组的尊、罍、觚也不见于2组；两组均有的鼎、卣等器形几乎相同。由于数据量较小，还不能确定不同器类与不同类型原料的对应关系（图2.13）。

妇好墓铜器的一个特点是大多数铜器均带有铭文，这为铜器自身的身份提供了很好的参照。妇好墓报告的作者即以铜器铭文为线索认为妇好墓铜器存在着生前自作器、王室成员为墓主所做祭器、墓主母族为妇好所做祭器、方国贡品等[③]。我们进行分组研究的铜器也多带有铭文，包括妇好、司䂧母、亚弜、束泉。将铜器铭文与铜

[①] 中国社会科学院考古研究所编著：《殷墟妇好墓》，文物出版社1980年版，第15页。

[②] 中国社会科学院考古研究所实验室：《殷墟金属器物成分的测定报告（一）——妇好墓铜器测定》，《考古学集刊》（2），中国社会科学出版社1982年版。

[③] 中国社会科学院考古研究所编著：《殷墟妇好墓》，文物出版社1980年版，第15页。

器分组的关系对比后，我们发现两者之间存在密切联系。第 2 组除 1 件司㚸母铜器外，全部为妇好铭文铜器；而第 9 组包括妇好、好、司㚸母、亚弜、束泉各种铭文铜器（图 2.14）。进一步分析，我们发现第 9 组的妇好组铭文铜器与第 2 组也有所区别。首先 2 例好字铭文均见于第 9 组。妇好组铭文铜器中绝大部分为妇好两字，只有 8 件铜器上见有好字。好为妇好之名，其称谓从好到妇好的变化或许可能与其身份的转变有关。此外，第 9 组中还有 3 件妇好铭文铜器，其中 2 件好字为单女单子组成，相较而言，第 2 组数量众多的妇好铭文铜器无一例外均为双女单子组成。这种书写上的差别应当代表某种含义，或是等级差异，或是时间差别。综合这两个现象，我们推测从第 9 组到第 2 组，妇好自作器的铜料来源与铭文称谓同时发生了变化。这种变化的原因可能与妇好身份等级的变化有关。第 2 组铜器好字的写法变得极为一致，与第 9 组也形成鲜明对比。但细观第 2 组铜器中妇好的写法，不同铭文间的书法各有差异，妇字的写法也并不统一，这表明第 2 组的妇好铭文铜器可能并非同一批次铸造，而可能仅是同一时间段铸造。这更加表明妇好在经历可能的身份变化后，铭文书体和铜器用料都变得较为规范、统一。

关于非妇好组铭文铜器，包括司㚸母、亚弜、束泉。其中关于司㚸母的含义学者意见多有分歧。妇好墓报告作者认为㚸母可能是妇好的字[①]，曹定云先生认为司㚸母并非私名，而是殷代王宫中管理兔牲女官的专门称谓[②]。其他铭文如亚弜、束泉虽具体地域不能确认，但是均当为人名或族名。这些铭文的共同特点是在身份等级上低于妇好。从微量元素分组来看，带有这些铭文的铜器集中分布在第 9 组。这促使我们思考第 2 组铜料来源与第 9 组铜料来源差别是

---

① 中国社会科学院考古研究所编著：《殷墟妇好墓》，文物出版社 1980 年版，第 96 页。

② 曹定云：《殷墟妇好墓铭文研究》，云南人民出版社 2007 年版，第 107 页。

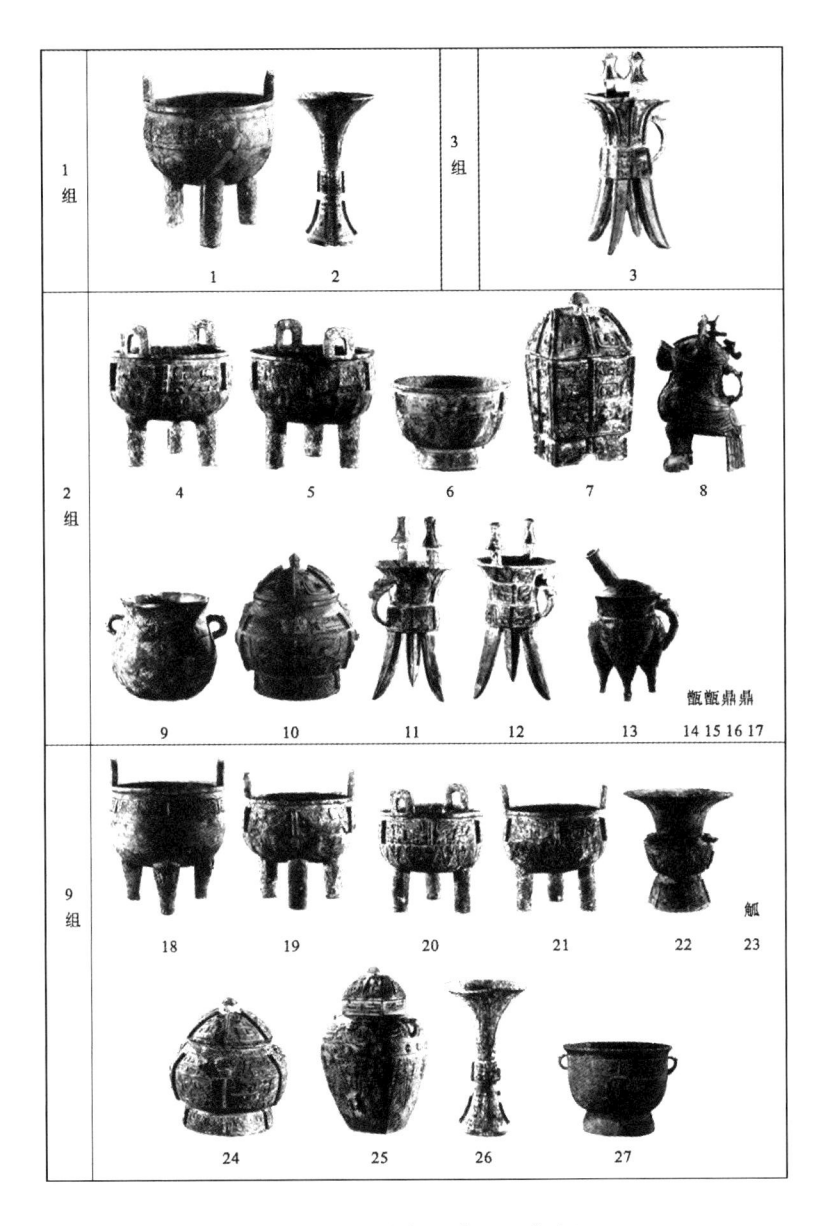

图 2.13　妇好墓铜器微量元素分组

1. 鼎（753）　2. 觚（625）　3. 斝（854）　4. 鼎（762）　5. 鼎（761）　6. 盂（848）　7. 方彝（825）　8. 鸮（784）　9. 罐（852）　10. 卣（778）　11. 斝（751）　12. 斝（857）　13. 盂（859）　14. 甑（768）　15. 甑（769）　16. 鼎（755）　17. 鼎（758）　18. 鼎（808）　19. 鼎（814）　20. 鼎（754）　21. 鼎（759）　22. 尊（318）　23. 觚（635）　24. 卣（830）　25. 罍（866）　26. 觚（631）　27. 盂（811）

否与铜器等级相关联。目前我们可以做出这样一种推测。在妇好墓铜器中,等级相对较低的人群使用的铜器所用的铜料来源均属第9组,妇好本人在身份转变之前可能也使用第9组的铜料。妇好完成身份转变后,在很长时间内铸造铜器一直使用第2组铜料。这种身份转变或许是妇好嫁给商王前后的差别。

以上我们根据妇好墓出土铜器的微量元素分析做出了一些推测性结论,这些推测固然有许多尚待商榷之处,但这却促使我们思考殷墟时期青铜工业的运转模式。在殷墟最高级别的人群中,铜器制作可能遵循着严格的体系,不同等级的用料可能不同。当然这种现象可能只存在于特定时间、特定人群。并且铜料来源的历时性变化或许也会对等级间铜料的选择造成影响。但这种现象的出现无疑是殷墟时期成熟铜器工业体系的体现。

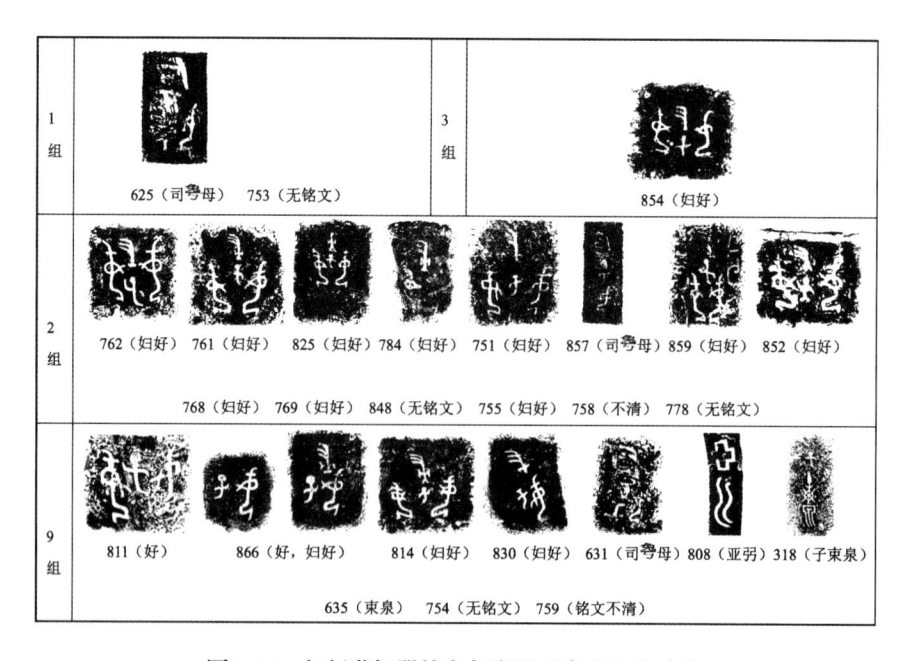

1组	625(司䛃母) 753(无铭文)	3组	854(妇好)
2组	762(妇好) 761(妇好) 825(妇好) 784(妇好) 751(妇好) 857(司䛃母) 859(妇好) 852(妇好) 768(妇好) 769(妇好) 848(无铭文) 755(妇好) 758(不清) 778(无铭文)		
9组	811(好) 866(好,妇好) 814(妇好) 830(妇好) 631(司䛃母) 808(亚弜) 318(子束泉) 635(束泉) 754(无铭文) 759(铭文不清)		

图 2.14　妇好墓铜器铭文与微量元素分组的对应

2. 殷墟西区

1969年至1977年，中国社会科学院考古研究所在殷墟西区发掘了939座晚商时期墓葬以及5座车马坑①。这批墓葬分布在8个墓区内，共出土铜礼器175件、武器763件、工具34件以及若干车马器等。李敏生等先生对其中的14件礼器、24件兵器、5件生活用具以及4件铅器进行了成分测定②。这批数据是殷墟西区墓地青铜器微量元素分组研究的来源。

根据微量元素分组研究，殷墟西区青铜器的29例数据表现出极为分散的状态，1、2、6、7、9、10、12、13、14、16各组均有分布，其中以2、6、9、12组比例均超过10%，四组总的比例达到73%，是最为主要的四组原料来源（表2.5）。相较于妇好墓铜器以2、9两组为主要原料来源，殷墟西区铜器所用的原料来源更为复杂，这一方面可能与等级差异有关，另一方面也可能是因为殷墟西区的铜器数据分散在多座墓葬。

表2.5　　　　　　　　各区域微量元素分组比重表

铜器地点		微量分组	1组	2组	9组	12组	数据量
商文化区域	妇好墓		7%	52%③	37%	0%	27
	殷墟西区		7%	17%	14%	28%	29
	前掌大		14%	29%	20%	24%	233
	赛克勒		40%	23%	16%	11%	104
	弗利尔		35%	6%	12%	18%	33

---

① 中国社会科学院考古研究所安阳工作队：《1969—1977年殷墟西区墓葬发掘报告》，《考古学报》1979年第1期。
② 李敏生、黄素英、季连琪：《殷墟金属器物成分的测定报告（二）——殷墟西区铜器和铅器测定》，《考古学集刊》（4），中国社会科学出版社1984年版。
③ 表中黑体数字表示占主要比重的分组，下同。

续表

铜器地点		微量分组	1组	2组	9组	12组	数据量
商文化区域外		城洋殷墟一期	80%	0%	0%	0%	18
		城洋殷墟二至四期	86%	1%	6%	1%	179
		三星堆	52%	32%	3%	0%	31
		安徽商周铜器	17%	60%	0%	0%	31

所分析的29件铜器年代从殷墟二期延续至四期，分布在第一、二、三、四、七、八共六个墓区中。从时间角度看，7、13、14、16组只见于殷墟四期，1、2组只见于殷墟二、三期，6、9、10、12组在殷墟二、三、四期均见（表2.6）。殷墟四期出现的7、13、14、16组数据量均极少，不具有代表性，对于其含义尚不能进一步解释（表2.6）。

从空间分布来看，第一区分布有6、12两组，第二区仅有9组，第三区有1、2、6、9、12、14共6组，第四区有6、7、12、13、16共5组，第七区有12组，第八区有1、9、10、12、16共5组。其中第一、二、七区仅分别有1至2例数据，数据量过小，不予讨论。其余各墓区组别均十分杂乱。以墓葬为单位来看，同一墓葬出土的铜器往往来自多个微量元素小组，如M234测定的5件铜器分属于5个不同的组（表2.6）。这表明墓葬分区与原料类型基本没有规律性的对应。单个的墓葬单位中的铜器也采用了多种原料来源。

值得注意的现象是，殷墟西区铜器数据中显示出的唯一的规律性认识是微量元素第2小组只见于第三墓区（表2.6）。第三墓区是殷墟西区中墓葬数量最多的墓区。在305座墓葬中，出土陶礼器的墓葬占60%，出土铜礼器墓葬的占到10%。殷墟西区出土铜礼器的61座墓葬中有30座位于第三墓区，另外带墓道的4座大墓也位于该区。可见第三墓区是殷墟西区中等级最高的一个墓区。在妇好墓中，2组原料可能代表了更高的等级，殷墟西区利用2组原料制作的铜器也恰好都分布于等级最高的墓区，这或许显示了等级与原料来源之间的某种关联。当然以目前的数据还不足以得出定论。

尽管殷墟西区的大部分数据并未显示出"规律性的特征"，但这种杂乱的现象对于我们理解殷墟内的青铜工业颇有帮助。殷墟西区墓葬分布在8个墓区内，报告作者根据殷人聚族而居、聚族而葬的特点，认为殷墟西区的各个墓区可能是属于宗氏一级的组织，墓区中的不同墓群可能分属于不同的族[1]。根据微量元素分组的情况，可以看到同一墓区甚至同一墓葬中铜器所用的原料来源十分分散。这表明墓区所代表的族群组织所拥有的铜器，是由随机分配的多种原料制作。这些族群组织当不直接获取和掌握原料来源，而是接受中央的分配。原料来源与铜器铸造是两个层面的问题。那么殷墟西区铜器是由中央分配原料自己制作还是铜器铸造也由中央控制，进而直接分配铜器？结合考古发现，后一种可能性显然更大。目前殷墟遗址的调查、发掘工作已较为全面，发现的铸铜遗址有孝民屯西、孝民屯东南、苗圃北地、小屯东北地、薛家庄等，数量远少于殷墟内的族墓地[2][3][5]。此外，这些遗址铸造铜器类别齐全、沿用时间均较长，显示出中央控制的官营作坊的特征。在殷墟遗址内也基本不见分散的小规模铸铜遗迹。由此推测，殷墟铜器生产当为"官营"模式，统一生产铜器再行分配。由于中央掌握多种不同的原料来源，

---

[1] 中国社会科学院考古研究所安阳工作队：《1969—1977年殷墟西区墓葬发掘报告》，《考古学报》1979年第1期。

[2] 中国社会科学院考古研究所：《殷墟发掘报告（1958—1961）》，文物出版社1987年版，第11—60页。

[3] 同上书，第60—69页。

[4] 周到、刘东亚：《1957年秋安阳高楼庄殷代遗址发掘》，《考古》1963年第4期。

[5] 中国社会科学院考古研究所安阳工作队：《2000—2001年安阳孝民屯东南地殷代铸铜遗址发掘报告》，《考古学报》2006年第3期。

从多批铸造到多次分配，当铜器分至殷墟内的各族时，自然会显示出原料类型多元化的现象。尽管原料来源复杂，但若将殷墟西区出土铜器作为整体考量，2、6、9、12四组原料当是殷墟遗址所掌握的几种主要原料来源。由于数据量有限，实际的原料来源情况可能更为复杂。

表2.6　　　　　　　殷墟西区墓地铜器微量元素分组表
（括号内前后数字分别代表分期与分区序号）

1组	M271：8（觚）（三）（八）　M627：2（戈）（二）（三）
2组	M618：13（觚）（二）（三）M198：4（爵）（三）（三）M294：12（戈）（三）（三）M819：4（戈）（三）（三）M642：3（锛）（二）（三）
6组	M777：?（觚）（三）（三）M692：11（觚）（?）（三）M515：1（戈）（二）（一）M234：5（戈）（四）（四）
7组	M234：6（爵）（四）（四）
9组	M355：6（簋）（三）（三）M627：3（爵）（二）（三）M269：17（爵）（四）（八）M91：6（戈）（二）（二）
10组	M269：2（戈）（四）（八）
12组	M413：1（戈）（二）（一）M604：1（戈）（二）（三）M918：1（戈）（二）（七）M271：10（刀）（三）（八）M271：12（矛）（三）（八）M234：2（矛）（四）（四）M621：7（矛）（四）（三）M279：19（凿）（四）（八）
13组	M234：7（觚）（四）（四）
14组	M825：1（弓形器）（四）（三）
16组	M269：14（尊）（四）（八）M234：1（铃）（四）（四）

3. 前掌大墓地

前掌大墓地位于山东滕州，出土大量带有"史"字铭文的铜器，当属史氏家族墓地。冯时先生认为殷之史氏即周之薛侯，这种观点已成为主流观点①。前掌大墓地出土的大量铜器为讨论商文化区域内地方性权利中心对原料的获取方式提供了资料。依据发掘者的意见，这批墓葬的年代大体从商代晚期延续到西周早期，对于主体年代的

---

① 冯时：《前掌大墓地出土铜器铭文汇释》，载中国社会科学院考古研究所《滕州前掌大墓地》，文物出版社2005年版，第588页。

判断基本无误①。但考虑到青铜器的沿用年代问题，铜器的制作年代可能较墓葬的埋葬年代更早。因此，前掌大青铜器的制作年代当主要属于商代晚期至商周之际。

赵春燕先生利用电感耦合等离子体发射光谱技术及原子吸收光谱对墓地出土的230余件铜器进行了成分分析②。下面以这批数据为基础，利用微量元素分组的方法对前掌大墓地青铜器的原料来源进行研究。通过分析可知前掌大墓地铜器的微量元素组别以1、2、9、12四组为主，四组原料所占比例达87%（表2.5）。根据殷墟妇好墓和殷墟西区墓地的分析结果，2、9、12组同时也是殷墟遗址所用原料的主要来源。可见前掌大墓地与殷墟遗址所用的原料来源是大体相同的。尽管1组原料在妇好墓和殷墟西区所占比例不高，但这可能由于数据量的限制，不能由此排除1组原料在殷墟遗址中的重要地位，后文将进一步说明。

相应于原料来源的一致性，前掌大墓地出土的铜器在器形、纹饰、铸造工艺等方面也与殷墟铜器难以区分。从料到形，前掌大与殷墟之间均存在较强的一致性，因而当存在原料或铜器的流通。至于流通方向则需进一步分析。

我们尝试将不同墓葬单位与微量元素分组结果进行对应，发现同一墓葬的铜器多分布在不同的微量元素小组中。M11、M120、M18、M38、M40、M41等墓葬出土的铜器均涵盖1、2、9、12四个主要组别。其他墓葬出土铜器也分布在多个组别中。除铜器数量有限的墓葬外，基本不见同一墓葬铜器属于同一组别的情况。这些墓葬的年代涵盖自早到晚的全部时段，可见同一墓葬铜器所用原料来源多样化的现象在前掌大墓地比较普遍。这种现象表明同一墓葬的铜器极有可能来源于不同批次的铸造活动。或许是墓主生前被分配

---

① 中国社会科学院考古研究所：《滕州前掌大墓地》，文物出版社2005年版，第509—524页。

② 赵春燕：《前掌大墓地出土铜器的化学组成分析与研究》，载中国社会科学院考古研究所《滕州前掌大墓地》，文物出版社2005年版，第648—665页。

的不同批次的铜器，在墓主死后集中埋于墓葬中。前掌大墓地所见现象与殷墟西区墓地相似，原料来源均显示出随机分配的模式。但所分配的原料始终以1、2、9、12四组为主。综合各种因素，前掌大铜器所需的原料由殷墟流通而来的可能性较大。前掌大作为地方性的权利中心所需的原料有限，无须寻求多个来源。此外也难以理解一个规模有限的族群独自支撑起商王朝巨大的原料需求，在山东地区也并无同时期铜矿开发的迹象。金属资源作为当时极为重要的资源由中央王朝统一控制、分配也容易理解。然而由殷墟至前掌大具体是金属原料的流通还是铜器的流通则尚难判断，中央王朝除对金属原料严格控制外，对于铜器铸造是否也采取同样控制模式仍需更多考古资料的支持。

4. 赛克勒、弗利尔藏品

赛克勒、弗利尔两个博物馆的青铜器藏品中，晚商时期青铜器数量颇丰，其中赛克勒晚商铜器共有104件，弗利尔晚商铜器共33件。这些铜器均发表有成分分析数据。

在赛克勒藏品中，多数铜器明显为商文化风格铜器，一些精致铜器如鸮、方彝等多见于殷墟遗址，可能出于殷墟（图2.15，1、2）。也有极少数的铜器较为特别，如大口尊颈饰弦纹，腹部饰分体兽面纹，圈足上有较大的方形镂孔，这种类型的尊具有典型的长江流域铜尊的风格（图2.15，3）。镈钟则与湖北随州毛家冲出土镈钟极为相似，这种器物也多见于长江流域（图2.15，4）。排除这些具有地域风格铜器的数据，赛克勒晚商青铜器当主要源于商文化区域之内。

根据已发表的数据对赛克勒晚商青铜器进行了微量元素分组研究[①]。分组结果显示微量元素小组与铜器类别、纹饰等并无规律性的

---

① Bagley, Robert W., Jessica Rawson, and Jenny F. So., *Ancient Chinese Bronzes in the Arthur M. Sackler Collections: Shang Ritual Bronzes in the Arthur M. Sackler Collections*, Vol. 1. Arthur M. Sackler Foundation, 1987, pp. 553 – 560.

第二章　商时期——由"筑城聚珍"到"器料官营"　91

图 2.15　赛克勒、弗利尔所藏晚商时期青铜器（1—4. 赛克勒，5—6. 弗利尔）
　　1. 鸮（图录号:63）　2. 方彝（图录号:78）　3. 大口尊（图录号:43）　4. 镈钟（图录号:104）　5. 方罍（图录号:35.12）　6. 鸮（图录号:42.14）

对应关系。所有的铜器共使用了 8 组不同来源的原料，包括 1、2、4、6、9、11、12、16 组，其中以 1、2、9、12 组四种原料来源为主，1 组原料所占比例达 40%（表 2.5）。

　　与赛克勒晚商青铜器相仿，弗利尔晚商青铜器也多为典型的商式铜器，当源于商文化区域之内。方罍、鸮等器物可能出于殷墟的高等级墓葬中（图 2.15，5、6）。根据对弗利尔藏品微量元素分组研究，晚商青铜器所用原料包括 1、2、4、6、9、12、15 组共 7 种，其中第 1、4、9、12 组原料占据主要地位，1 组原料的比例达 35%

（表2.5）。

　　综合赛克勒、弗利尔所藏晚商青铜器的数据，1组原料均占有重要地位，这弥补了殷墟西区和妇好墓数据的不足。除1组原料外，数据量较大的赛克勒藏品中，2、9、12三组原料是最为主要的原料来源，这与殷墟及前掌大原料来源相同。弗利尔藏品数据量较小，除1组原料外，以4、9、12三组为主，其中4组原料在殷墟及前掌大墓地均极为少见，当不是商文化区域内主要的原料来源。综合妇好墓、殷墟西区墓地、前掌大墓地以及赛克勒、弗利尔藏品的数据，1、2、9、12四组原料当是商文化区域内主要的原料来源。从中心的殷墟遗址到地方的前掌大墓地，原料来源均相同。如前所述，这种现象当是中央集中分配金属原料或铜器的反映。赛克勒、弗利尔藏品数据也印证了这种模式在商文化区域内部当是普遍模式。

　　既然1、2、9、12四组原料是商文化区域内部的特征性原料，那么四组原料所指征的是铜料或是铅、锡料是下面需要讨论的。这主要可依据微量元素分组与主量元素的关系进行判断。四组原料中，1组是砷、锑、银、镍四种元素均无的特征，也就是说1组铜器无论是否添加铅、锡，铜料的特征必然是四种元素均无的。那么可以理解为1组主要指征的是铜料来源。2组仅有砷元素，9组和12组则分别为砷、银组以及砷、锑、银组，这些组别是否受到铅、锡添加的影响，需要具体分析。

　　妇好墓中分析的全部铜器均添加超过2%的锡料，且多在10%以上，因此加锡可能未对微量元素分组产生影响。妇好墓铜器主要分布在2、9组，其中2组有85%的数据均非铅青铜，可见2组指征的可能主要是铜料特征。9组铜器中62%为铅锡青铜，38%为锡青铜，铅的添加是否影响9组数据还难以判断，但相当比例的9组数据不添加铅表明这部分数据指征的可能是铜料来源。殷墟西区铜器的主量元素数据不完整，此处不做讨论。

　　前掌大墓地铜器数据量较大，数据质量较好。全部铜器数据中未添加锡的铜器仅占4%，微量元素1组铜器也多添加锡料，因此锡料的添加可能不影响微量元素数据。就铅料的添加而言，微量元素 1 组铜器中超过 80% 的铜器未加铅料，1 组指征的当是铜料来源；微量元素 2 组铜器中约有 62% 的铜器添加了铅料，尚不明确铅料添加对于 2 组的影响，但其余 38% 的 2 组铜器数据应当指征了铜料来源；微量元素 9 组数据中，超过 95% 的数据均为铅锡青铜，规律性较强，暗示该组数据可能受到铅料添加的影响；微量元素第 12 组共有 68 个数据，无一例外均属于铅锡青铜，因此第 12 微量元素数据应当受到铅料添加的影响。微量元素的 9、12 两组均为含银组，一般认为银元素的出现往往与铅料的添加存在密切关联，这也与我们的判断相符。

赛克勒藏品所分析的数据中，绝大部分数据均添加锡料。1 组数据中有 29% 为锡青铜，其余为铅锡青铜；2 组数据中锡青铜的比例为 21%；9 组数据中除 1 个数据外，其余均为铅锡青铜；12 组数据则均为铅锡青铜。可见 9 组、12 组数据应当主要受到铅料添加的影响。弗利尔藏品数据与赛克勒数据情况相近，9、12 组数据基本都为铅锡青铜。

综合以上情况，我们认为商文化区域内部流通的四组原料中，9、12 两组主要受到铅料添加的影响，1、2 两组原料则指征铜料的可能性更大。但无论是铜料还是铅料，这四组原料是商文化区域内部各区域的共同特征。这种特征表明在商文化区域内部，铜料、铅料等金属资源或者是铜器产品的流通与分配是受到中央严格管理的。妇好墓和殷墟西区的情况进一步说明金属资源或铜器的流通在中心都邑内部还可能存在等级规定。对于这种资源的"官营"模式可用"器料官营"作为概括。

二 商文化区域内、外间的资源流通

1. 城洋铜器群

城洋铜器群中大部分属于晚商时期铜器。目前已有不少学者就城洋铜器群的分期、断代及族群属性等问题进行了讨论①②③。针对城洋铜器群的科技分析工作，以陈坤龙、梅建军、金正耀等学者的研究为代表，涵盖主量元素、微量元素、铅同位素、铸造技术研究等方面④⑤⑥⑦⑧⑨⑩。本书以前人的研究为基础，尝试利用新的微量元素分组法，并综合铜器的主量元素和铅同位素分析，将科学数据置于考古学背景之下进行阐释。对这批铜器的产地、铜料来源、合金技术等生产问题以及由此反映的历史背景进行综合研究。

第一，分期与年代。

目前关于城洋铜器群的年代范畴，多数学者认为是从中商时期延续到商周之际，分期结论则各有差异⑪。我们将城洋晚商时期铜器分为相当于殷墟一期和相当于殷墟二至四期两个阶段。这两期的划

---

① 赵丛苍：《城固洋县铜器群综合研究》，《文博》1996年第4期。
② 唐金裕、王寿芝、郭长江：《陕西省城固县出土殷商铜器整理简报》，《考古》1980年第3期。
③ 李伯谦：《城固铜器群与早期蜀文化》，《考古与文物》1983年第2期。
④ Mei J., Chen K., Cao W., "Scientific Examination of Shang-Dynasty Bronzes from Hanzhong, Shaanxi Province, China", *Journal of Archaeological Science*, Vol. 36, Issue 9, September 2009, pp. 1881–1891.
⑤ Chen K., Rehren T., Mei J., Zhao C., "Special Alloys from Remote Frontiers of the Shang Kingdom: Scientific Study of the Hanzhong Bronzes from Southwest Shaanxi, China", *Journal of Archaeological Science*, Vol. 36, Issue 10, October 2009, pp. 2108–2118.
⑥ 陈坤龙、梅建军、赵丛苍：《城固宝山遗址出土铜器的科学分析及其相关问题》，《文物》2012年第7期。
⑦ 陈坤龙、梅建军、赵丛苍：《陕西城洋地区出土青铜锡的初步科学分析》，《西部考古》第3辑，三秦出版社2008年版。
⑧ 陈坤龙：《陕西汉中出土商代铜器的科学分析及制作工艺研究》，博士学位论文，北京科技大学，2012年。
⑨ 金正耀、赵丛苍等：《宝山遗址和城洋部分铜器的铅同位素组成与相关问题》，载赵丛苍《城洋青铜器》，科学出版社2006年版。
⑩ 汪海港、金正耀等：《城洋地区出土部分青铜器的科学分析》，《西部考古》第3辑，三秦出版社2008年版。
⑪ 孙华：《试论城洋铜器存在的历史背景》，《四川文物》2011年第3期。赵丛苍：《城洋青铜器》，科学出版社2006年版，第240—242页。

分是为观察该铜器群在中晚商之际的变化过程，以下讨论均依此展开。

相当于殷墟一期的铜器多出于湑水铜器点，该铜器点共出土三批铜器。1970年在湑水河南岸出土1件鼎；同年在其南侧300米发现一批铜器包括鼎、鬲和弯形器；1992年湑水村北发现兽面饰1件，但对其年代尚难断定。湑水铜器点的年代可依鬲、鼎进行判断。鬲共有3件，均为袋足饰人字纹，该类铜鬲多见于二里岗上层时期，但相较而言有一定差异。首先，鬲耳已从槽状耳变为实心耳。此外，器身也较二里岗时期铜鬲更为低矮，耳与足的配列方式从"四点式"变为"五点式"，"五点式"的配列方式是晚商时期铜器流行的特征，因此这些鬲的年代当属殷墟一期前后（图2.16，3—5）。鼎深腹、柱足的特征也符合殷墟一期的年代特征（图2.16，2）。综合判断，这批铜器的年代约为殷墟一期，上限有略早的可能。

除以上铜器外，城洋铜器群所见的其他晚商时期铜器多相当于殷墟二至四期，而以殷墟前期为主。多数铜容器如瓿、斝等均可在殷墟遗址找到对应，此处不再详论（图2.17，1、14、15）。

第二，铜器来源。

这里所指的铜器来源不同于矿料来源，是指铜器的生产地点，这可从铜器的形制、纹饰及铸造特征等方面进行综合考察。相当于殷墟一期时期的铜器包括鬲、鼎和弯形器。弯形器为本地式铜器，当为本地生产。鬲的整体形制、纹饰虽明显属商式铜器，但仔细区分可发现1975年湑水a铜器点出土的鬲大袋足、短锥足的特征更接近中原同类器物（图2.16，3）；1975年湑水b铜器点出土的2件鬲有领、高裆、长锥足的特征则少见于同时期的中原地区（图2.16，4、5）。这种差异需要予以关注。除铜鬲外，个别鼎属中原地区该时期的常见器，形制特征完全一致（图2.16，2）。从铸造工艺来看，部分铜器表面残留明显的范缝痕迹（图2.16，1），有的鬲在底部和足部有密集的砂眼，铸造技术存在一定缺陷（图2.16，4、5）。综合来看，该时期城洋地区的具有商风格的铜器与中原地区所见的典型商器各有异同，不可简单的判断为来源于中原地区的传播品。对于这些铜器仅依形制特征尚无法对铜器来源做出确切判断。

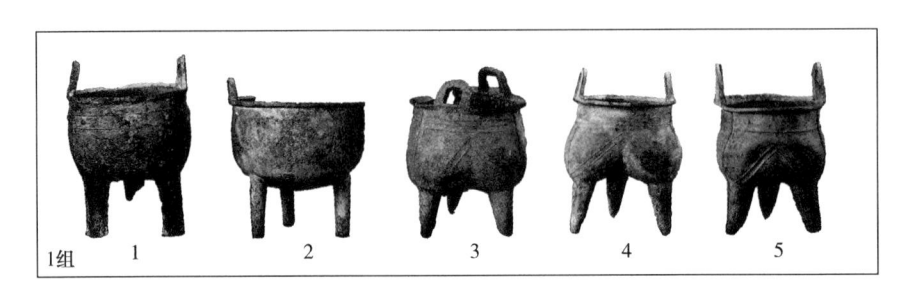

图 2.16 殷墟一期商式铜器微量元素分组图
1—2. 鼎（1975CHWXbT：5、1970CHWXT：1） 3—5. 鬲（1975CHWXaT：1、1975CHWXbT：3、1975CHWXbT：4）

相当于殷墟二至四期的铜器数量多，类别丰富，包括各类容器、兵器、人面饰、兽面饰等。这些铜器来源复杂，此处举例若干进行说明。从文化内涵来看，这些铜器当包括商式、三星堆为代表的长江流域式以及本地式铜器。商式铜器主要包括瓿、斝等各类容器。除容器外，三角援戈、有胡戈等也属商式铜器（图2.17，6、9），但个别器物装饰的纹饰不见于中原地区，如装饰"蜈蚣纹"的三角援戈（图2.17，5）。三星堆为代表的长江流域式铜器主要是指大口尊、铜璋形器、树形器等（图2.17，3、4、7、16）。关于长江流域的大口尊已有学者进行过详尽论述，这类器物是具有长江流域地域性风格的铜器①。铜璋形器和树形器均显示出与三星堆遗址的密切关联。城洋本地式铜器以极具特色的人面饰、兽面饰、尖顶铜泡、透顶铜泡以及中商时期即已出现的铜钺为代表（图2.17，8、10—13）。

相当于殷墟二至四期，以三星堆为代表的长江流域式铜器在此

---

① 张昌平：《论殷墟时期南方的尊和罍》，《考古学集刊》（15），文物出版社2004年版。

出现，形成至少三种文化内涵铜器共处一地的现象。就铜器来源而言，情形更为复杂。结合青铜器的形制、纹饰以及铸造技术进行综合分析表明，商式铜器有中原地区直接传入和本地仿制两个来源；长江流域式铜器也存在由长江流域直接传入和本地仿制两个来源；本地式铜器则为本地铸造。

商式铜容器中绝大多数均为直接传入，如斝、瓿，造型规整、纹饰精细，分铸、芯撑等铸造工艺显示出与中原地区相同的铸造系统（图2.17，1、14、15）。商式仿制铜器可以1964年五郎庙a铜器点出土的1件铜瓿为代表（图2.18，4）。从器形来看，该器显然意在仿制商式铜瓿，但折肩、折腹、高圈足的特征造成了器身比例的不协调，与同期中原地区的商式铜瓿形成一目了然的差别（图2.18，3、4）。该器纹饰为简单的雷纹，纹饰散漫，制作粗糙[①]。此外，该器通高24厘米，重量为3601克，而洋县马畅安家铜器点出土的源于中原地区的商式铜瓿通高24.1厘米，重量则达4876克，质量差距明显[②]。因此这件器物当为本地仿制品。1990年洋县马畅安家铜器点出土的一批铜瓿中，多数近似中原地区的商式铜瓿，只有其中1件残瓿纹饰明显较其他几器粗糙，而圈足上也有较大的方形镂孔，不能排除本地仿制的可能性（图2.17，2）。

长江流域式铜器以大口尊最具代表性。1963年苏村塔冢出土的铜尊，体形高大，颈部饰3道凸弦纹，肩上排列3个浮雕兽首，其间各铸有1个立鸟，高圈足上带有大方形镂孔，兽首与器身分铸（图2.18，1）。这些均符合长江流域大口尊的特征，同类器在三星堆等长江流域遗址多有发现。这件铜尊当直接来自于长江流域的某个地点。相较而言，长江流域式的仿制铜尊数量更多，包括1974年苏村塔冢铜器点出土2件铜尊以及1974年五郎庙铜器点出土的1件铜尊。这3件铜尊高体、颈饰弦纹、肩上饰兽首、高圈足

[①] 赵丛苍：《城洋青铜器》，科学出版社2006年版，第40页。

[②] 同上书，第160页。

上带大方形镂孔，明显与长江流域大口尊属于同一类型，但同时也存在一些自身特征（图2.17，3、4；图2.18，2）。长江流域式高体尊多以连体或分体兽面纹作为主纹（图2.18，1），而这3件尊所饰兽面纹却并不规范，仅以一对"臣字目"、短扉棱和云雷纹组成简化兽面，纹饰也较为粗糙（图2.18，2）。从铸造工艺来看，这3件铜尊的兽首均与器身浑铸，与长江流域式大口尊多分铸兽首的特征不符。3件铜尊中有2件体型相近，通高分别为39.2厘米和38.5厘米，重量分别为5871克和5425克，另一件通高34.9厘米，重4571克。但1963年苏村塔冢出土的源于长江流域的大口尊通高为46厘米，重量却达10313克，可见前述3件铜尊在铸造质量上明显逊于后者。

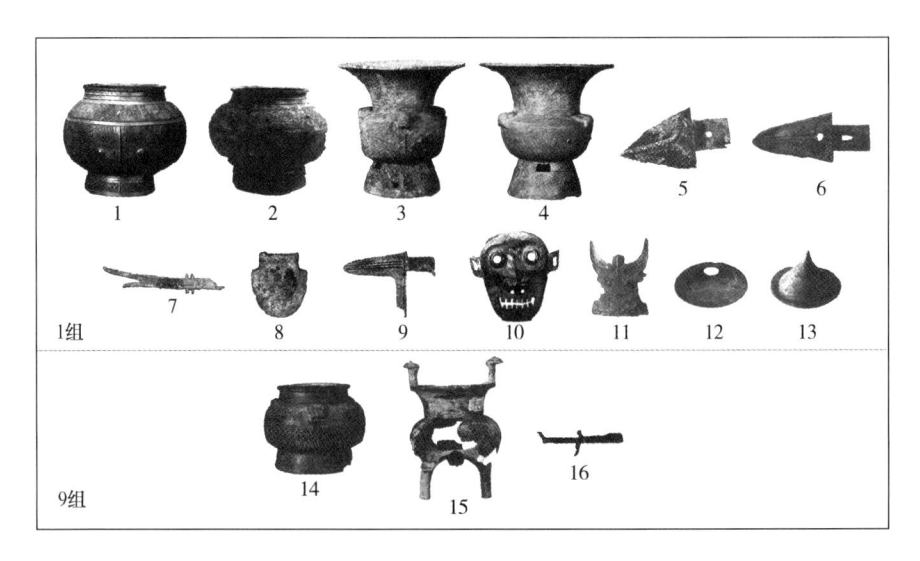

图2.17 殷墟二至四期铜器微量元素分组图

1、2. 瓿（1990YMAT∶1、1990YMAT∶5） 3、4. 尊（1974CHBSTT∶1、1974CHWT∶1）
5. 三角援戈（1964CHWaT∶2） 6. 三角援戈（1976CHBSXT∶52） 7. 璋形器（1979YXFT∶19）
8. 钺（YLZT4） 9. 有胡戈（1976CHBSXT∶38） 10. 人面饰（1976CHBSXT∶3）
11. 兽面饰（1976CHBSXT∶29） 12. 透顶泡（1976CHBSXT∶346） 13. 尖顶泡（1976CHBSXT∶160） 14. 瓿（1973CHLHT∶1） 15. 斝（1981YZHCT∶4） 16. 树形器（1964CHWbT∶24）

关于人面饰、兽面饰、尖顶铜泡、透顶铜泡等本地式铜器，由于老牛坡遗址发现有人面饰、兽面饰等陶范，因此城洋本地式铜器或在当地生产或来源于老牛坡遗址抑或两种情形兼有，情形较为复杂。但考虑到城洋地区在中商时期已具备铸铜基础，晚商时期铜器中又有仿制其他地区铜器的仿制品形式，因此城洋人群晚商时期拥有铸铜能力当是可以肯定的。由此推测本地式铜器属于本地铸造的可能性较大，老牛坡受其文化影响而制造类似铜器也不无可能。

图 2.18　城洋铜器的仿制现象

1、2. 尊（1963CHBSTT：1、1974CHBSTT：2）　3、4. 瓿（1990 YMAT：1、1964CHWaT：1）

第三，微量元素分组研究。

铜料来源是青铜器生产研究中的重要一环。金正耀先生曾以铅同位素方法对城洋铜器群进行研究①。由于商周铜器在制作过程中多人为加铅，使得利用铅同位素讨论铜料来源十分复杂。陈坤龙先生对两百余件城洋铜器进行了检测，不仅数量可观，其质量也非常理想，各元素质量分数总和基本都在98%—102%之间，本书所用微量元素数据和主量元素数据即以此为基础。综合城洋铜器群的主量元素和微量元素特征，我们发现城洋铜器群中的本地式铜器在中商时期和相当于殷墟一期时期以红铜为主，相当于殷墟二至四期时期开始流行铅锡青铜和锡青铜；而相当于殷墟一期至殷墟四期，城洋铜器群中占绝对主要比例的微量元素第1小组为砷、锑、银、镍四种元素均无的特征，第1小组的绝对高比例也不见于其他地点，综合这些因素，可以认为城洋铜器群微量元素分组结果主要指征的是铜料特征。

根据微量元素分组研究，相当于殷墟一期时期，城洋铜器群中的商式铜器全部集中在1组，与中原地区铜器的铜料构成模式不同，这些商式铜器的来源可能并非全部来自中原地区（图2.16）。本地式的弯形器也以1组铜料为主，只有少数分布在6、11两组，相较中商时期而言，微量元素组别即铜料来源明显更为集中化。综合商式铜器和本地式铜器的数据，此时1组铜料所占比例达80%，成为主要的铜料来源（表2.5）。城洋地区铜器的铜料来源发生了变化，从多元化趋向于单一化。

相当于殷墟二至四期时，前文判定为直接来源于中原地区的商式铜器分布在1、9组（图2.17，1、14、15）。根据分析，这两组铜料也是以殷墟为代表的商文化区域内最为主要的两组铜料。直接源于长江流域的长江流域式铜器因缺乏数据，无法讨论。除此以外，

---

① 金正耀、赵丛苍等：《宝山遗址和城洋部分铜器的铅同位素组成与相关问题》，载赵丛苍《城洋青铜器》，科学出版社2006年版。

以人面饰、兽面饰、尖顶铜泡、透顶铜泡等为代表的本地式铜器以及商式铜器的仿制品和长江流域式铜器的仿制品均以1组铜料为最主要的铜料来源（图2.17）。换言之，该时期确定为本地铸造的铜器多使用1组铜料，比例达86%（表2.5）。这项比重与相当于殷墟一期时较为相近，可知自相当于殷墟一期至四期，1组铜料始终占据主导地位，未有大的变化。

从微量元素分组研究来看，从中商到晚商时期，城洋地区所使用的铜料模式由多元化变为以1组为主导的单一化来源。铜器的微量元素分组研究与前文关于铜器来源的分析相吻合。

第四，主量元素和铅同位素分析。

利用微量元素分组的方法可以揭示铜器所用铜料的类型、特征，结合铜器的主量元素和铅同位素分析，将几类分析方法综合考量、互为补充，可得到更为全面、可靠的研究结果。

首先，就主量元素而言，相当于殷墟一期时，多数商式铜容器如鬲、鼎的铜含量平均值达97%，多为红铜器，明显不同于中原地区的商式铜器（表2.7）。综合前文分析，部分商式铜容器可能为本地仿制品（图2.16，1、4、5）。仅城固湑水出土的1件鼎（1970CHWXT：1）属于铅锡型青铜器，1件鬲属锡青铜，两器的形制、纹饰也与中原商式铜器无异（图2.16，2、3）。以弯形器为代表的本地式铜器铜、锡、铅的平均含量分别为93.8%、2.12%和0.99%，仅锡含量略高（表2.7）。此时城洋地区本地生产的铜器中铅、锡原料仍未广泛运用。

相当于殷墟二至四期，源于中原的商式铜器依然含有大量铅、锡。但值得注意的是，本地仿制品以及本地式铜器的铜、锡、铅的平均值分别为83%、9.5%、5%，也属于铅锡型青铜（表2.7）。此时城洋本地生产的铜器开始添加铅、锡，合金技术发生根本性改变。

由城洋铜器群的主量元素来看，本地生产的铜器在相当于殷墟一期及以前多为红铜器，合金技术较为落后。在相当于殷墟二期至四期时，本地生产的铜器开始添加铅、锡，尤其是锡的加入比例较大，此时已经表现出较为成熟的合金技术。结合微量元素的讨论结果，可以明显看出城洋地区青铜器生产活动由乱到治的发展历程。首先是微量元素组合复杂多变，本地式器物不含铅、锡，处于一种初级阶段，与外来的商式容器形成鲜明对比；相当于殷墟一期及以后，微量元素组合趋于一致，1组铜料长久占据绝对主要地位，暗示城洋地区获得了稳定的铜料供给，并且引进了铅、锡资源及合金技术，标志着当地青铜制造业的成熟。

关于城洋铜器群的铅同位素研究，有金正耀等先生对宝山遗址和城洋地区5个铜器点出土的31件铜器进行的分析。所分析的铜器中，以我们判断为直接源于中原地区的商式铜器为主，另有少量弯形器、钺、人面饰和兽面饰等本地式铜器。其中大部分商式铜器在前文微量元素分组研究中已有提及，包括1980年龙头铜器点出土的中商时期铜容器（图2.11）、1973年莲花铜器点出土的铜瓿（图2.17，14）、1970年和1975年在湑水铜器点出土的铜鼎和铜鬲（图2.16，2、3）以及1990年洋县安冢出土的铜瓿（图2.17，1）。这些铜器均被我们判断为中原地区产品，铅同位素分析表明其中除1件中商时期铜觚的数据接近高放射成因铅外，其余铜器数据均为高放射成因铅特征。无微量元素数据的铜器中，属于中原地区商式铜器的也以高放射成因铅数据占绝大部分。金正耀先生对中原地区郑州商城、偃师商城、殷墟遗址出土铜器的分析表明，早中商时期的高放射成因铅铜器约占70%，到殷墟一期和二期时，比例约为80%，殷墟三期时降至38%[①]。城洋铜器群中直接源于中原的商式铜器年代基本都在中商时期至殷墟二期前后，铅同位素比值与同时期中原地区铜器数据基本一致，可见这类铜器直接自中原地区传播至此的背景十分明确。前文依据铜器形制特征、微量元素分组和主量元素数据得出的结论与铅同位素

---

① 金正耀：《中国铅同位素考古》，中国科技大学出版社2008年版，第35页。

数据相互吻合。需要注意的是 1975 年渭水出土的 2 件鬲铅同位素数据为典型的普通铅特征，与此时流行的高放射成因铅明显不同。根据前文分析，这 2 件鬲可能为本地仿制品，铅同位素数据在一定程度上支持这一判断（图 2.16，4、5）。

  本地式铜器的铅同位素数据较少，包括宝山遗址、龙头铜器点出土的弯形器和本地式钺以及苏村塔冢和苏村小冢出土的兽面饰、人面饰和透顶铜泡。这些本地式铜器数据全部为高放射成因铅特征，但并无铅含量数据。根据前文统计的主量元素数据可知，中商时期和殷墟一期流行的弯形器等本地式铜器主要为红铜，几乎无铅料的加入；殷墟二至四期流行的兽面饰、人面饰、尖顶铜泡、透顶铜泡等本地式铜器开始广泛的使用了铅锡资源。由此推测以上测得铅同位素数据的本地式铜器中，弯形器和本地式钺可能为红铜器，而苏村塔冢和小冢出土的人、兽面饰等可能多为铅锡青铜或铅青铜。一般认为，青铜器中的铅料对于铅同位素数据影响最大，因此铅青铜或铅锡青铜的铅同位素数据应当主要指征铅料来源，而无铅料添加的青铜则不确定，有可能指征铜料来源。晚商时期，城洋地区的本地式铜器开始广泛使用铅、锡资源，而几个铅同位素数据均为高放射成因铅特征，由此推测其指征的可能是本地式铜器中的铅料来源。晚商时期高放射成因铅不仅在殷墟铜器中流行，也流行于三星堆、新干大洋洲等长江流域铜器群。考古学文化上又可看到城洋地区与中原、三星堆甚至新干之间的密切交流。在同时期，城洋铜器使用的 1 组铜料开始占绝对主要比例，且延续时间长，暗示其可能以独立开发或以其他方式掌握了 1 组铜料来源，另外铅、锡资源也开始得到广泛运用。综合考虑这些因素，可以提出一种假设，城洋与上述各地的交流内容中金属资源是重要的内容，此时城洋地区或许存在铜料外输和铅锡资源流入的可能性。当然这种假设还需更多材料的支持。

表 2.7　　　　　　　　城洋铜器群主量元素统计表

时代	铜器类型	铜	锡	铅
相当于殷墟一期	商式铜器仿制品	97%	1.5%	0.1%
	本地式铜器	93.8%	2.12%	0.99%
相当于殷墟二至四期	商式铜器	72.3%	11.7%	11.7%
	本地式铜器	83%	9.51%	5%

第五，铜器类型及出土背景。

综合以上分析，联系到前文对城洋铜器群中商时期铜器的研究结果，我们认为，城洋铜器群自中商时期经过相当于殷墟一期过渡到相当于殷墟二至四期时，其铜器来源、铜料来源、合金技术等方面均发生了很大的变化，对于这些变化的阐释需要结合铜器群考古学背景的分析。

首先从铜器类型来看，城洋铜器群大体可分为本地式铜器和外地式铜器。殷墟一期之前，本地式的铜器以数量众多的弯形器以及铜钺为主。到了殷墟一期之后，弯形器极少出现，而以人面饰、兽面饰、尖顶铜泡、透顶铜泡等一批极具特色的铜器为代表。就外地式铜器来说，殷墟一期之前只见商式铜器。殷墟一期之后，不仅商式铜器继续存在，三星堆式和长江流域式铜器开始出现，此外以乳钉纹簋为代表的先周式铜器也有发现。本地式弯形器从形制看并无实用功能，作为仪仗或祭祀用器的可能性较大，这一点已为多数学者认同[①]。对于人、兽面饰以及铜泡的功用尚无定论，但其反映的本质与弯形器不同则无疑问。殷墟一期前后，本地式铜器器类的变化当指向人群礼仪方式的变化。相应于这种变化，外地式铜器在殷墟一期之后也出现了多个来源，三星堆式和长江流域式、商式、先周式铜器共同出现在城洋地区，可见此时铜器体系出现多元化趋势。由此无论从本地式铜器还是外地式铜器均可看出在殷墟一期前后，

---

① 赵丛苍：《城洋青铜器》，科学出版社 2006 年版，第 243 页。

铜器反映的背景信息出现了根本性的改变。这种改变或许与人群礼仪、信仰甚至于人群结构的变化有关。

除铜器类型外，另一个需要关注的重要方面是铜器的出土背景。与通常出于墓葬中的商周时期铜器不同，城洋铜器群多数铜器见于两类出土地点，一类是在河岸出土，另一类是与高大土包相关，此外个别铜器出土于河床中。出土于河岸的铜器基本都是商式铜容器，而与高大土包相关的铜器则有多种组合。铜器组合与出土环境之间存在一定关联。城洋铜器群的特殊埋藏方式或许代表了某种含义，因此对铜器组合和出土背景做历时性考察或许有助于揭示城洋铜器群文化背景的转变。

中商时期的龙头铜器点以商式铜容器和兵器配以本地式的弯形器形成组合，出土环境均与高大土包相关（表2.8）。

相当于殷墟一期时，湑水铜器点出土的铜器均位于湑水河南岸，铜器组合则以商式铜容器配以弯形器。但商式铜容器包括直接来自中原地区的以及本地仿制铜器共两类。此时铜器组合类型未变，但出土环境发生改变（表2.8）。

相当于殷墟二至四期时，铜器的组合及埋藏方式变的较为复杂，大体可分为四类。

第一类是以商式铜容器为主的组合。这类组合又存在几种情况，一是仅出土商式铜容器，除洋县马畅安冢、陈邸等铜器点出土信息不明外，其余均出土于河岸边。第二种为商式铜容器配以兵器，个别还配以人、兽面饰和铜泡，以五郎庙1964a铜器点为代表，这种组合的出土地点基本都与高大土包有关（表2.8）。

第二类是三星堆式铜器的组合。可以五郎庙1964b铜器点和洋县范坝铜器点为代表。五郎庙1964b铜器点出土有长江流域式铜尊、商式容器、三星堆特色器物如璋形器、树形器以及兵器。洋县范坝组合则包括三星堆式的璋形器和鸟形饰等，另有本地式弯形器及商式兵器。值得注意的是范坝出土的凿形和锥形石器在三星堆祭祀坑中也有出土。五郎庙铜器点与高大土包相关，范坝铜器点出土环境不明（表 2.8）。

第三类是以长江流域式铜尊为主体的组合，以五郎庙 1974 年铜器点、苏村塔冢铜器点为代表。出土环境多与高大土包相关（表 2.8）。

第四类是仅出土兵器的组合，兵器或为本地式铜钺或为商式的戈、矛，互不混杂，出土环境则即见于河岸边也见于高大土包。这种组合在苏村小冢 1955 年铜器点、洋县龙亭、王家湾、西坝、原公铜器点均有发现（表 2.8）。

表 2.8　　　　　　　　埋藏方式与铜器组合的变化

中商时期	商式容器和兵器以及本地式弯形器		高大土包
相当于殷墟一期	商式容器及仿制品，本地式弯形器		河岸
相当于殷墟二至四期	商式	商式容器	河岸
		商式容器和兵器，本地式铜器（人、兽面具、铜泡等）	高大土包
	三星堆式（三星堆式铜器和石器，少量商式和本地式铜器）		高大土包
	长江流域式		高大土包
	兵器		河岸、高大土包

总的来看，从中商时期到相当于殷墟一期，铜器组合和出土环境均较为单一。到了相当于殷墟二至四期之时，出现了多类铜器组合并配合不同的出土方式。这些不同的组合方式可能反映了不同的文化含义，如五郎庙 1964b 铜器点以长江流域式铜尊、商式容器以及三星堆特色器物等组成的铜器组合与三星堆祭祀坑铜器组合形式几乎一致，在洋县范坝还出土见于三星堆祭祀坑的凿形和锥形石器，这无疑是三星堆式祭祀方式的再现。但需要说明的是，不同类型的组合常混杂有多种文化内涵的铜器。如范坝铜器点也出土本地式弯形器，而人、兽面饰等本地式铜器也会与商式铜器或长江流域式铜器组合在一起。总之，城洋地区殷墟二至四期的铜器组合类型是商式、三星堆及长江流域式、本地式几种不同内涵铜器混杂的结果，

在混杂的过程中，多以某种文化内涵的铜器为主，其他铜器居次。这种混杂的现象与殷墟一期之前较为单一的组合模式存在明显差别。可见城洋铜器群生产体系转变的同时，铜器的文化背景也相应发生了改变，且两者的变化是相关的。

以上对城洋铜器群的年代、文化内涵及出土背景做了讨论，并结合铜器的微量元素、主量元素、铅同位素分析尝试寻找科学数据与考古学现象间的关联。我们认为城洋铜器群的年代从中商时期一直延续到殷墟末期。中商时期，铜器以商式容器、兵器与本地式的弯形器形成组合。商式铜器均为铅锡型青铜器，直接来自于中原地区。本地式弯形器则表现出多元化的铜料来源特征，合金技术也较为落后，流行红铜器。结合微量元素分组和铅同位素数据，推测此时的本地式铜器可能部分的使用了来自中原地区的铜料。此时铜器出土位置均与高大土包相关。

相当于殷墟一期时，铜器组合仍以商式铜器和本地式弯形器为主，但商式铜器并非全部直接来自中原地区，而是开始出现较多的商式铜容器的仿制品。此时本地生产的铜器所用铜料发生了变化，较中商时期明显更为集中，1组铜料已成为主要来源。但合金技术仍然较为落后，多为红铜器。与中商时期铜器的出土位置不同，此时铜器出土于河岸旁。

相当于殷墟二至四期时，城洋地区的铜器生产体系出现了巨大的变化。本地式铜器由弯形器变为人、兽面饰及尖、透顶铜泡，外来铜器也从单一的商式铜器变为包括商式铜器在内的三星堆式铜器、长江流域式铜器以及先周式铜器的多元化组合。铜器来源也变得极为复杂，包括直接来源于中原的商式铜器和本地仿制的商式铜器，直接来自于长江流域的长江流域式铜器及本地的仿制品，另外还有本地铸造的本地式铜器。本地生产的铜器所用铜料来源变得极为统一，1组铜料占据绝对主要比例。从主量元素来看，此时的合金技术已比较成熟，本地制作的铜器不再限于红铜器而以锡青铜和铅锡型青铜为主。根据铅同位素数据推测，此时本地式铜器所用铅料可能与殷墟或三星堆等地区存在关联。相应于技术系统和文化内涵的转变，此时铜器的埋葬方式也变得多元化，商式、三星堆式和长江流域式与本地式铜器混杂组合，而以某种类型为主。综合以上信息，此时的变化可能不仅体现在铜器的来源和生产体系，其背后的文化现象可能与人群信仰系统乃至人群结构的变动有关，但这两种变化孰为因果尚无法定论。

从铜器来看，相当于殷墟二至四期之时，城洋地区人群与中原、三星堆和长江流域以及先周人群均存在交流。这种情况在陶器上也有同样的反映。目前主流观点认为城固宝山商时期的遗存与城洋铜器群存在密切关联[①]，而宝山遗存的陶器群也可见与上述地域的联系[②]。可见在殷墟二至四期，城洋地区是连接三星堆为代表的长江流域与关中和中原地区的重要通道，南北文化因素在此汇集，并与当地文化因素相混合。城洋地区晚商时期的铜器主要集中在殷墟二期或稍晚时期，这当是此条通道最为兴盛的时期，同时也是三星堆文化发展的鼎盛期。我们曾对三星堆祭祀坑铜器也进行了微量元素分组研究，结果显示1组铜料是主要来源之一，占据半数比重。另外我们的分析表明1组铜料也是中原地区铜料的主要来源之一。但三星堆及中原地区铜器1组铜料的比重均远低于城洋地区。就目前数据来看，城洋或附近地区可能为1组铜料的来源地，推测该组铜料通过城洋地区与中原等地区发生关联。晚商时期城洋地区本地式铅锡铜器的铅同位素数据多为高放射成因铅特征，与殷墟、三星堆、新干等地铜器具有相同特征。结合这些现象，可以考虑晚商时期城洋地区与中原和长江流域存在的密切交流，是否建立在金属资源流通的基础上。城洋地区是否存在铜料外输和铅锡资源流入的可能性？我们推测此时城洋地区人群的信仰系统甚至人群结构发生变化，那

---

① 西北大学文博学院：《城固宝山——一九九八年发掘报告》，文物出版社2002年版。

② 豆海峰：《城固宝山商时期遗存相关问题的探讨》，《考古与文物》2010年第4期。

么商人、三星堆人群以及其他人群是否实际出现在此，若如此，又是否与金属资源相关？这些问题都暂时无法回答，有赖于更多的科技工作和考古工作。

这里仅是依据科学数据和考古学现象对城洋铜器群的组成和生产情况及其背后反映的文化背景做尝试性的梳理，其中一些概括性意见仍待商榷，对于某些具体铜器的判断还需具体分析。但城洋铜器群的研究表明将微量元素分组、主量元素、铅同位素数据综合分析，置于考古学背景下进行解读，不失为一种探索古代铜器生产的有效途径。

2. 三星堆

三星堆两座祭祀坑出土的青铜器重塑了学界对于长江流域青铜文化的认识。关于这些铜器的年代、文化属性等问题已有诸多讨论。目前主流观点认为两座祭祀坑的年代相当或略有早晚差别，年代当在殷墟一、二期左右①。与中原地区的商式铜器相比，三星堆本地式铜器表现出极强的地域风格，但也有部分铜器显示出与中原地区和长江流域的关联。对于三星堆铜器的生产背景仍需做进一步讨论。这里以微量元素分组研究为基础尝试分析其生产背景。

三星堆铜器的微量元素数据主要来源于马江波、金正耀等先生的研究成果②③。符合条件的31例数据共分布在1、2、6、9、11五个微量元素小组中，其中1、2组数据占总数的84%，而以1组所占比例最大（表2.5）。

我们大体可将三星堆铜器分为本地式铜器和长江流域式尊、罍两大类，中原式铜器由于仅有2例数据，不足以讨论。对于三星堆本地

---

① 孙华：《关于三星堆器物坑的若干问题》，载《四川盆地的青铜时代》，科学出版社2000年版。

② 马江波、金正耀、田建花、陈德安：《三星堆铜器的合金成分和金相研究》，《四川文物》2012年第2期。

③ 金正耀：《中国铅同位素考古》，中国科学技术大学出版社2008年版，第109页。

式铜器，学者多以为本地铸造，同类器极少见于其他地区①。争议较多的是长江流域式尊、罍，这两类器物祖型为中原式尊、罍，两者相似之处颇多，故不少学者将其归为中原式铜器②。但对于这两类铜器，张昌平先生已从诸多角度进行了详尽论述，认为其为长江流域特色铜器，可能由长江中下游某一青铜文明生产③。对于三星堆祭祀坑出土的尊和罍，他还以纹饰分析为主要线索结合其他信息认为三星堆本地特色铜器与容器并非同地铸造，容器当为外部传入④。从三星堆铜器的主量元素来看，本地铜器与容器的合金比例确有差别（表2.9）。

就原料来源而论，三星堆特色铜器与容器间并无明显差别，均主要以 1 组为主，少量为 2 组（图2.19）。另外，根据金正耀和崔剑锋先生测定的三星堆铅同位素数据⑤，对比三星堆本地特色铜器和容器，也未见明显差异（图2.20）。这表明虽然风格迥异，但两类铜器的所用原料来源不见明显差异。

根据现有数据，我们认为三星堆铜器的来源可能十分复杂，不能排除本地生产、直接传播以及定制甚至多地定制等现象共存的可能性。目前对于三星堆铜器的科技分析工作仍远远不足。一方面，现有分析集中于面具、容器、神树等铜器，但祭祀坑中出土大量的小件铜器则关注较少。另外，我们认为某些同类别的铜器也存在不同的铸造特征甚至质量也可能有所差别。这些差别未被给予足够关

---

① 四川省文物考古研究所：《三星堆祭祀坑》，文物出版社 1999 年版，第 22 页。
② 李伯谦：《从对三星堆青铜器年代的不同认识谈到如何理解和运用"文化滞后"理论》，载四川省文物考古研究所编《四川考古文集》，文物出版社 1996 年版。
③ 张昌平：《论殷墟时期南方的尊和罍》，《考古学集刊》（15），文物出版社 2004 年版。张昌平：《商代铜瓿概论》，《长江流域青铜文化研究》，科学出版社 2002 年版。
④ 张昌平：《自产与输入——从纹饰风格看三星堆铜器群的不同产地》，《南方文物》2006 年第 3 期。
⑤ 崔剑锋、吴小红：《三星堆遗址祭祀坑中出土部分青铜器的金属学和铅同位素比值再分析——对三星堆青铜文化的一些新认识》，《南方民族考古》第九辑，科学出版社 2013 年版。金正耀：《中国铅同位素考古》，中国科技大学出版社 2008 年版。

注。解决三星堆铜器的生产来源问题，必须对全部出土铜器首先进行多角度的考古学分类，再针对性的补充科技数据，才有望得出确切结论。目前笔者正在开展相关工作，成果待另文发表。

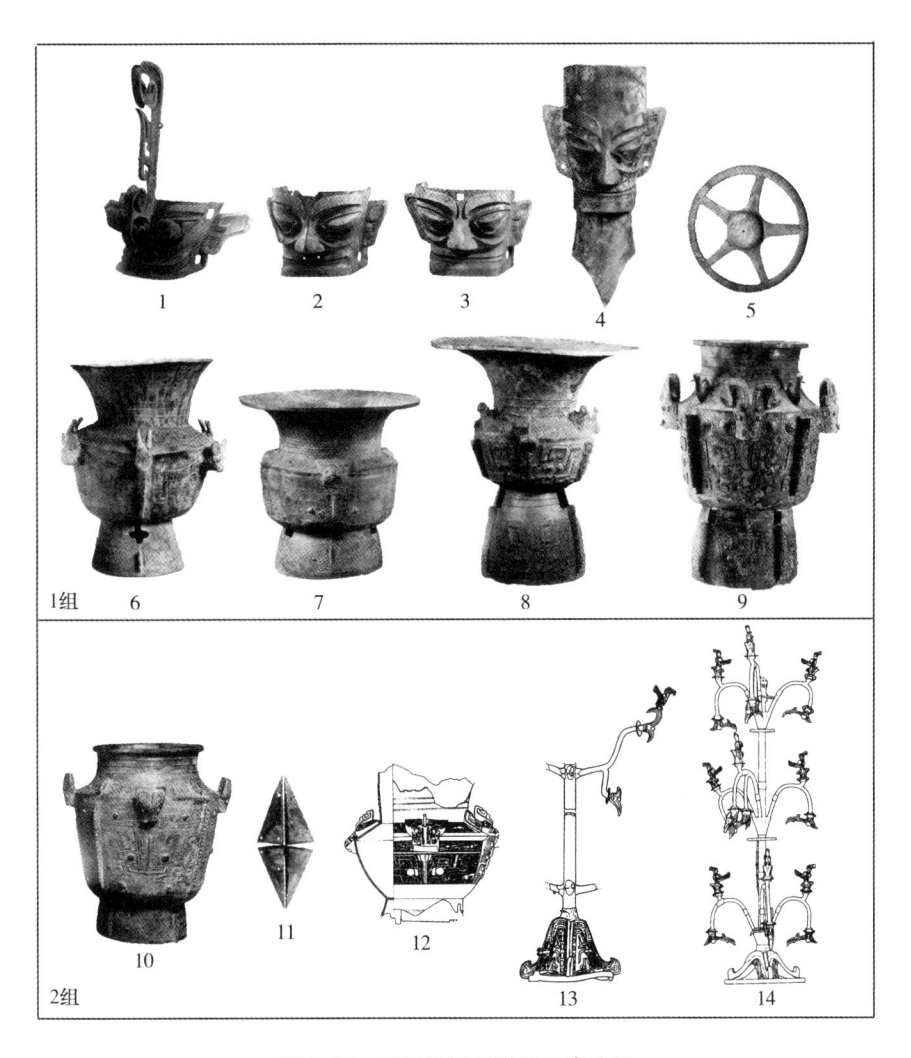

图2.19 三星堆铜器微量元素分组

1—3. 人面具（K2②:142－1、K2②:57、K2②:33） 4. 人头像（K2②:51） 5. 太阳形器（K2③:248） 6—8. 尊（K1:158、K2②:112、K2②:151） 9. 罍（K2②:159） 10. 罍（K2②:88） 11. 眼形器（K2③） 12. 尊（K2②:135） 13—14. 神树（K2②:94、K2②:194）

表2.9　　　　　　三星堆铜器主量元素与城洋铜器群的对比

元素类别 铜器群	铜	锡	铅
城洋晚商（二至四期）本地铜器	83%	9.5%	5%
城洋晚商（二至四期）中原铜器	72.3%	11.7%	11.7%
三星堆长江流域式尊罍	73.8%	11.9%	9.7%
三星堆本地式铜器	83.5%	4.3%	8.7%

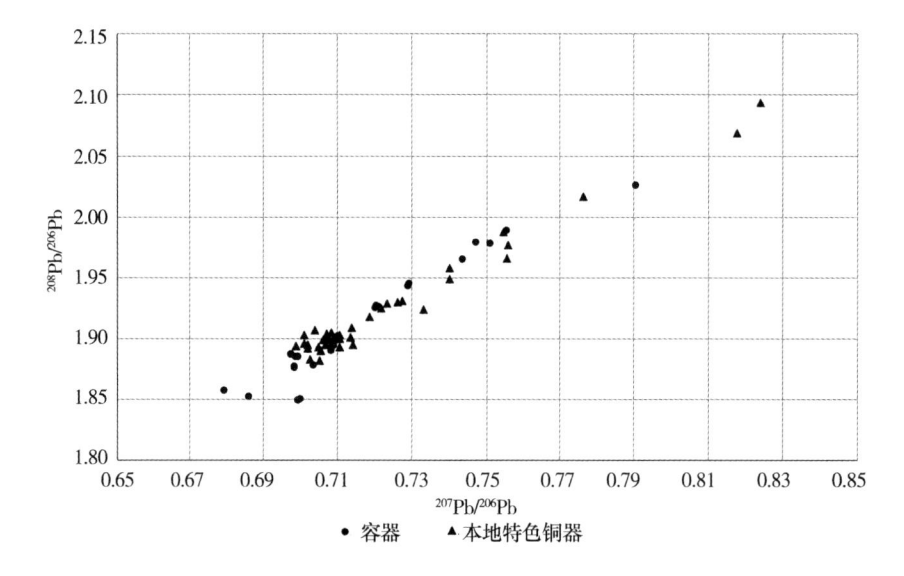

图2.20　三星堆本地特色铜器与容器铅同位素对比图

3. 吴城

吴城文化主要分布在赣江流域。这一文化以新干铜器群、中棱水库铜器群以及吴城和牛城两个城址为中心。吴城位于赣江西岸，牛城、新干、中棱水库铜器在赣江东岸。牛城与吴城隔江相聚约20千米，牛城西北仅3千米就是新干大墓，中棱水库铜器群距牛城不超过5千米。因此这4个地点地理距离非常近，是吴城文化的核心区。

目前在长江流域商时期遗址中，吴城遗址发现了最为丰富的与铸铜相关的遗物。在这里发现有57件石范，基本都是生产工具和兵器的范，有刀、锛、凿、矛、戈、镞、车马饰件等。陶范出土2件，但器形难辨，还有陶铸件23件。另外，吴城遗址历次发掘清理7个与冶铸有关的灰坑，出土物包括石范、陶铸件、铜渣以及大量炭渣和红烧土块等。笔者有幸在江西省文物考古研究院采集5件出自这些灰坑的样品。5件样品包括3件厚薄不一的炉壁，从剖面看有非常明显的分层痕迹，应是多次熔铜的迹象（图2.21）。另外2件样品分别为1件熔铜渣和1件不规则圆形铜块，可能为小铜锭（图2.21）。

作为反映长江流域晚商时期铜器生产的直接证据，这些样品的研究对于讨论新干铜器群的生产地点，了解长江流域青铜生产体系甚至于整个晚商时期南北的文化格局均有极为重要的意义。

为此，我们利用北京大学地空学院多接收电感耦合等离子体质谱仪（MC‑ICP‑MS）设备测定了5件样品的铅同位素数据（附表二）。

WC:09　　WC:13

WC:14　　WC:10　　WC:11

2厘米

图2.21　吴城冶铸遗物样品照片

图2.22表明5个数据分布在两个区域，其中3个炉壁的数据$^{207}Pb/^{206}Pb$均小于0.8，另外2个熔铜渣及疑似铜锭数据的$^{207}Pb/^{206}Pb$比

值大于 0.8。

目前，关于中国商周时期青铜器的铅同位素研究已经有了很多的研究成果，积累了大量的数据①。基于以往研究，可以知道 $^{207}Pb/^{206}Pb$ 比值小于 0.8，$^{206}Pb/^{204}Pb$ 比值大于等于 20，$^{208}Pb/^{204}Pb$ 比值大于等于 40 的数据较为特别，可称之为高放射性成因铅②。根据这一标准，3 个炉壁的数据属于典型的高放射性成因铅数据，另外 2 个熔铜渣及疑似铜锭数据处于此范围外，称为普通铅数据（图 2.22）。

关于高放射性成因铅，自 20 世纪 80 年代金正耀先生发现这类特殊数据，至今关于高放射性成因铅的讨论已经非常多，但仍无较为一致的意见③。根据金正耀先生的研究，这类特殊的铅同位素数据主要流行于晚商时期，其他时期少见④。目前新干、城洋、三星堆、殷墟这几个重要铜器群均已进行了铅同位素分析，为我们的对比研究提供了基础⑤。首先，将吴城数据与新干铜器数据对比，发现新干铜器群的 11 个数据均为高放射性成因铅数据，与吴城 3 个炉壁数据分布在同一范围。这直接表明新干铜器群使用了吴城铸铜的相同原料。由此可以说明，新干铜器群极有可能是在当地生产的，起码至少有一部分铜

---

① 崔剑锋、吴小红：《铅同位素考古研究——以中国云南和越南出土青铜器为例》，文物出版社 2008 年版。金正耀：《中国铅同位素考古》，中国科技大学出版社 2008 年版。

② 金正耀：《中国铅同位素考古》，中国科技大学出版社 2008 年版。Chen K., Mei J., Rehren T., Liu S., Yang W., Martinón-Torres M., Zhao C., Hirao Y., Chen J., Liu Y., "Hanzhong Bronzes and Highly Radiogenic Lead in Shang Period China", *Journal of Archaeological Science*, Vol. 101, January 2019, pp. 131–139.

③ 金正耀：《中国铅同位素考古》，中国科技大学出版社 2008 年版。Liu S., Chen K., Rehren T., Mei J., Chen J., Liu Y., Killick D., "Did Chinaimport Metals from Africa in the Bronze Age?", *Archaeometry*, Vol. 60, Issue 1, February 2018, pp. 105–117. Liu R., Rawson J., Pollard A. M., "Beyond Ritual Bronzes: Identifying Multiplesources of Highly Radiogenic Lead Across Chinese History", *Scientific Reports*, Vol. 8, 2018. Jin Z., Liu R., Rawson J., Pollard A. M., "Revisiting Lead Isotope Data in Shang and Western Zhou Bronzes", *Antiquity*, Vol. 91, Issue 360, December 2017, pp. 1574–1587.

④ 金正耀：《中国铅同位素考古》，中国科技大学出版社 2008 年版。

⑤ 同上。

器可能是当地生产的。金正耀先生根据新干铜器的铅含量认为数据反映的是铅料来源①。另外还有学者分析了吴城遗址的两件商代青铜器②，1件为高放射性成因铅数据，1件为普通铅数据，与吴城冶铸遗物分布在相同范围（图2.22）。这表明无论是吴城遗址出土铜器还是新干铜器群都可能是当地生产的。彭子成先生还分析了江西出土的周代青铜器，也同时发现有高放射性成因铅和普通铅数据，表明当地原料在周代还继续沿用③。考虑到周代在其他地区的青铜器中已经极少见高放射性成因铅数据，江西仍然发现这类数据，也许表明这类高放射性成因铅原料的来源地距离不远。

我们进一步与城洋、三星堆、殷墟的铜器数据进行了全面对比，结果表明大部分数据均为高放射性成因铅，少部分为普通铅数据（图2.22）。其中吴城的2个普通铅数据的熔铜渣和疑似铜锭与殷墟铜器重合。这表明吴城铸铜所用的原料与殷墟以及城洋、三星堆的铜器都是一致的。高放射性成因铅数据较为复杂，目前还难以明确是代表了铅料来源还是铜料来源或者是其他可能性。但黄河流域、长江流域普遍出现这类特殊类型的铅同位素数据，暗示了一个广阔的金属原料交流网络。吴城冶铸遗物的数据表明长江流域的江西也存在使用高放射性成因铅原料的铜器铸造中心，且有可能铸造新干这类高水平的铜器。这表明晚商时期的文化格局不是完全以殷墟为单一的铸铜中心，长江流域也存在铸铜中心。

尽管我们认为新干铜器的铸造地点可能在当地，但大部分铜器铸造水平极高，且多属商文化风格铜器的变体，从风格到技术都受到中原商文化的强烈影响。况且在新干铜器之前，赣江流域并无长久的铸造铜器的传统。我们认为这类尖端铸造技术不可能是当地短时间内独立产生的，铸造技术与设计必然来自商王朝。或许商人工匠直接来到

---

① 金正耀：《中国铅同位素考古》，中国科技大学出版社2008年版。
② 彭子成、孙卫东、黄允兰、张巽、刘诗中、卢本珊：《赣、鄂、皖诸古代矿料去向的初步研究》，《考古》1997年第7期。
③ 同上。

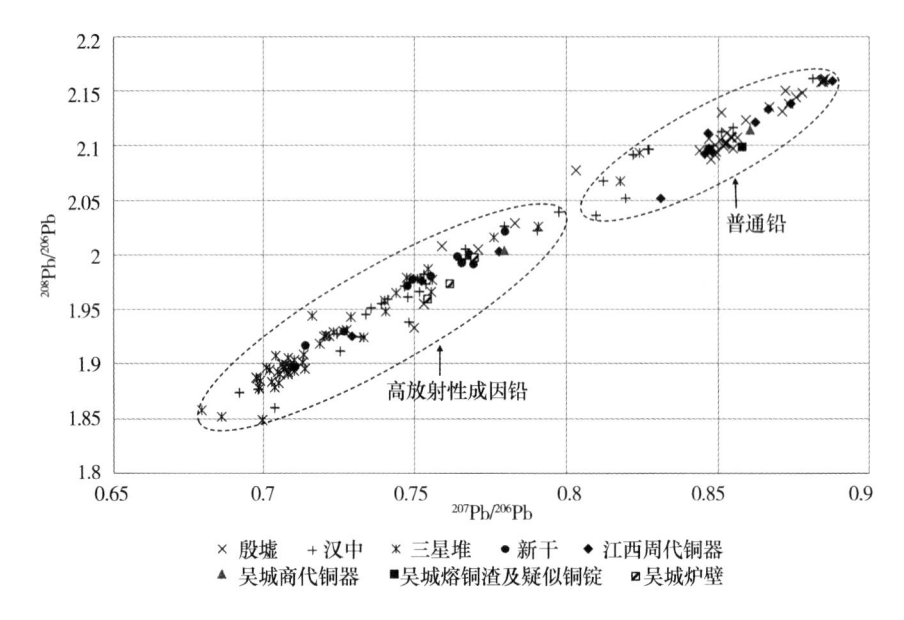

图中散点图横轴为 $^{207}Pb/^{206}Pb$，纵轴为 $^{208}Pb/^{206}Pb$，标注有"普通铅"和"高放射性成因铅"两个区域。图例包括：殷墟、汉中、三星堆、新干、江西周代铜器、吴城商代铜器、吴城熔铜渣及疑似铜锭、吴城炉壁。

图 2.22　吴城冶铸遗物、吴城铜器、新干铜器以及其他区域铜器的铅同位素对比图

江西参与铜器的设计、生产，或者吴城土著人群学习了殷墟的铸造技术独自铸造铜器，这些可能性在本质上都属于商王朝对吴城文化的技术和文化输出。如果能够进一步明确金属原料具体的流通路径和方式，我们可以更进一步讨论吴城文化与殷墟之间的关系。

关于吴城所用金属原料的来源，首先可注意到在吴城遗址向北直线距离约 200 公里便是著名的江西九江铜岭矿冶遗址。铜岭遗址与铜绿山遗址是中国商周时期经过系统发掘的最为重要的矿冶遗址[1]。铜岭遗址从商代中期便开始开采[2]。根据遗址出土陶器，可见多种不同的考古学文化面貌，包括商文化和吴城文化。在其中一个竖井中，发现了 1 件

---

[1]　江西省文物考古研究所、瑞昌博物馆：《铜岭古铜矿遗址发现与研究》，江西科学技术出版社 1997 年版。黄石市博物馆：《铜绿山古矿冶遗址》，文物出版社 1999 年版。

[2]　江西省文物考古研究所、瑞昌博物馆：《铜岭古铜矿遗址发现与研究》，江西科学技术出版社 1997 年版。

典型的商风格陶器。这表明商人可能直接参与了铜岭铜矿的开采①。

彭子成分析了铜岭遗址在内的九江地区古代采矿、冶炼遗址的铜矿石和炼渣②,均为普通铅数据且与吴城冶铸遗物并无重合(图2.23,图2.24)。另外,我们还收集了江西省的现代铅矿山的铅同位素数据,对比发现所有数据均为普通铅数据(图2.23,图2.24)。因此目前的数据还不能证明铜岭遗址是吴城文化人群铸造铜器的原料来源。吴城遗址使用的高放射性成因铅和普通铅的原料来源目前无法判定。高放射性成因铅原料的来源始终是中国考古的一个谜题。金正耀先生根据现代中国矿藏的特征,认为应当来自云南地区③。最近陈坤龙等学者

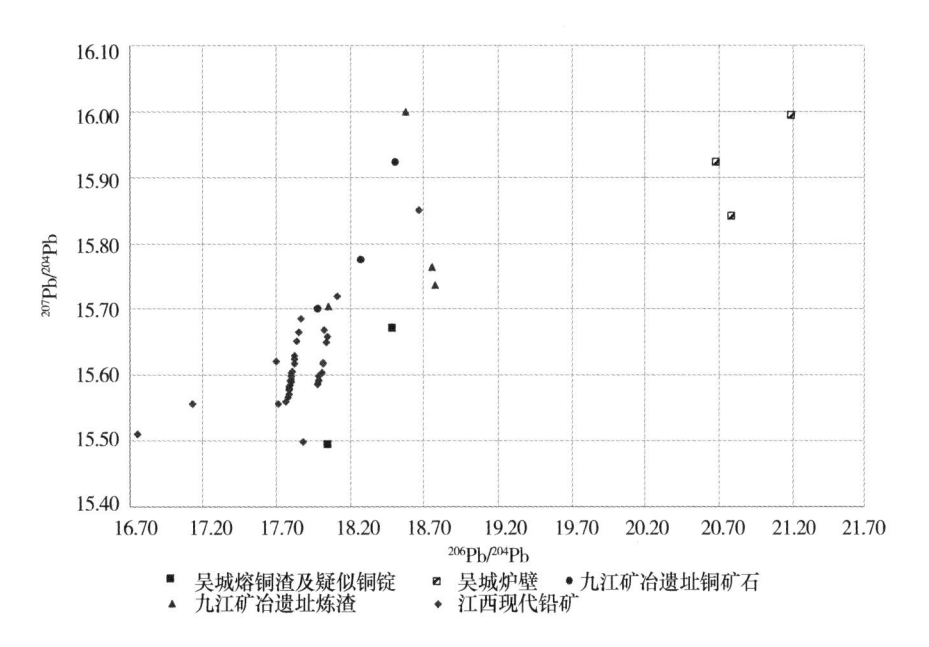

图2.23 吴城冶铸遗物与九江地区古代矿石、炼渣以及现代铅矿的铅同位素对比图($^{206}Pb/^{204}Pb$ versus $^{207}Pb/^{204}Pb$)

---

① 黎海超:《长江中下游商周时期采矿遗址研究》,《考古》2016年第10期。
② 彭子成、孙卫东、黄允兰、张巽、刘诗中、卢本珊:《赣、鄂、皖诸地古代矿料去向的初步研究》,《考古》1997年第7期。
③ 金正耀:《中国铅同位素考古》,中国科技大学出版社2008年版。

通过对城洋青铜器的研究，提出秦岭地区可能是高放射性成因铅的一个潜在来源①。还有许多其他不同的看法②。短时间内还难以达成一致意见。

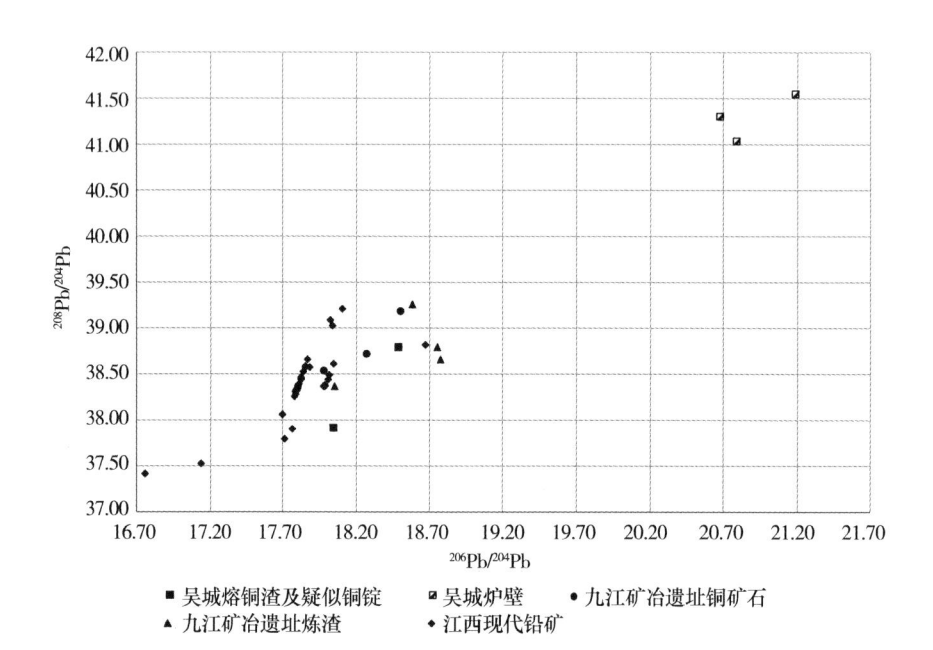

图 2.24　吴城冶铸遗物与九江地区古代矿石、炼渣以及现代铅矿的铅同位素对比图（^{206}Pb/^{204}Pb versus ^{208}Pb/^{204}Pb）

---

① Chen K., Mei J., Rehren T., Liu S., Yang W., Martinón-Torres M., Zhao C., Hirao Y., Chen J., Liu Y., "Hanzhong Bronzes and Highly Radiogenic Lead in Shang Period China", *Journal of Archaeological Science*, Vol. 101, January 2019, pp. 131–139. Sun W., Zhang L., Guo J., Li C., Jiang Y., Zartman R., Zhang Z., "Origin of the Mysterious Yin-Shang Bronzes in China Indicated by Lead Isotopes", *Scientific Reports*, Vol. 6, 2016.

② Liu S., Chen K., Rehren T., Mei J., Chen J., Liu Y., Killick D., "Did China Import Metals from Africa in the Bronze Age?", *Archaeometry*, Vol. 60, Issue 1, February 2018, pp. 105–117. Liu R, Rawson J., Pollard AM., "Beyond Ritual Bronzes: Identifying Multiple Sources of Highly Radiogenic Lead Across Chinese History", *Scientific Reports*, Vol. 8, 2018. Sun W., Zhang L., Guo J., Li C., Jiang Y., Zartman R., Zhang Z., "Origin of the Mysterious Yin-Shang Bronzes in China Indicated by Lead Isotopes", *Scientific Reports*, Vol. 6, 2016.

吴城冶铸遗物的分析首次证明晚商时期长江流域存在制造高水平铜器的制作地点，殷墟并非唯一的铜器生产中心。这对于理解晚商时期的青铜文化格局有着全新的意义。

4. 小结

通过对晚商时期商文化区域内外的多个地点的分析，我们对此时的铜器流通体系和原料流通得出初步认识。在商文化区域内，从作为中心的殷墟遗址到周边的商文化遗址，所出铜器主要以1、2、9、12四个微量元素组别为主，显示出较为一致的模式。既然中心与周边铜器所用原料相同，铸铜遗址又均见于殷墟遗址，我们认为晚商时期在商文化区域内，铜器生产可能由中央进行集中管控，再向各地方遗址分配。这一模式可以用"器料官营"来概括，与早、中商时期的资源控制模式显示出较大差别。

在商文化区域之外，长江流域发现有三星堆、宁乡、新干等重要铜器群，长江流域各地的土著文化也进入繁荣阶段。商王朝与长江流域土著文化之间形成基于资源流通的文化交流模式。根据后文的进一步研究，我们认为城洋、皖南等地的铜料可能流入商王朝，另外长江中、下游的印纹硬陶和原始瓷器资源也作为附属品流入中原地区。反之，商王朝影响了长江流域土著文化的用铜观念，并对之输出铸铜技术。三星堆、新干、殷墟等地铜器广泛使用高放射性成因铅原料，表明商王朝和长江流域各地铜器使用了同一来源的原料，这类原料应当是南北交流的核心内容。吴城遗址的发现表明长江流域存在使用高放射性成因铅铸造铜器的地点，殷墟不是唯一的铸铜中心。但对于此类原料指征的具体类别以及流通过程仍是亟待解决的问题。

第 三 章

"授命分器"——西周时期的铜器流通体系

第一节 西周时期的采矿、铸铜遗址研究

西周时期采矿、铸铜遗址的发现较商时期明显增多。无论在王朝腹地，诸侯封国还是边远土著地区均有不同规模的发现。对于这些遗存的讨论主要依照前文对商时期采矿、铸铜遗址的分析角度进行。

一 采矿遗址研究

西周时期发现、发掘的采矿遗址仍以长江中下游地区最为丰富，可以铜绿山和铜岭两个系统发掘的遗址作为代表。另外，尽管本书研究的时间范畴为商至西周时期，但为更准确、全面地认识不同时期采矿遗址的特征，这里对于东周、汉代的采矿遗址材料也进行了简要讨论。对于采矿遗址的研究集中于采矿技术系统和考古学文化面貌。采矿技术系统体现在井巷支护技术、开采技术、生产工具几个方面，以下分别论述。

1. 井巷支护技术

西周时期，铜岭遗址的支护技术不再使用商代常用的碗口式结

构，而采用与铜绿山遗址相同的榫卯技术。铜绿山遗址则沿用之前的榫卯支护技术，其中竖井结构还发展出带尖头的支护木，可卡在岩壁，更加牢固，还出现立柱为圆木的形式。铜岭和铜绿山遗址在西周时期采用了相同的支护技术（图3.1）。

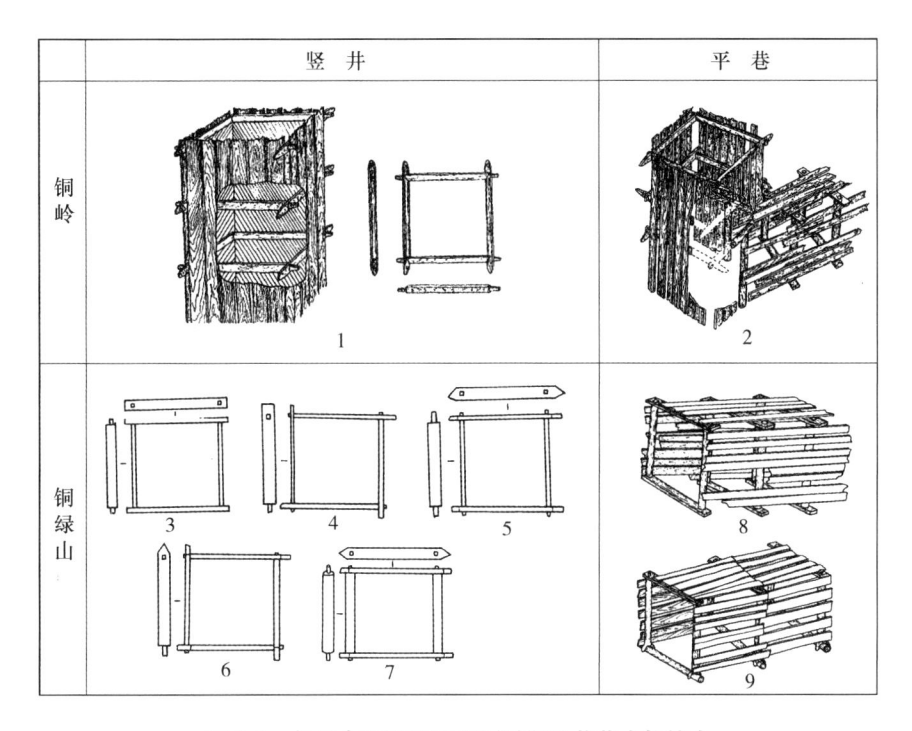

图 3.1　长江中下游地区西周时期的井巷支护技术

1. 西周竖井（J20）支护　2. 西周时期井巷（J28、X11）支护　3. 竖井Ⅰ式　4. 竖井Ⅱ式　5. 竖井Ⅲ式　6. 竖井Ⅳ式　7. 竖井Ⅴ式　8. 商代晚期平巷Ⅰ式　9. 商代晚期平巷Ⅱ式

西周晚期到春秋时期，铜岭遗址再次流行商代惯用的碗口式支护技术，并发展出"碗口接交互内撑式框架"和"双层碗口接内撑式框架"（图3.2，1、2）。平巷也采用碗口式支护技术。铜绿山遗址则继续沿用之前的榫卯技术（图3.2，4、5）。另外湖北阳新县富池镇港下也发现了西周晚期至春秋早期的采矿遗址。该遗址位于铜绿山与铜岭之间，其发掘的支护结构中有"日字形"和"口字形"

两类竖井，另有平巷结构，均采用碗口式支护结构，与铜岭遗址同时期支护结构一致（图3.2，6、7）。

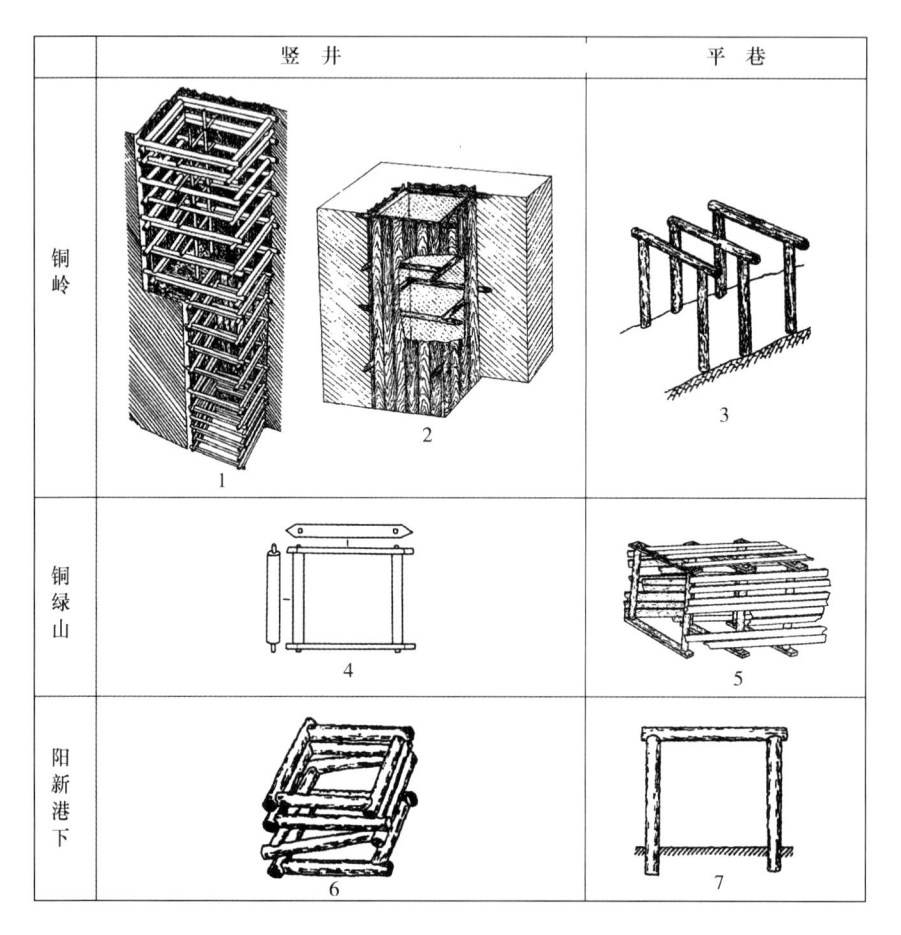

图3.2　长江中下游地区西周晚期—春秋时期的井巷支护技术
1. 西周晚期日字形、双层碗口内撑式竖井（J37）支护　2. 春秋竖井（J19）支护　3. 碗口式平巷支护　4. V式竖井支护　5. Ⅰ式平巷支护　6. 碗口式竖井支护　7. 碗口式平巷支护

战国—西汉时期，整个长江中下游包括铜绿山、铜岭、铜陵金牛洞发现的支护技术趋于统一，竖井均采用"密集搭口垛盘式"支护（图3.3，1、2、4）。铜绿山遗址的平巷采用鸭嘴与亲口混合结构，铜岭遗址平巷结构不明（图3.3，3）。金牛洞也发现有鸭嘴式

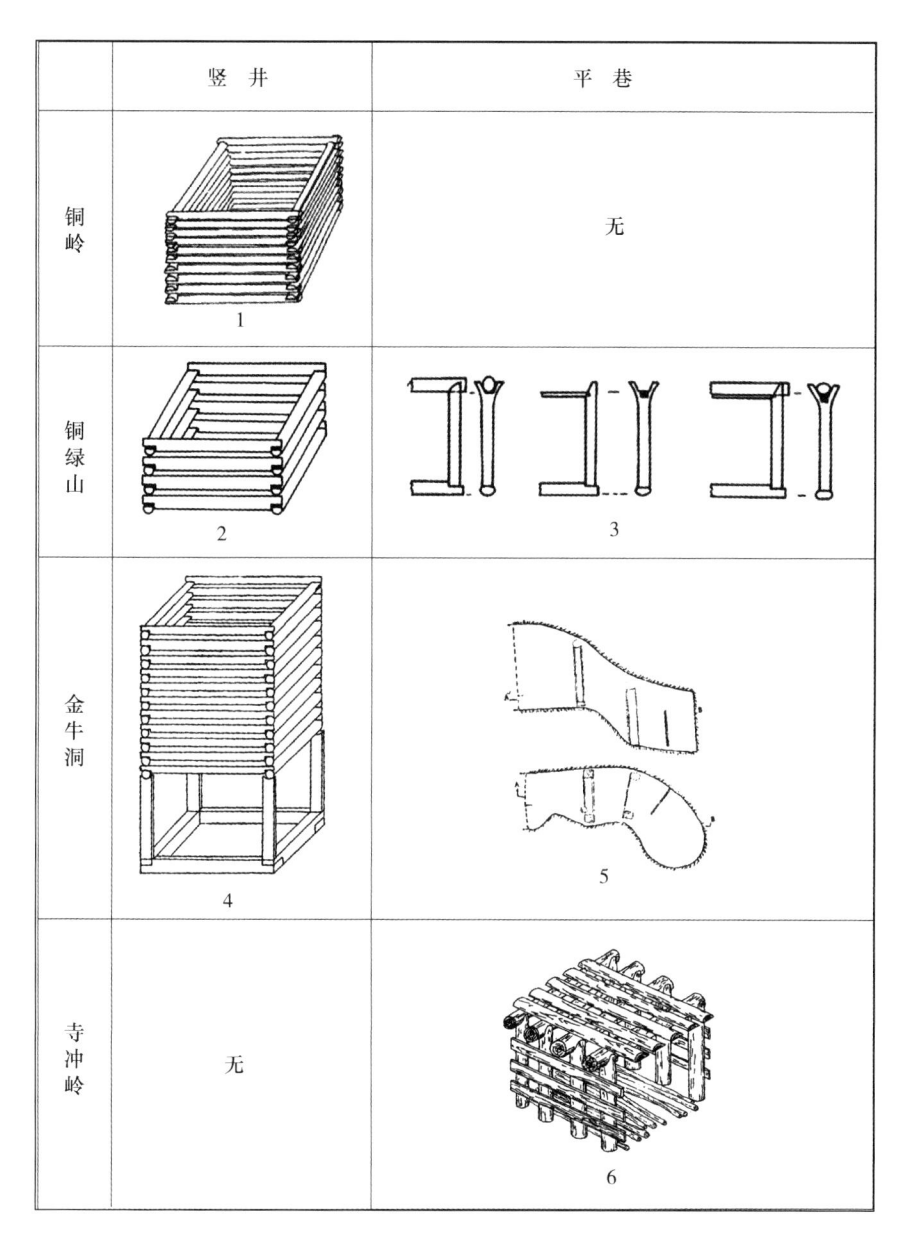

第三章 "授命分器"——西周时期的铜器流通体系　123

	竖 井	平 巷
铜岭	1	无
铜绿山	2	3
金牛洞	4	5
寺冲岭	无	6

图3.3　长江中下游地区战国—西汉的井巷支护技术

1. 竖井（J29）支护　2. Ⅵ式竖井支护　3. Ⅲ式平巷　4. 竖井　5. 平巷　6. 平巷木支护复原

构件的残件。另外值得注意的是金牛洞遗址上层采矿井巷发现有碗口式支护结构，但时代不明，可能为东周时期或更晚（图3.3，5）。在安徽南陵县寺冲岭采矿遗址中，发现了一些采矿井巷。其中平巷采用了碗口式结构（图3.3，6）。而远至湖南怀化的战国麻阳古铜矿遗址中"在矿井顶部和底部与支柱承接处，均凿有凹形柱窝"[1]，这种柱窝显然为碗口式结构。这些迹象表明在战国—西汉时期，碗口式支护技术可能在皖南等地区保留下来。

通过以上的梳理，我们认为铜岭遗址的传统井巷支护技术是碗口式结构，铜绿山遗址则为榫卯式。在商代两遗址采用的支护技术不同，西周时期则采用相同的榫卯式支护。到了西周晚期至春秋时期，铜岭遗址重新采用碗口式连接技术，阳新港下遗址采用了与铜岭遗址相同的支护技术，铜绿山遗址则继续沿用榫卯式技术。战国—西汉时期，整个长江中下游的井巷技术趋同，竖井均采用密集搭口垛盘式支护。从铜陵金牛洞、南陵寺冲岭和湖南麻阳古铜矿遗址来看，在战国时期，仍有平巷、斜巷流行碗口式结构。值得注意的是铜岭和铜绿山两遗址除西周时期外，一直采用不同的支护技术，可见两地支护技术传统上的差异。

2. 开采技术

铜矿的开采主要包括露天开采和地下开采两种形式。井巷结构主要应用于地下开采，不同时期井巷结构的不同配置反映了开采技术的差异。

对于铜绿山开采技术的讨论，以杨永光等先生的观点为代表[2]。他们认为铜绿山在西周时期，采用露天采场—群井—盲井—平巷的开采方式，大量地开挖竖井是主要方式。春秋时期已成功地使用了

---

[1] 湖南省博物馆、麻阳铜矿：《湖南麻阳战国时期古铜矿清理简报》，《考古》1985年第2期。
[2] 杨永光、李庆元、赵守忠：《铜绿山古铜矿的开采方法研究》，《有色金属》1980年第4期。杨永光、李庆元、赵守忠：《铜绿山古铜矿的开采方法研究（续）》，《有色金属》1981年第1期。

竖井、斜井、平巷联合开拓的方式。斜井可以斜向追采富矿，也有探矿的作用。战国至西汉时期以仙人座Ⅰ号矿体第24勘探线的古矿井为代表。开采系统已非常成熟，先开挖竖井到一定深度，再向两侧掘进中段平巷，在中段平巷再下挖盲井直达采矿场。此时的斜井较为特别，呈阶梯式向下延伸，除探矿和采矿作用外，还可作为平巷的连接道。发掘者还推测在井巷开采之前，还存在露天开采阶段①。

卢本珊等先生对铜岭遗址的开采技术做了详细讨论，他们认为在商代中期就采用露天开采为辅，地下开采为主的方式②。到西周时期开始采用方框支柱法，与铜绿山西周时期开采技术相同。西周晚期时开始出现采矿主井，主井下开小井。春秋时期，出现了中段平巷。战国时期铜岭遗址发现井巷较少，但从发现竖井的结构来看，推测采矿方法可能与铜绿山大体相同。战国麻阳古铜矿发现有竖井、平巷、斜巷结构，当采用了联合开拓的技术。

铜岭遗址的一个重要发现是露天槽坑的发掘。露天槽坑是先在地表开凿沟槽，遇到富矿时转而开凿竖井，槽坑也采用木支护结构进行支撑。目前发现有商代和春秋两个时期的槽坑遗迹（图3.4）。

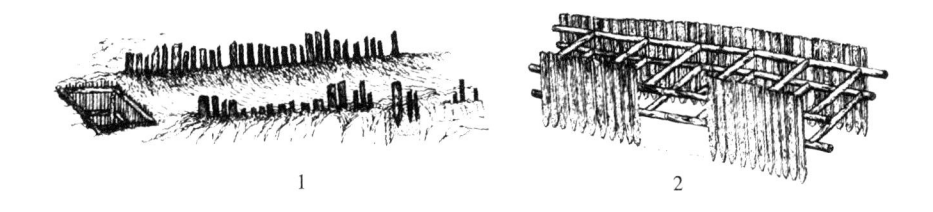

图3.4 铜岭遗址槽坑

1. 商代槽坑 C1　2. 春秋槽坑 C2

---

① 黄石市博物馆：《铜绿山古矿冶遗址》，文物出版社1999年版。
② 卢本珊、刘诗中：《铜岭商周铜矿开采技术初步研究》，《文物》1993年第7期。

我们认为长江中下游地区各地使用的采矿技术有一定共性，如均采用竖井、平巷的方法开拓采矿，但也存在差别。商时期，铜岭遗址发现了槽坑，这尚未见于铜绿山遗址。西周时期的槽坑遗迹在铜岭遗址没有发现，此时铜岭和铜绿山两遗址采用的采矿技术相同。春秋时期开始，铜绿山遗址开始出现斜巷，代表了新的采矿技术的出现。但此时铜岭遗址却未发现斜巷结构，而发现了商时期即已出现的槽坑遗迹。属西周晚期到春秋时期的阳新港下遗址也未发现斜巷。到了战国—西汉时期，各地采矿技术趋于一致，均采用竖井、平巷、斜巷的联合开拓法，湖南麻阳战国古铜矿也发现有斜巷。铜岭遗址战国时期井巷发现不多，但从竖井结构与其他地区的一致性来推测，其可能采用了相同的采矿技术。

3. 生产工具

长江中下游发现的商周时期矿冶遗址多发现有各类生产工具，质地以木、竹、铜、铁为主。种类包括探矿、挖掘、排水、提升、装运等多种类型。

铜绿山遗址出土的采矿工具数量最大。铜绿山报告中认为西周早期至春秋初期采矿工具多见长方形青铜镢、锛，安装较短木柄。春秋中晚期时，青铜工具体量较大，多见大型弧刃方銎铜斧和弧刃圆銎铜斧，竖直安装木柄。春秋战国之际，铜铁工具混合使用，到战国早期，铁制工具基本取代了青铜工具[①]。

一些学者注意到铜绿山遗址中采矿工具的发展变化与井巷截面面积间的关系，认为西周时期体型较小的短柄工具适于开采截面较小的井巷。随着春秋时期大型采矿工具的出现，井巷截面增大，生产力也大为增强。战国时期铁制工具的使用促使井巷截面和采矿能

---

① 黄石市博物馆：《铜绿山古矿冶遗址》，文物出版社1999年版。

第三章 "授命分器"——西周时期的铜器流通体系 127

力进一步提升①②。我们赞同这种工具的发展与井巷截面和生产力间的逻辑关系。

在铜岭遗址，我们并未见到同样的发展过程。铜岭遗址的采矿工具从商时期到春秋时期一直以小型的锛、凿类器形为主。铜绿山遗址春秋时期出现的大型铜斧不见于铜岭遗址（图3.5）。战国时期，铜绿山与远至湖南的麻阳战国采矿遗址出土相同的铁制工具，此时随着铁制工具的普及，各地的金属工具系统可能趋于一致（图3.6）。

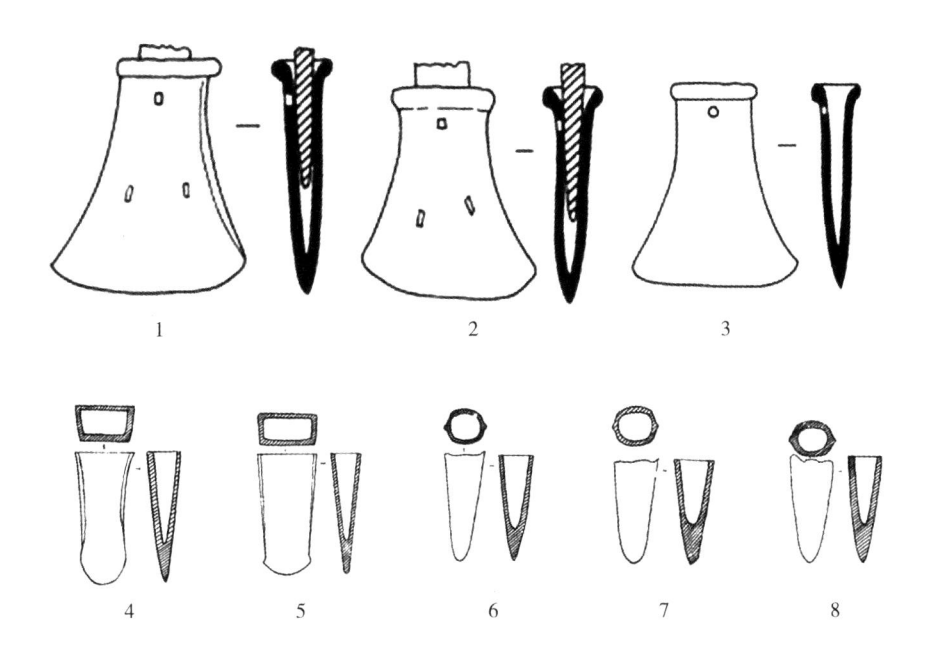

图3.5 春秋铜质工具

1—3. 特大型铜斧　4、5. 铜锛　6—8. 铜凿

1—3. 铜绿山　4—8. 铜岭

---

① 周百灵、潘艺：《简析铜绿山古铜矿出土的生产工具》，《考古与文物》2002年增刊。

② 卢本珊：《铜绿山古代采矿工具初步研究》，《农业考古》1991年第3期。

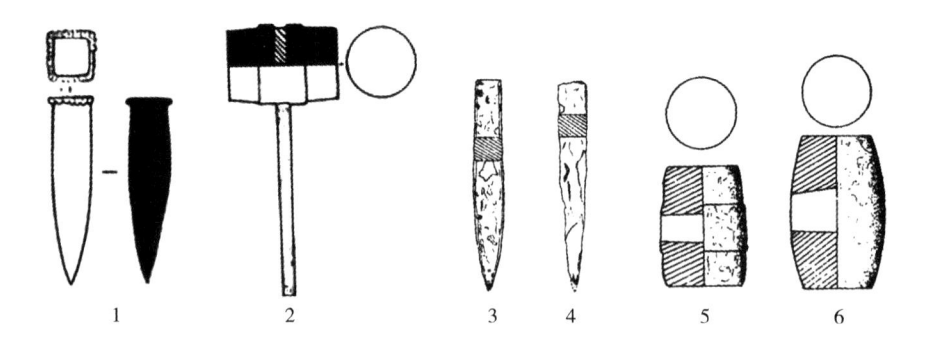

图 3.6　战国铁制工具

1、3、4. 铁楔　2、5、6. 铁锤

1—2. 铜绿山　3—6. 麻阳

除金属工具外，木质工具是采矿遗址出土数量最大的类别。铜绿山和铜岭的资料最为丰富。两地出土的木质工具中均以木铲、木锹、木槌、木锤等类型为主，形制大体相同。另外也存在一些差异，如铜岭遗址出土的弓形木、圆形淘沙木盘、木勺、带蔑条箍的木桶从商代到西周均有发现。弓形木可能与木桶配套使用作为提升工具，圆形淘沙木盘则为选矿工具，这些器物不见于铜绿山遗址（图3.7）。

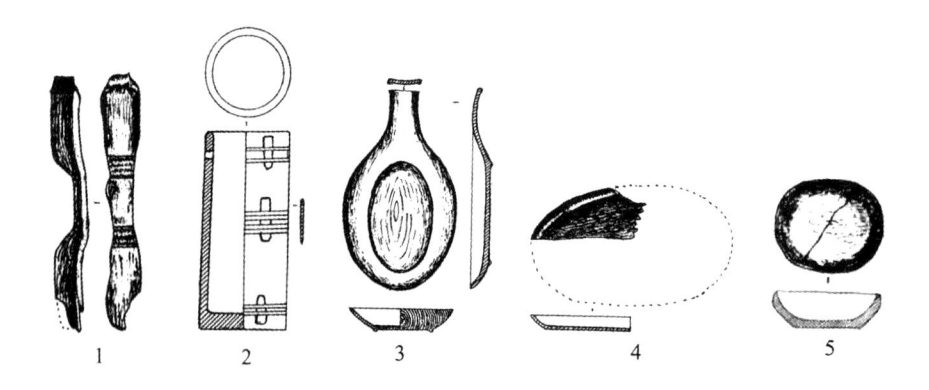

图 3.7　铜岭遗址出土商代木质工具

1. 弓形木　2. 木桶　3. 淘沙木勺　4、5. 淘沙木盘铜绿山遗址出土的春秋时期尖头短槌、木楔钉、柄中空的木撮瓢不见于铜岭遗址（图3.8，1—3）。铜岭遗址的木锛、弓形木也不见于铜绿山遗址（图3.8，4、5）。

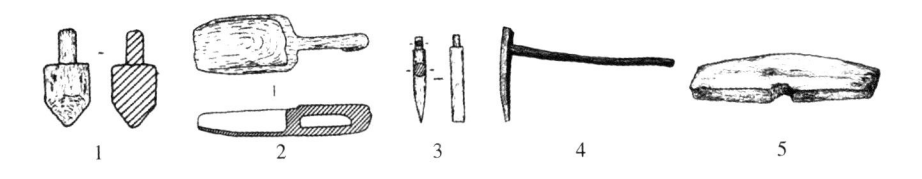

图3.8　春秋时期木质工具

1. 尖头短槌（Ⅶ号矿体5号点）　2. 木撮瓢（Ⅶ号矿体2号点）　3. 木楔钉（Ⅶ号矿体2号点）　4. 木锛　5. 弓形木　1—3. 铜绿山　4—5. 铜岭

从现有的考古发现来看，铜岭遗址从商至春秋时期所采用的提升装置为滑车和弓形木与铜绿山遗址战国—西汉时期所发现的木辘轳不同，铜绿山在战国之前尚未发现有明确的提升装置。两地可能采用了不同的提升技术（图3.9）。

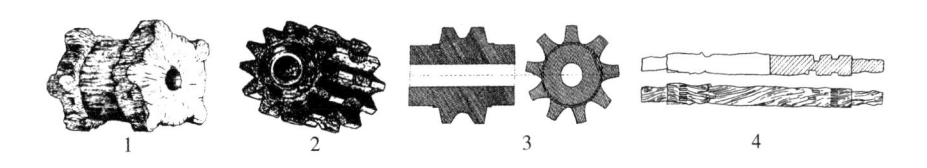

图3.9　提升工具

1. 商代滑车（89采:01）　2. 春秋滑车（C2:15）　3. 春秋滑车（93采:01）　4. 战国—西汉辘轳轴（ⅠJ5:1）　1—3. 铜岭　4. 铜绿山

根据铜绿山和铜岭遗址工具的对比情况，我们认为两地使用的工具，除一些共性因素外，各自具有一些特点。铜绿山遗址使用的铜工具从小型的铜锛、铜斧发展到大型的铜斧，开拓能力明显提升，而铜岭遗址则一直使用小型的铜质工具。铜岭遗址发现的弓形木，圆形淘沙盘、木质滑车等均表现出区别于铜绿山遗址的工具系统。此外，在铜岭西周矿区还发现一处地面选矿场，这样的设备尚未见于铜绿山遗址。由此可见，除西周时期，两地工具的相似性稍多一些，从总体来讲，两地工具系统存在一定差异性。

4. 考古学文化面貌

关于长江中下游采矿遗址的文化面貌，以铜绿山遗址讨论最多。多数学者结合文献，认为其先属越，以扬越可能最大，之后属楚。但在归楚的具体时间上存在分歧。如李天元先生根据碳十四数据认为晚商时期，鄂东铜矿可能被越人控制，两周时期属楚控制[1]。张正明、刘玉堂先生认为两周之际，楚地不到今大冶，大冶为扬越控制，到春秋中期，楚成王收扬越，占有其地[2]。对于铜岭遗址的控制势力，多数学者认为铜岭与铜绿山地域相近，采矿技术系统一致，其与铜绿山控制人群当相同。

通过上述分析，我们认为铜岭与铜绿山两地在一些时段内存在技术系统上的差异，不能简单地认为两地性质相同。鉴于采矿遗址的特殊性，对于采矿遗址文化属性的判断，当以采矿遗址本身出土的材料为依据，来判明其考古学文化属性。下面，我们将对不同时期，各采矿遗址的考古学文化面貌进行分析。

西周时期，铜绿山遗址所处的鄂东南地区是大路铺文化的分布范围。大路铺文化是独具特色的土著文化，年代从晚商可延续至春秋时期[3]。其代表性器物为附耳鬲、刻槽鬲足、镂孔豆等。铜绿山遗址西周时期陶器面貌与大路铺文化相同（图3.10，1—10）。另外在距离铜绿山仅数公里的大冶五里界城址曾做过系统调查，调查结果表明该区域文化面貌属大路铺文化无疑[4]。铜绿山遗址在西周时期，

---

[1] 李天元：《楚的东进与鄂东古铜矿的开发》，《江汉考古》1988年第2期。
[2] 张正明、刘玉堂：《大冶铜绿山古铜矿的国属——兼论上古产铜中心的变迁》，载《楚史论丛》初集，湖北人民出版社1984年版。
[3] 湖北省文物考古研究所、黄石市博物馆、阳新县博物馆：《阳新大路铺》，文物出版社2013年版。
[4] 湖北省文物考古研究所：《大冶五里界——春秋城址与周围遗址考古报告》，科学出版社2006年版。

本地土著文化占据主导地位。

铜岭遗址出土的西周陶器中约可分为两类，一类是以印纹硬陶罐为代表的本地土著文化因素（图3.10，11—16），另一类是以附耳甗、刻槽鬲足为代表的大路铺文化因素（图3.10，17—19）。事实上，远至皖南地区的铜陵师姑墩、南陵牯牛山城址中均可见到附耳甗这种独特器形，这或许表明了大路铺文化从鄂东南、赣北一直延续到皖南地区的强大文化辐射力，而这一区域正是矿冶遗址集中分布区。

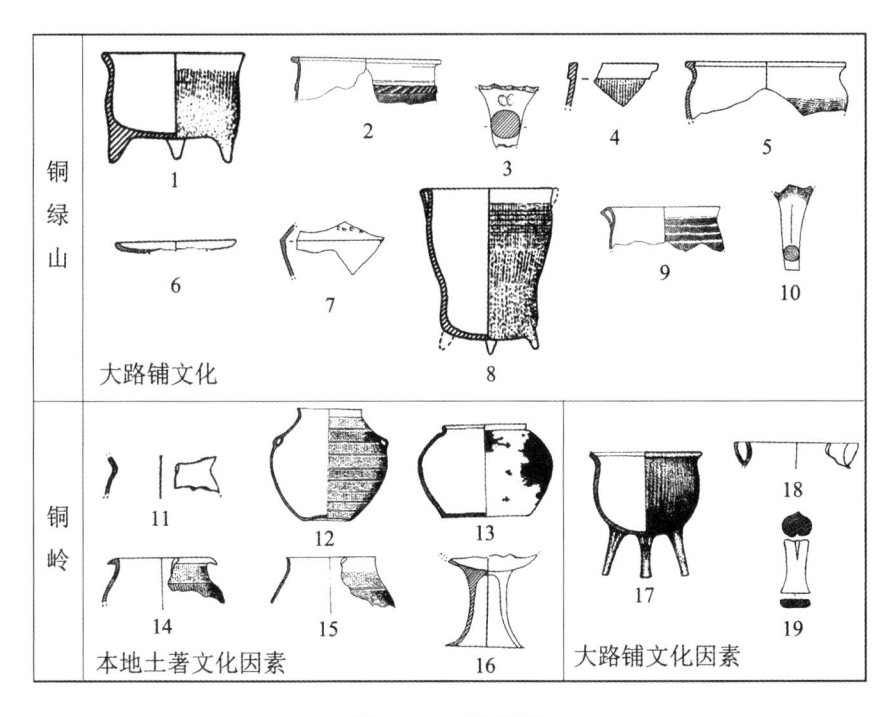

图 3.10 西周陶器

1. 鬲（XIT1④:9） 2. 大口尊（XIT1⑥:15） 3. 鼎足（XIT1⑥:8） 4. 罐（XIT1⑥:27） 5. 罐（XIT1⑥:22） 6. 豆（XIT27⑥:5） 7. 罐（XIT1⑥:23） 8. 甗（XIT1⑥:11） 9. 甗（XIT1⑤:12） 10. 鬲足（XIT27⑥:2） 11. 甗腰（T2⑨C:5） 12. 罐（T2⑨C:7） 13. 罐（选:1） 14—15. 罐（T2⑨B:9、T2⑨C:10） 16. 豆（T3⑨B:4） 17. 鼎（T2⑨C:4） 18. 甗（T5⑨C:3） 19. 鼎足（88采:25）

春秋时期，铜绿山遗址延续之前的文化面貌。铜岭遗址文化面貌却发生较大变化，大路铺文化因素消失，并新出现以楚式鬲为代表的典型楚文化因素（图 3.11，12—13）。除楚文化因素外，本地因素仍占有重要地位（图 3.11，14—22）。

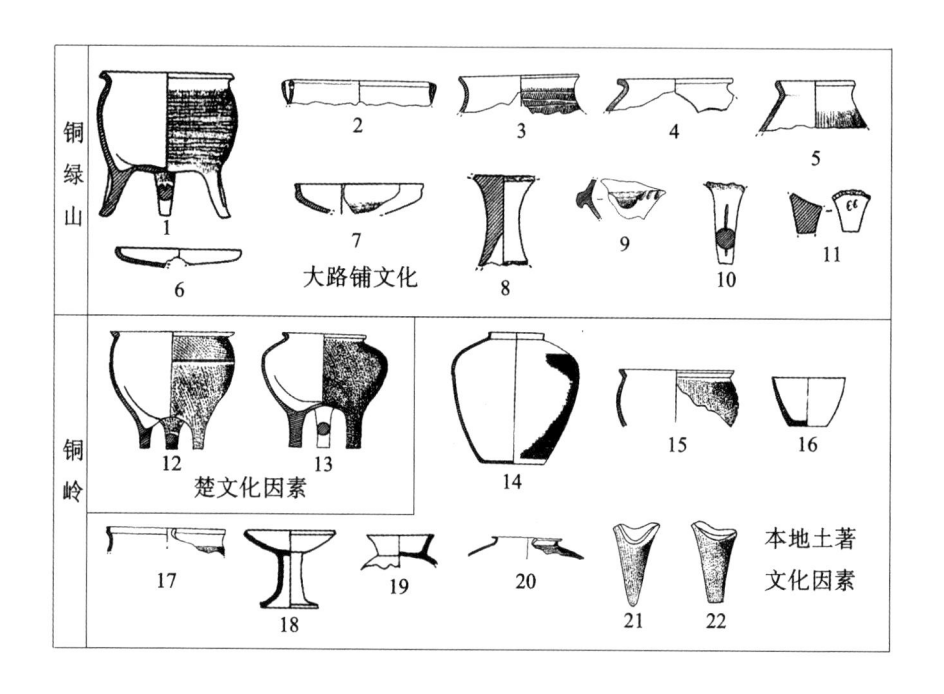

图 3.11 春秋陶器

1. 鬲（ⅪT10⑤:1） 2. 甗（ⅪT15⑤:3） 3. 罐（ⅪT1②:6） 4. 瓮（ⅪT9⑤:3） 5. 罐（ⅪT17④:11） 6. 豆（ⅪT10④:1） 7. 豆（ⅪT8⑤:2） 8. 豆柄（ⅪT29⑤:2） 9. 瓮（ⅪT19⑤:1） 10. 鬲足（ⅪT17④:1） 11. 鼎足（ⅪT41④:1） 12、13. 鬲（T1⑧A:1） 14. 罐（J60:1） 15. 鬲（T3⑧B:8） 16. 原始瓷杯（T30B:16） 17. 鬲（T2⑧A:15） 18. 豆（T30B:17） 19. 器盖（T3⑧B:13） 20. 罐（T2⑧A:11） 21、22. 鬲足（88采:4、T2⑧A:10）

战国时期，铜岭和铜绿山发表资料较少。湖南麻阳战国铜矿出土的陶器为典型的楚式陶器（图 3.12）。此时楚的势力得到极大扩张，我们推测长江中下游大部分采矿遗址均归入楚的控制范围。

我们通过对长江中下游矿冶遗址的梳理，认为长江中下游地区

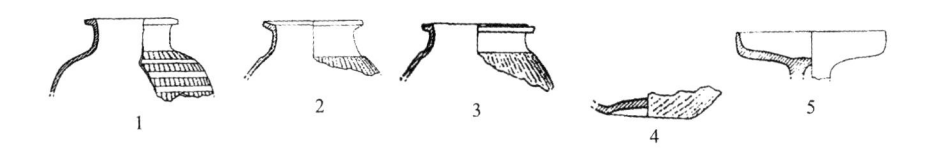

图 3.12　麻阳战国楚文化陶器

1—4. 罐　5. 豆

的采矿遗址不同时期在生产技术体系以及考古学文化面貌上存在差异或联系。

西周时期，铜岭和铜绿山遗址在井巷支护技术、开采技术、生产工具等方面都显示出一些共性。尤为明显的是铜岭遗址放弃其传统的碗口式技术转而采用与铜绿山遗址相同的榫卯技术。此时控制铜绿山遗址的大路铺文化向东辐射至铜岭遗址，使得铜岭遗址中可见大路铺文化和本地土著文化因素共存的现象。铜岭遗址此时发生的技术系统的改变可能与大路铺文化的影响相关。大路铺文化因素还进一步向东影响至皖南地区。阳新大路铺遗址发现的冶铜遗存是长江流域迄今发现最早的冶铜遗存之一。遗址中还发现了大量商周时期的冶铜遗存，可见该地有着悠久的冶铜历史，大路铺文化的冶铜业较为发达。西周时期大路铺文化远距离的辐射是否伴随着采、冶铜技术的传播是值得注意的一个问题。

春秋时期，铜岭和铜绿山遗址在井巷支护技术、开采技术、生产工具等方面均存在很大差别。铜岭遗址恢复了传统的支护技术，阳新港下与铜岭遗址采用相同的支护技术。此时铜绿山延续之前的陶器群面貌，铜岭遗址则出现楚文化因素，楚文化与土著文化因素共存。

到了战国时期，根据有限的资料，我们推测长江中下游采矿遗址均采用相同的技术系统，且多在楚势力控制范围内。当然这种推测还需更多材料的支持。从现有资料来看，商周时期铜绿山遗址一直处于大路铺文化控制下；铜岭遗址中除本地文化因素一直占据重要地位外，先后出现商文化因素、大路铺文化因素以及楚文化因素，并且随着文化因素的变迁，遗址采矿生产技术体系也在变化。从宏观来说,铜绿山与铜岭具有不同的生产技术体系和文化面貌。至于安徽铜陵地区,限于考古工作的局限性,暂不具备讨论基础。

对于长江中下游发现的这些采矿遗址,学术界的主要观点是其生产的铜料主要供应中原王朝使用。因而在讨论中原与长江流域的关系时,"南下掠铜论"一度成为流行观点。我们通过分析认为,除铜岭遗址在早、中商时期发现有中原文化因素外,之后长江中下游的采矿遗址中基本不见中原文化因素。这表明中原文化人群直接参与铜矿开发的迹象仅见于早、中商时期的铜岭遗址。当然南北方金属原料的流通可能存在多种模式,贡赋、交易、暴力掠夺等,简单的"南下掠铜论"显然有待商榷,不能一概而论。以上对长江中下游矿冶遗址的梳理为下文关于青铜资源流通的讨论奠定了基础。

二 铸铜遗址研究

西周时期的铸铜作坊主要分布在周原遗址和洛阳北窑遗址。周原遗址在多地发现有铸铜作坊或铸铜遗物,包括李家、齐家、齐镇、周公庙、孔头沟、云塘—齐镇建筑基址等。以上地点中,齐镇村发现有熔炉、铜渣等[1];齐家村发现零星铸铜遗物;云塘—齐镇建筑基址中发现一些铜渣等铸铜遗物[2][3]。

李家铸铜作坊出土了大量铸铜遗物,包括陶模、陶范、铜锭、铜块、铜渣、炉壁等。该地出土陶范较多,种类包括鼎、簋、鬲等各类容器以及乐器、兵器、车马器等几类,产品类别齐全[4][5]。周公

---

[1] 魏兴兴、李亚龙:《陕西扶风齐镇发现西周炼炉》,《考古与文物》2007年第1期。
[2] 周原考古队:《陕西扶风县云塘、齐镇西周建筑基址1999—2000年度发掘简报》,《考古》2002年第9期。
[3] 陕西省考古研究所:《陕西扶风云塘、齐镇建筑基址2002年度发掘简报》,《考古与文物》2007年第3期。
[4] 周原考古队:《2003年秋周原遗址(ⅣB2区与ⅣB3区)的发掘》,《古代文明》第3卷,文物出版社2004年版。
[5] 周原考古队:《周原庄李西周铸铜遗址2003与2004年春季发掘报告》,《考古学报》2011年第2期。

庙遗址发现有鼎、簋等容器范以及各类兵器、车马器范，指示该地存在铸铜作坊遗址，年代在西周初年。孔头沟画图寺发掘区发现有西周中、晚期的铸铜作坊，出土的陶范包括各类礼器、乐器及车马器范，还发现有烘范窑、炉壁等，可见该处也存在具有相当规模、产品类别齐全的铸铜作坊。洛阳北窑铸铜作坊遗址年代集中在西周前期，发现陶范、坩埚、炉壁等大量铸铜遗物。陶范的类别以礼器居多，车马器、兵器范较少，属于西周前期大规模的中心型作坊遗址①②。其他发现如在长安张家坡发现有西周早期陶范等铸铜遗物③；在马王村发现西周早期陶范残块④。以上材料显示出西周时期，中心都邑类遗址在多地普遍存在铜器铸造现象，且礼器的生产不局限于一地，呈现多中心的现象（图3.13）。

  西周时期地方诸侯国是否独立生产铜器也是一个重要问题。从铸铜遗物的发现来看，目前在琉璃河西周早期居址发现有容器范⑤；在虢国墓地附近的李家窑遗址发现铜渣、陶范、鼓风管等，在上阳城东北角还发现铸铜作坊⑥⑦；另外在绛县横水墓地 JHM2167 出土 2 件陶范⑧。相较而言，地方诸侯国发现的铸铜遗存远不如中心遗址铸

---

  ① 洛阳博物馆：《洛阳北窑村西周遗址 1974 年度发掘简报》，《文物》1981 年第 7 期。
  ② 洛阳市文物工作队：《1975—1979 年洛阳北窑西周铸铜遗址的发掘》，《考古》1983 年第 5 期。
  ③ 中国科学院考古研究所：《沣西发掘报告：1955—1957 年陕西长安县沣西乡考古发掘资料》，文物出版社 1962 年版。
  ④ 中国社会科学院考古研究所沣西发掘队：《陕西长安、户县调查与试掘简报》，《考古》1962 年第 6 期。
  ⑤ 北京大学考古学系、北京市文物研究所：《1995 年琉璃河周代居址发掘简报》，《文物》1996 年第 6 期。
  ⑥ 宁景通：《三门峡发现周代窖藏和铸铜作坊》，《中国文物报》1991 年 5 月 19 日。
  ⑦ 李家窑遗址考古队：《河南三门峡发现虢都上阳城》，《中国文物报》2001 年 1 月 10 日。
  ⑧ 山西省考古研究所编著：《绛县横水西周墓地青铜器科技研究》，科学出版社 2012 年版。

铜遗存丰富、全面，但这些零星迹象依然表明西周时期一些诸侯国应当也存在铜器生产活动，但可能规模有限（表3.1）。

另外，我们认为诸侯国具有铜器生产能力并不意味着诸侯国所有铜器均为自产。一个极为普遍但具有启示意义的事实是，西周前期各个诸侯国出土的大部分铜器与中心都邑出土的铜器在风格和铸造水平上均显示出极强的一致性。这在西周铸铜作坊中也能发现一些证据。西周早期各地诸侯国多流行一类夔纹+涡纹圆鼎，其形制、纹饰极为统一，在洛阳北窑铸铜作坊中便发现了此类铜鼎陶范，纹饰与诸侯国出土铜器如出一辙（图3.14，1、4—6）。西周早期流行的另一类纹饰——列旗兽面纹在地方诸侯国铜器中也多见，洛阳北窑也出土有纹饰清晰、列旗规整的带有此类纹饰的陶范（图3.14，2、7）。洛阳北窑出土的一类兽面纹方鼎外范，在西周早期多个诸侯国中均可见到同类铜器（图3.14，3、8）。

以上的相似性将西周早期各诸侯国出土的高质量铜器和洛阳北窑作坊联系起来。尽管我们并不认为两者之间存在必然对应关系，但这些现象表明地方诸侯国出土的一些高质量铜器或许来自于洛阳北窑这一类的中央式作坊。

表3.1　　　　　　　　西周时期铸铜遗存统计表

遗存类别 地点		金属原材料		制范遗存	熔铜遗存	铸造遗存
		矿石	纯金属			
中心遗址	李家铸铜作坊		√		√	√
	齐家村铸铜作坊					√
	齐镇铸铜作坊				√	
	周公庙遗址		√			√
	孔头沟遗址			√	√	√
	云塘—齐镇建筑基址		√		√	
	张家坡遗址					√
	马王村遗址					√
	洛阳北窑				√	√

第三章 "授命分器"——西周时期的铜器流通体系　　137

续表

遗存类别 地点		金属原材料		制范遗存	熔铜遗存	铸造遗存
		矿石	纯金属			
地方遗址	琉璃河墓地					√
	虢国墓地				√	√
	横水墓地					√

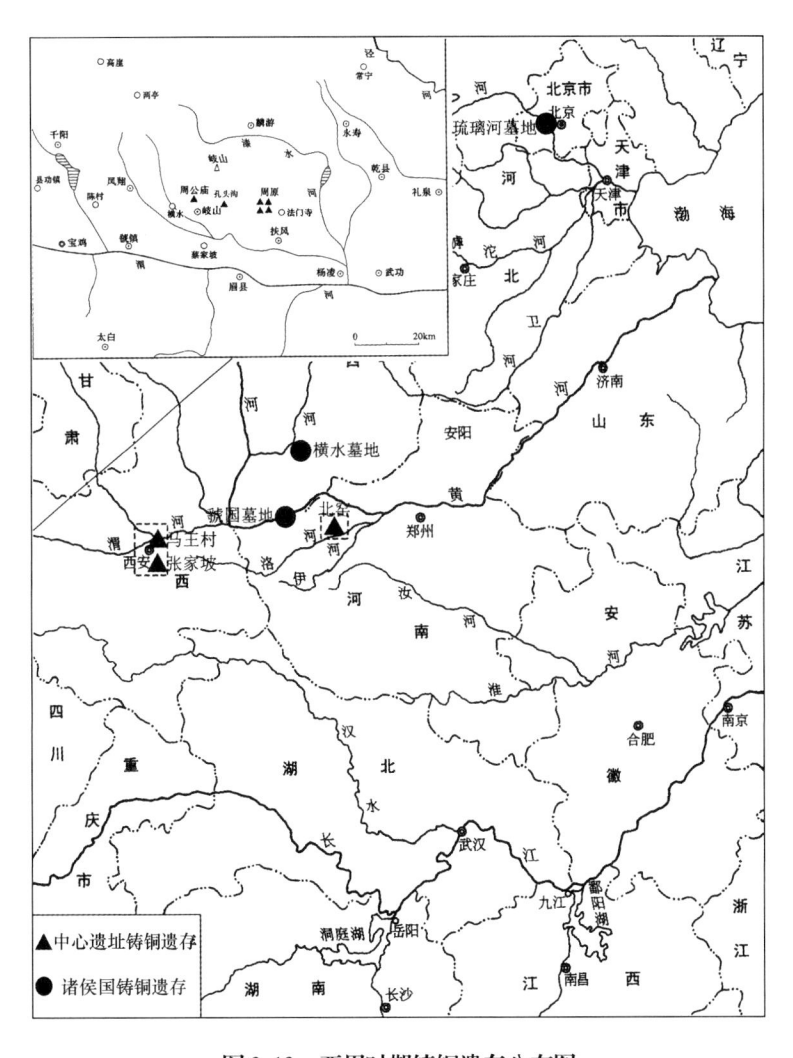

图 3.13　西周时期铸铜遗存分布图

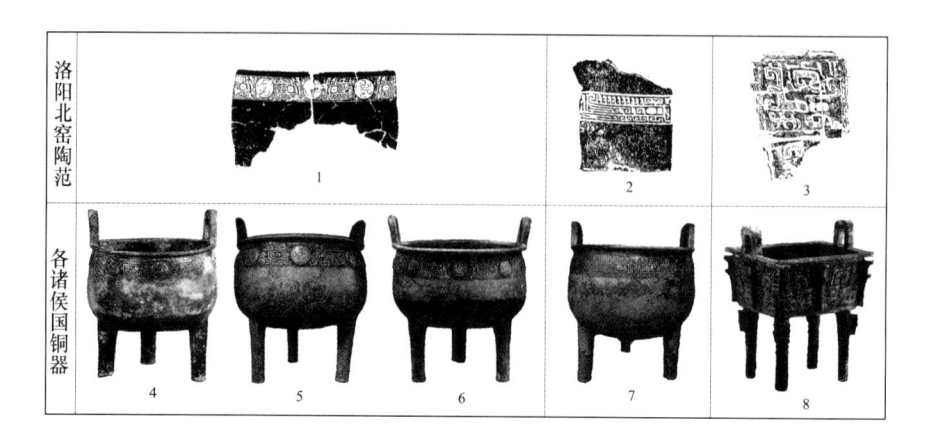

图 3.14 洛阳北窑铸铜遗址陶范与各诸侯国铜器纹饰对比图

1—3. 陶范拓片（洛阳北窑 H84∶1、洛阳北窑 T4⑤∶43、洛阳北窑 H175∶3） 4—6. 涡纹+夔纹圆鼎（琉璃河燕国墓地ⅡM251∶22、叶家山曾国墓地 M65∶44、宝鸡夨国墓地 BZM7∶3） 7. 圆鼎（叶家山曾国墓地 M92∶33） 8. 方鼎（叶家山曾国墓地 M1∶12）

以上对西周时期各地所见铸铜遗存的分布做了全面梳理，其中对于南方一些地点的发现并未全部涵盖，如师姑墩、夏家墩、汤家墩等。这些地点在文化属性上处于中原文化圈之外，需要另作考虑。结合商时期铸铜遗址的分布情况可以看到，早、中商时期，中心都邑的铜器生产呈现多中心的现象，个别地方性中心也可能有相当规模的铜器铸造活动。西周时期的模式与之相近，不仅中心型遗址分布有多处铸铜作坊，各地诸侯国也可能广泛存在铜器铸造活动。早、中商时期和西周时期均表现为多个中心遗址和地方性中心普遍铸铜的现象。相较而言，晚商时期的发现目前集中在殷墟遗址。殷墟遗址内部分布有多个铸铜作坊，但殷墟之外罕见地方性中心铸造铜器的迹象。老牛坡遗址虽有铸铜发现，但可能并非商王朝体系下的铜器生产，具有特殊性。这种现象暗示晚商时期商王朝对铜器铸造采取了严格控制的政策，当然不能排除由于考古发现的局限性导致发现不足。但根据目前材料来看，商周时期除晚商时期外，其余时期尤其是西周时期，中央并未采取将铜器生产严格限制在都城的举措，周边地区也多有铜器生产活动。相信随着考古发掘资料的积累,地方生产铜器的迹象会有更多发现。

第二节 西周时期的铜器流通体系

讨论西周时期的铜器流通体系需要王朝中心和地方诸侯国两方面的材料。其中王朝中心的概念应当不局限于丰镐遗址,周原遗址和洛阳地区都属于西周王朝的腹心之地,可作为王朝中心的代表。地方诸侯同样需要区分为不同系统。按照族姓,可大体分为与周王朝关系密切的姬姓封国以及处于周王朝控制下,但族姓不同的非姬姓封国。此外,在西周文化圈之外的土著文化遗存代表了另一类势力。

为此,我们选取叶家山墓地、晋侯墓地、琉璃河墓地作为姬姓诸侯国材料的代表;以彊国墓地、横水墓地代表非姬姓封国;王朝中心的材料选择周原遗址出土铜器;西周文化圈之外,湖南望城高砂脊和宁乡炭河里可作为非周系统的土著文化代表。以上地点出土铜器均有科学分析数据,希望能系统分析以探索西周时期铜器流通体系的全貌。

目前,西周王朝核心区已经发现不少铸铜作坊,王朝中央拥有较强的铸铜能力是毋庸置疑的。西周各地的诸侯国则仅发现零星铸铜迹象,因此诸侯国铜器的来源仍不明确。讨论西周时期的铜器流通体系首先需要究明诸侯国铜器的来源,判断诸侯国是否有铸铜能力。解决这一问题,除了传统的分析手段外,还需要借助科学分析,实现"形""工""料"相结合的研究。在明确了诸侯国铜器群的生产来源后,我们将进一步对墓葬的铜器组合方式进行讨论,以此说明不同类别的铜器是在怎样的文化背景下出现在诸侯国墓地中的。

需要说明的是,我们对周文化圈内各诸侯国铜器群进行考古学分类时将采取统一的标准。综合各诸侯国的情况,基本上可分为如下类别铜器:本国铭文铜器、商铭文铜器、其他诸侯国或区域铜器、不明族属高质量中原式铜器、本地式铜器、不明族属低质量中原式铜器、本地式仿制品、明器。

第一，本国铭文铜器，这类铜器往往铸造质量较好，包括"公/侯/伯"作器以及其他根据铭文可确定具有本国属性的铜器。第二，商铭文铜器，这部分铜器中应当既包括商时期生产的铜器也包括西周时期铸造的铜器。考虑到其特殊性质，故单独列为一类。第三，其他诸侯国或区域铜器，指除前两类铜器外，明确为非本国生产的铜器。这类铜器文化背景较为复杂，大部分可依据铭文内容确定，也有部分铜器地域风格显著，可依据形制、纹饰划分。第四，不明族属高质量中原式铜器，这类铜器或有铭文，但依据铭文无法判断族群属性，或无铭文，风格均为典型的中原风格。第五，本地式铜器，指具有明显的当地风格，不见于其他地区，可能源于本地的铜器。如弡国墓地出土的铜尖底罐、平底罐等成套的本地风格铜器。第六，不明族属低质量中原式铜器，这类铜器虽然为中原风格，但铸造质量较差，与典型的中原风格铜器明显不同。第七，本地式仿制品铜器，这类铜器通过对比可以明确其形制、纹饰是仿制同一墓地出土的其他高质量中原风格铜器，属于"山寨品"。第八，明器类铜器，专为墓主丧葬而制作，无实用功能。这类铜器生产背景较为特殊，因此有必要单独列出。

以上八类铜器涉及文化属性的差异，根据生产属性的不同又可进一步合并为两大类铜器。前四类属于铸造质量较好的高质量中原式铜器，后四类则属于铸造质量较差的本地式铜器。至于铸造质量高、低的判断标准则可参考纹饰线条的规整程度和成形状况、铜器体积与质量比、铸造痕迹等。需要说明的是，高质量中原式铜器和本地式铜器概念的提出主要是依据铜器的风格、铸造技术和生产水平。因此在没有充分论证的情况下，高质量中原式铜器并不等同于中央生产，本地式铜器也不意味着本地铸造。根据铜器风格和铸造水平并不能对铜器的生产来源做出确切判断。另外本书还涉及中央式作坊或中央作坊的概念。这一概念强调的也并非是作坊一定位于西周王朝的都邑遗址，而是认为从工匠、原材料到生产和分配活动均在中央王朝的统一控制之下,作坊的归属和控制权属于中央王朝。一般而言,这类作坊多会分布在中心都邑类遗址,但假设在个别情况下,中央王朝将这类作坊安置在地方中心,这并未改变其归属中央掌控的性质,也属中央作坊的范畴。以上述分类为基础,下面结合微量元素分组法和铅同位素分析对各诸侯国铜器的来源和流通做详细讨论。

一 姬姓诸侯

1. 叶家山墓地

湖北随州叶家山墓地是近年来发现的重要西周诸侯国墓地。墓地中多座墓葬出有曾侯铭文器,其作为西周早期曾国墓地的性质已是学界共识。作为西周王朝在南方最为重要的诸侯国之一,叶家山墓地中出土了大量青铜器,并且还出土有铜锭。考虑到叶家山所在的随枣走廊是连接长江中下游铜矿带和中原地区的枢纽,有学者认为铜锭的出现暗示了曾国在铜料资源转运中发挥了某种作用[①]。鉴于此,本书分别从铜器的来源与金属原料的来源两个层次对叶家山出土铜器的生产和流通进行综合研究。

目前叶家山墓地已经发表资料的墓葬有 M65、M28、M111、M1、M2、M27、M50、M55 等[②]。为全面、系统地梳理叶家山青铜

[①] 方勤:《随州叶家山西周早期曾国墓地的发现与研究》,载湖北省博物馆、湖北省文物考古研究所、随州市博物馆《随州叶家山:西周早期曾国墓地》,文物出版社 2013 年版,第 15 页。

[②] 湖北省文物考古研究所、随州市博物馆:《湖北随州叶家山西周墓地发掘简报》,《文物》2011 年第 11 期。湖北省文物考古研究所、随州市博物馆:《湖北随州叶家山墓地考古发掘获阶段性重大成果》,《中国文物报》2011 年 10 月 12 日。湖北省文物考古研究所、随州市博物馆:《湖北随州叶家山 M65 发掘简报》,《江汉考古》2011 年第 3 期。湖北省文物考古研究所、随州市博物馆:《湖北随州市叶家山西周墓地》,《考古》2012 年第 7 期。湖北省文物考古研究所、随州市博物馆:《湖北随州叶家山 M28 发掘报告》,《江汉考古》2013 年第 4 期。湖北省博物馆、湖北省文物考古研究所、随州市博物馆:《随州叶家山:西周早期曾国墓地》,文物出版社 2013 年版。

器的生产背景和流通体系，笔者赴随州叶家山墓地整理基地，对全部铜器从形制、纹饰、铸造技术等多个方面进行细致观察、记录。根据观察结果，现场对铜器进行分类研究。

首先，谈一下铜器分类。

依据铜器形制、纹饰、铭文以及铸造水平将全部铜器分为六类，分别为曾国铭文器、商铭文器、其他诸侯国或区域铜器、不明族属高质量中原式铜器、本地式铜器以及本地式仿制品。下面对六类铜器分别举例说明。

第一，曾国铭文铜器。

叶家山墓地中出土的曾国铭文铜器主要以曾侯铭文铜器为主，具体包括曾侯谏、曾侯谏作媿、曾侯犺、不带私名的曾侯器以及仅有曾侯私名而无曾侯的铭文铜器，如M111∶67（"犺乍列考南公宝尊彝"）。对于这些曾侯铜器在墓葬中的分布及其原本组合、生产批次等问题，张昌平先生已有详尽论述，本书主要引其观点对曾侯器做简要讨论①。

曾侯谏铜器数量最多，共16件，包括方鼎3、圆鼎5、分裆鼎4、簋2、盉1、盘1，分布在M65、M28、M2、M3四座墓葬中。这批铜器铭文字体完全相同，而不同器类铜器的形制、纹饰均各自相同，如曾侯谏圆鼎共5件，大小、形制完全一致，明显属于同批铸造的一套器物（图3.15）。

图3.15 曾侯谏圆鼎

---

① 张昌平、李雪婷：《叶家山墓地曾国铭文青铜器研究》，《江汉考古》2014年第1期。

第三章 "授命分器"——西周时期的铜器流通体系 143

曾侯谏作媿器共9件，包括簋4、尊1、卣2、甗1、壶1，分布于M2和M28两座墓葬中。其中簋、尊、卣共7件铜器的铭文字体大体相同，而甗铭文中的"曾"字呈倒梯形，"宝"字的"贝"部与字体分离，"彝"字则呈扁体，与其他器物铭文明显不同，当产自不同批次（图3.16）。壶的铭文内容则不同于其他器物（图3.16）。可知曾侯谏作媿铜器中至少存在2至3个不同批次的产品。

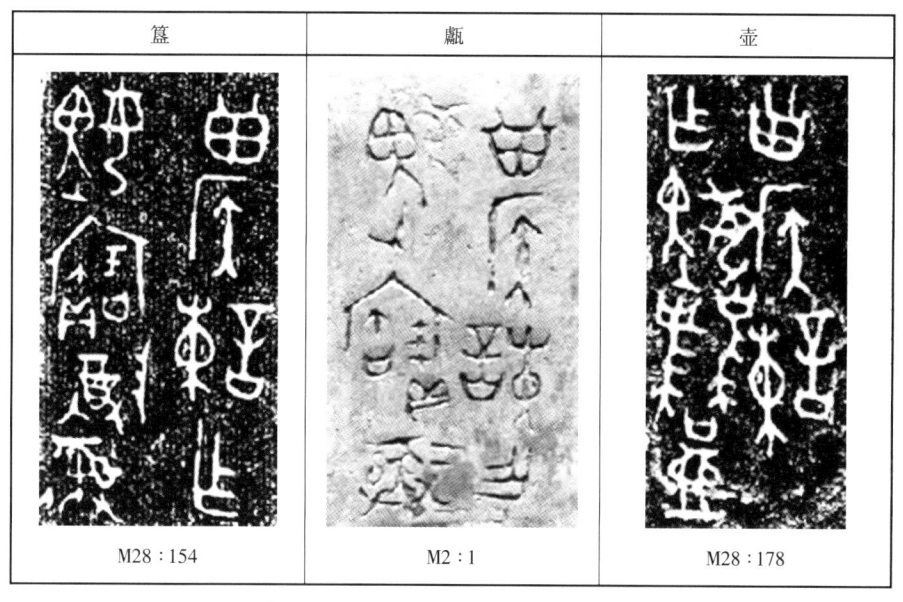

簋	甗	壶
M28:154	M2:1	M28:178

图3.16 曾侯谏作媿铜器三类不同铭文

曾侯犹铜器已发表的有两件铭文、形制完全相同的簋，当是同批生产的器物。

无私名的曾侯作器包括方鼎4、壶2、鬲1、甗1、簋1、卣1、盘1。其中3件方鼎、3件壶的铭文、形制各自相同，甗、卣、盘的铭文字体也相同，这些铜器当是来源于三个不同的生产批次。其他曾侯器包括"曾侯作父乙宝尊彝"方鼎、"曾侯作宝尊"鬲和"曾侯作旅彝"簋等，铭文和字体均不同，或许是不同批次的产品（图3.17）。

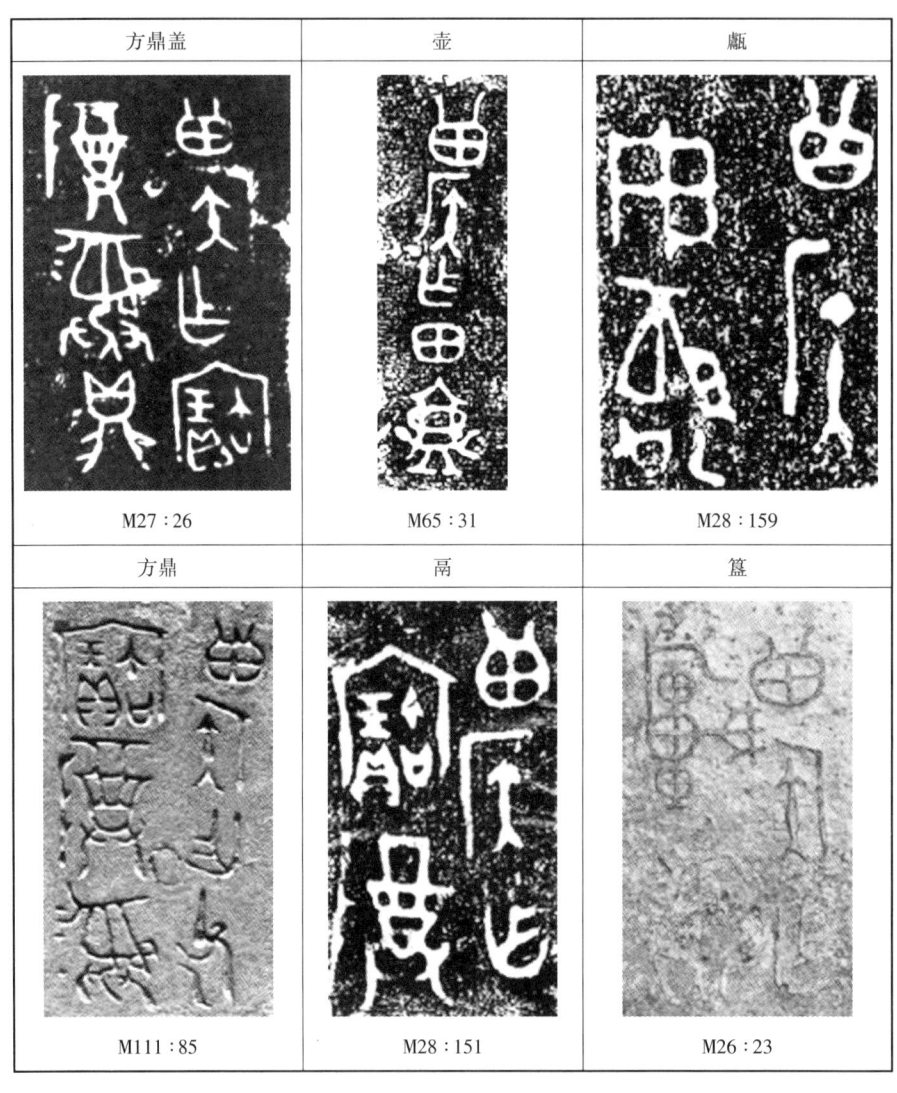

方鼎盖	壶	甗
M27∶26	M65∶31	M28∶159
方鼎	鬲	簋
M111∶85	M28∶151	M26∶23

图 3.17　无私名曾侯铜器铭文

综合几类不同的曾侯铜器信息，可知大部分曾侯器的生产当是按照铜器组合成批生产的。如曾侯谏方鼎、圆鼎、分裆鼎、簋、盉、盘均为同批生产的一套礼器。就器类而言，鼎、簋数量占据多数，鼎、簋组合当是铜器组合的核心。曾侯器往往在铜器组合中据有重要地位。

第二，商铭文铜器。

商铭文铜器主要包括带族徽或日名的铭文铜器。叶家山墓地见有至少19种徽识铭文①。在这些铭文铜器中，应当有部分铸造于晚商时期，在周初分器时流通至曾国，另有部分可能为西周时期殷遗民铸造的铜器后流通至此。对此，仅凭铜器风格难以辨析其中差别，对铜器所用原料的考察则是可能的途径，后文将有论及。

商铭文铜器以爵、觯、觚、罍等酒器为主，也符合商人重酒的传统。叶家山墓地出土的商铭文铜器多数既有族徽又有日名，如父辛爵、兄乙爵、父丁罍、父癸觚、父癸觯等（图3.18）。值得关注的是铜爵，带商铭文的铜爵普遍花纹磨损严重，表明使用时间较长，这部分器物属于晚商遗物的可能性较大（图3.18，1、2）。商铭文铜器中也有一些铭文相同的成套器物，以爵为主，如M46∶13和M46∶14的父丁爵，M92∶19和M92∶20带族徽爵即为此例。商铭文铜器相比于曾侯铭文铜器和其他诸侯国或区域铭文铜器而言，器类更多地以商时期流行的酒器为主，在铜器组合中当不占据主要地位。

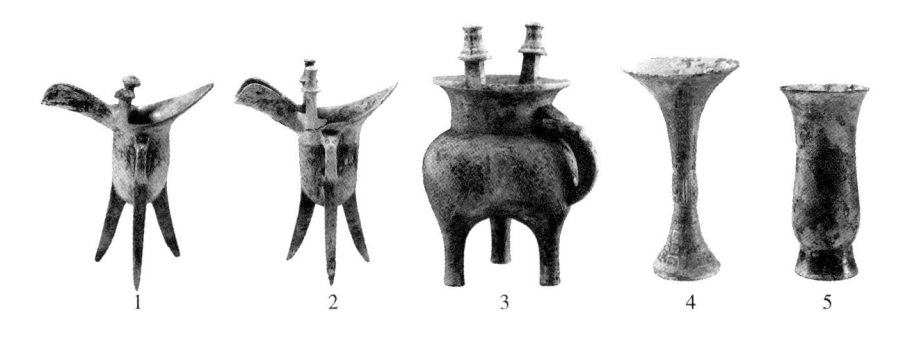

图3.18　商铭文铜器

1、2. 父辛爵、兄乙爵（M28∶172、M1∶010）　3. 父丁罍（M1∶015）　4. 父癸觚（M1∶020）　5. 父癸觯（M27∶11）

---

① 湖北省博物馆、湖北省文物考古研究所、随州市博物馆：《随州叶家山：西周早期曾国墓地》，文物出版社2013年版，第242页。

第三，其他诸侯国或区域铜器。

叶家山墓地中还出土有不少非曾铭文的铜器。这些铜器中有的根据铭文可明确判断来源，如鱼伯铜器。M27出土的鱼伯彭尊和与鱼伯彭卣，两器铭文均为"鱼伯彭作宝尊彝"，字体相近。以分体兽面纹为主，龙纹为辅的纹饰布局也相同，当是同批生产的一套器物（图3.19）。尊、卣组合是西周时期十分常见的组合形式。鱼伯尊、卣作为成套的外来铜器，其出现于曾国或是赗赙制度的体现。

叶家山墓地出土的无铭文铜器中，有少量铜器具有明显地域风格，当属于外来传入品。M46出土的乳丁纹簋是先周文化的典型器物，而M56出土乳丁纹鼎与乳丁纹簋的装饰风格相同，均以乳丁纹为主体纹饰，上配夔纹成一周纹饰带，唯有夔纹形态差异较大（图3.19）。M111出土的1件镈钟以大扉棱、立体的虎、鸟装饰为特征，类似风格的镈钟在湖北、湖南、江西等南方地区较为流行，属于典型的南方风格的铜器（图3.19）。M1出土的柳叶形短剑多见于西南的巴蜀地区，为西南风格铜器，另在䢼国墓地也有发现。总的来说，叶家山墓地中可明确为外来风格的铜器数量较少，其出现于曾国墓地的原因不能一概而论。

图3.19　其他诸侯国或区域铜器

1. 尊（M27∶14）　2. 卣（M27∶12）　3. 鼎（M56∶5）　4. 簋（M46∶17）　5. 镈钟（M111∶5）　6、7. 短剑（M1∶024、025）　1—2. 他国铜器　3—4. 先周风格　5. 南方风格　6—7. 西南风格

第四，不明族属高质量中原式铜器。

叶家山出土的铭文铜器中有部分器物铭文未标示族属，如仅有

"作宝尊彝",这类器物难以明确族群来源。这些铜器中绝大部分铸造质量较好。另外叶家山墓地出土的无铭文的中原风格铜器也普遍铸造水平较高。这些族属不明的铜器涵盖各种器类(图3.20)。其反映的文化背景较为复杂,可能包括周王朝中央作坊生产的铜器、其他诸侯国传播至此的铜器、商时期商人制作的铜器以及西周时期殷遗民制作的铜器等。因而这类铜器需要结合具体器物做具体分析。但这些铜器的共同特点是铸造质量较好,文化风格上也属于典型的中原文化风格,不具有地域性特征。

图3.20 不明族属高质量中原式铜器
1. 尊(M28∶173) 2. 鼎(M111∶69) 3. 簋(M28∶155)

第五,本地式铜器。

叶家山墓地中出土有一类风格较为特殊的铜器,这类铜器普遍铸造水平较低,纹饰风格也不见于其他地区,故称为本地式铜器。该类铜器以鼎最为多见,如M4出土铜鼎整体质量较差,口沿下饰一周较宽的纹饰带,以两列云雷纹和若干素面圆饼组合而成(图3.21,1)。铜器整体的装饰格局模仿了西周早期鼎的形式,如曾侯谏圆鼎就在口沿下饰一周由圆涡纹和云雷纹、夔纹组成的纹饰带。但M4铜鼎所饰纹饰带过宽,显得比例不协调。纹饰带中的圆涡纹简化成素面圆饼,云雷纹极为宽大,且运笔不规整,显示出制作者的设计水平和技术水平均较低。

类似的铜器如 M23 出土的铜鼎同样在口沿下装饰一周宽条带纹饰，而纹饰内容为一周大小、形状极不规则的竖立"S"形纹（图 3.21，2）。M111 出土的素面铜鼎，鼎耳粗糙，呈片状，鼎足外侧的范缝也未经处理（图 3.21，3）。

这些本地式铜器普遍铸造水平较低，风格特异，明显有别于高质量的中原风格铜器。就数量而言，此类铜器出土较少，在铜器群中所占比例较低。

图 3.21　铸造质量较差的本地式铜器
1—3. 鼎（M4:2、M23:3、M111:88）

第六，本地式仿制品。

叶家山出土的铜器中，高质量的中原式铜器占据主体地位。相对而言，叶家山墓地还出土一类形制和纹饰均模仿高质量中原式铜器，但铸造质量相对较差的仿制品铜器。对于这种仿制现象，张昌平先生首先提出，并认为这是"曾国本地制作青铜礼器的直接例证"[①]。我们同意张昌平先生的观点，同时认为既然仿制品属于本地生产，那么其所仿制的高质量中原式铜器应当指示了不同的生产来源。否则，同一诸侯国出现水平截然不同的两条铜器生产线，并且

[①] 张昌平：《论随州叶家山西周墓地曾国青铜器的生产背景》，《文物》2013 年第 7 期。

第三章　"授命分器"——西周时期的铜器流通体系　149

产品均见于最高等级侯墓葬中，这令人难以理解。当然对于高质量中原式铜器的具体来源还需结合其他证据在后文进一步论证。下面将分类对叶家山墓地中的铜器仿制现象进行系统分析。

叶家山墓地中至少出土三类仿制铜鼎，包括圆涡纹＋夔纹鼎，带列旗纹的兽面纹鼎以及圆涡纹＋四瓣目纹鼎，为方便描述，分别以 A、B、C 三型命名。A 型鼎所仿制的高质量中原式鼎可以 5 件形制、大小、纹饰完全相同的曾侯谏鼎为代表（图 3.15）。鼎的纹饰以浅浮雕的圆涡纹和夔纹为中心，云雷纹为地纹，纹饰精致、规整（图 3.22，1）。该型鼎的仿制品以 M65∶45 为代表，整器铸造水平较低。涡纹凸起不明显，且涡纹上内卷的纹饰被省略，中间圆圈纹以一圆孔代替。夔纹中眼睛未表现出瞳孔，夔足和卷鼻本当以双线表示，也以简化的单线条替代。至于作为地纹的云雷纹则极不规整，模糊不清（图 3.22，2）。该型鼎的仿制品目前已知有 2 件，均出于 M65 中（表 3.2）。

图 3.22　A 型鼎的仿制
1. 高质量中原式鼎（M65∶44）　2. 仿制品鼎（M65∶45）

表3.2　　仿制品铜器及其仿制的高质量中原式铜器统计表

A鼎	高质量中原式	M65：44、M28：152、M28：164、M126：17、M2：8、M3：8
	仿制品	M65：42、M65：45
B鼎	高质量中原式	M92：33、M27：24
	仿制品	M83：1、M27：25?、M86：14、M8：15
C鼎	高质量中原式	M107：5
	仿制品	M5：4
簋	高质量中原式	M111：59、M111：60、M3：10、M65：49、M50：15、M86：5、M92：22
	仿制品	M111：56、M65：50、M7：2、M8：14、M82：4、M55：8

B型鼎装饰的纹饰是西周早期流行的纹饰，广泛见于各种器类。此类纹饰以兽面纹为中心，云雷纹和所谓的列旗纹作为组成部分。B型鼎所仿制的铜鼎纹饰极为规范，列旗纹中的"列旗"大小、形状一致，排列整齐，纹饰清晰（图3.23，1）。相较而言，仿制品鼎的纹饰中"列旗"形状不一，许多部分的纹饰并未成形，云雷纹也不规整，兽面纹中的双目形状也不一致（图3.23，2）。这类仿制鼎共有4件，分别出土于M86、M83、M27、M8。

C型鼎在叶家山墓地出土数量较少，其与A型鼎的差别仅在于用四瓣目纹取代了夔纹。C型鼎所仿制的高质量中原式铜鼎其圆涡纹呈浅浮雕状，四瓣目纹和云雷纹均清晰、规整（图3.24，1）。C型仿制鼎却纹饰模糊不清，圆涡纹更是以平面形式表达（图3.24，2）。另外值得关注的是，鼎（M5：4）的器表如磨砂状，凹凸不平，形成一层特殊表面，这在叶家山另外几件仿制品铜器上也可见到，如簋（M55：8）、鼎（M65：42）等。这或许属于某个批次仿制铜器的共同特点。

第三章 "授命分器"——西周时期的铜器流通体系 151

图 3.23 B 型鼎的仿制
1. 高质量中原式鼎（M92∶33） 2. 仿制品鼎（M83∶1）

图 3.24 C 型鼎的仿制
1. 高质量中原式鼎（M107∶5） 2. 仿制品鼎（M5∶4）

叶家山墓地中，仿制簋的数量也较多。簋的仿制集中在一类兽面纹簋上，这类簋的兽面纹与 B 型鼎的兽面纹大体一致，均为列旗兽面纹。以 M65 出土的曾侯谏簋和仿制簋为例，曾侯谏簋在口沿下和圈足上均饰有列旗兽面纹，"列旗"和云雷纹清晰、规整；而仿制簋虽在口沿下和圈足上饰同类的列旗兽面纹，但"列旗"形状不规则，纹饰模糊不清（图 3.25，1、2）。

图 3.25　簋的仿制
1. 高质量中原式簋（M65∶49）　2. 仿制品簋（M65∶50）

此外，有个别仿制铜簋的纹饰有细部差异，如不带列旗纹（图 3.26，12）。仿制品和被仿制品均装饰长方形垂珥或勾形珥（图 3.26）。可见簋的仿制类型较为单一。

就出土数量而言，簋的仿制现象较为普遍，广泛见于多座墓葬中（表 3.2）。这些仿制品普遍铸造水平较差，纹饰不规整（图 3.27），甚至有兽面纹中心偏离的现象（图 3.26，7）。但不同仿制品之间也存在一些形制差别，圈足有高有矮，当来源于不同的生产批次（图 3.26）。

第三章 "授命分器"——西周时期的铜器流通体系 153

图 3.26 高质量中原式铜簋与仿制品对比图

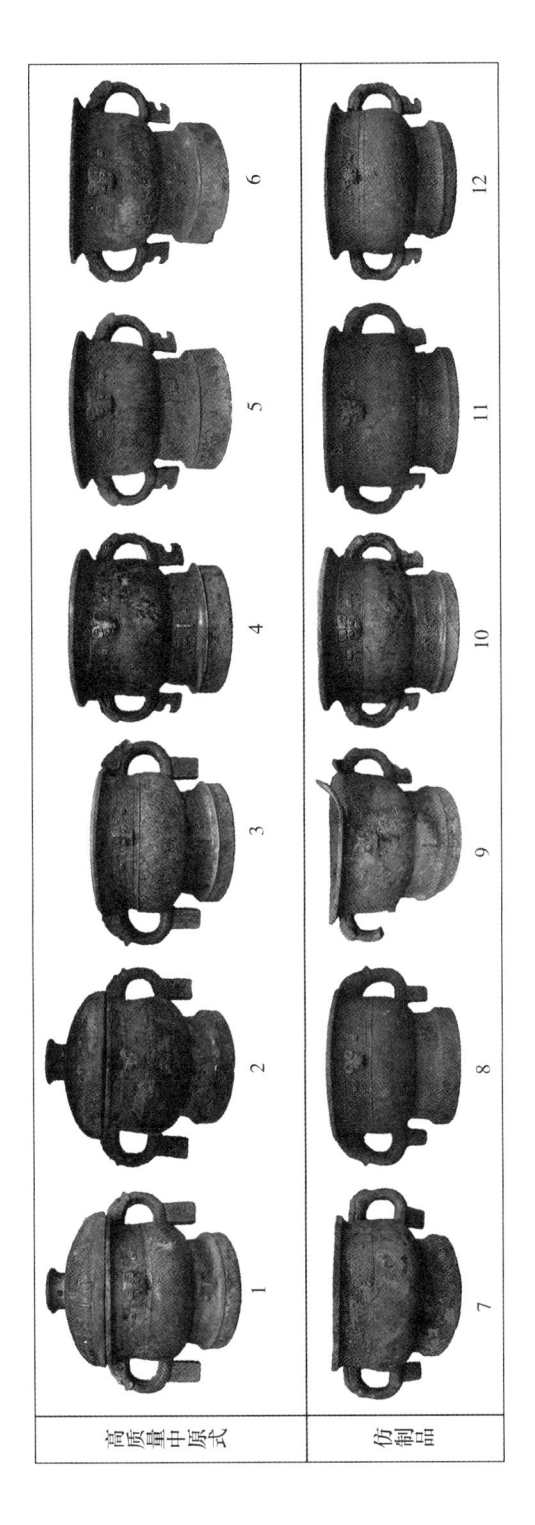

1—12. 铜簋（M111∶59，M3∶10，M65∶49，M50∶15，M86∶5，M92∶22，M82∶4，M7∶2，M111∶56，M65∶50，M8∶14，M55∶8）（7—11 纹饰相同，12 无列旗纹）

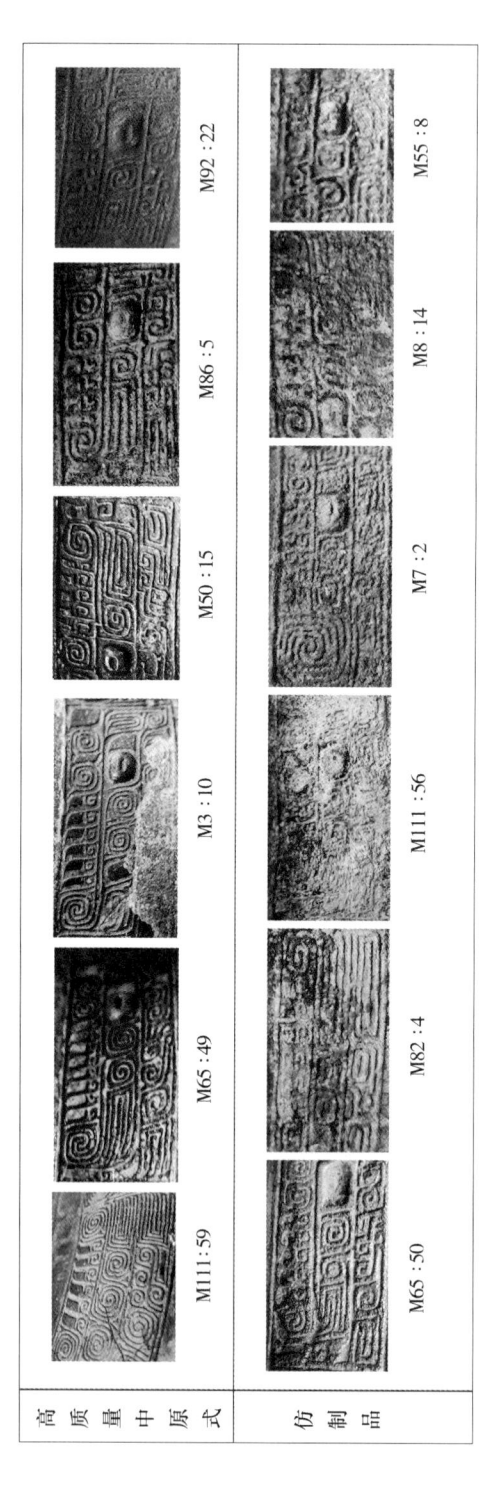

图 3.27 高质量中原式铜簋与仿制品纹饰对比图

以上对叶家山墓地中的铜器仿制现象进行了系统分析。仿制铜器中以鼎和簋占据绝大部分，其他类别的器物如甗、爵、盘可能也存在仿制现象，但目前难以确认。仿制铜器总体风格一致，除 A、C 两类铜鼎外，其余仿制品均装饰列旗兽面纹。高质量中原式铜器中，鼎、簋是铜器组合的核心，而饰列旗兽面纹的铜器往往也是铜器组合的重要部分。由此推测叶家山仿制铜器的主要作用应当是补充铜器组合。

前文将叶家山墓地出土铜器分为 6 类。其中前 4 类铜器均属高质量铜器，除其他诸侯国或区域铜器外，均为中原风格；后 2 类均为低质量铜器，本地和中原风格俱存（图 3.28）。从铜器表面风格来看，这两类制作水平不同的铜器可能源于不同的铸铜作坊。但仅以铜器风格为依据，还难以断定这些铜器的生产来源。因为从理论上讲，同一铸造作坊也可能出产不同质量的铜器。只有对铜器所用的原料来源进行判断，才能进一步确定其生产来源。因此在上述分类的基础上，下面结合微量元素分组法和铅同位素方法做进一步研究。

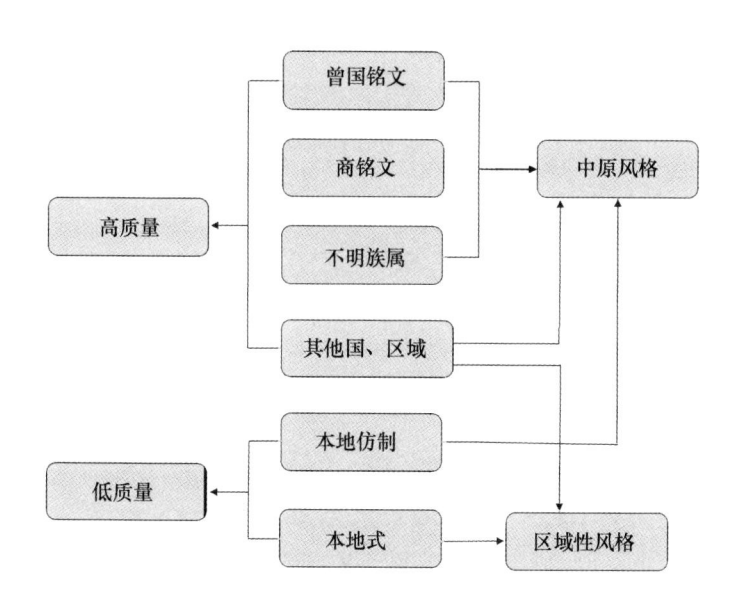

图 3.28　叶家山墓地铜器分类示意图

其次，谈一下铜器所用金属原料研究。

本书共对66件叶家山铜器利用ICP－AES方法进行了成分分析（附表一）。另外其中22件铜器进行了铅同位素分析（附表二）。另外郁永彬博士曾利用ICP－AES方法测试了90件叶家山铜器的微量元素[1]以及47件铜器的铅同位素数据[2]。我们引用其中部分数据结合本书测量的数据进行综合研究。除以上数据外，中国科学院大学团队发表了叶家山墓地的15件铜器的铅同位素数据，但由于这些铜器的风格、质量不明，本书未纳入统一分析中[3]。

第一，微量元素分组法。

我们首先需要关注微量元素分组与合金类型的关系。通过统计发现叶家山铜器大部分为锡青铜和铅锡青铜类型，铅青铜数量较少。41个锡青铜数据主要分布在1、3、4、6、12几个组别。将铅锡青铜与锡青铜数据对比，可以发现在添加了铅料之后，1、3、4组的比例下降，6、12两组的比例上升。再对比铅青铜数据，这种趋势更为明显。1、3、4组完全不见，6、12两组，尤其是12组占主要比重（表3.3）。总体来看，可以明显看到1、3组随铅料的增加而比例变小，12组则急剧增加，6组的变化规律不明显。就现有数据而言，我们推测12组应当是受到了铅料添加的影响，其他组别难以定论。

---

[1] 郁永彬：《湖北随州叶家山墓地出土西周青铜器的科学分析研究》，博士学位论文，北京科技大学，2015年。郁永彬、陈建立、梅建军、陈坤龙、常怀颖、黄凤春：《试析西周早期社会青铜工业生产机制——以湖北随州叶家山墓地出土铜器为中心》，《文物》2019年第5期。

[2] 郁永彬、陈建立、梅建军、陈坤龙、常怀颖、黄凤春：《试析西周早期社会青铜工业生产机制——以湖北随州叶家山墓地出土铜器为中心》，《文物》2019年第5期。

[3] Mu, D., Luo, W., Huang, F. Song, G., "The Bronze Artifacts from the Yejiashan Site and the Political Presence of the Zhou Dynasty in the Middle Yangtze Plain: An Application of Lead Isotope Analysis", *Archaeological and Anthropological Sciences*, Vol. 10, 2018, pp. 1547 – 1555.

表3.3　　　　　　　　　　合金类型与微量元素分组的关系

合金类型 \ 微量分组	1组	3组	4组	6组	12组
锡青铜（41个数据）	32%	12%	24%	10%	10%
铅锡青铜（53个数据）	4%	11%	2%	25%	42%
铅青铜（6个数据）	0	0	0	17%	83%

在前文的分析中，我们依据铜器铭文、铸造水平、纹饰风格等将叶家山墓地出土铜容器分为6类。为辨析这些不同类别铜器所用原料是否存在差异，下面将分类进行分析。

关于曾侯铜器。

本书分析的曾国铭文铜器以曾侯铜器为主，属于曾侯或可能属于曾侯的铜器数据共有17个，包括3件曾侯谏铜器、5件曾侯谏作媿铜器、3件曾侯犺铜器、1件师铜器以及5件曾侯铜器。正如前文在微量元素分组方法的讨论中指出，我们发现微量元素分组与铜器铭文之间有准确的对应关系。

例如不带私名的曾侯铭文铜器共有5个数据，其中3件方鼎的形制一致（图3.29，1—3）。M111∶72和M27∶26两件方鼎的器盖铭文内容、字体相同，为"曾侯作宝尊彝鼎"。M111∶80方鼎内壁铭文为"曾侯作宝鼎"，虽内容不同，但字体与另两件方鼎盖的铭文字体一致。另一件形制相同的曾侯方鼎（M27∶23）器盖铭文为"曾侯作宝鼎"，器内壁铭文为"曾侯作宝尊彝鼎"，且字体与M111、M27曾侯方鼎铭文字体也一致。由此可知，M111、M27的3件方鼎形制、铭文均一致，应当属于同批制作产品。曾侯簋的铭文字体、款行与3件方鼎一致，应当也属同批产品（图3.29，4）。以上4件器物的微量元素分组结果均为12组，可见使用了相同的原料。曾侯甗的铭文为"曾侯用彝"，字体也不规范，制作背景当不同。甗的微量元素分组为1组，与其他器物不同（图3.29，5）。

尽管曾侯铭文铜器来源于多个生产批次，但其整体铸造水平较

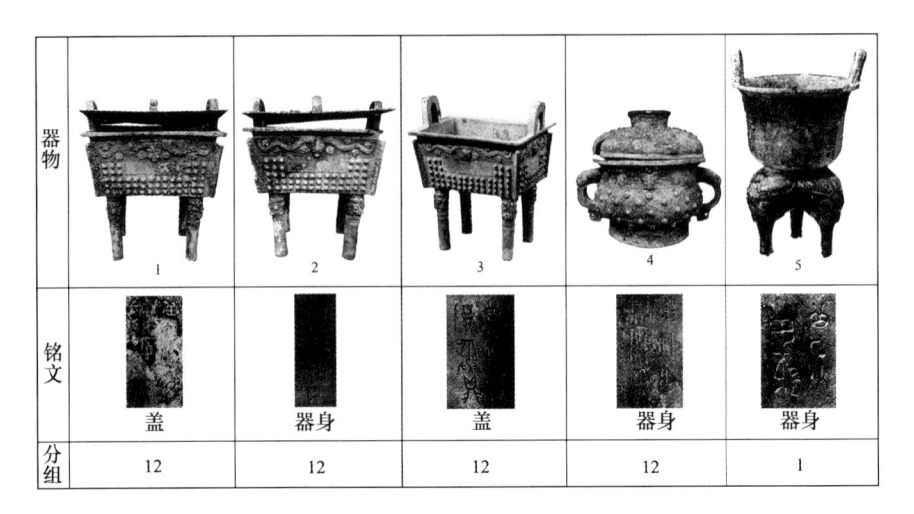

图 3.29　曾侯铜器铭文与微量元素分组对应图

1—3. 方鼎（M111∶72、M111∶80、M27∶26）　4. 簋（M111∶62）　5. 甗（M28∶159）

高，风格一致，应当出于同一水平的铸铜作坊。从整体来看，曾侯铭文铜器所用的原料包括 1 组、3 组、6 组、12 组原料，各组所占比例大体相当，唯 3 组略低（表 3.4）。

表 3.4　　　　叶家山墓地铜器微量元素分组比重表

铜器类别		1 组	2 组	3 组	4 组	6 组	12 组	数据量
高质量	曾国铭文	28%		16%		28%	28%	17
	商铭文	10%	11%	16%	5%	32%	16%	19
	不明族属中原式	24%	2%	12%	10%	19%	26%	41
	所有高质量铜器	21%	4%	14%	6%	24%	24%	77
低质量	所有低质量铜器				22%		61%	23
	本地式				26%		58%	19
	本地仿制品						75%	4

关于商铭文铜器。

商铭文铜器中，微量元素小组比重超过 10% 的有 1 组、2 组、3 组、6 组、12 组（表 3.4）。其中除 2 组外，其余 4 组均为曾侯铭文器使用的主要原料类型。

根据前文对晚商时期铜器的研究，1组、2组、9组、12组是晚商时期中原地区使用的主要原料类型。在叶家山商铭文铜器中，1组、2组、12组均占有重要比例，其中当有部分铜器使用了晚商时期的原料在晚商时期生产。同时考虑到1组、12组俱见于晚商和西周时期，这种重叠效应使得难以对晚商时期商铭文器和西周时期商铭文器的具体比例做出衡量。但两类铜器均存在是可以确定的。

关于不明族属高质量中原式铜器。

尽管族群属性不明，这类铜器的整体制作水平相当，不低于曾侯铭文铜器和商铭文铜器。该类铜器的微量元素分组结果与曾侯铭文铜器类似，所占比例最高的四个组别分别为1组、3组、6组、12组，以3组所占比例最低。值得关注的是4组也占有10%的比例，（表3.4）。可见这些族群属性不明的高质量铜器与曾侯铭文铜器和大部分商铭文器使用了相同的原料。

关于低质量铜器。

叶家山出土的低质量铜器包括铸造质量较差的本地式铜器和本地式仿制品。微量元素分组研究表明，本地式铜器集中在4组和12组；本地式仿制品则集中在12组。将两类铜器合计统计，发现超过一半的铜器使用了12组原料，另有22%的铜器使用4组原料，其他组别的原料包括9组、16组，所占比例较低（表3.4）。

综上所述，曾侯铭文铜器、商铭文铜器以及不明族属高质量中原式铜器三类铜器普遍铸造水平较高，均属高质量中原式铜器。从微量元素分组来看，三类铜器使用的原料大体一致，都以1组、3组、6组、12组四类原料为主。商铭文器和不明族属器有少量其他组别的数据，这当与两类铜器相对复杂的文化属性有关（表3.4）。

相较而言，低质量铜器的微量元素组别表现出完全不同的模式，集中在12组和4组，高质量铜器惯用的1组、3组和6组类型原料则一例未见（表3.4）。这表明低质量铜器与高质量铜器不仅制作水平存在极大差别，使用原料也有较大不同，两类铜器当源于不同的铸铜作坊。高质量铜器来源于周王朝核心区铸铜作坊的可能性最大，而低质量铜器应是在当地铸造的。

在西周早期，曾国已经开始独立铸造铜器当无疑问，只是铸造水平较低，规模较小。大部分高质量铜器应该来源于中央作坊。曾国铸造铜器所用的铜料应当是自己获得，而非中央分配，否则难以解释高质量中原式铜器惯用的1组、3组、6组原料完全未在本地式铜器出现的现象。所以说曾国当有独立获取铜料的权利和能力。

另外，叶家山墓地中一项引人注目的发现是铜锭的出土。铜锭数据并未纳入以上微量分组的统计分析中。M28和M111出土的共4件铜锭中，M28的两件铜锭均为1组，M111的两件铜锭均为4组。综合铜锭和铜器数据，在西周早期曾国应当至少掌握有1组、4组和12组原料的来源。其中1组、4组指征的是铜料来源，12组则受到铅料影响。至于为何本地式铜器未见1组原料，尚不清楚。

既然西周早期曾国掌握有1组、4组、12组原料，而1组、12组原料也是高质量中原式铜器使用的主要原料类型之一，4组原料在不明族属高质量中原式铜器中也占有少量比例，可见曾国所掌握的原料与高质量铜器所用原料也存在一定关联。若高质量铜器果真产自王朝中央，甚至可以进一步推测曾国与中央王朝间或存在铜料流通现象，而流通方向应是由曾国流向中央。这种推测也符合考古学背景，曾国是西周王朝在南方的重要势力，又临近长江中下游铜矿带。东周时期曾国铜器更是明确记载了"金道锡行"，东周时期曾国作为沟通南北，转运金属资源的媒介是很明确的。我们推测西周时期，曾国应当已经开始为周王朝转运金属资源。当然并非周王朝全部的金属原料均来源于曾国，3组、6组原料可能有着其他来源。叶家山墓地中发现的铜锭，应当是用于进献周王朝。西周诸侯国墓地中唯有曾国侯墓见有铜锭，还与礼器并置，其中含义当表明曾国担任了转运金属原料的重要职能，因而赋予铜锭特殊意义。

第二，铅同位素分析。

微量元素分组法着重于铜料来源的研究，对于铜器所用铅料的来源更适宜使用铅同位素分析方法。郁永彬博士注意到曾国铭文的铅锡青铜和锡青铜的铅同位素的明显差别①。考虑到铅含量对铅同位素数据有较大影响，本书进行铅同位素分析将分为铅锡青铜和锡青铜两类对比。

首先，我们要关注的问题是同一墓地的不同类别铜器铅同位素数据的关系。图3.30中可见除了曾国铭文之外，商铭文、不明族属的高质量中原风格铜器以及低质量铜器中铅锡青铜和锡青铜数据大体分布在两个范围。铅锡青铜的$^{207}Pb/^{206}Pb$比值范围大致在0.88—0.895之间，锡青铜的$^{207}Pb/^{206}Pb$比值范围大概在0.85—0.88之间。

其次，无论是铅锡青铜范围还是锡青铜范围，都可以看到各类铜器数据有较多重合（图3.30）。对于锡青铜数据，由于其代表的

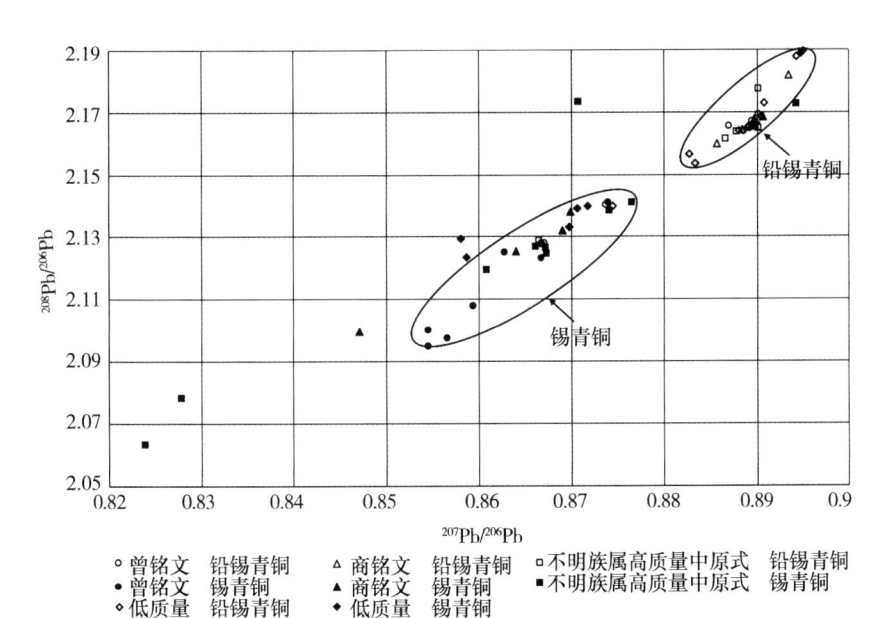

图3.30 叶家山墓地各类铜器铅同位素对比图

---

① 郁永彬、陈建立、梅建军、陈坤龙、常怀颖、黄凤春：《试析西周早期社会青铜工业生产机制——以湖北随州叶家山墓地出土铜器为中心》，《文物》2019年第5期。

原料类型无法确定，本书不做讨论。铅锡青铜范围内数据的重合表明包括曾国铭文、商铭文、不明族属的高质量中原风格铜器这几类高质量的铜器所用铅料大体是一致的。

令人惊奇的是，与低质量铜器相比，高、低质量的铜器也基本聚集在同一范围，表明铅料来源应当相同。前文提到低质量铜器的微量元素小组与高质量铜器明显不同。我们推测这种微量元素和铅同位素结果之间的差异可能表明叶家山高、低质量的铜器铅料来源是相同的，而铜料来源则可能不同。

综上而论，叶家山墓地中除少部分商时期制作的商器和不明族属铜器外，其余包括曾侯铭文铜器在内的各类高质量中原式铜器表现出相同的微量元素特征，均以1、3、6、12组为主。其中微量元素1、3组或指征铜料来源；12组数据受到铅料添加的影响。无论具体指征的是何种原料，不同类别的铜器均以上述四组数据为主，表明其所用的原料即铜料和铅料应是相同的，铅同位素数据指向相同的结论。这些铜器当均在统一的作坊制作，使用了相同的铜料和铅料。

叶家山墓地低质量铜器的微量分组集中在4组和12组，4组指征的当是铜料来源。铅同位素分析表明低质量铜器和高质量铜器使用了相同的铅料。叶家山这些具有本地特征的低质量铜器当使用了曾国独立获取的铜料和可能源于中央分配的铅料在叶家山本地制作。高质量铜器极有可能来源于中央作坊。下文将通过对墓葬铜器组合的分析，讨论不同来源的铜器在铜器组合中所发挥的作用，由此理解铜器生产、分配到组合使用的全过程。

再次，铜器组合等相关问题。

叶家山墓地出土的铜器来源复杂，这些不同背景的铜器为何会出现在叶家山，又在墓葬中发挥怎样的功能？只有全面、深入地研究叶家山墓地的铜器组合特征才能理解各类铜器出现于此的文化背景。

第一，叶家山墓地的"列器"制度。

西周时期的青铜礼制约在西周中期发生重大变化，青铜礼器从酒器组合转为食器、水器组合。一般认为列鼎制度也初步形成于此时。叶家山墓地属西周早期，但墓地的几座高等级墓葬却初步显示出列鼎制度的若干特征。

张昌平先生认为叶家山墓地中多座墓葬出土有形制相同的曾侯谏圆鼎，这些鼎共同组成一套大小相同的"列鼎"。他认为"曾侯谏及曾侯谏作媿器的组合形式已初具后世用鼎制度的雏形"，但墓葬中的器用制度与器物原本的组合方式存在不同①。这一见解对于探索西周早期青铜礼器的器用制度有重要意义。考古学家根据对墓葬材料的整理、分析，结合文献资料总结出列鼎制度，此处的列鼎制度应当属于墓葬制度的一部分。但青铜礼器在入葬之前，或置于宗庙，或用于朝堂，应当有着相应的宗庙器用制度和各类礼仪的器用制度。也就是说青铜礼器在入葬之前和入葬之后，应当分别有"生制"和"葬制"。"生制"和"葬制"之间并非毫无关联，墓葬铜器的器用制度可能是仿照"生制"而进行的改变。在考古研究中，需要明确区分这两个不同概念。此处主要结合墓葬材料对叶家山墓葬中的"葬制"进行研究，讨论铜器的器用制度。

主流观点认为用鼎制度大约形成于西周中后期，三门峡虢国墓地是具有代表性的例子②。西周早期，叶家山墓地除成套的曾侯谏圆鼎外，还可见到另外一些例子反映用鼎制度如何萌发。用鼎制度的两个重要特点一是形制、纹饰相同的铜器以多件成套的方式出现，二是成套的器物往往大小相次。在叶家山墓地中见有多例大小相次的成套器物。其中例证最多的是两件成对，形制、花纹完全相同的

---

① 张昌平、李雪婷：《叶家山墓地曾国铭文青铜器研究》，《江汉考古》2014年第1期。

② 曹玮：《从青铜器的演化试论西周前后期之交的礼制变化》，《周秦文化研究》，陕西人民出版社1998年版。［英］罗森：《古代中国礼器——来自商和西周时期墓葬和窖藏的证据》，刘新光译，北京大学出版社2002年版。［美］罗泰：《有关西周晚期礼制改革及庄白微氏青铜器年代的新假设：从世系铭文说起》，载《中国考古学与历史学之整合研究——中央研究院历史语言研究所会议论文集之四》，"中央研究院"历史语言研究所1997年版。

卣，当属同批制作的产品，暂称为"列卣"。叶家山墓地中至少发现5座墓葬出土此类卣，包括 M50、M126、M86、M28 及 M111，其中除 M86 规模略小外，其余墓葬均规模较大、等级较高（图 3.31，1—10）。事实上，在西周早期其他诸侯国也存在"列卣"之制，如宝鸡竹园沟 BZM7、M8 就出土类似的"列卣"，BZM13 出土的列卣还属于筒腹提梁卣的形式。往前追溯，这种组合方式在晚商时期便已经出现。

除"列卣"外，叶家山也见有多例形制、纹饰相同，大小相次，两件成组的"列鼎"，个别为三件成组。如 M111 出土的 2 件兽面纹大鼎，两鼎形制、花纹大体相同，大小有别，唯大鼎纹饰为 6 组兽面纹，小鼎则为兽面纹和夔纹的组合纹饰（图 3.31，11、12）。大鼎有族徽和"祖辛"铭文，小鼎无铭文。可知这 2 件鼎当非同批制作的产品。一般讨论列鼎制度，往往以同批生产作为列鼎的一个特征。但若不以今人总结的用鼎制度为准而切换到古人的视角，可以看到古人追求的是大小相次、形制、纹饰相同或相近的视觉效果。在这种制度产生的早期，形式可能并不规范、严格。为追求相同的视觉效果，集合不同来源、批次，不同文化背景的铜器组合在一起，实现所追求的视觉效果是可以理解的，这也是西周早期铜器组合中常见的现象。从 M111 铜器的原始出土位置来看，"列卣""列鼎"分别放置在一起，完全实现了等差的视觉效果（图 3.32）。从铜器位置图中，可见 2 件大鼎旁边还有更小的 1 件鼎，饰长扉棱，是否与 2 件大鼎形成一组还尚难确认（图 3.32）。M111 出土的另 2 件涡纹+夔纹圆鼎，也是"列鼎"的形式，但铸造质量存在差别，当非同批次制作的产品（图 3.31，15、16）。唯有 M111 出土的 2 件兽面纹圆鼎，整体风格一致，似是同批制作的"列鼎"（图 3.31，17、18）。除 M111 外，在 M65 也出土 2 件大小相次、纹饰、形制相同的鼎，一为曾侯谏作器，小鼎为其仿制品（图 3.31，13、14）。

叶家山出土的铜簋，多数是大小相同的成对组合，但也有个别例子可能为"列簋"。如 M65 出土的 2 件簋，除珥部外，其余部分

第三章 "授命分器"——西周时期的铜器流通体系　165

形制均一致（图 3.31，19、20）。M86 出土的 2 件簋，可能属于同批制作的"列簋"（图 3.31，21、22）。

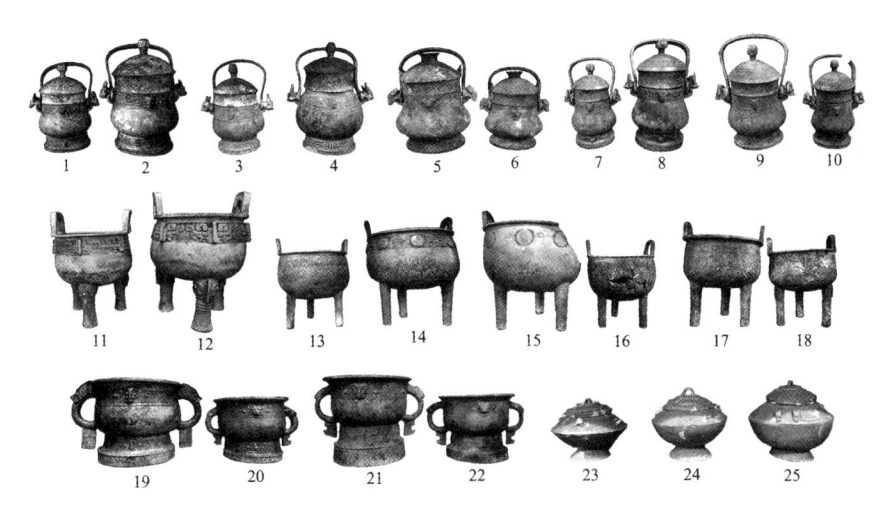

图 3.31　叶家山墓地出土大小相次、形制、纹饰相同的"列器"
1—10. 卣（M50：23、21，M126：8、11，M86：8，M126：11，M86：8、7，M28：167、169，M111：126、124）　11—18. 鼎（M111：75、84，M65：42、44，M111：77、66，M111：79，M111：87）　19—22. 簋（M65：49、50，M86：5、13）　23—25. 原始瓷尊（M27：115、98、101）

编钟一般认为也是大小相次、形制、纹饰相同的成套器物。但西周早、中期的编钟却往往是不同生产批次的甬钟组合在一起的。叶家山 M111 出土的 4 件甬钟，实际就包括 2 套纹饰不同的甬钟。并且 2 套甬钟分别由形制、纹饰相同、大小有别的甬钟组成（图 3.33）。

"列器"的形式除在铜器中存在，甚至在其他器物中也能找到类似的例子。M27 出土的 3 件原始瓷尊，形制相同、大小相次，其组合的内在含义与铜器中的"列器"应当相同（图 3.31，23—25）。

根据以上材料，我们认为在叶家山墓地中既有形制、纹饰、大小完全一致的曾侯谏"列鼎"，又有多类形制、纹饰一致，但大小有别的"列器"，用鼎制度的两大特点在此都有体现，此时可被视为用鼎制度的萌芽期。这也说明叶家山墓地中已经开始出现较为固定的铜器器用制度。另外，上述"列器"的方式主要在铜鼎、簋和卣中出现，均是西周早期铜器组合中的核心器类。其中"列卣"往往属于同批制作的产品，而"列鼎"和"列簋"则多是不同背景的器物组合在一起的。其中有商铭文器也有本地式仿制品，这表明包括本地式铜器在内的多种背景的铜器都会出现在核心铜器组合中。此时的铜器器用制度对形成组合的铜器来源并不做严格区分，而更关注铜器组合的视觉效果。

图 3.32　M111"列鼎"和"列卣"出土位置示意图

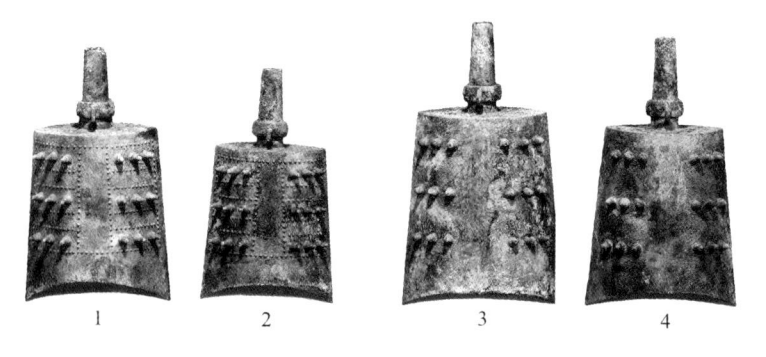

图 3.33　叶家山 M111 出土甬钟

1—4. 甬钟（M111∶7、11、8、13）

第二，叶家山墓地高等级墓葬的铜器组合特点。

我们认为墓葬中的铜器大体可分为两类，一类是组合铜器，这类铜器以固定的器用制度形成组合，往往有规律可循；另一类为非组合铜器，即不作为铜器组合的一部分出现在墓葬中。在进行铜器组合研究中，需要严格区分两类铜器，尽可能地排除非组合品对铜器组合的影响。

下面首先以几座曾侯墓为例，分析其铜器组合特征。

M65 出土青铜容器包括方鼎 1、圆鼎 6、甗 1、鬲 1、簋 4、爵 2、觯 1、尊 1、卣 1、壶 1、盉 1、盘 1。其中圆鼎包括 4 类，分别为夔纹＋涡纹圆鼎、短扉棱＋兽面纹圆鼎、扁足圆鼎和分裆鼎。夔纹＋涡纹圆鼎数量最多，1 件为曾侯谏圆鼎，另 2 件为本地式的仿制品（图 3.34，1—5）。4 件簋可分为 2 类，一类是列旗兽面纹簋，包括 1 件曾侯谏簋和 1 件本地仿制簋；另一类是夔纹簋，包括父癸铜簋和无铭文簋（图 3.34，6—8）。爵 2 件，是形制相同的一对。其余铜器各 1 件，均是高质量中原式铜器。

鼎、簋是叶家山墓葬铜器组合的核心器类，M65 出土的鼎、簋大部分为高质量中原式铜器，但明确为曾国铜器的仅有 3 件，还有明确的商铭文铜器和本地式仿制品，可见叶家山人群对于鼎、簋组合主要看重组合方式，并不严格限制铜器的来源和属性。甚至对于构成铜器组合的铜器，主要也是以组合的视觉效果为原则，对于铜器间的细微差别并不注重。如 2 件夔纹簋，均在口沿下和圈足上饰两周夔纹，整器的基本形态也相似，可以实现两器并置时成对的视觉效果（图 3.34，7、8）。但两器无论在诸多细节方面，无论是纹饰还是器耳、圈足都明显不同，埋葬者选择了忽略这些差异。但从比例来看，M65 出土的可能属于其他族群的铜器比例极低。

M28 出土的青铜容器包括方鼎 3、圆鼎 4、鬲 1、甗 1、簋 4、爵 2、觚 1、觯 1、罍 1、尊 2、卣 2、贯耳壶 1、盉 1、盘 1 等。其中方鼎有双身龙纹方鼎和鸟纹方鼎 2 类，均为曾侯器；圆鼎包括夔纹＋涡纹鼎和分裆鼎，也同为曾侯器（图 3.35，1—4）。簋则包括列旗

器名	鸟纹方鼎	夔纹+涡纹圆鼎	兽面纹分裆鼎	兽面纹扁足圆鼎	短柱棱+兽面纹圆鼎
图像	 1	 2	 3	 4	 5
数量	1（中）	1（中）+2（仿）	1（中）	1（中）	1（中）
器名	列旗兽面纹簋	夔纹簋	簋	爵1对，觯、瓶、觚、觯、尊、壶、盉、盘各1	
图像	 6	 7	 8		
数量	1（中）+1（仿）	1（商）+1（仿）			

图3.34 M65 铜容器组合

1—5. 鼎（M65：47，M65：44，M65：51，M65：41，M65：46）6—8. 簋（M65：49，M65：53，M65：48）
（数字后的"中"代表高质量中原式铜器，需要特别说明的是，该表及后续铜器组合表中的高质量中原式铜器主要包括曾国铭文和不明属的高质量铜器，由于部分铜器背景信息不全，为统一分类标准，表中将两类铜器未再细分；"仿"代表本地式仿制品；"商"代表商铭文器；"外"代表来自其他诸侯国或该区域的外来铜器，下同。）

兽面纹簋、鸟纹簋和大兽面纹簋，前两类为曾侯器（图 3.35，5—7）。其他有铭文的铜器中，1 对爵带有商铭文；卣为 1 大 1 小的"列卣"。M28 铜容器中多数为带曾国铭文的铜器，只有极个别铜器有属于其他族群的可能。

器名	双身龙纹方鼎	鸟纹方鼎	夔纹+涡纹圆鼎	兽面纹分档鼎
图像	 1	 2	 3	 4
数量	1（中）	1 对（中）	1 对（中）	1 对（中）

器名	列旗兽面纹簋	鸟纹簋	浮雕兽面纹簋	
图像	5	6	7	爵 2（商）、鬲 1、甗 1、簋 4、觚 1、觯 1、罍 1、尊 2、卣 1 大 1 小、贯耳壶 1、盉 1、盘 1 等（中）
数量	1（中）	1 对（中）	1（中）	

图 3.35　M28 铜器组合

1—4. 鼎（M28∶156、M28∶157、M28∶164、M28∶181）　5—7. 簋（M28∶16、M28∶153、M28∶155）

  M111 是叶家山墓地目前发现的最大的墓葬。该墓出土青铜器数量极多，材料并未完全公布。因此这里只对墓葬一些主要铜器类型进行讨论，并未涵盖全部铜器。M111 出土的方鼎中除风格夸张的 2 件带盖方鼎外，还出土有多件双身龙纹方鼎。至于圆鼎则包括 1 大 1 小 2 件夔纹+涡纹圆鼎、2 件纹饰不同的分档鼎、1 大 1 小 2 件短扉棱+兽面纹圆鼎、1 件扁足鼎、1 大 1 小 2 件列旗兽面纹圆鼎、1 对涡纹圆鼎以及若干不成组合的圆鼎，包括本地生产的素面圆鼎（图

3.36,1—6）。簋的类型和数量也较多，主要的有列旗兽面纹簋、直棱纹＋兽面纹簋和兽面纹簋等，另外有乳丁纹簋等类型可能不成组合（图3.36，7—9）。该墓在铜器组合上与M65和M28表现出一些变化，比如"列器"极多，至少包括1组"列卣"、3组"列鼎"和2组大小相次的甬钟。该墓带曾铭文的铜器数量较多，明确属于外来的铜器则属于个例。

以上三座曾侯墓的铜器组合具有一些共同特点。首先，鼎、簋的类型和数量均较多，其中最为核心的器类是方鼎、夔纹＋涡纹圆鼎以及列旗兽面纹簋。三座曾侯墓均出土这三类铜器，且这三类铜器多带曾铭文，而没有以外族铜器充当的情况。后世的用鼎制度中有"正鼎""陪鼎"的概念，联想到曾侯谏圆鼎5件成套的形态，我们由此提出一个假说，可能这类夔纹＋涡纹圆鼎具有类似于后世"正鼎"的功能，在高等级墓葬的铜器组合中处于核心地位。叶家山出土的本地式仿制铜器中，绝大部分铜器仿制的均是列旗纹兽面纹簋和夔纹＋涡纹圆鼎两类铜器，且这些仿制品也参与到铜器组合中。如M65可能为曾侯谏墓，为曾侯谏而作的夔纹＋涡纹曾侯谏圆鼎多分配到其他墓葬中，在M65仅保留1件，因此又增加2件夔纹＋涡纹鼎的仿制品补充到铜器组合中。这也表明了此类铜器在铜器组合中的重要地位。方鼎可以作为高等级墓葬的标示物已是学界共识，这类纹饰的圆鼎也需要关注。当然仅有叶家山一地的例子还不能确认这种可能，后文将讨论其他诸侯国的情况。

除上述三类铜器外，其他铜器组合也有很大相似性。以上三座墓葬不仅随葬方鼎和夔纹＋涡纹鼎，还均出土分档鼎，M65和M111还出土短扉棱＋兽面纹圆鼎和兽面纹扁足鼎，这些鼎应当也是铜器组合中的重要部分。这也提示我们在研究铜器组合时，不能仅仅关注鼎、簋等器类的数量，还需关注同类器的不同类型，要考虑到纹饰等装饰因素，因为这些都会对铜器的视觉效果产生影响。根本观念在于从考古学家的客位分类转变为埋葬者的主观分类，尝试从古人的角度来观察铜器的组合问题。在这种视角下，除了铜器形制外，

第三章 "授命分器"——西周时期的铜器流通体系

器名	双身龙纹方鼎	夔纹+涡纹圆鼎	兽面纹分裆鼎	短犀棱+兽面纹圆鼎	兽面纹扁足鼎
图像	 1	 2	 3	 4	 5
数量	多件（中）	1大1小（中）	2件（中）	1大（商）1小（中）	1（中）
器名	列旗兽面纹圆鼎	列旗兽面纹簋	直棱纹+兽面纹簋	兽面纹	甬钟2套（中），甾1大1小（中），方觚、尊彝（中）等，以及其他类别鼎、盘、壶、罍、簋若干。
图像	 6	 7	 8	 9	
数量	1大1小（中）	1对（中）	1对（中）	1对（中）	

图3.36 M111出土部分铜器

1—6. 鼎（M111：72、M111：77、M111：82、M111：84、M111：69、M111：79）
7—9. 簋（M111：60、M111：51、M111：54）

纹饰可能也是铜器组合重要的考量因素。叶家山墓地中簋的类型也较多，曾侯墓中均有多套簋随葬。至于其他器类，爵多成对出现，卣多以"列卣"的形式随葬，装饰夸张的带盖罍均成对组合，甗、盘、盉等器物则多单独出现。总的来看，三座曾侯墓葬的铜器组合较为固定，初步体现出较为完善的器用制度。另外一个值得关注的共性是三座曾侯墓中，虽然均有外来铜器参与到铜器组合中，但这部分铜器所占比例极低，可见曾侯墓对于铜器来源是有一定限制的。

以上讨论了叶家山墓地中最高级别墓葬的铜器组合情况。下面以M27曾侯夫人墓为例，讨论次一等级墓葬的铜器组合。M27中共出有方鼎2、圆鼎3、簋4、爵2、甗1、鬲2、觚1、盘1。其中方鼎为曾侯铭文铜器，其余来源明确的铜器有2件商铭文簋、1件商铭文觚、3件商铭文觯，觯、尊、卣、壶均为其他族群铜器，觚也有可能，盘则可能为本地式铜器（表3.5）。也就是说除一半铜器来源不明外，剩余的一半铜器中绝大部分为外来铜器（图3.37）。尽管铜器的组合形式与曾侯墓相差不大，但铜器的来源构成出现了极大的差别。这种现象在曾侯级别以外的铜器墓中普遍存在。一些级别最低的铜器墓仅出1鼎、1簋或1鼎，这些铜器往往是来源复杂的铜器拼凑在一起的。这表明随着等级的降低，埋葬者对于铜器的来源几乎不做限制而是任意拼凑以达到铜器组合效果。

表3.5　　　　　　　　　　M27 出土铜容器统计表

器类	鼎 5	簋 4	爵 2	甗 1	鬲 2	觚 1	盘 1
来源	方鼎2（曾）、圆鼎3（不明）	2 商、2 中	2 中	中	2 中	商	本地
器类	觯 4	尊 1	卣 1	壶 1	罍 2	觥 1	盉 1
来源	3 商 1 外	外	外	外	2 中	外？	中

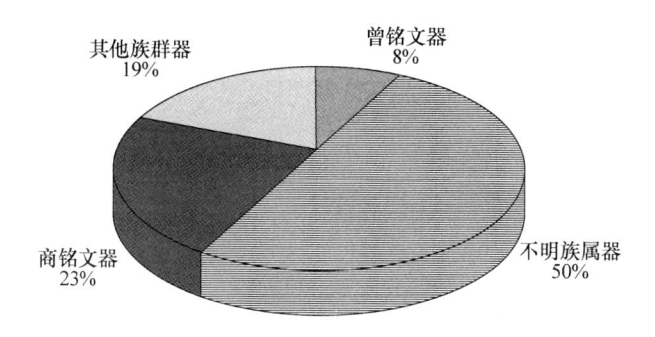

第三章 "授命分器"——西周时期的铜器流通体系　173

图 3.37　M27 不同类别铜器比重图

最后，进行小结。

通过对叶家山墓地出土青铜器的铸造水平、纹饰风格、微量元素数据、铅同位素数据、铜器组合特征等方面的综合研究，我们对于叶家山墓地青铜器的文化属性、生产来源以及在墓葬中的组合、配置情况得出了初步结论。

叶家山墓地出土青铜器文化属性多样，来源复杂，依据铜器铭文、纹饰风格及铸造水平可大体分为六类，分别为曾侯铭文铜器、其他诸侯国或区域铜器、商铭文铜器、不明族属高质量中原式铜器、铸造质量较差的本地式铜器以及仿制品铜器。按照铸造水平的标准，这六类铜器又可以合并为两大类，即高质量铜器和低质量铜器。其中高质量铜器整体铸造水平较高，纹饰较为精致，包括曾侯铭文铜器、大部分的其他诸侯国或区域铭文铜器、商铭文铜器以及不明族属高质量中原式铜器；低质量铜器则包括具有本地独特风格的本地式铜器和仿造高质量中原式铜器的仿制品。仿制品以鼎、簋数量最多，甗、爵、盘等类别的铜器也存在仿制的可能。仿制品的风格较为统一，纹饰大部分为列旗兽面纹。就比例而言，高质量铜器占据叶家山墓地铜器的绝大部分，低质量铜器数量较少。

为讨论不同类别铜器的生产来源，我们利用微量元素分组法分析铜器的原料来源，铅同位素分析则用于讨论铜器的铅料来源。在高质量容器中，曾侯铭文铜器的数据集中在 1、3、6、12 四个微量元素小组，说明其可能主要使用了这四种类型的原料。不明族属高质量中原式铜器中，1、3、6、12四组也是所占比例最高的组别，此外4组也占有少量比例。这两类铜器使用的原料类型基本一致，铜器制作水平和风格也相同，极有可能出自统一的中央式作坊。商铭文铜器中，1、2、3、6、12组是比例最高的组别，其中大部分数据与前两类铜器相同，但少量数据较为分散，由此推测叶家山出土的商铭文铜器中有相当部分在西周时期制作，也有一定数量为商时期制作的商器，但比例仍难确定。综合三类铜器的数据，可知1、3、6、12四组原料是高质量铜器使用的统一原料。

相较而言，低质量铜器所用的原料构成明显不同，集中在4组和12组。高质量铜器与低质量铜器在铜器风格和原料来源上均体现出显著差别，其最大的可能性是高质量铜器产于中央式作坊，由周王朝分配到曾国，而低质量铜器则是由叶家山当地人群使用独立掌握的原料铸造的。但同时也需要看到曾国与中央的联系，叶家山出土的4个铜锭数据中，2个为4组，2个为1组，既然叶家山人群已经掌握原料来源，这些铜锭最有可能代表了叶家山人群掌握的原料类型。综合来看，至少1、4组铜料是叶家山本地掌握的铜料来源。

叶家山本地掌握的原料类型为1、4、12组，而高质量铜器使用的主要原料类别为1、3、6、12组，但不明族属的铜器中4组也占有一定比例，也就是说叶家山本地掌握的原料类型均在高质量铜器中得到使用。结合西周早期曾国临近长江中下游铜矿带的特殊地理区位，以及东周曾器关于"金道锡行"的记载，我们推测西周早期曾国应当向周王朝转运了相当数量的金属原料。铜锭出于曾侯墓中，当是这种背景的体现。至于周王朝所用的3组和6组原料可能另有来源。

铅同位素分析表明，曾侯铭文铜器以及大部分的商铭文器和不明族属的高质量中原式铜器数据较为集中，应当使用了相同来源的铅料。低质量铜器的数据分布在相同范围，表明其所用的铅料可能来源于中央的分配。

对叶家山墓地多座墓葬的铜器组合进行的分析表明，叶家山墓地多见形制、纹饰相同，大小有别的"列器"，又有5件一套，完全相同的曾侯谏圆鼎。西周早期的曾国已经初步萌发了用鼎制度。对几座曾侯墓的铜器组合进行的分析也表明，曾侯级别的墓葬铜器组合较为固定，已经出现较为规范的器用制度。曾侯墓随葬的铜鼎往往包括多个类别，其中方鼎、夔纹+涡纹圆鼎、列旗兽面纹簋俱见于曾侯墓中，且多曾侯铭文标示，而无外族铜器充当的情况，当是铜器组合的核心器类。本地仿制品多数也是仿制这些类别的圆鼎和簋，并补充在铜器组合中。就铜器来源而言，曾侯级别的墓葬出土的铜器较少有其他族群的铜器，而曾侯夫人和更低级别的墓葬，铜器来源往往极为复杂，铜器组合主要是由其他族群铜器拼凑而成的。所以除曾侯墓葬对铜器来源控制相对严格外，在等级稍低的墓葬中商铭文器和不明族属的高质量中原式铜器经常以拼凑的形式组成完整的铜器组合。低质量铜器也主要用来补充铜器组合。

叶家山墓地作为西周早期的重要诸侯国墓地，其铜器生产和组合过程为我们展示了一个诸侯国铜器群的复杂内涵。叶家山铜器群的大部分铜器应当是源于周王朝的分配，生产地点当在中央式作坊。周王朝不仅将有曾侯铭文的成套铜器分配给曾国，还分配了其他复杂来源的铜器。除周王朝的分配外，可能有不少铜器来源于其他诸侯国或区域，但这些铜器的生产背景并无差异，多数产自中央作坊。这些复杂来源的铜器流入曾国，并按照固定的铜器组合重新拼凑在一起。另外，此时曾国的铸铜水平较低，其本地生产的铜器仅作为补充。从叶家山的情况来看，西周早期实则是一个周王朝的"分器"过程。不仅大部分铜器源于周王朝分配，对原始瓷器的研究表明叶家山和其他诸侯国出土的原始瓷器同样源于周王朝的统一分配。相信类似的珍稀资源还有不少。

周王朝将珍稀物品分配给地方诸侯国，反之，地方诸侯国也需要对周王朝承担相应责任。西周早、中期，静方鼎、中甗等反映周王朝经略南国的铭文中频现曾地，表明此时曾与周王朝关系密切。微量元素分组研究表明，此时曾国可能担任了向周王朝输送金属原料的职责。东周曾器中记载有"金道锡行",而我们在西周早期的叶家山墓地中已经可以看到铜料的北运和铅料的南输。

2. 晋侯墓地

晋侯墓地自1992年正式发掘以来,迄今已经清理晋侯及夫人墓9组19座、陪葬墓近20座、祭祀坑数十座并探明车马坑10座[①]。墓地虽被盗严重,但仍出土大量青铜器。目前已经发表了部分资料[②]。但由于条件所限,笔者仅对晋侯墓地出土的部分铜器进行观察、分析和记录。本书所用材料包括已经发表的材料和部分未发表的铜器资料。为讨论晋侯墓地出土青铜器的生产问题,笔者用ICP-AES方法测定晋侯墓地6组墓葬的铜器数据,共得到微量元素数据81个。其中M9组16个,M32仅1个,M91组7个,M8组9个,M64组24个,M93组24个。M6、M7、M1、M2、M113、M114未测定样品。除微量元素数据外,崔剑锋、杨颖亮先生还测定了一批晋侯墓地铜器的铅同位素数据,本书将引用这批数据结合崔剑锋先生测定的以往未发表的铅同位素数据讨论铜器所用的铅料来源[③]。

关于墓地的年代问题,这里参考晋侯墓地第五次发掘的简报中的观点[④],按照早晚顺序分为如下几组:M9、M13组→M6、M7组

---

① 徐天进:《晋侯墓地的发现及研究现状》,载上海博物馆编《晋侯墓地出土青铜器国际学术研讨会论文集》,上海书画出版社2002年版,第519页。

② 北京大学考古系、山西省考古研究所:《1992年春天马—曲村遗址墓葬发掘报告》,《文物》1993年第3期。北京大学考古学系、山西省考古研究所:《天马—曲村遗址北赵晋侯墓地第二次发掘》,《文物》1994年第1期。山西省考古研究所、北京大学考古学系:《天马—曲村遗址北赵晋侯墓地第三次发掘》,《文物》1994年第8期。山西省考古研究所、北京大学考古学系:《天马—曲村遗址北赵晋侯墓地第四次发掘》,《文物》1994年第8期。北京大学考古学系、山西省考古研究所:《天马—曲村遗址北赵晋侯墓地第五次发掘》,《文物》1995年第7期。北京大学考古文博院、山西省考古研究所:《天马—曲村遗址北赵晋侯墓地第六次发掘》,《文物》2001年第8期。

③ 杨颖亮:《晋侯墓地出土青铜器的合金成分、显微结构和铅同位素比值研究》,博士学位论文,北京大学,2005年。

④ 北京大学考古学系、山西省考古研究所:《天马—曲村遗址北赵晋侯墓地第五次发掘》,《文物》1995年第7期。

→M32、M33 组→M91、M92 组→M1、M2 组→M8、M31 组→M62、M63、M64 组→M93、M102 组。其中 M9、M13 组年代约为西周早中期之际的穆王前后；M6、M7 组的年代约在西周中期偏早阶段的恭、懿之时；M32、M33 组约在西周中期偏晚的孝夷之世；M91、M92 组的年代则在厉王之世；M8、M31 组的年代相当于西周晚期的宣王之世；M93、M102 组墓葬的年代约在春秋初年。以此序列为基础，下面分别对晋侯墓地出土青铜器的分类、微量元素分组特征以及铅同位素比值进行研究。

首先，关于铜器分类。

晋侯墓地出土青铜器反映的文化属性和铸造水平并不统一，铜器来源当较为复杂。以铜器铭文、铸造水平和纹饰风格为判断标准，可将晋侯墓地出土的全部铜器分为如下 7 类，晋国铭文铜器、其他诸侯国或区域铜器、不明族属高质量中原式铜器、不明族属低质量中原式铜器、低质量的本地式铜器、明器类铜器以及本地式仿制品。7 类铜器又可进一步合并为高质量铜器和低质量铜器。

第一，晋国铭文铜器。

晋国铭文铜器是指根据铭文可以确认铜器为晋国属性的铜器，如晋侯铜器、晋叔铜器等。这类铜器数量不少，广泛出于晋侯及夫人墓中，器类较多，包括鼎、壶、盘等主要器类（图 3.38）。这类

图 3.38　晋国铭文铜器

1. 晋叔家父壶（M93∶31）　2. 晋侯对鼎　3. 晋侯对甗　4. 晋侯盘（M93∶44）

铜器的共同特征是铸造水平较高、纹饰精致、铭文规整，从笔者所掌握的材料来看，均属于高质量中原式铜器。

第二，其他诸侯国或区域铜器。

晋侯墓地中明确属于其他族群的铭文铜器数量不多，较为有名的如楚公逆钟（图3.39，1），年代为西周晚期，这约是目前所见最早的楚器之一。其他如杨姞壶，当为姞姓杨国女子所有（图3.39，2）。再如畴侯尊，同墓还出有畴侯卣及畴侯方鼎，当是成套流入的礼器（图3.39，3）。这些其他族群的铜器出现在晋国可能有着多种原因，如作为媵器随女子陪嫁，作为助葬之物传入等。这些铜器大部分铸造质量较高，属高质量中原式铜器。此外，晋侯墓地中出土有少量风格独特的铜器，如铜双耳罐是仿制西北文化因素的陶器制作，或许来自其他族群（图3.39，4）。从比例来讲，这类铜器在晋侯墓地铜器中所占比例较低。

图3.39　其他诸侯国或区域铜器

1. 楚公逆钟（M64∶93）　2. 杨姞壶（M63∶82）　3. 畴侯尊（M114∶214）　4. 铜双耳罐（M113∶125）

第三，不明族属高质量中原式铜器。

晋侯墓地中大部分铜器铸造质量较好，但无铭文，因而对其族属难以判断。这类铜器我们以铸造水平为标准统一归为一类，为不明族属的高质量中原式铜器。其中可能包括晋国铜器也可能包括其他族群的铜器。该类铜器数量大、涵盖多数器类，铜器风格与晋国铭文铜器没有明显差异，此处不再举例介绍。

第四，不明族属低质量中原式铜器。

在无铭文铜器中，除铸造质量较好的铜器外，有一部分铜器的器形基本为中原风格，但是铸造质量明显较差。这类铜器多为素面铜器，铸造缺陷较多，如铜器表面粗糙，多有漏铜痕迹，范缝等铸造痕迹多未处理，泥芯也多有残留（图 3.40）。与高质量中原式铜器相比，此类铜器反映了完全不同的生产背景。不能排除其中部分铜器为明器的可能性。

图 3.40　不明族属低质量中原式铜器

1. 盘（M131∶9）　2. 壶（M13∶123）　3. 簋（M127∶19）　4. 壶（M113∶74）
5. 鼎（M102∶20）　6. 方鼎（M114）

第五，本地式铜器。

本地式铜器表现出明显的地域风格。如饰直棱纹的高圈足铜盘、长锥足的铜鼎以及类似于原始瓷器器形的折腹罐，显然非中原风格器物，又无明确的与其他地区的关联（图3.41）。因为归为本地式铜器。本地式铜器普遍铸造质量较低。

图 3.41　晋侯墓地出土本地式铜器
1. 盘（M13：104）　2. 鼎（M9：307）　3. 折腹罐（M13：111）

第六，明器类铜器。

明器类铜器的共同特征是铸造极其粗糙，器形多不规范，铸造缺陷严重，不具有实用功能。这类铜器与本地式铜器有时难以区别，此处仅以是否具有实用功能为标准划分两类铜器，如盘底在首次铸造时便出现较多漏洞，又不见补铸痕迹，当无实用功能（图3.42，3）；簋、盉的盖与器身浑铸在一起也无实用功能。明器类铜器器类有爵、罐、盘、簋、盉（图3.42）。从铸造水平而言，这类铜器与本地式铜器反映的生产背景可能相同。

图 3.42　明器类铜器
1. 爵（M102：12）　2. 双耳罐（M110：12）　3. 盘（M13：122）　4. 簋（M102：9）
5. 盉（M102：2）

第七，本地式仿制品。

由于资料有限，我们认为疑似属于本地仿制品的铜器仅有 1 件铜壶，但推测仿制品应当更多。仿制品铜壶饰有背带纹、窃曲纹、蟠螭纹，与高质量中原式铜壶整体的纹饰布局和器形均基本一致，唯耳部形态有别（图 3.43）。但仿制铜壶整体呈歪斜状，器身中央有一道明显的歪斜范缝，分范处纹饰残缺不整（图 3.43，2）。另外，高质量中原式铜壶装饰的纹饰呈浅浮雕状，而仿制品铜壶的纹饰线条不规则，呈带状。仿制铜壶整体制作水平较低，与本地式铜器的生产背景应当相同。

图 3.43 仿制品铜器与高质量中原式铜器对比图
1. 高质量中原式壶（M64∶103） 2. 仿制品（M102∶22）

上述晋侯墓地铜器的分类情况与叶家山墓地较为接近。所有7类铜器根据生产背景可划分为高质量铜器和低质量铜器两大类，并以前者为主。前文对叶家山墓地的研究表明高质量中原式铜器当产自中央式作坊，来源于中央的分配，低质量铜器则极有可能在本地生产，晋侯墓地铜器可能也是如此。尤其是晋侯墓地的大量明器类铜器铸造极为粗糙，这类铜器通常不作为珍稀品进行远距离传播，其在本地生产更为合理。以下结合科技分析对各类铜器的原料进行研究。

其次，微量元素分组研究。

晋侯墓地的81个微量元素数据中有62件高质量铜器和19件低质量铜器的数据。在高质量铜器中，晋铭文铜器分布在1、2、3、6共四个小组；其他族群铜器仅有4件，分布在1、3、10组；这两类铜器数据较少，参考信息有限。不明族属的高质量中原铜器共48件，主要分布在1、6、12几个小组。综合所有的高质量铜器，可见1、3、6、12四组是最主要的小组（表3.6）。这四个小组恰好是叶家山曾国墓地高质量铜器主要分布的小组，表现出相同模式。低质量的铜器包括本地式铜器、不明族属低质量中原式铜器以及明器。另外考虑到补铸原料更有可能代表了本地的铸铜活动，故将补铸原料也暂归此类。结果表明，补铸材料分布在6组和12组；本地式铜器分布在6、12、14组；不明族属低质量中原式铜器分布在7组和12组；明器类铜器分布在6、12、13组（表3.6）。总体来说6组和12组是低质量铜器的主要组别，而流行于高质量铜器中的1组和3组则完全不见于低质量铜器中。高、低两类质量的铜器表现出完全不同的模式，应当使用了不同的原料。结合两类铜器风格和质量特征，可知铜器在"形""工""料"三个层次均表现出明显差异，应当是不同的生产来源。

考虑到晋侯墓地铜器年代早晚有别，我们尝试分析微量元素分组与时代之间的关系。本书研究涵盖了大部分墓葬组别。由于分为墓葬组后，每组的数据量相对较少，故未再计算百分比，而是直接

表3.6 晋侯墓地各类铜器微量元素分组对比表

铜器类别		微量分组	1组	2组	3组	5组	6组	7组	10组	12组	13组	14组	数据量
高质量		晋铭文	20%	10%	30%		40%						10
		其他诸侯国或区域	50%		25%				25%				4
		不明族属中原式	19%	2%	9%	2%	29%	4%		31%	2%	2%	48
		全部高质量铜器	21%	3%	13%	1%	29%	3%	2%	24%	2%	2%	62
低质量		全部低质量铜器					37%	5%		48%	5%	5%	19
		补铸材料					67%			33%			3
		本地式					67%			16%		17%	6
		不明族属中原式						20%		80%			5
		明器					20%			60%	20%		5

给出每组数据量。因数据较少，此处分析仅供参考。表3.7 中可见 6 组、12 组在早晚墓葬中较为普遍，但 1、3 两组则主要出现在西周晚期。这种差异提示我们应以历时性眼光观察同一地点的铜器生产和原料来源。

表 3.7　　晋侯墓地各组墓葬微量元素分组对比表

墓葬组＼微量分组	1组	2组	3组	5组	6组	7组	10组	12组	13组	14组	数据量
M9，M13 组	1		1		8			6			16
M32					1						1
M91，M92 组			2		4			1			7
M8，M31 组	3	1	1		3				1		9
M62，M63，M64 组	7		4	1	4	2	1	3	1	1	24
M93，M102 组	2	1			5	1		14	1		24

再次，铅同位素研究。

晋侯墓地出土铜器的铅同位素数据目前共有崔剑锋先生测定的 57 个数据。杨颖亮先生在其博士论文中已公布 25 个数据[①]。可知合金类型的包括锡青铜 19 件，铅锡青铜 3 件。本书将另外未发表的 32 个铅同位素数据也一并纳入分析。以上数据由于取样时间较早，无对应照片，故大部分铜器考古背景不明。我们参考已有资料，对其中部分铜器的类别进行判断，其中包括 3 件低质量铜器。背景不明的铜器推测大部分应为高质量铜器。根据目前已知分类信息进行对比研究，结果表明高质量铜器覆盖了大部分范围，3 件低质量铜器分布其间（图 3.44）。

另外，我们将晋侯墓地不同组墓葬的铜器数据进行对比，结果

---

① 杨颖亮:《晋侯墓地出土青铜器的合金成分、显微结构和铅同位素比值研究》，博士学位论文，北京大学，2005 年。

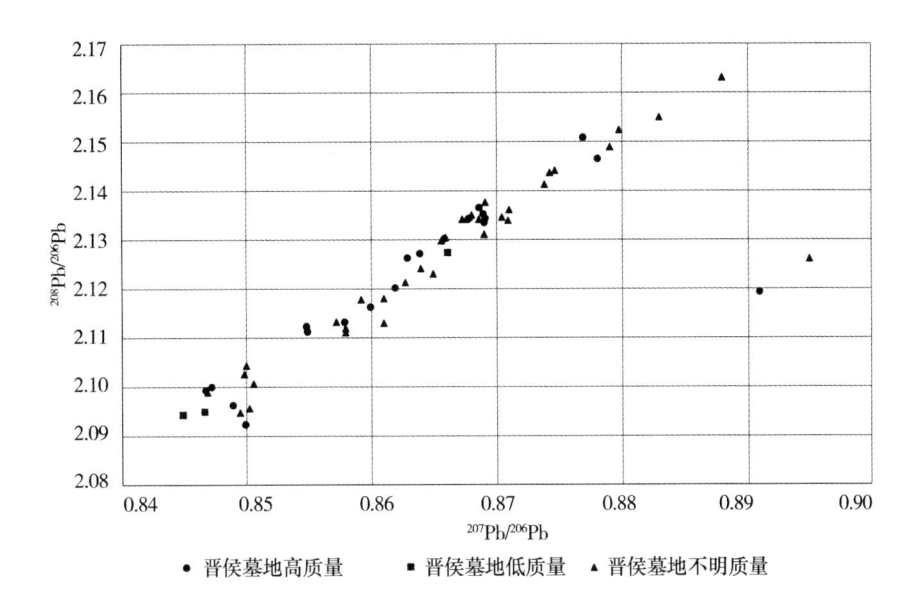

图 3.44　晋侯墓地不同质量铜器铅同位素对比图

显示所有数据主要分布在三个区域，分别命名为 A、B、C。值得注意的现象是以 M91 组，M64 组以及 M93 组为代表的西周晚期至春秋初年数据相对集中在 B 区；而以 M9 组为代表的西周早中期之际的铜器数据则主要分布在 A 组和 C 组（图 3.45）。尽管早期铜器数据较少，但这一差异显示出晋侯墓地铜器所用原料可能存在早晚变化。

我们进一步观察同一组晋侯及夫人的墓葬，其铜器原料是否存在联系。选取 M9 组、M91 组以及 M64 组作为代表进行对比分析。结果表明仅 M64 组墓葬中，M64 晋侯邦父的铜器数据与 M62、M63 铜器数据大致分布在不同区域。其他两组墓葬的数据较为分散，未见明显规律（图 3.46）。

晋侯墓地所分析的铜器中，大部分为青铜容器，另有部分编钟、车马器、兵器等。将容器、乐器与其他小件铜器对比，数据重合较多，并无明显差异（图 3.47）。我们进行微量元素分组研究时，也未见器类与分组的固定关系。可见晋侯墓地铜器器类与原料来源无特定联系。

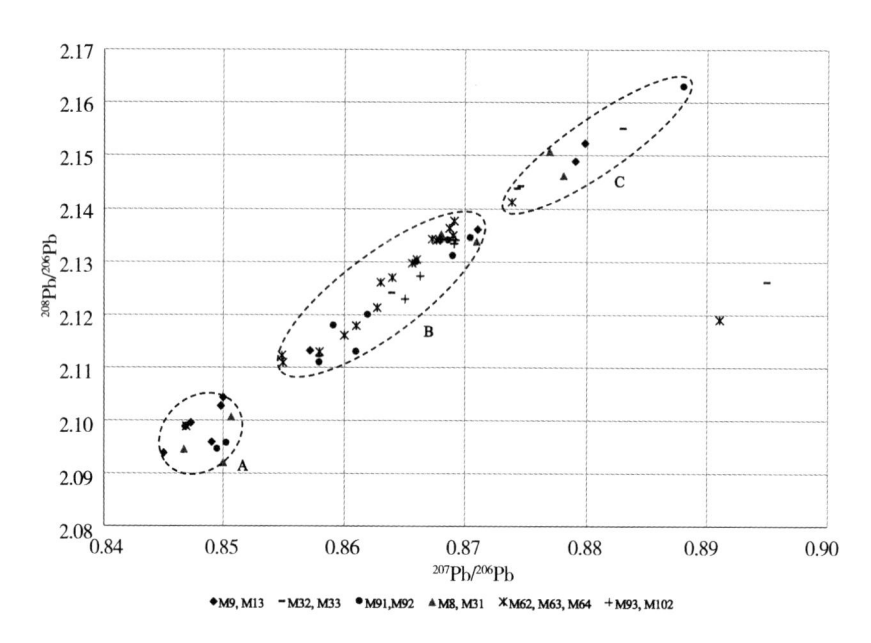

图 3.45　晋侯墓地各组墓葬铜器铅同位素对比图

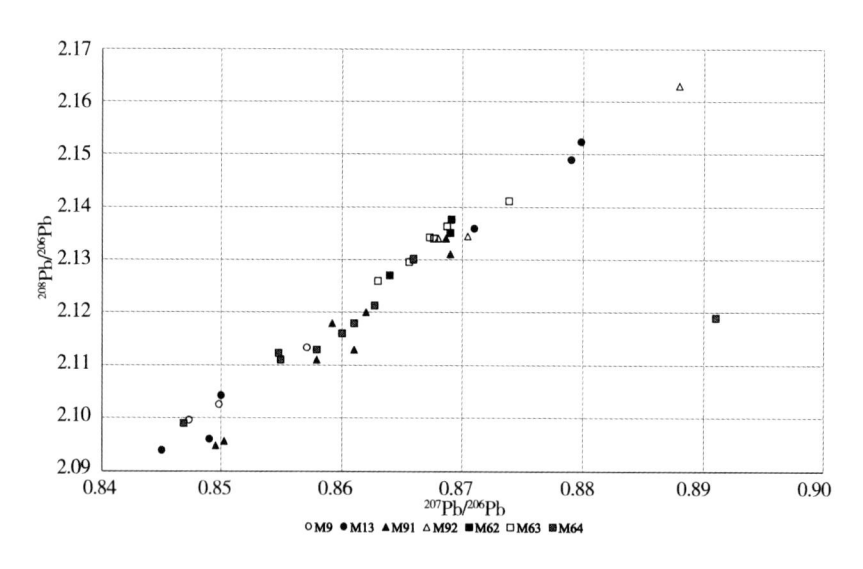

图 3.46　晋侯墓地晋侯墓及夫人墓出土铜器铅同位素对比图

除晋侯墓地外，金正耀先生曾对天马—曲村晋国邦墓区出土的铜器进行铅同位素分析，71 件铜器中有 66 件年代在西周早、中期，

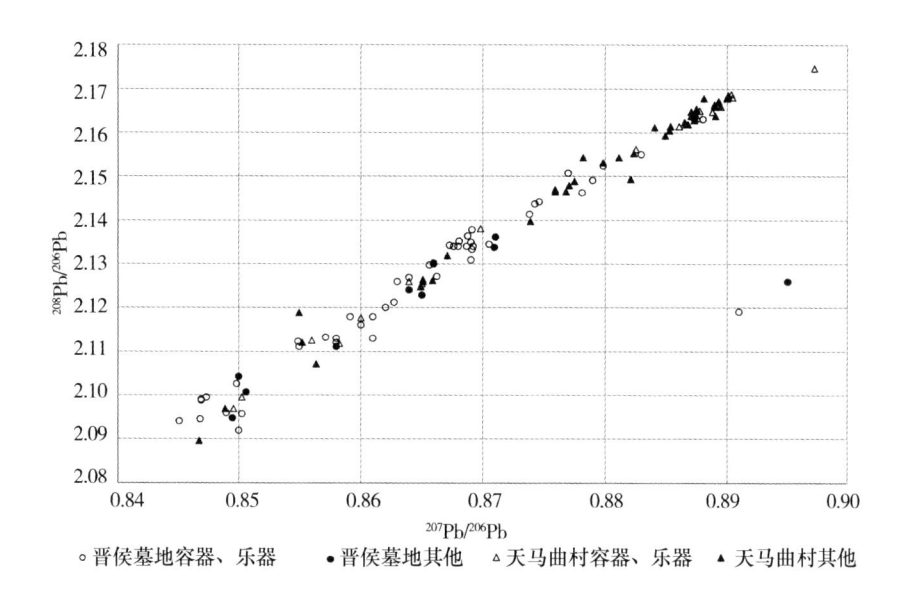

图3.47 晋侯墓地及天马曲村墓地不同类别铜器铅同位素对比图

5件年代在两周之际①。我们首先将晋侯墓地与天马—曲村墓地的铜器数据进行对比,结果表明两批数据完全分布在相同范围内(图3.48)。金正耀先生将天马—曲村墓地铜器数据分为A、B、C三个区域,对应前文划分的晋侯墓地铜器的A、B、C三区。根据各区域铜器的合金类型,金正耀先生认为A区反映的是锡矿特征,C区反映了铅矿特征,B区难以确定,但一定程度上反映了铜料来源特征。实际上B、C两个区域在叶家山墓地、㠱国墓地等地点的铜器数据中均是主要的分布范围。其中C区主要对应铅锡青铜,B区对应锡青铜。晋侯墓地与天马—曲村出土铜器在A、B、C三个区域均有较多重合,这表明两地铜器所用原料应是相同的。但差别在于晋侯墓地铜器在C区更为集中,天马曲村铜器则在A、B区更为集中,这可能反映的是铜器合金上的差异。

---

① 金正耀、[美]W. T. 蔡斯、[日]平尾良光、[日]马渊久夫:《天马—曲村遗址西周墓地青铜器的铅同位素比值研究》,载《天马—曲村1980—1989》第3册,附录五,科学出版社2000年版。

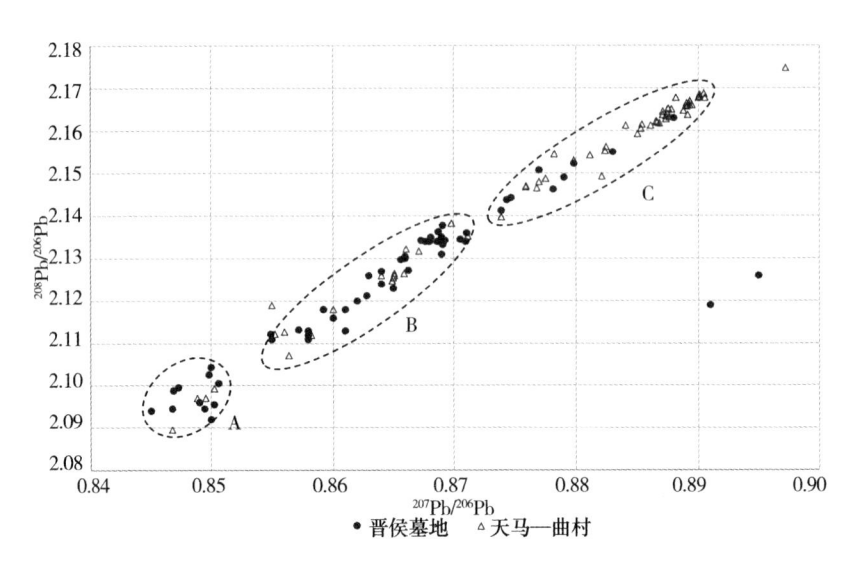

图 3.48 晋侯墓地与天马—曲村墓地出土铜器铅同位素对比图

考虑到天马—曲村墓地规模极大，由于发掘区未相连成片，不能确定是整体的大规模墓地还是存在相对独立的多个墓地。为此，我们按照发掘分区，尝试对比不同区域铜器的关系。本书分析的铜器大部分出土于 J4 区，与 K4、I2 区的铜器进行对比，并无明显分布规律（图 3.49）。

我们尝试进一步以墓葬为单位进行对比，但大部分铜器出土于不同墓葬单位。此处仅以出土铜器数量较多的 M6231 和 M6195 为例对比，发现两墓所出铜器也分布在同一范围（图 3.50）。

以上从多个角度对晋侯墓地和天马—曲村墓地的铜器进行了全面对比。结果表明晋国的铜器器类、墓葬单位、墓葬分区与铜器的原料来源之间并无明确的关系。事实上，我们在对西周其他诸侯国铜器开展研究时，也进行了同样的分析，结果大体相似，难见明显规律。因此在其他西周诸侯国铜器的研究中，我们对这些分析过程予以省略。尽管如此，我们仍然认为这些角度的观察是必需的，我们目前的结论是建立在极为有限的数据基础上的。在未来的研究中，

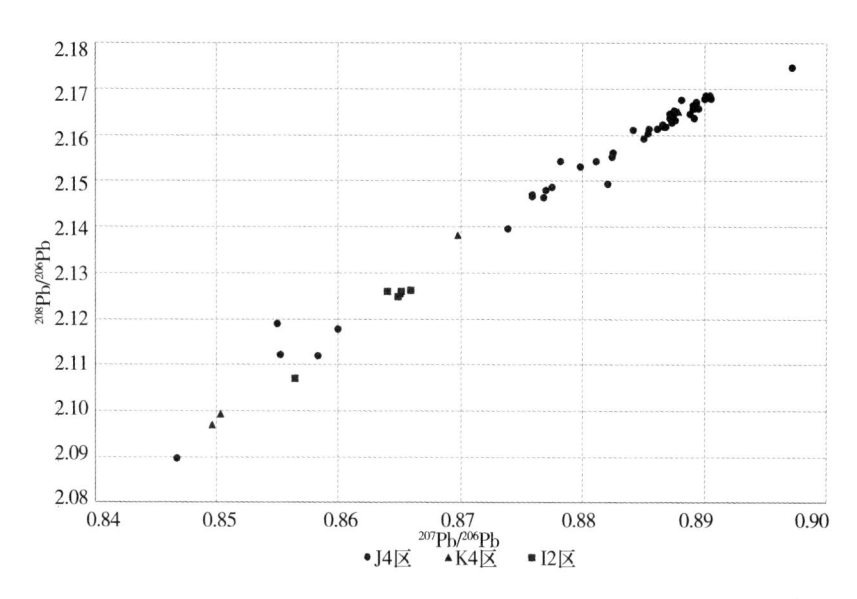

图 3.49　天马—曲村墓地不同区域铜器铅同位素对比图

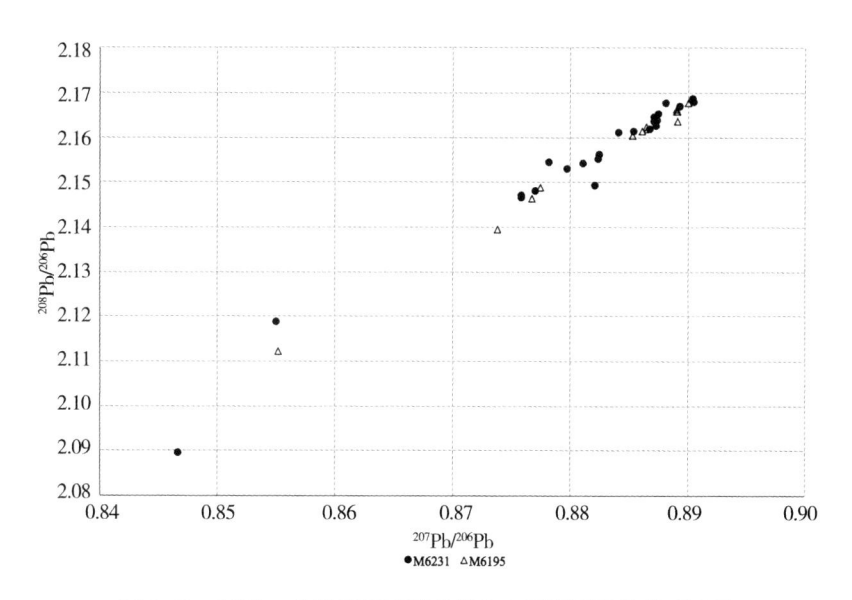

图 3.50　天马—曲村墓地不同墓葬出土铜器铅同位素对比图

若能有腰坑、殉狗、不同头向、不同族属铭文等更为明确的分类信息，这些观察将更有意义。

再次，晋楚之间的铜料流通。

以上主要讨论了晋侯墓地铜器的考古背景与原料之间的关系，那么这些原料的来源地当是下一步要解决的问题。幸运的是，晋姜鼎铭文中关于晋、楚间盐铜贸易的记载为这一问题提供了重要线索。晋侯墓地中出土有楚公逆钟，将铭文内容与铜器的科技分析进行结合，或可对这一问题的解决提供一些思路。

著名的晋姜鼎在北宋时期出土于陕西韩城，《考古图》《博古图录》《历代钟鼎彝器款识法帖》等均有收录。历代学者对于晋姜鼎的铭文考释等方面多有研究，铭文中有如下记载："……嘉遣我易卤积（积）千两（辆）……征□（繁）湯□，取氒（厥）吉金，用乍（作）宝尊鼎……"对于这段铭文反映的史实，李学勤先生的观点较为重要。他认为"繁湯"即河南新蔡以北的繁阳，晋姜鼎和戎生编钟记载了同一史实，即晋国以大量的盐前往繁湯交换铜料[①]。另外《左传·襄公四年》记载："楚师为陈叛故，犹在繁阳。"杜预注："繁阳，楚地，在汝南鲖阳县。"因此这段铭文记述的当是晋楚之间的盐铜贸易。关于晋姜鼎的年代，裘锡圭先生认为器物制作年代当为春秋早期；李学勤先生断代为昭侯六年（前740年）；白川静先生则推断为昭侯二年（前744年），还有其他各家意见，略有分歧，但年代断在春秋初年当无疑[②]。根据铭文内容可以明确春秋初年存在楚国铜料向晋国流通的现象，下面对铜器进行科技分析验证这一现象。

讨论晋、楚两国是否存在原料流通首先需要选取同时段两国各具代表性的青铜器作为样品。晋侯墓地 M64 中恰好出土有一套楚公逆钟。据发掘简报介绍，该墓出土的编钟共 1 套 8 件，形制相似，均铸

---

① 李学勤：《戎生编钟论释》，《保利藏金——保利艺术博物馆精品选》，岭南美术出版社 1999 年版，第 375—378 页。

② 李学勤：《戎生编钟论释》，《保利藏金——保利艺术博物馆精品选》，岭南美术出版社 1999 年版。[日] 白川静：《金文通释》卷四，中村印刷株式会社 1973 年版，第 81—97 页。

铭文①。但根据一些学者在文章中的描述可知，8件甬钟中有2件铭文与楚公逆无关，形制也属典型的周式甬钟②。这2件钟当为成编钟1套8件之制而后来添加的拼凑品。即便6件明确的楚公逆钟也可分为两组。一组为较大的2件，枚、篆之间以阴线带间隔，另外4件独成一组，以乳钉代替阴线带间隔枚、篆。与中原地区流行的周式甬钟相比，楚公逆钟显现出一些特别之处，对此不少学者已经有所关注③。晋侯墓地中除M64外，M8、M9、M93等墓葬中也发现有编钟。相较而言，楚公逆钟的基本形制与其他编钟并无差异，均为合瓦、柱甬，但在细部纹饰上却存在不同之处。以发表图像的楚公逆钟之一（M64∶93）与M93出土的一件编钟（M93∶72）为例。M93∶72枚、篆之间以阴线间隔，篆部饰以斜角云纹，鼓部为对称顾首龙纹（图3.51，2）。M64∶93枚、篆以双阴线夹乳钉间隔，这种乳钉在西周中晚期中原地区的甬钟上已经罕见，并非周式甬钟流行风格。篆部所饰的蝉纹在中原地区多流行于晚商时期，周式甬钟篆部以斜角云纹为多数之例，不见这类特殊纹饰。M64∶93在鼓部装饰的龙、凤、虎纹以及敲击点所示的穿山甲纹更是罕见。周式甬钟在敲击点多饰鸟纹，穿山甲形动物纹饰尚不见于中原甬钟（图3.51，1）。由此来看，楚公逆钟与晋侯墓地出土的周式甬钟相比具有独特的装饰风格，当为楚地特色。至于楚公逆钟的年代则需涉及楚公逆的所在年代，对此多数学者同意孙诒让的意见，即楚公逆是《史记·楚世家》中的熊咢，熊咢即位于周宣王二十九年（前799年）卒于周宣王三十七年（前791年），属西周晚期，与M64的年代以及晋姜鼎作器之

---

① 山西省考古研究所、北京大学考古学系：《天马—曲村遗址北赵晋侯墓地第四次发掘》，《文物》1994年第8期。

② 高西省：《楚公编钟及有关问题》，《文物》2015年第1期。刘绪：《晋侯邦父墓与楚公逆编钟》，《长江流域青铜文化研究》，科学出版社2002年版。李朝远：《楚公逆钟的成编方式及其他》，《青铜器学步集》，文物出版社2007年版。

③ 高至喜：《晋侯侯墓出土楚公逆编钟的几个问题》，载上海博物馆《晋侯墓地出土青铜器国际学术研讨会论文集》，上海书画出版社2002年版，第346—349页。

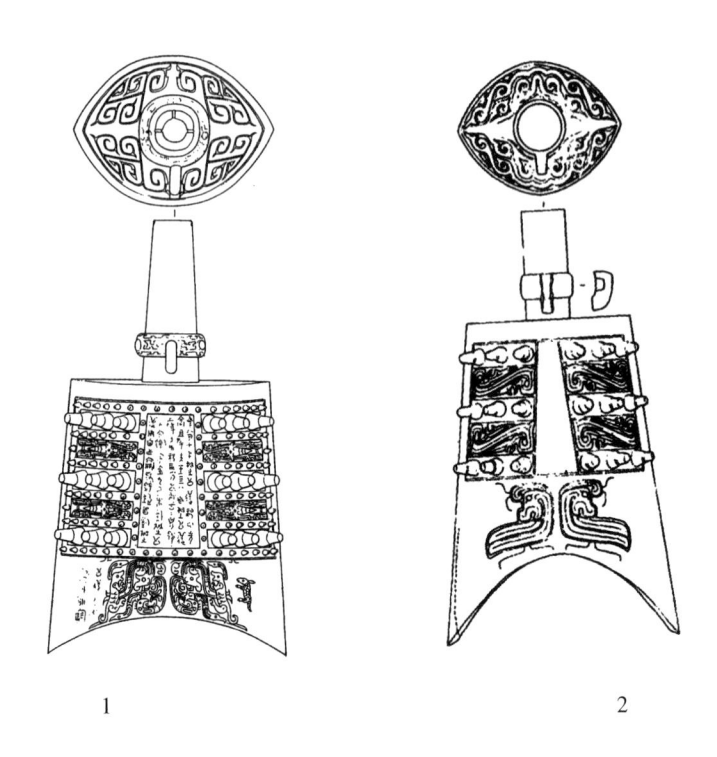

图 3.51 楚公逆钟与晋侯墓地其他编钟对比图

1. 楚公逆钟（M64∶93） 2. 晋侯墓地其他类型编钟（M93∶72）

年相差不远。综上，楚公逆钟为典型的楚器，可作为楚器代表，出土楚公逆钟的 M64 还出土不少典型的中原式铜器，年代当与楚公逆钟相同或相近，可作为晋国铜器的代表。

我们选取 3 件楚公逆钟和同墓出土的 23 件晋国铜器，以 ICP-AES 方法测定微量元素并进行分组研究，结果表明 3 件楚公逆钟的数据有一件属于 1 组（NNNN），另 2 件属 3 组（NYNN）。前文分析表明 1、3 组指征的可能是铜料来源，3 件楚公逆钟数据也均为锡青铜，可排除铅料影响。这表明三件钟可能使用了 1、3 组两类不同的原料制作。出现这种现象可能与楚公逆钟的生产批次相关。在 6 件楚公逆钟里，至少存在两种类型。也就是说楚公逆钟并非同一批次铸造的一套编钟，而是拼凑而成。楚公逆钟铭文末尾也记载了楚公逆用进献的原料铸造编钟百肆，数量庞大。百肆编钟不大可能一日铸成，因而不同批次铸造的铜钟或许使用不同批次、来源的原料，这可能造成了楚公逆钟数据不一的情况。除 M64 出土的楚公逆钟外，尚有宋代政和年间出于嘉鱼县太平湖的楚公逆钟，录于《钟鼎款识》，其铭文内容与 M64 出土楚公逆钟不同，并非一套，但其中若干字的书体与 M64 出土楚公逆钟的铭文书体极为相似。这件传世楚公逆钟是否也属楚公逆铭文提及的百肆编钟之一是值得思考的问题。

相较而言，M64 出土的 23 件晋国铜器数据中比例超过 10% 的有 1、2、3、6、12 共五个组别，与晋侯墓地铜器的整体模式大体一致（表3.8）。值得注意的是楚公逆钟分布的 1、3 组在 M64 出土铜器数据中也是主要的铜料类型。因此从铜器数据来看西周晚期晋国铜器和楚国铜器使用的铜料类型确实有部分是相同的，晋姜鼎铭文记载的春秋初年晋楚铜料流通现象在西周晚期应当已经出现。

表3.8　　　　　　M64 出土铜器微量元素组合比重表

1组	2组	3组	4组	5组	6组	7组	9组	10组	12组
19%	11%	15%	4%	4%	23%	4%	4%	4%	12%

以上结合晋姜鼎铭文和科技分析结果，可知至少在西周晚期至春秋初年，晋国所用原料有部分源于与楚国的贸易。楚公逆钟的铭文则进一步为楚国原料的来源提供了线索。目前关于楚公逆钟的铭文释读有多种意见，我们综合李学勤、黄锡全、董珊等先生的观点对铭文释读如下：

> 唯八月甲午，楚公逆祀厥先
> 高祖考，夫（敷）工四
> 方首。楚公逆
> 出求人用祀四方首，休多禽

□□内（纳）飨（享）赤金九万钧
楚公逆用自作□□锡钟百□。楚
公逆其万年
寿，用保□大
邦，永宝。

学者们对铭文的不同意见集中于"四方首"含义的探讨。李学勤先生将铭文前后出现的四方首分别释为四方之神和祭祀四方的首级①。董珊先生则进一步认为"四方首"指四方社、稷之神，楚公逆为祭祀"四方首"而外出寻求祭祀所需人牲②。黄锡全、于炳文先生则认为"四方首"即四方方国的首领、君主或部落酋长，代指楚境的四方③。除了这些不同意见外，多数学者对于铭文主旨有着相同理解，即楚公逆为祭祀先祖等外出寻求贡品，多有收获。他族向楚进贡赤铜九万钧，楚公逆用这些铜料铸造了大量的钟。

微量元素分组研究已经表明楚公逆钟所用铜料与晋国西周晚期使用的原料存在联系。楚公逆铭文中又明确指出铜料之来源为他族进献而来。由此进献的主体也就是"内（纳）飨（享）赤金九万钧"之前两字的释读成为关键。黄锡全、于炳文先生认为这两个字当意为"钦明"，"四方首领赞美熊鄂勤劳不懈于国，威仪悉备，照临四方，入贡赤铜九万钧"④。李学勤先生则认为其为人名或族名⑤。无论哪种解释，铜料由他族进献则无疑问，进献之族或为一族或为多族，则不得而知。由于进献铜料约合五六百吨，数

---

① 李学勤：《试论楚公逆编钟》，《文物》1995年第2期。
② 董珊：《晋侯墓出土楚公逆钟铭文新探》，《中国历史文物》2006年第6期。
③ 黄锡全、于炳文：《山西晋侯墓地所出楚公逆钟铭文初释》，《考古》1995年第2期。
④ 同上。
⑤ 李学勤：《试论楚公逆编钟》，《文物》1995年第2期。

字惊人，不少学者意识到铜绿山可能便是铜料来源地①。但对于铜绿山遗址考古学文化面貌及其与楚之关系以往并无深入讨论。此外，铜绿山东南数十公里有阳新港下以及瑞昌铜岭采矿遗址。只有对这些采矿遗址的文化面貌和相互关系全面了解才能对铭文所载的铜料来源做出判断。

我们在前文对长江中下游商周时期采矿遗址从技术体系和考古学文化两个方面进行过综合整理，以此对各采矿遗址的文化属性及相互关系进行探讨。技术体系以井巷支护结构最具特征，开采方式及生产工具也是需要讨论的方面。西周时期，铜岭遗址与铜绿山遗址的竖井和平巷结构均采用了榫卯结构。榫卯结构是铜绿山遗址自晚商至战国一直使用的技术，而铜岭遗址在商代和春秋时期则使用独特的碗口接式技术。此外，铜岭遗址在开采方式上区别于铜绿山遗址的一点是在商代和春秋时期都发现了露天开采的槽坑遗迹，但西周时期的槽坑遗迹尚未发现。两遗址出土的铜、木工具也多有区别。如铜岭遗址自商代到春秋时期始终以小型铜锛、凿类器形为主，铜绿山遗址出土的铜工具则有大型化趋势以适应井巷截面的增大以及生产能力的提升。但两地在西周时期工具上的相似性更多一些。因此，从技术系统来看，铜岭和铜绿山遗址在西周时期表现出很大程度的统一性，但这种一致随着春秋时期铜岭遗址恢复到之前的技术体系而结束。

两个遗址考古学文化的变迁恰好反映出相同的趋势。商时期铜岭遗址的陶器群由商文化、万年文化及吴城文化三部分组成。铜绿山遗址缺乏商时期材料，但根据附近阳新大路铺发达的冶炼遗存以及大路铺文化的分布范围推测，铜绿山遗址可能由大路铺文化人群控制。西周时期，以附耳甗、刻槽鬲足、镂孔豆等为代表的大路铺

---

① 李学勤：《试论楚公逆编钟》，《文物》1995 年第 2 期。柯鹤立：《试论晋侯邦父墓中的楚公逆编钟》，载上海博物馆编《晋侯墓地出土青铜器国际学术研讨会论文集》，上海书画出版社 2002 年版，第 360 页。

文化急剧扩张。铜绿山遗址处于大路铺文化分布范围内。铜岭遗址除本地土著风格陶器外，大路铺文化因素成为铜岭遗址陶器群重要的组成部分。铜岭遗址西周时期在采矿技术系统上与铜绿山遗址趋同化，这当与大路铺文化的扩张存在密切关系。

出土楚公逆钟的 M64 年代为西周晚期，则楚公逆钟铭文所述事件不晚于此。联系到西周时期铜绿山和铜岭遗址均在大路铺文化控制范围内或受其强烈影响，则铭文所载向楚进献铜料之族群可能为大路铺文化所代表的人群。从楚公逆铭文以及采矿遗址的考古发现来看，楚国使用的铜料可能有相当部分源于大路铺文化所代表人群的进献。但楚国此时是否直接参与了铜矿的开发仍不确定，铜岭遗址至迟在春秋时期已出现楚文化因素，表明此时楚国势力可能直接介入该铜矿的开发。

综上，以晋姜鼎铭文为线索，结合晋侯墓地的晋国铜器数据和楚公逆钟数据，我们认为晋国西周晚期铜器所用铜料有相当部分来源于楚国。此外，进一步结合楚公逆钟铭文及对长江中、下游采矿遗址的考古学分析，我们对楚国铜料的来源做了进一步考证。楚公逆钟铭文所载向楚进献"赤金九万钧"的族群极有可能为大路铺文化所代表的人群。根据以上分析可初步建立起铜料由大路铺至楚再至晋的流通路线。进一步来讲，楚国向晋国流通的铜料为 1、3 组，恰好是西周时期中央式作坊使用的主要铜料类型，那么这些铜料也极有可能通过晋国再向王朝中央流通。

3. 琉璃河墓地

北京房山琉璃河西周燕国墓地包括东西两区，1973 年至 1977 年共发掘两区墓葬 61 座，涵盖大、中、小型墓葬，年代主要为西周时期[①]。已发表的铜器资料中，西周早期青铜器占据多数，因此本书讨论以琉璃河报告西周早期铜器为中心。本书首先以铜器的文化属性

---

① 北京市文物研究所：《琉璃河西周燕国墓地 1973—1977》，文物出版社 1995 年版。

第三章 "授命分器"——西周时期的铜器流通体系　　197

和生产背景为标准讨论铜器的分类问题，再分析高等级墓葬的铜器组合及来源构成。最后结合铅同位素数据，探讨西周早期燕国铜器的生产背景。

首先，谈一下铜器分类。

综合考虑铜器的文化属性和生产属性，可将琉璃河燕国铜器分为以下4类：

第一，燕国铭文铜器。

琉璃河墓地中出土的明确的匽侯作器较为少见，而不少铜器铭文中可看到作器者与匽侯之间的关联。如堇鼎（ⅡM253∶12）铭文为"匽侯令堇饎太保于宗周，庚申，太保赏堇贝，用作太子癸宝尊䢍"。虽然作器者为堇，但根据铭文内容可知堇受匽侯令，当为燕国之臣。再如圉方鼎（ⅡM253∶11）铭文记载："休朕公君，匽侯赐圉贝，用作宝尊彝"，则知圉器也为燕国属性。琉璃河出土的圉器至少包括两个不同批次的产品，除圉方鼎外，另有方座簋、甗、卣各1，几件器物的铭文均为："王𢆶于成周，王赐圉贝，用作宝尊彝"。这些铜器代表了专为燕国制作的铜器（图3.52）。

图3.52　燕国铭文铜器
1. 方鼎（ⅡM253∶11）　2. 方座簋（ⅡM253∶14）　3. 甗（ⅡM253∶15）
4. 卣（ⅡM253∶4）　5. 鼎（ⅡM253∶11）

第二，商铭文铜器。

琉璃河燕国墓地中除商铭文铜器外，明确属于外来铜器的极为有限，不少带有私名的铜器属性不明。但商铭文铜器在琉璃河墓地中出土较多，需要指出的是，我们认为并非全部的商铭文铜器均是外来铜器，考虑到琉璃河墓地中不少墓葬有腰坑殉狗及殉人的殷人习俗，因此可能有部分商铭文铜器属于燕国殷遗民所用铜器。

在琉璃河一些高等级的墓葬中，商铭文铜器不仅所占比例较大，且有成组合出现的情况。ⅡM251 出土有铭文相同的尊、卣，当属一套，西周早期不少诸侯国墓地中均可见到尊、卣成套的外来铜器（图3.53，1、2）。另外1盉、1鼎所见族徽相同，当属于同一族群的铜器（图3.53，3、4）。不成组合的商铭文器也不在少数，作器者各不相同（图3.53，5—7）。

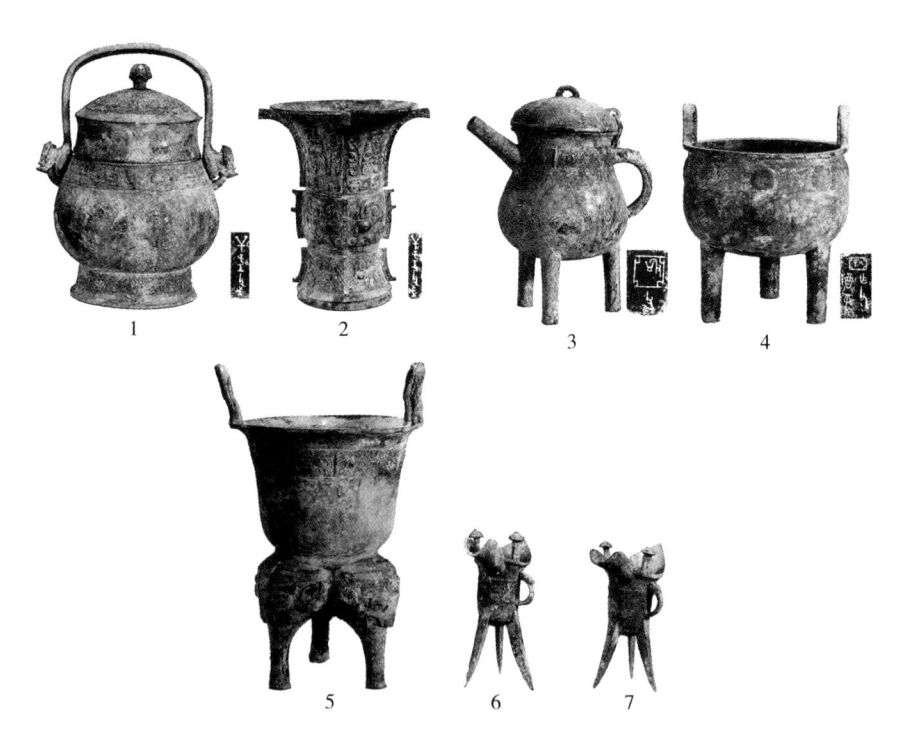

图 3.53　ⅡM251 出土商铭文铜器
1. 卣（ⅡM251∶6）　2. 尊（ⅡM251∶7）　3. 盉（ⅡM251∶1）　4. 鼎（ⅡM251∶17）
5. 甗（ⅡM251∶25）　6. 爵（ⅡM251∶4）　7. 爵（ⅡM251∶5）

第三，不明族属的高质量中原式铜器。

不明族属的高质量中原式铜器中也有不少成组合的铜器。ⅡM253中出土有尊、卣各一，均有铭文"作宝彝"，铭文字体相同，两器当属同批铸造（图3.54，1、2）。另外同墓还出土形制、纹饰、大小均相同的4件鬲，也是同批次产品（图3.54，3）。除成组合的铜器外，也有一些铜器单件出现，但可能作为整体铜器组合的一部分（图3.54，4）。

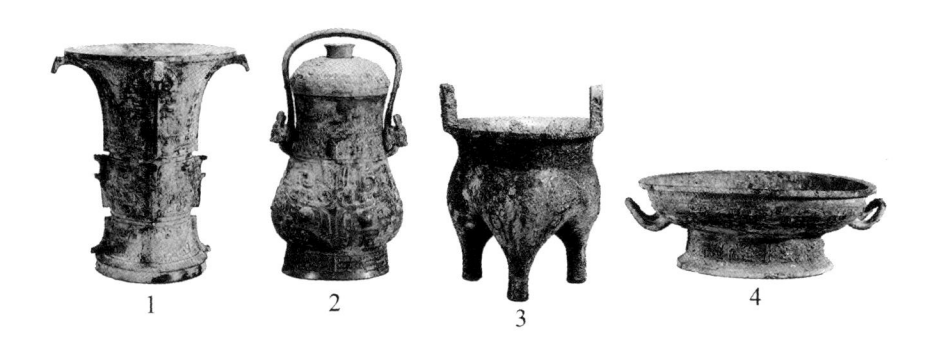

图3.54　ⅡM253出土铸造质量较好的不明族属铜器
1. 尊（ⅡM253∶2）　2. 卣（ⅡM253∶5）　3. 鬲（ⅡM253∶17）　4. 盘（ⅡM253∶9）

第四，低质量铜器。

上述三类铜器整体铸造水平较高、纹饰较为精致，属于高质量铜器，这些铜器占据了琉璃河西周早期铜器的绝大部分。但另外有一类铸造质量较差的粗糙铜器也值得关注。ⅡM205中出土有低质量铜鼎、簋各1件，整体风格、铸造水平相仿，可能属于同批铸造的鼎、簋组合（图3.55，1、2）。鼎、簋纹饰除弦纹外，无其他纹饰，通体保留许多铸造瑕疵，未经修整，显得极为粗糙。ⅠM65中还出土1件铅觯，质量较差，也属此类铜器（图3.55，3）。这类铜器或属于明器或属于不明族属的低质量中原式铜器，难以判断，故仅以"低质量铜器"界定。这类低质量铜器在晋侯墓地、㳋国墓地、应国墓地等地广泛出土，时代从西周早期延续至西周晚期，当是各诸侯国本地铜器铸造业的反映。ⅡM205 和 ⅠM65 都属西周早期墓葬，可知燕国至少在西周早期可能已经出现独立的铜器铸造活动。

图 3.55　琉璃河燕国墓地出土低质量铜器、铅器
1. 铜鼎（ⅡM205∶60）　2. 铜簋（ⅡM205∶55）　3. 铅觯（ⅠM65∶6）

其次，谈一下铜器组合。

琉璃河燕国墓地中几座高等级墓葬保存状况较好，其铜器组合也较为完整。下面以ⅡM251 和ⅡM253 两座墓葬为例，讨论墓葬铜器组合及构成情况。

ⅡM251 出土的鼎包括 4 类，其中圆鼎有短扉棱圆鼎和涡纹＋夔纹圆鼎两类，此外还有分裆鼎和扁足鼎（图 3.56，1—4）。类似的铜器组合在叶家山等西周早期诸侯国高等级墓葬中较为普遍，只是ⅡM251 未见方鼎。簋包括方座簋和圈足簋，其中方座簋多在西周早期的高等级墓葬中出土，这一点也与其他诸侯国的情况一致（图 3.56，5、6）。除鼎、簋外，其他器类包括甗、盘、尊、卣、爵、觯、甗等，基本组合与其他诸侯国高等级贵族墓的铜器组合大体一致。总的来看，ⅡM251 的铜器组合与西周早期其他诸侯国的铜器组合形式有明显共性。

第三章 "授命分器"——西周时期的铜器流通体系　201

器名	短扉棱圆鼎	涡纹＋夔纹圆鼎	分档鼎	扁足鼎
图像	 1	 2	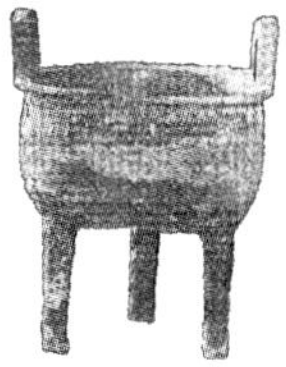 3	 4
数量	2中	1中1商	1中	1商

器名	方座簋	圈足簋	
图像	 5	 6	鬲1（中）1（中）、盘1（中）、尊卣1对（商）、盉鼎1对（商）、甗1（商）、爵2（商）、觯1（外）1（中）
数量	1对（中）	1对（中）	

图3.56　ⅡM251出土铜容器组合

1—4. 鼎（ⅡM251∶20、ⅡM251∶22、ⅡM251∶18、ⅡM251∶24）　5、6. 簋（ⅡM251∶10、ⅡM251∶12）

　　ⅡM253出土的铜鼎包括带盖的圆角方鼎、短扉棱大型圆鼎、列旗兽面纹圆鼎以及分档鼎（图3.57，1—5）。鼎的组合类型也较符合西周早期高等级墓葬的铜鼎组合形式。簋除圈足簋外，也出土方座簋（图3.57，6、7）。至于其他器类则与ⅡM251无明显差别。ⅡM253和ⅡM251两座墓葬的组合形式较为接近，均符合西周早期诸侯国高等级墓葬的铜器组合形式。

　　就铜器来源而言，两座墓葬中的燕铭文铜器和商铭文铜器以及不明族属的高质量中原式铜器均占有相当比例，可见对于铜器来源并未做严格控制。两座墓葬的铜器组合是各种文化属性的铜器按照组合的要求拼凑在一起的。

器名	带盖方鼎	短扉棱圆鼎	长扉棱圆鼎	列旗兽面纹圆鼎
图像	 1	 2	 3	 4
数量	1 中	1 中 1 商	1 中	1 中

器名	分档鼎	方座簋	圈足簋	
图像	 5	 6	 7	卣 2（中）、甗 1（中）、觯 1（商）、爵 1 对（商）、盉 1（商）、尊卣 1 对（中）、盘 1（中）、鬲 1 套 4 件（中）
数量	1 商	1 中	1 中	

图 3.57　ⅡM253 出土铜容器组合

1—5. 鼎（ⅡM253∶11、ⅡM253∶12、ⅡM253∶23、ⅡM253∶22、ⅡM253∶21）　6、7. 簋（ⅡM253∶14、ⅡM253∶13）

另外一个值得关注的现象是在叶家山、䍙国墓地等地所见的"列器"现象，在琉璃河墓地中也有发现。最典型的例子是琉璃河Ⅱ M253 出土有短扉棱＋兽面纹圆鼎 2 件，大者高达 62 厘米，小者也有 38 厘米，两器形制、纹饰均一致（图 3.58，2、3）。除这两件鼎外，还有 1 件长扉棱＋兽面纹圆鼎，兽面纹满布鼎腹，装饰与大鼎相异，体型也略小，高 29.7 厘米（图 3.58，1）。这 3 件铜鼎放置一起时，与列鼎的形式十分接近，只是最小的鼎显得格格不入。无独有偶，在叶家山墓地 M111 中发现有一样的组合形式。叶家山 M111 最大的 2 件短扉棱 + 兽面纹圆鼎与琉璃河大鼎尺寸相仿，形制也十分相似。2 件大鼎之外还有 1 件最小的长扉棱 + 兽面纹圆鼎，兽面纹满布鼎腹（图 3.58，4—6）。根据 M111 的墓葬发掘照片，可知 3 件鼎在出土时就是按照大、小顺序排列在一起的，足以证明古人在埋葬时有意识地将 3 件铜鼎归为同一组合（图 3.32）。尽管最小的铜鼎与另 2 件铜鼎纹饰差别较大，但从远处看，3 件鼎从小到大一字排开的视觉效果是十分显著的。琉璃河与叶家山发现的这两个例子或许是出于偶然或许反映了固定组合，现在还难以定论。但 2 件大鼎形制、纹饰相同，大小相次组成"列器"的形式当无疑问。琉璃河墓地当与其他诸侯国墓地一样，在西周早期已经初步进入用鼎制度的萌芽期。

再次，关于铅同位素分析。

琉璃河墓地的铅同位素数据可参考张利洁等学者的研究成果[①]。铅同位素数据共有 28 个，以车马器和兵器为主，另有 1 个孔雀石数据，没有铜容器数据。由于主量元素不明，因此难以将铜器按照合金类型进行分析。我们将琉璃河墓地的 28 个数据与叶家山墓地出土的高质量铜器以及晋侯墓地出土的高质量和不明背景的铜器进行对比。结果表明，这些数据大多分布在同一区域，个别数据较为分散（图 3.59）。这表明这些小件铜器与曾国、晋国的高质量铜器可能使用了相同来源的铅料。但由于这批小件铜器的具体信息不明，难以进一步讨论。

最后，小结。

通过对琉璃河西周燕国墓地铜器群的分类、组合进行梳理，我们认为西周早期时，燕国铜器群与其他诸侯国铜器群表现出较

[①] 张利洁、赵福生、孙淑云、殷玮璋：《北京琉璃河燕国墓地出土铜器的成分和金相研究》，《文物》2005 年第 6 期。张利洁：《琉璃河燕国墓地出土铜器的技术研究》，硕士学位论文，北京科技大学，2001 年，第 54 页。

图3.58 琉璃河出土"列鼎"与叶家山出土"列鼎"对比图

1—3. 琉璃河燕国墓地"列鼎"（ⅡM253∶23、ⅡM253∶24、ⅡM253∶12） 4—6. 叶家山墓地"列鼎"（M111∶64、M111∶75、M111∶84）

1. 29.7厘米　2. 38厘米　3. 62厘米

强的一致性。燕国高等级墓葬的铜器组合形式与叶家山等西周早期诸侯国墓地的铜器组合大体一致，铜器组合是由各类不同文化属性的铜器拼凑而成。尽管大部分铜器属于高质量中原式铜器，但仍有少数质量较差的铜器，表明燕国在西周早期可能已经拥有独立的铜器铸造业，只是水平较低。铅同位素数据不涉及铜容器，而以兵器、车马器等小件铜器为主。琉璃河墓地的小件铜器与叶

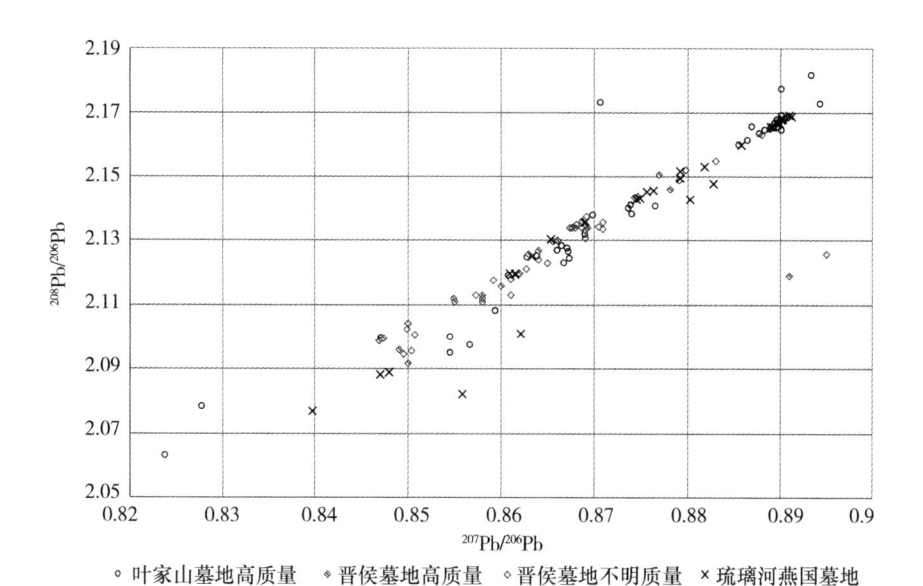

图 3.59　琉璃河燕国墓地与叶家山墓地和晋侯墓地铜器铅同位素对比图

○ 叶家山墓地高质量　　■ 晋侯墓地高质量　　◇ 晋侯墓地不明质量　　× 琉璃河燕国墓地

家山墓地和晋侯墓地高质量铜器的铅同位素处于较为一致的分布范围，指示其铅料来源应当一致。根据现有数据和资料，我们认为琉璃河燕国墓地中应当既有中央分配的铜器也有本地铸造的铜器。

二　非姬封国

1. 㚇国墓地

宝鸡㚇国墓地包括宝鸡市纸坊头、竹园沟、茹家庄三处西周时期墓地。墓地共发掘墓葬 27 座、车马坑 2 座、马坑 4 座，出土大量青铜器。三处墓地年代前后相续，纸坊头、竹园沟墓地的年代约为西周早期，而茹家庄墓地的年代为西周中期，相当于昭穆之世[1]。以此年代序列为标准，我们将对㚇国墓地出土青铜器的分类、微量元素分组研究、铅同位素分析以及铜器组合情况进行综

---

[1] 卢连成、胡智生：《宝鸡㚇国墓地》，文物出版社 1988 年版。

合研究，探明㠱国墓地青铜器生产问题，并考量西周早、中期间的变化。

首先，谈一谈铜器分类研究。

㠱国墓地出土青铜器风格多样，其中包括一批极具地方特色的铜器。建立正确的铜器分类标准是开展铜器分析的前提，参考叶家山墓地和曾侯墓地的铜器分类，可将㠱国墓地铜器分为如下几类：

第一，㠱国铭文铜器。

此处所指㠱国铭文铜器仅包括具有明确㠱国属性的铜器，即带"㠱"字的铜器。对于不带㠱字的"伯"作器以及可能为㠱伯的私名铜器，考虑到其不确定性，未纳入此类铜器。

㠱国铭文铜器俱见于三处墓地中，综合分析此类铜器可知西周早、中期之间，铜器风格有较大变化。从铭文来看，西周早期的㠱伯铜器铭文字体统一、规范，款行也一致（图3.60，1—4）。到了西周中期，铭文风格大变，以"㠱"字的写法为例，至少出现了6种㠱字写法，极不统一（图3.60，5—12）。相较于西周早期规整的写法，此时铭文字体歪斜、潦草，反映出完全不同的生产背景。

与铭文反映的背景相同，铜器的制作风格在西周早、中期也体现出较大差异。结合后文的分析，西周早期的㠱国铭文铜器铸造水平较高、纹饰精致，属于高质量中原式铜器（图3.61，1—3）。西周中期时，绝大部分㠱国铭文铜器反映了本地制作的背景，包括本地式仿制品（图3.61，4、5、7、8）以及本地风格铜器（图3.61，6），铜器的铸造水平较低。因此从铭文和铜器风格来看，西周早期㠱国铭文铜器与西周中期㠱国铭文铜器分别体现出中央制作和本地制作的背景。

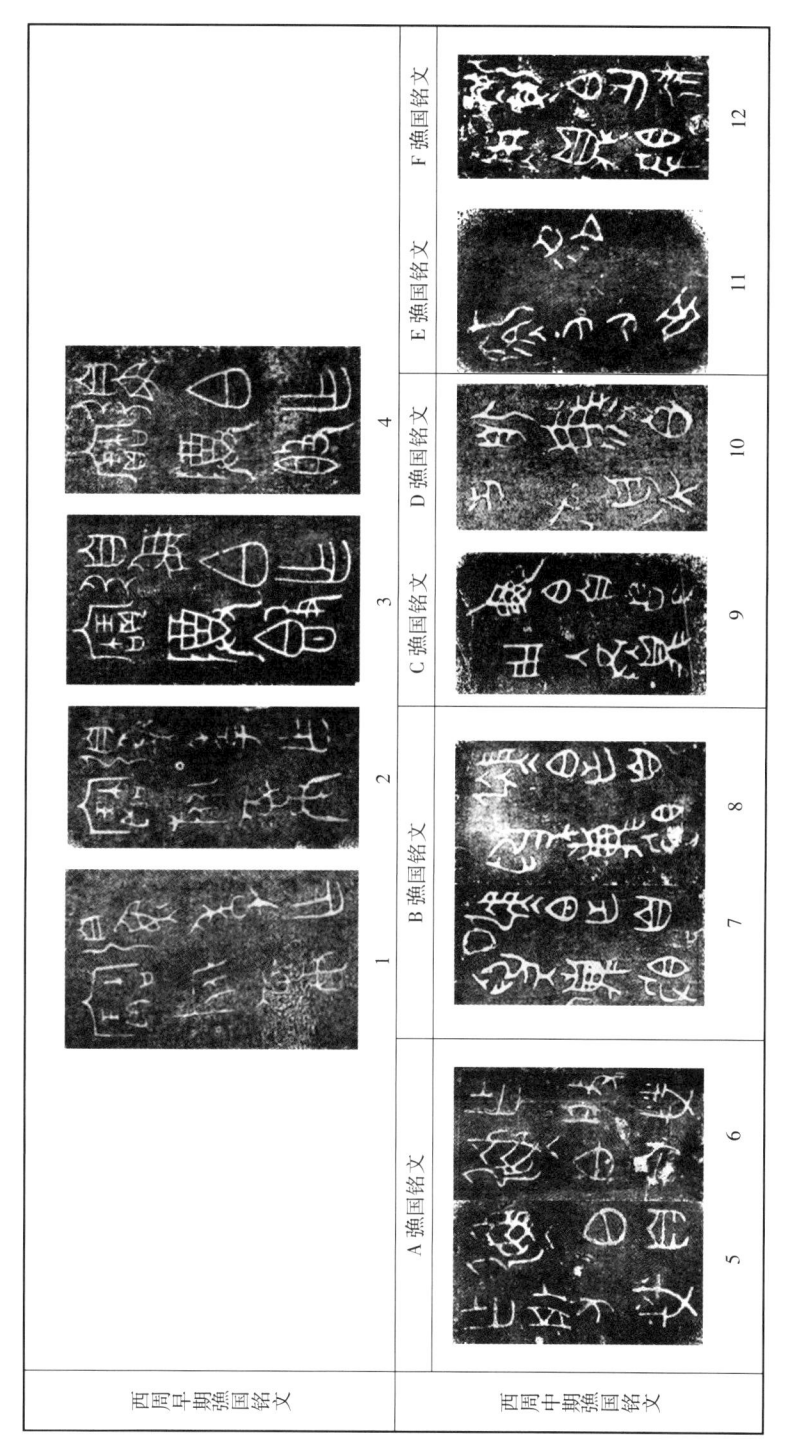

第三章 "授命分器"——西周时期的铜器流通体系　207

图 3.60　西周早期强国铜器铭文与西周中期强国铜器铭文对比图

1. 卣盖（BZM4∶1）　2. 尊（BZM4∶2）　3. 盨（BZFM1∶6）　4. 方座簋（BZFM1∶7）　5. 盖（BRM1 乙∶1）　6. 盘（BRM1 乙∶6）　7. 盨（BRM1 乙∶13）　8. 鼎（BRM1 乙∶22）　9. 甗（BRM1 乙∶33）　10. 盉（BRM1 乙∶2）　11. 盘（BRM1 乙∶8）　12. 盨（BRM1 乙∶8）

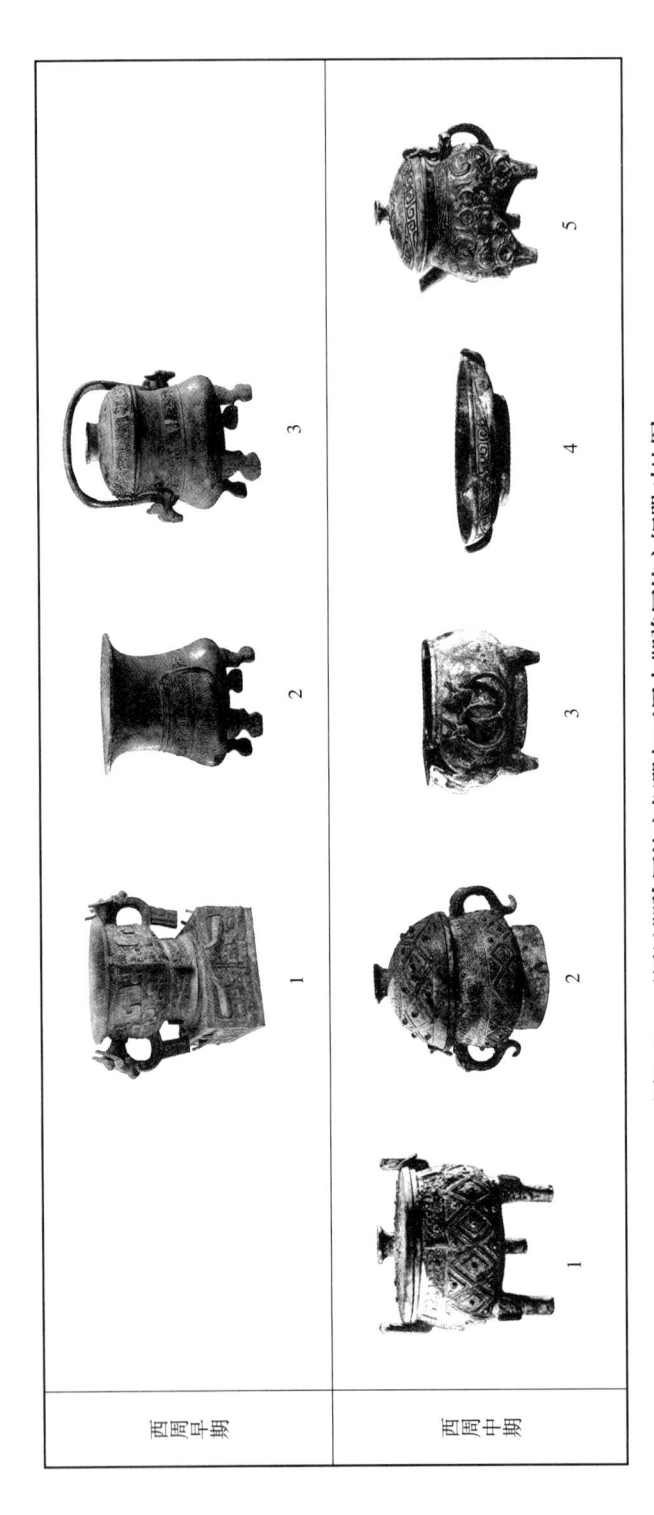

图 3.61 西周早期渔国铭文铜器与西周中期渔国铭文铜器对比图

1. 簋（BZFM1:7） 2. 尊（BZM4:2） 3. 卣（BZM4:1） 4. 鼎（BRM1 乙:13） 5. 簋（BRM1 乙:6） 6. 鼎（BRM2:11） 7. 盘（BRM1 乙:2） 8. 鋬（BRM1 乙:18）

第二,商铭文铜器。

商铭文铜器在弡国墓地中出土数量较多,但从年代来看,绝大部分商铭文铜器出土于西周早期墓葬,到西周中期时,明确的商铭文铜器几乎消失。这与西周早期其他诸侯国墓地的情形相似,暗示了有相当部分的商铭文铜器可能在商时期制作,在西周早期分配至此。在竹园沟 M13 中,铜容器组合的大部分均由商铭文铜器构成,可知构成该墓构成组合的铜器来源极为复杂(图 3.62)。

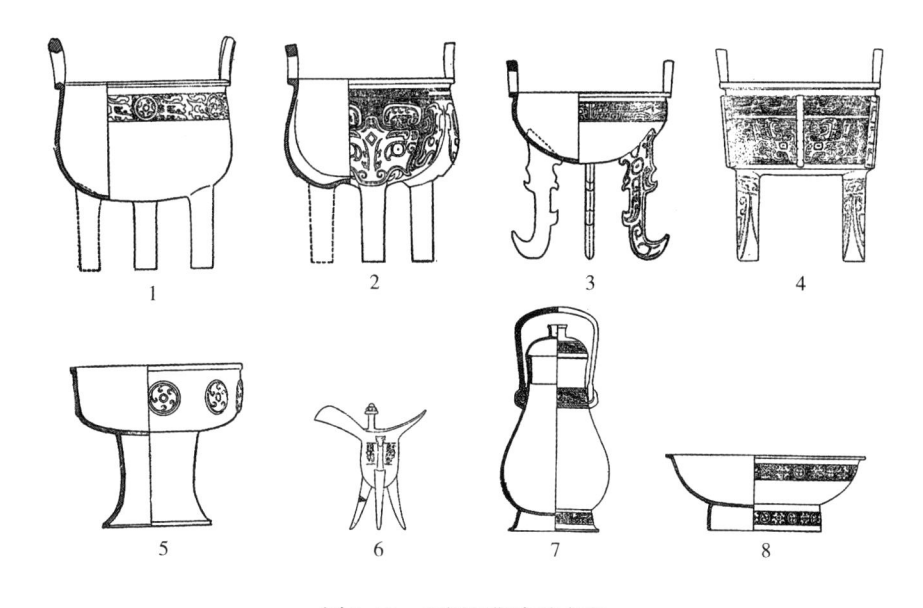

图 3.62　西周早期商铭文器
1—4. 鼎(BZM13:13、BZM13:18、BZM13:17、BZM131:19) 5. 豆(BZM13:23)
6. 爵(BZM13:6) 7. 卣(BZM13:24) 8. 盘(BZM13:25)

第三,其他诸侯国或区域铭文铜器。

弡国墓地出土的其他族群铭文铜器也有相当数量,反映了弡国与其他族群的交流情况。如弡国墓地出土矢伯鬲 1 对,可能是交流所得(图 3.63,1、2)。除矢伯铜器外,丰国、麦国铜器以及南宫铜器在弡国也有发现。相信弡国与王畿内的各个方国以及周王室之间的往来较为频繁。

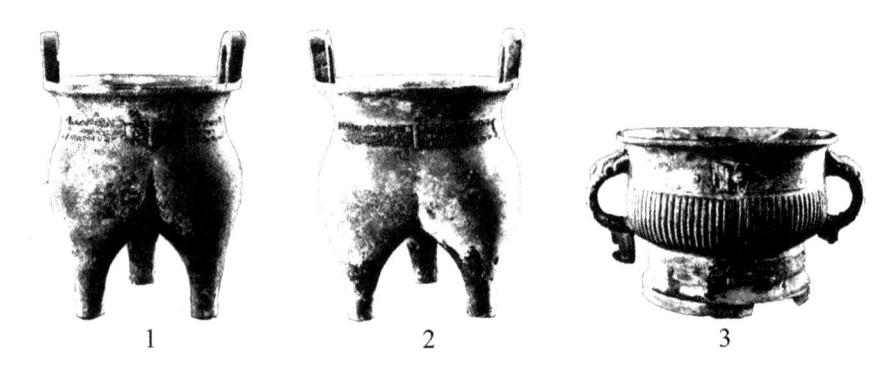

图 3.63　其他族群铭文铜器

1、2. 矢伯鬲（BZFM1∶11、12）　3. 南宫簋（BRM2∶8）

第四，不明族属高质量中原式铜器。

不明族属的铜器多无铭文，即便有铭文也无法根据铭文内容判断族群属性。这类铜器内涵较为复杂，可能包括各种文化属性的铜器，但制作水平较为一致，当有较为一致的生产背景。

西周早期，这类铜器出土数量较多，且多成组、成套。如竹园沟 M13 出土的成套的鼎以及纸坊头 M1 出土的风格相同的夸张垂珥的簋（图 3.64，1—4）。西周中期时，这类铜器出土数量较少，且多以单件铜器的形式出现（图 3.64，5）。

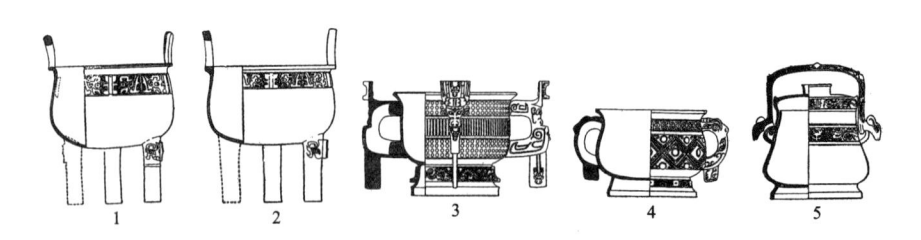

图 3.64　铸造质量较好的不明族属铜器

1、2. 鼎（BZM13∶14、BZM13∶15）　3—4. 簋（BZFM1∶8、BRM1 乙∶5）　5. 卣（BRM1 乙∶3）

第三章 "授命分器"——西周时期的铜器流通体系　211

第五，本地式铜器。

㪊国墓地出土的本地式铜器数量较多，这些铜器风格独特，不见于其他地区，可能反映了㪊国本地生产的背景。

具体而言，西周早期时，本地式铜器主要包括尖底罐、平底罐、曲柄斗形器、浅盘形器以及铜梳、铜饰、铜勺等（图3.65，1—6）。这些铜器往往以组合的方式成套出现在墓葬中。在㪊伯及夫人的合葬墓中，多出2套本地式铜器，且有大小之别。到西周中期时，这些类别的铜器几乎消失不见，取而代之出现一些新的本地风格的铜器，且以容器为主。茹家庄M1甲室出土的一套5件大小相次的铜鼎以及一套4件大小相同的铜簋，制作粗糙，器形具有本地特色[图3.65，7—14（本书只选用了3件簋的图）]。M1乙室出土的一套3件大小相同的铜豆，高圈足镂空的风格也颇具特色（图3.65，15—17）。西周早、中期之间本地风格铜器的类别发生了根本性变化。

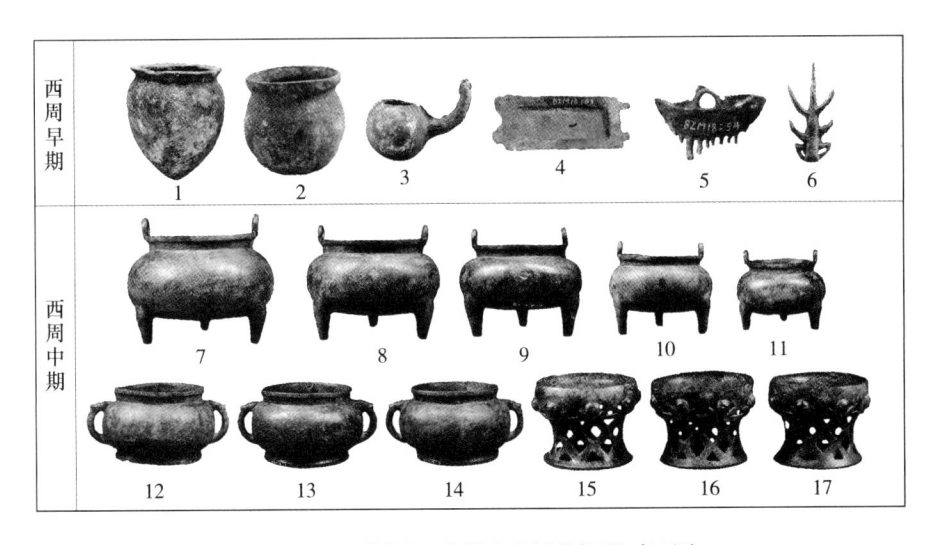

图 3.65　西周早、中期本地风格铜器对比图

1. 尖底罐（BZM18：50）2. 平底罐（BZM18：51）3. 曲柄斗形器（BZM18：52）4. 浅盘器（BZM18：53）5. 铜梳（BZM18：54）6. 铜饰（BZM18：44）7—11. 鼎（BRM1甲：1—8）12—14. 簋（BRM1甲：6—8）15—17. 豆（BRM1乙：38—40）

（1—17. 图片由北京大学中国考古学研究中心、宝鸡青铜器博物院授权使用）

第六，低质量的中原式铜器。

㠱国墓地出土一类铸造粗糙、多为素面的铜器，与高质量中原式铜器形成鲜明对比，称之为低质量的中原式铜器。该类铜器以鼎、簋数量最多，还有盘等（图3.66，1、2）。其整体风格一致，多素面或仅有弦纹。范缝等铸造痕迹常不做处理，显得极为粗糙。竹园沟 M9 还出土一套锡鼎、锡簋，也属此类铜器。

除以上所述铜器外，㠱国墓地还见有不少铜器铸造质量极差，甚至存在铜液浇不全，器形有缺陷的现象，如铲、明器戈等工具、兵器类铜器（图3.66，3）。另外像觯、盘等低质量中原式铜器也可见类似现象。这一方面说明㠱国铜器铸造水平的低下，另一方面也说明工具、兵器类的小件铜器中有相当数量可能也有本地制作的背景。

图 3.66　低质量的中原式铜器
1. 鼎（BRM1 乙:11）　2. 簋（BZM13:106）　3. 戈（BZM19:065）

第七，本地式仿制品。

在叶家山等西周诸侯国墓地中可见一类器形、纹饰仿照高质量中原式铜器而制作的本地式仿制品。这类仿制品铜器在㠱国墓地中也有一定数量。日本学者近藤晴香对㠱国铜器的仿制现象已经做了细致的分析，这里引用她所讨论的案例重申这一观点，并对其他铜器的仿制现象进行分析。

仿制品中最为典型的例子是弜伯铜鼎和铜簋。两器装饰的纹饰相同，均在口沿下饰一周列旗纹，主体纹饰则为方格乳丁纹（图3.67，1、2）。同墓所出的另一件高质量中原式铜簋也以方格乳丁纹为主体纹饰（图3.67，3）。相较而言，高质量中原式铜簋所饰的方格乳丁纹在方格之内还有折线纹（图3.67，6），而弜伯铜鼎和铜簋所饰的方格仅以两周直线表示，属于简化形式（图3.67，4、5）。另外弜伯鼎、簋所饰的列旗纹排列不整齐，大小、形状不规范，与高质量中原式铜器装饰的规范列旗纹明显不同（图3.67，7、8、9）。弜伯铜簋圈足上装饰的兽眼与云雷纹的组合纹饰线条歪斜，不流畅（图3.67，10），而同墓的高质量中原式的铜簋圈足则装饰着极为规整的斜角目云纹（图3.67，11）。综合来看，弜伯铜鼎、簋当是仿造高质量中原式铜器的仿制品。其他类别的仿制品如竹园沟M4出土的涡纹铜鼎，仅以圆饼状凸起代表涡纹，当是模仿高质量中原式涡纹铜鼎（图3.68，1、2）。

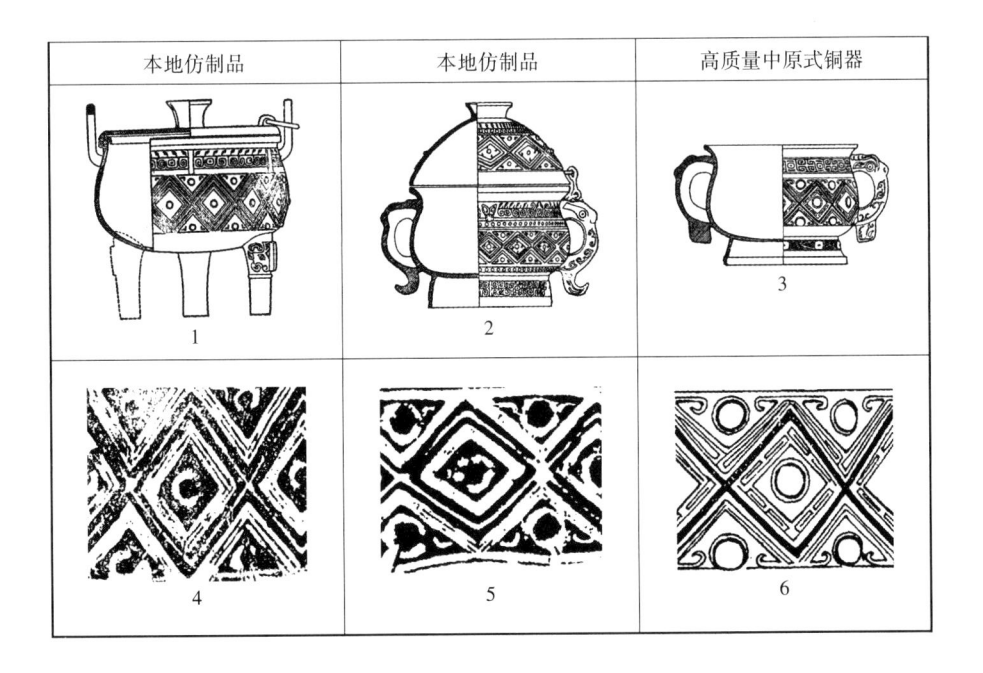

本地仿制品	本地仿制品	高质量中原式铜器
1	2	3
4	5	6

本地仿制品	本地仿制品	高质量中原式铜器
7	8	9
	10	11

图 3.67 本地仿制品与高质量中原式铜器对比图

（改绘自［日］近藤晴香《弜国铜器生产体系研究》，《古代文明》第 9 卷，文物出版社 2013 年版，第 31 页）

1. 鼎（BRM1 乙∶13） 2. 簋（BRM1 乙∶6） 3. 簋（BRM1 乙∶5） 4. 鼎腹纹饰（BRM1 乙∶13） 5. 簋腹纹饰（BRM1 乙∶6） 6. 簋腹纹饰（BRM1 乙∶5） 7. 鼎上腹纹饰（BRM1 乙∶13） 8. 簋上腹纹饰（BRM1 乙∶6） 9. 壶纹饰（BZM4∶8） 10. 簋圈足纹饰（BRM1 乙∶6） 11. 簋圈足纹饰（BRM1 乙∶5）

图 3.68 本地式仿制品与高质量中原式涡纹鼎对比图

1. 高质量中原式涡纹鼎（BZM7∶3） 2. 本地式仿制鼎（BZM4∶77）

其次，关于微量元素分组研究。

本书分析涉及的弜国铜器样品取自宝鸡青铜器博物院，全部样品均为強国墓地的发掘品。采集样品共48个，来自48件不同个体的铜器。前文将強国本地风格铜器分作4类，笔者原计划对4类铜器以及中原风格铜器均进行取样研究。限于客观条件，本书仅对36件低质量中原式铜器和12件本地式铜器进行取样分析。取样的低质量中原式铜器多为车马器等小件铜器，个别为容器；本地式铜器也以叶形铜饰、铜笄、透顶铜泡等小件铜器为主，另有本地式铜豆1件。考虑到強国墓地的本地风格铜器中，本地式和低质量中原式铜器占据主体，故本书所取样品具有代表性。对以上48件铜器样品分别以北京大学考古文博学院电感耦合等离子体发射光谱仪（ICP－AES）设备测定主量元素和微量元素数据（附表一），以北京大学地空学院多接收电感耦合等离子体质谱仪（MC－ICP－MS）设备测定铅同位素数据（附表二）。

先是根据微量元素分组数据讨论不同类别铜器的数据特征。分组结果显示強国本地式铜器数据分布在4、9、12、16共四个组别中，其中以12组所占比例最大。強国低质量中原式铜器则主要分布在4、9、12三组中，相较而言12组所占比重最大（表3.9）。可见两类铜器绝大部分均使用了4、9、12三组类型的原料，推测強国具有本地生产背景的铜器所用原料大体相同。

然后考虑到強国墓地不同地点墓葬年代存在差异，故将不同地点铜器数据进行对比，以探究原料类型是否存在年代变化。所有样品中明确属于竹园沟墓地的有11个，属于茹家庄的样品则有13个。其余24个样品由于过于残破因此并未编号，具体出土单位不明，但可明确属于強国墓地的出土品。微量元素分组数据表明竹园沟墓地铜器的数据集中在12组，比例达55%，其次为6、9组，各占9%。茹家庄墓地的数据也以12组为主，比例占77%，9组比例为15%，4组占7%（表3.9）。两地点的差别在于4、6组分别仅见于茹家庄和竹园沟墓地，但大部分数据较为接近。竹园沟和茹家庄墓地的主体年代分属西周早、中期，可知从西周早期至中期強国铜器生产所用原料类型可能未有大的变化。属于不明单位的数据中4组和12组仍然占有较高比重，此外还有一些 9 组和 16 组数据（表 3.9）。

综合统计弽国铜器全部数据，比例最高的是 4、9、12 组，基本可以认为弽国本地生产的铜器主要使用了这三组类型的原料，另外 16 组原料也占有一定比例（表 3.9）。

表 3.9　　弽国墓地与其他地点铜器微量元素分组对比表
（仅列出占主要比例的组别）

铜器	微量分组	1组	2组	3组	4组	6组	9组	12组	16组	数据量
按类别	弽国本地式铜器				17%		17%	41%	25%	12
	弽国低质量中原式铜器				11%	3%	11%	64%	8%	36
按地点	竹园沟					9%	9%	55%		11
	茹家庄				7%		15%	77%		13
	不明单位				21%		13%	50%	17%	24
弽国所有铜器数据					13%	2%	13%	58%	10%	48
叶家山低质量铜器					22%		8%	61%	9%	23
叶家山高质量铜器		21%	4%	14%	6%	24%		24%		77
晋侯墓地高质量铜器		21%	3%	13%		29%		24%		62
晋侯墓地低质量铜器						37%		48%		19

那么 4、9、12、16 四个组别指征的原料类别是接下来需要讨论的，这可结合主量元素进行分析。弽国铜器数据的锡含量几乎都在 2% 以上，添加锡料后，微量元素组合依然呈现多元化特征，并未显示出受到锡料强烈影响的迹象。铅含量在 2% 以上的铅锡青铜数据共 35 个，锡青铜数据共 13 个，其中锡青铜主要分布在 4、9、12 三个组别（表 3.10）。12 组比例虽高，但该组数据的铅含量平均值超过 1.2%，明显高于 4、9 组，或许受到铅料的影响。铅锡青铜数据则以 12 组占据绝对主要比例，该组的出现当是受到铅料的影响（表 3.10）。铅锡青铜数据中的 4、9 组均占有较低比例，暗示其与铅料

间的关联较弱。至于 16 组由于数据量过小，难以判断其指征的原料类型（表 3.10）。总体而言，基本可以认为 12 组数据可能受到了铅料的影响，或指征铅料或者铅料和铜料混合的微量元素特征；4 组和 9 组则应未受铅料影响，可能指征铜料来源。

前文对叶家山墓地出土铜器进行了微量元素分组研究，其中 23 件低质量铜器分布在 4、9、12、16 四组中，并以 4 组和 12 组占绝对比例。其中 4 组应指征铜料来源，12 组则受铅料的影响。对比弶国铜器数据和叶家山铜器数据，可见两者间具有密切关联，微量元素分组均分布在 4、9、12、16 四个组别中，并以 12 组所占比例最大。这种联系表明弶国具有本地生产背景的铜器有相当比例使用了与叶家山低质量铜器相同的铜料和铅料，但与叶家山、晋侯墓地高质量铜器所用原料明显不同。弶国具有本地生产背景的铜器不仅具有本地之"形""工"，所用之"料"也与典型的高质量中原铜器相异，"形""工""料"均异，可以判断为本地生产。

由于采样条件所限，本书并未对弶国墓地出土的高质量中原风格铜器进行采样分析。但正如前文所言，我们认为弶国墓地出土的高质量中原风格铜器表现出与王朝核心区以及其他诸侯国同类器的高度一致性。这种一致性表现在铜器形制、纹饰、铭文字体、质量特征等方面，或许指向统一产地。

表 3.10　　　　　　　铜器合金类型与微量元素分组关系表

合金类型 \ 微量分组	4 组	9 组	12 组	16 组
锡青铜（共 13 个数据）	23%	23%	38%	8%
铅锡青铜（共 35 个数据）	8%	9%	66%	11%

再次，关于铅同位素研究。

我们另外对弶国墓地铜器进行了铅同位素研究，并与叶家山墓地和琉璃河墓地铜器进行对比。结果显示弶国铜器中铅锡青铜和锡青铜数据大体分布在两个不同的范围内（图 3.69，图 3.70）。低质量中原式铅锡青铜数据分布较为集中，^{207}Pb/^{206}Pb 比值集中在 0.871—0.892 之间，当指征铅料来源。该类型铜器的锡青铜数据分布较为分散，^{207}Pb/^{206}Pb 比值在 0.850—0.886 之间都有分布，部分数据落入铅锡青铜数据范围内，多数数据则在此范围外。由于数据过于分散，难以判定其指征的原料类型（图 3.69）。本地式铜器中，铅锡青铜和锡青铜数据各自分布在不同范围内，并多与低质量中原式铜器数据重合（图 3.69）。从铅同位素数据来看，两类铜器所用原料当大体一致。

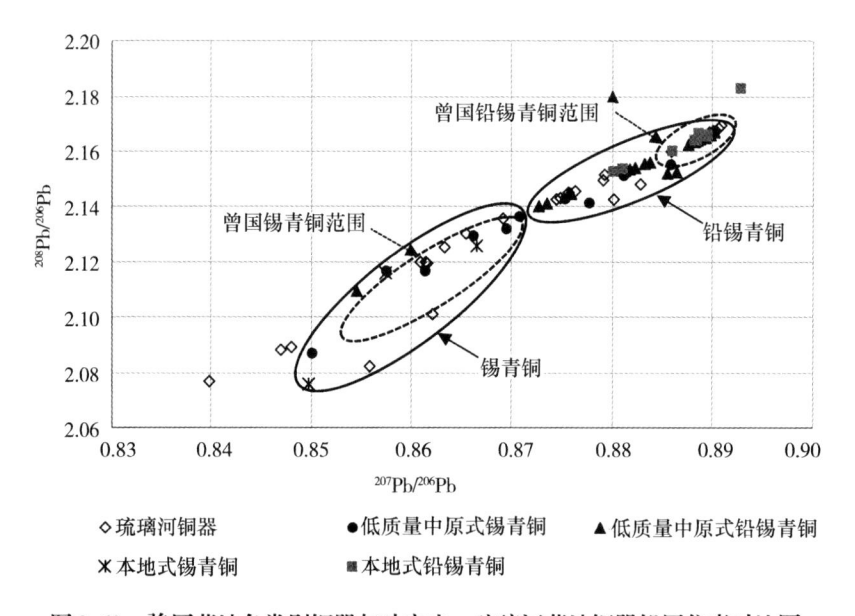

图 3.69　强国墓地各类别铜器与叶家山、琉璃河墓地铜器铅同位素对比图

就出土地点而论，不同地点数据间也无显著差异，反映原料类型当无大的时代变化。竹园沟、茹家庄以及不明单位铅锡青铜的 ^{207}Pb/^{206}Pb 比值集中在 0.871—0.892 之间，仅有个别数据在此范围外。相较而言，上述地点的锡青铜数据较为分散，主要集中在 0.849—0.871 之间，但有 4 个数据落入铅锡青铜的范围内。总体而

言，彊国铜器中铅锡青铜和锡青铜数据的差异性是较为明显的，这或指征了铅料和铜料的不同来源。当然实际情况可能更为复杂。

与曾国铜器数据相比，曾国铜器中的铅锡青铜和锡青铜分别落入彊国铜器铅锡青铜和锡青铜的数据范围内，表现出密切关联。琉璃河墓地铜器数据也与上述两批铜器数据大体相符（图3.69，图3.70）。事实上，以上铜器数据分布范围也是西周各诸侯国铜器数据集中的分布区域。根据上述数据的分布特征，可见这一区域内铅锡青铜和锡青铜大体处于不同范围，表明铅料或与铜料来源不同。另外，彊国铅锡青铜的数据明显分布更为规律、集中，其指征铅料来源并无疑问；彊国锡青铜的分布范围则较为离散，其是否一定指征铜料来源，而指征的原料是否有多个来源，这些问题只能暂时存疑。因此，我们认为彊国本地生产的铜器与各地诸侯国中原风格铜器所用的铅料当有相同来源。至于彊国铜器的铜料来源根据铅同位素方法难以确定。

综合微量元素分组和铅同位素分析结果，可知彊国本地生产的铜器所用的铜料与西周中原风格铜器相异，铅料则与之相同。考虑到中原风格铜器极有可能产自西周王朝的中央作坊，由中央管控，因此彊国本地生产的铜器所用的铅料可能来自中央的分配。

微量元素分组研究表明彊国本地生产铜器所用的铜料与叶家山本地风格铜容器所用铜料有密切关联。从考古材料中，也确实可见彊国、曾国之间的交流。彊国墓地中出土的可能与曾国相关的铜器有南宫簋（图3.71，1）。叶家山曾侯墓中出土有"犺作剌（烈）考南公宝尊彝"方座簋，黄凤春、胡刚认为南宫为曾侯犺的父辈①，可见彊国墓地出土的南宫簋与曾国也存在一定联系。叶家山墓地中出土的青铜短剑属于西南风格，但在彊国墓地中也可见此类风格的短剑（图3.71，2、3）。另外叶家山墓地还出土一对鱼

---

① 黄凤春、胡刚：《说西周金文中的"南公"——兼论随州叶家山西周曾国墓地的族属》，《江汉考古》2014年第2期。

伯尊、卣，只是鱼字不带"弓"字旁，难以判断与宝鸡強国是否存在关联。至于強国和曾国所用铜料的来源，我们对叶家山墓地出土的2件铜锭进行微量元素分组研究，结果表明其均属4组，加之叶家山毗邻长江中、下游铜矿带的地缘优势，推测曾国可能掌握了该组铜料来源。強国本地生产铜器所用的铜料可能有相当部分来源于曾国。

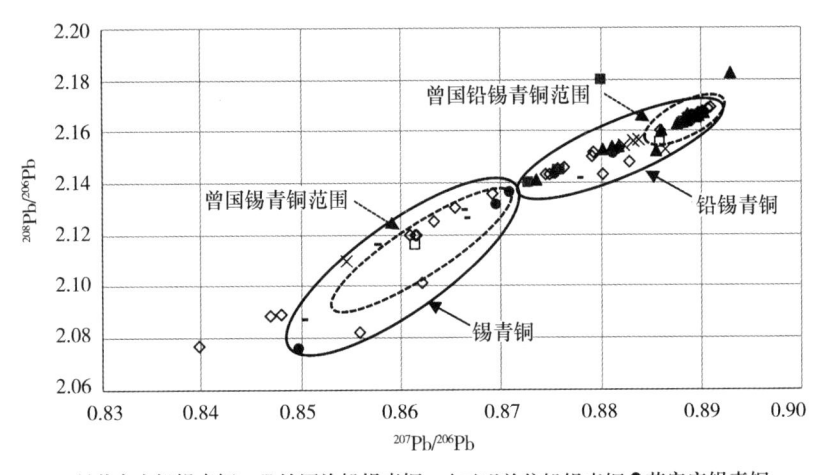

图 3.70 強国墓地各地点铜器与叶家山、琉璃河墓地铜器铅同位素对比图

图 3.71 強、曾两国文化交流铜器
1. 南宫簋（茹家庄 BRM2∶8） 2、3. 短剑［叶家山 M1∶025（上）、024（下）］
（图片1由北京大学中国考古学研究中心、宝鸡青铜器博物院授权使用）

再次，关于㝬国铜器组合研究。

第一，㝬国墓地所见用鼎制度。

在叶家山墓地铜器分析中，笔者提出，其用鼎制度在形式上有两大特点，一是大小相次，一是多件成套，并认为叶家山墓地出土一些"列器"，初步体现出用鼎制度。在㝬国墓地中，无论是西周早期的竹园沟墓地还是西周中期的茹家庄墓地均见有相当数量的"列器"现象。

西周早期，形制、纹饰相同，大小相次的列卣在㝬国墓地见有3组，其中1组列卣为筒形卣（图3.72，12—17）。竹园沟M1还见有大小相次，一套5件的短扉棱+兽面纹鼎（图3.72，18—22）。另外，竹园沟M7出土的3件大小相次的编钟，实则是由大小相次的一套2件编钟和另1件更小的编钟组成，这种编钟的组合在叶家山也有发现。此时所见列器均为高质量中原式铜器。

西周中期的茹家庄墓地，出土有大小相次，一套5件的本地式铜鼎；大小相同，一套4件的本地式铜簋；大小相同，一套3件的本地式铜豆（图3.72，1—11）。另外3件鸟尊也是大小相次的一套。相较于西周早期的列器，此时的列器多为本地式铜器。这种西周礼制与本地风格铜器融合的现象值得关注。

第二，铜器组合。

从㝬国墓地所见列器来看，㝬国在西周早、中期已经形成固定的铜器器用制度。下面分别对西周早期和西周中期的铜器组合及铜器来源情况进行分析。

西周早期的纸坊头一号墓出土铜鼎共5类，包括方鼎、短扉棱圆鼎、斜角云纹圆鼎、分裆鼎（图3.73，1—4），簋则包括方座簋、圈足簋的5种类型（图3.73，5—9）。其他铜器有甗、鬲、罍等。该墓出土的铜器绝大部分为高质量中原式铜器，其中有不少为㝬伯作器，明确属于外来的铜器仅有3件。

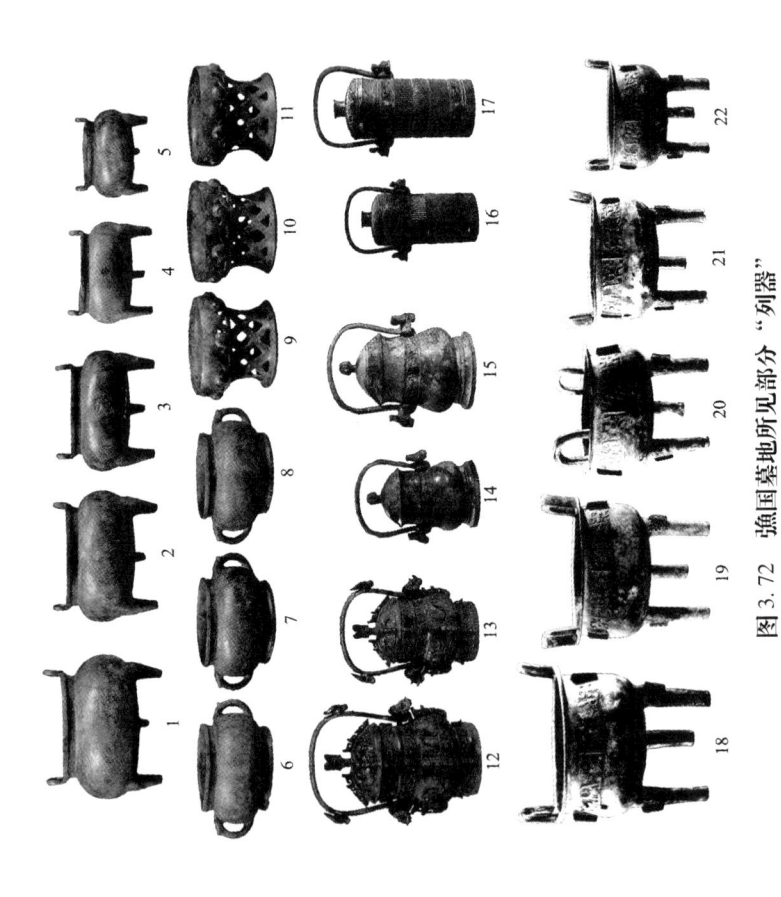

222　资源与社会：以商周时期铜器流通为中心

图 3.72　渔国墓地所见部分 "列器"

1—5. 鼎（BRM1 甲：1—5）　6—8. 簋（BRM1 甲：6—8）　9—11. 豆（BRM1 乙：38—40）
12—17. 卣（BZM7：7、6，BZM8：6、5，BZM13：2、1）　18—22. 鼎（BZM1：249、2、1、250、3）
（1—11. 图片由北京大学中国考古学研究中心、宝鸡青铜器博物院授权使用）

第三章 "授命分器"——西周时期的铜器流通体系　223

器名	方鼎	短扉棱—蕉叶纹圆鼎	斜角云纹圆鼎	分档鼎	方座簋
图像	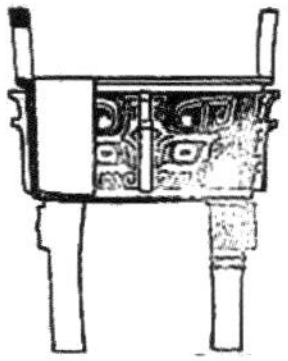 1	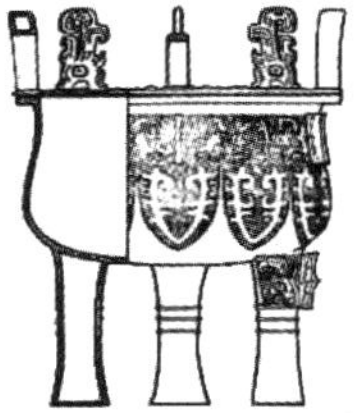 2	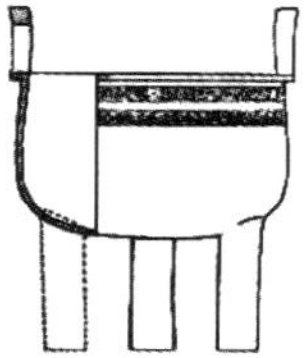 3	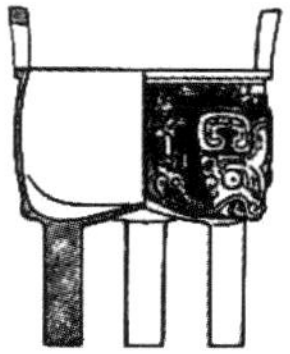 4	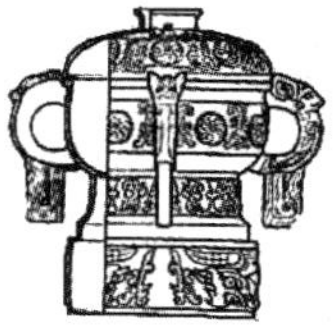 5
数量	1中	1中	1中	1中	1中
器名	方座簋	方座簋	圈足簋	圈足簋	
图像	 6	 7	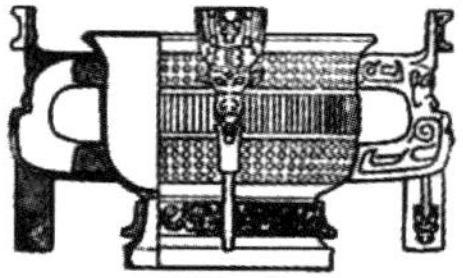 8	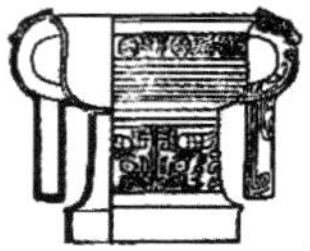 9	瓿1（外）、罍1（商）、觯1（商） 斝1（中）、觚1（中）、
数量	1中	1中	1中	1中	

图 3.73　纸坊头一号墓铜容器组合

1—4. 鼎（BZFM1 : 4, BZFM1 : 1, BZFM1 : 2, BZFM1 : 3）　5—9. 簋（BZFM1 : 6, BZFM1 : 7, BZFM1 : 8, BZFM1 : 9, BZFM1 : 10）（数字后的 "中" 代表高质量中原式铜器，"仿" 代表本地仿制品，"本" 代表本地式铜器，"商" 代表商铭文器，"外" 代表来自其他诸侯国或区域的外来铜器，下同）

器名	方鼎	短扉棱+兽面纹	涡纹+龙纹	分档鼎	兽面纹扁足圆鼎
图像	 1	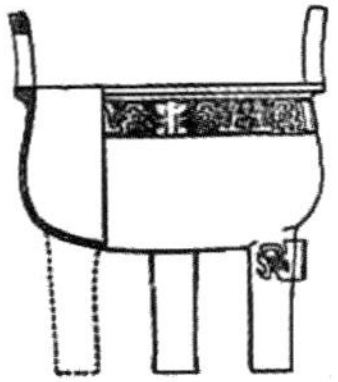 2	 3	 4	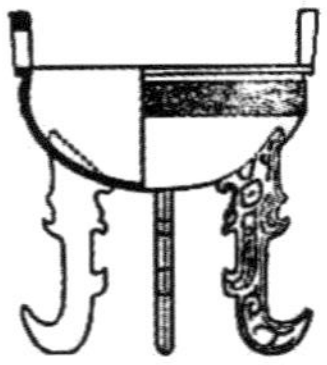 5
数量	1商	1对（中）	1商	1商	1商
器名	附耳方鼎	方座簋	圈足簋	圈足簋	豆1（商）、爵1（商）、壶1（商）、觚1（中）、盘1（商）、尊1（中）、觯1（中）、卣大小1套（中）、钺1（中）、盉1（中）、觥（中）
图像	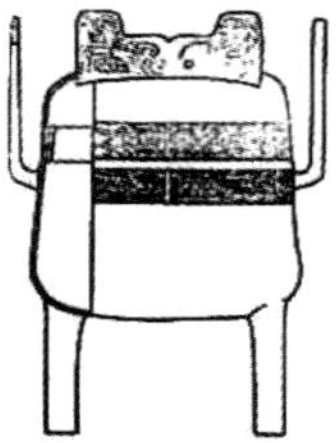 6	 7	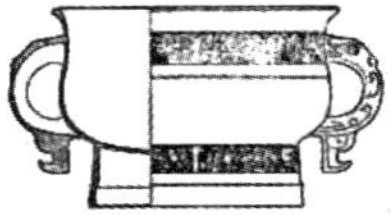 8	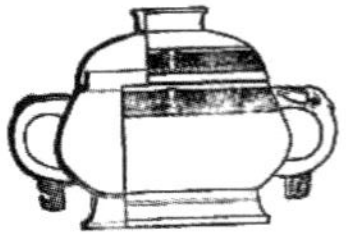 9	
数量	1中	1中	1中	1中	

图 3.74 竹园沟 M13 甲组铜容器组合

1—6. 鼎（BZM13∶19、BZM13∶15、BZM13∶13、BZM13∶18、BZM13∶17、BZM13∶16） 7—9. 簋（BZM13∶20、BZM13∶21、BZM13∶22）

竹园沟 M13 出土铜器数量较多，鼎包括方鼎、短扉棱+兽面纹圆鼎、涡纹+龙纹圆鼎、分裆鼎、兽面纹扁足圆鼎以及附耳方鼎 6 类，这些类别的铜鼎在纸坊头一号墓甚至叶家山曾侯墓中均以相同的方式组合在一起（图 3.74，1—6）。簋的类别包括 1 类方座簋和 2 类圈足簋（图 3.74，7—9）。至于其他铜器则包括豆、爵、壶、盘、觚等。从铜器来源来讲，该墓有相当比例的铜器均为商铭文铜器，包括 4 件铜鼎，可见该墓铜器组合是由复杂来源的铜器拼凑在一起的。

竹园沟 M7 出土的铜容器中，鼎有 4 类，包括短扉棱圆鼎、涡纹+夔纹圆鼎、涡纹+四瓣目纹圆鼎、分裆鼎，簋则无方座簋。其他铜器包括编钟、列卣等。大部分铜容器属于族属不明的高质量中原式铜器，少量铜器为外来铜器（图 3.75）。

器名	短扉棱+蕉叶纹圆鼎	涡纹+夔纹圆鼎	涡纹+四瓣目纹圆鼎	分裆鼎
图像	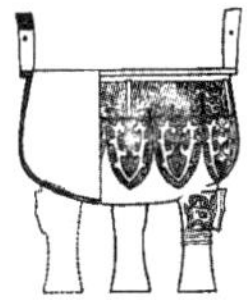 1	 2	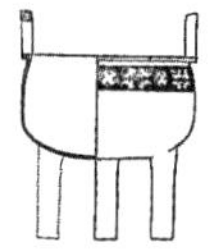 3	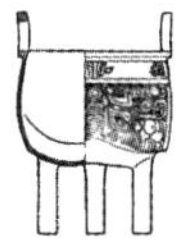 4
数量	1 中	1 外	1 中	1 商

器名	圈足簋	圈足簋	
图像	5	6	觯 2（1 中 1 商）、罍 1（不明）、尊 1（中）、尊 1（外）、卣大小一套（外）、觚（中）、编钟大小一套+1 件（不明）、斗 1（中）
数量	1 中	1 对（中）	

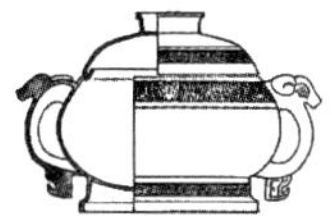

图 3.75　竹园沟七号墓铜容器组合

1—4. 鼎（BZM7∶1、BZM7∶3、BZM7∶330、BZM7∶2）　5、6. 簋（BZM7∶331、BZM7∶5）

到了西周中期时，铜器组合发生了一些变化，茹家庄一号墓乙室出土的鼎形式多样，有方鼎和各类圆鼎，但圆鼎的类别中出现不少本地式铜器或本地式仿制品。但总的来看，西周早期流行的方鼎、涡纹圆鼎、扁足鼎仍存在。簋的类别既有高质量中原式铜器也有本地式铜器和本地式仿制品。其他铜器类别中的仿制品数量也不少。此时铜器组合最为显著的变化是本地式铜器在组合中开始占有较大比例（图3.76）。茹家庄二号墓的铜器组合与一号墓乙室十分接近，该墓出土的鼎的类别多见于一号墓乙室中。如带盖附耳圆鼎（图3.77，1；图3.76，3）、弦纹圆鼎（图3.77，2；图3.76，5）、下带托盘的圆鼎（图3.77，3；图3.76，8）和鼓腹鼎（图3.77，4；图3.76，4）。簋的类别包括带盖簋和无盖簋。其他铜器诸如铜人也俱见于两墓中。可见到了西周中期，㦰国墓地的铜器可能形成了新的固定组合。

综上而论，㦰国墓地在西周早期时，铜器组合形式与叶家山墓地存在诸多相似之处，两地均进入了用鼎制度的萌芽阶段。在最高级别的墓葬中，鼎的组合多是由方鼎、涡纹圆鼎、短扉棱圆鼎、分裆鼎、扁足鼎几类构成，方座簋往往见于高等级墓葬。此时㦰国墓地除纸坊头M1的铜器来源相对单纯外，竹园沟墓地的铜器组合中均有数量不等的外来铜器出现。

到了西周中期，㦰国墓地铜器组合形式发生了一定变化，鼎的类别包括方鼎、带盖附耳圆鼎、鼓腹鼎、带托盘圆鼎等，这是否具有普遍意义还需要更多材料支持。此时铜器组合的重要特点是本地式铜器开始成为核心。㦰国墓地的铜器生产在此时应当发生了较为重大的变化。

最后是小结。

综合㦰国墓地铜器的风格分析、微量元素分组研究、铅同位素分析以及铜器组合形式的梳理，我们对于㦰国墓地铜器的来源及生产情况有了初步认识。与叶家山和晋侯墓地相似，㦰国墓地的铜器来源也较为复杂，共包括7类，7类铜器又可合并为高质量和低质量

第三章　"授命分器"——西周时期的铜器流通体系　227

器名	双身龙纹方鼎	弦纹方鼎	方格乳丁纹鼎	鼓腹鼎	圆鼎
图像	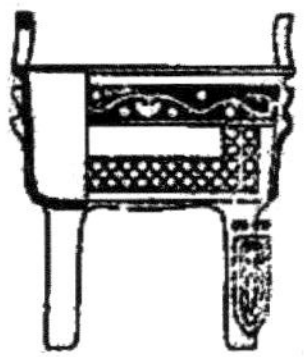	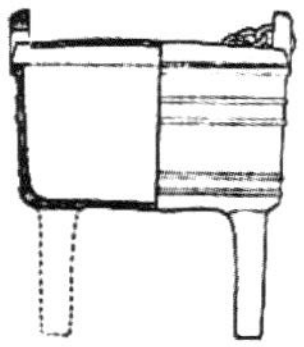		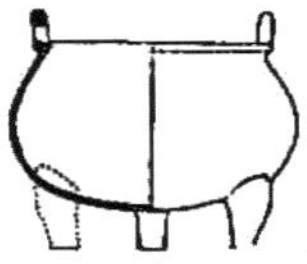	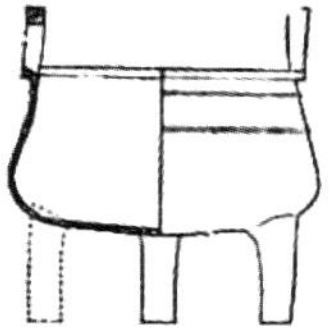
数量	1中	1（不明）	1仿	1本	1不明
器名	圆鼎	圆角方鼎	扁足圆鼎	方格乳丁纹簋	簋
图像	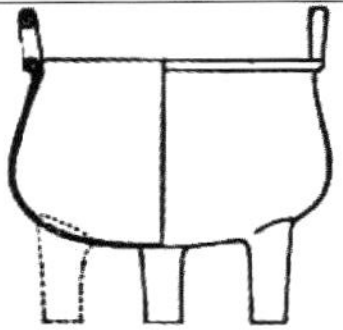	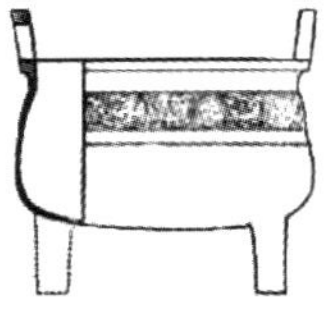	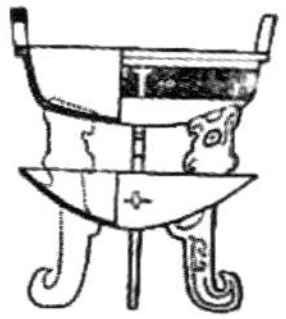	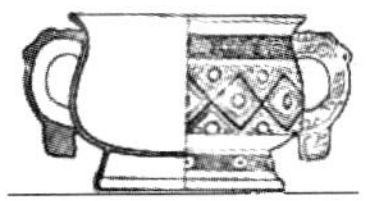	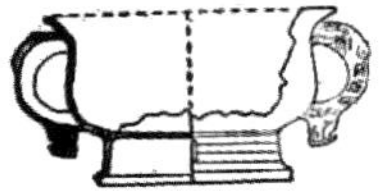
数量	1本	1中	1中	1中	1（不明）
器名	方格乳丁纹簋	带环簋	弦纹簋	鬲2（中?），盘2（仿），甗1（中?），豆3（本），觯2（1中1仿?），壶1仿？），铜人1本，罍1中，甬钟1（中），爵1（中），象尊1（不明），鸟尊3（不明），盉1（中）	
图像		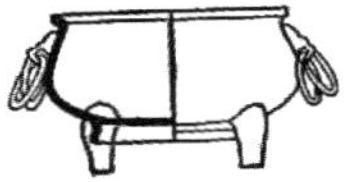	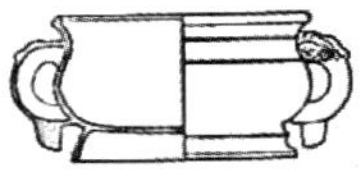		
数量	1仿	1本	3本		

图3.76　茹家庄一号墓乙室铜容器组合

1—8.鼎（BRM1乙:16，BRM1乙:14，BRM1乙:13，BRM1乙:12，BRM1乙:10，BRM1乙:11，BRM1乙:15，BRM1乙:17）　9—13.簋（BRM1乙:5，BRM1乙:7，BRM1乙:6，BRM1乙:8，BRM1乙:4）

器名	圆鼎	弦纹圆鼎	独柱鼎	鼓腹鼎
图像	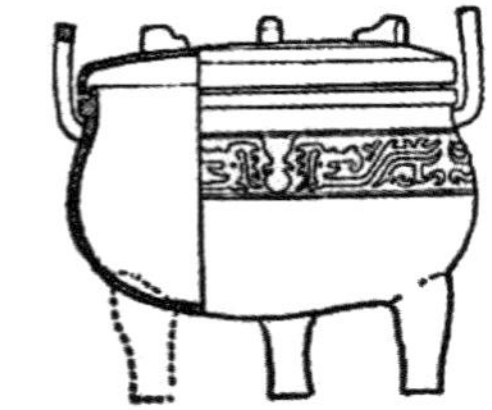 1	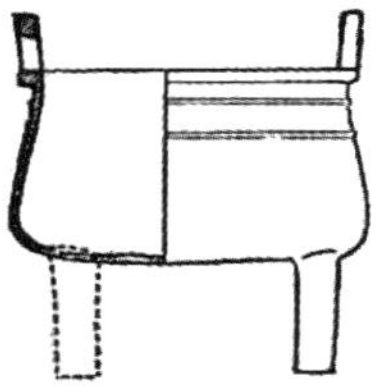 2	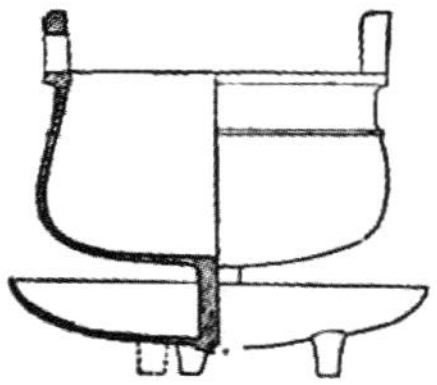 3	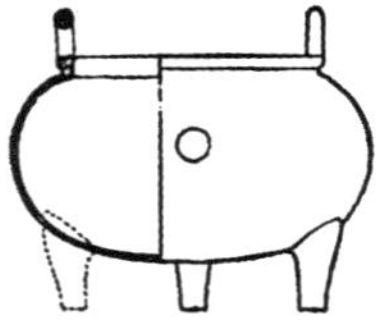 4
数量	1对（仿？）	1对（仿？）	1（不明）	1本
器名	列旗兽面纹簋	龙纹簋	列旗兽面纹簋	甗1（仿）、动物尊1（不明）、豆1（本）、铜人1（本）、鬲3（中）、盘1（中）等
图像	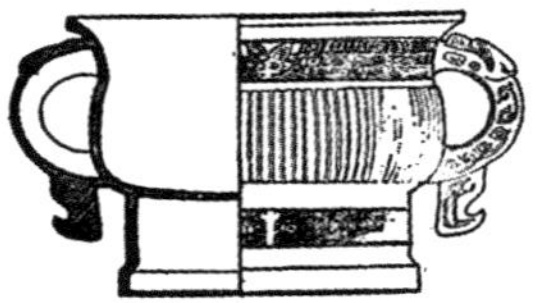 5	 6	 7	
数量	1外	1对（仿？）	1中	

图3.77 茹家庄二号墓铜容器组合

1—4. 鼎（BRM2∶3，BRM2∶5，BRM2∶6，BRM2∶4） 5—7. 簋（BRM2∶8，BRM2∶10，BRM2∶7）

铜器两类。从西周早期到西周中期，强国墓地的铜器构成发生了较大变化。在西周早期，强国铭文铜器均为高质量中原式铜器，但西周中期时，多为铭文不规整、铸造质量较差的本地式铜器。本地风格的铜器中，西周早期是较为固定的尖底罐、平底罐、浅盘器、曲柄斗形器等器类的组合，到西周中期时，这些器类几乎消失，转而变为具有本地风格的鼎、簋、豆等。从铜器组合来看，西周早期铜容器中的高质量中原式的铜器居多，而本地式铜器较少。除纸坊头一号墓外，竹园沟墓葬的铜器组合多是由复杂来源的高质量中原式铜器拼凑而成。这种情况到西周中期发生了较大变化，西周中期时的铜容器组合中本地式铜器开始占据较为重要的比例。以上种种情形表明，从西周早期到西周中期，强国的铜器生产体系以及礼制制度发生了较为重大的变化。西周早期，强国墓地的铜器与叶家山等其他诸侯国墓地的铜器在器形、纹饰、铸造水平以及组合方面均有很强的一致性，此时强国铜器群当属于周文化系统。但在西周中期时，强国墓地的铜器呈现出很强的独立性，此时相当部分的铜器可能均在强国本地制作，其中不仅包括本地式铜器还包括带强国铭文的本地式仿制品。这些具有本地生产背景的铜器多参与到铜器组合中，成为组合中的核心器类。

　　针对强国墓地铜器使用的原料问题，我们选取可能为本地生产的小件铜器采样分析，并进行微量元素分组和铅同位素分析。结果显示强国可能为本地生产的铜器所用的铜料确实不同于西周高质量中原式铜器所用的铜料，由此可以确定强国当地存在独立的铜器铸造业。与叶家山墓地铜器数据对比，可知强国生产铜器所用铜料可能源于曾国。铅同位素数据又显示出强国铜器所用铅料可能来自中央的分配。铜料与铅料的来源各有不同，但从西周早期至西周中期，铜、铅原料特征均并无明显变化，因此强国铸铜业发展的同时并未变更其原料来源地。西周中期时，尽管强国铸铜业显现出独立状态，政治上也似乎与周王朝"脱节"，但依然与之维持着铅料流通的关系，流通的具体形式则值得进一步探讨。

倗国铜器群地域风格显著，可视为西周诸侯国铜器生产的一个重要个案。虽然各诸侯国具体情况有所差异，但地方铸铜业独立性的增强和中央管控的弱化是随时间而不断加剧的整体趋势。

2. 横水墓地

横水墓地位于山西运城市绛县横水镇，2004—2005年共发掘、清理墓葬110余座，其中两座带墓道的大墓M1、M2已经刊有简报，对部分铜器资料予以发表[①]。尽管墓葬铜器并未全部刊布，无法细究铜器组合问题，但根据有限的资料仍可对铜器的生产来源问题作尝试性探讨。

M1出土的鼎、簋各有5件，其中至少有1件鼎和1件簋分别铸有铭文"倗伯作毕姬宝旅鼎"和"倗伯作毕姬宝旅簋"（图3.78，1、2）。铭文字体、行款基本一致，鼎与簋均饰弦纹，风格相同，可以判断2件铜器属于同一生产批次。从铸造水平来看，2件铜器均表现出较为统一的粗糙风格。方座簋装饰简略，方座底缘凹凸不齐，与常见的装饰繁缛、铸造精致的方座簋形成鲜明对比（图3.78，2）。M2出土的提梁卣器盖上残留孔洞，器身兽首细节完全忽略，仅以大体轮廓示意（图3.78，3）。以上铜器表现出的粗糙风格反映其生产背景或与本地铸造相关，暂作此推测。除粗糙风格的铜器外，横水墓地也出土有铸造较为精致，或铸造水平难以判断的铜器。

尽管可以大致判断横水墓地存在不同铸造水平的铜器，但仅凭M1、M2两座墓葬的部分资料显然还难以说明问题。除简报发表的资料外，宋建忠、南普恒先生在《绛县横水西周墓地青铜器科技研究》一书中对横水墓地部分青铜器进行了主量、微量、铅同位素等方面的综合研究，书中刊布了部分铜器资料为我们提供了更多信息[②]。该书

[①] 山西省考古研究所、运城市文物工作站、绛县文化局：《山西绛县横水西周墓地》，《考古》2006年第7期。山西省考古研究所、运城市文物工作站、绛县文化局：《山西绛县横水西周墓发掘简报》，《文物》2006年第8期。

[②] 山西省考古研究所编著：《绛县横水西周墓地青铜器科技研究》，科学出版社2012年版，第132页。

图 3.78　横水墓地出土铜器

1. 鼎（M1 : 212）　2. 簋（M1 : 199）　3. 卣（M2 : 75）

发表的铜器绝大部分属于典型的西周中期铜器，与 M1、M2 铜器年代相当，但也有个别铜器可能晚至西周晚期。这批铜器与 M1、M2 铜器特征相似，一部分铜器质量较好，纹饰精致，但也有相当数量的铜器铸造极为粗糙（图3.79）。铸造质量较差的铜器表面多残留范缝、铸造瑕疵等，1 件铜鼎甚至接近于明器（图3.79，4）。另 1 件腹饰涡纹+四瓣目纹的铜鼎，明显模仿西周早期的同类铜鼎，但范线歪斜，纹饰粗糙，与高质量中原式铜器差异显著（图3.79，2）。这些铜器可统一归类为本地式铜器，可能反映了本地生产的背景。

图 3.79　横水墓地出土低质量铜器

（图片摘自《绛县横水西周墓地青铜器科技研究》）

1—4. 鼎（JHM1008 : 1、JHM2165 : 52、JHM1013 : 42、JHM3272 : 1）

宋建忠、南普恒先生对横水墓地部分铜器的微量元素和铅同位素进行了测定，本书以此为基础进一步考察横水墓地铜器的生产背景。微量元素数据测定使用了 ICP – OES 方法，数据质量较为可靠。分析的微量元素数据共 14 个，来自 14 件铜容器。可惜的是大部分铜器未发表照片等资料，只能根据书中发表的其他铜器资料推测检测铜器的年代可能多为西周中期。我们以微量元素分组法对 14 个微量元素数据进行了处理，结果发现数据分布在 1、2、9 三个组别，其中 2 组的比例占到 72%（图 3.80）。尽管数据量有限，但根据数据的分布特征，我们认为 2 组原料或有可能是横水墓地西周中期铜器使用的主要类型的原料。

我们对叶家山、晋侯墓地、周原地区的高质量中原式铜器的分析表明 1、3、6、12 组是中央作坊使用的主要原料类型，而横水铜器主要使用的 2 组原料无论产地在何处，其原料来源不同于以上地点是并无疑问的。这也表明横水墓地西周中期铜器当有相当部分可能是在本地使用独立来源的原料生产的。如此，横水墓地出现大量铸造粗糙的铜器也可以理解。但这并非说明所有铜器均在本地生产。

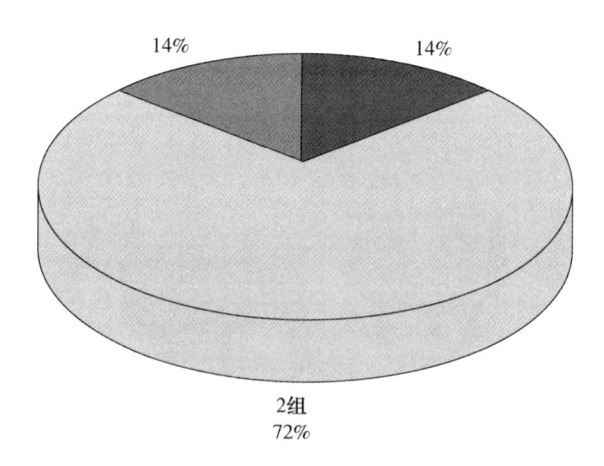

图 3.80 横水墓地部分铜器微量元素分组比重图（数据量：14 个）

《绛县横水西周墓地青铜器科技研究》一书中还发表铅同位素数据 18 个。我们将数据分为铅锡青铜和锡青铜（包括 2 件锡器）两类，并与叶家山墓地典型的高质量中原式铜器——曾侯铭文铜器数据进行对比。结果显示横水墓地的铅锡青铜与锡青铜大体分布在两个区域，并且铅锡青铜的数据与曾侯铭文铅锡青铜数据基本重合（图3.81）。仅有1例数据表现为高放射性成因铅的数据特征，该器依据风格、铭文也判断为商器①。横水墓地铜器的铅同位素数据与叶家山墓地数据的相似性表明两批铜器可能使用了相同的铅料制作。也就是说横水墓地铜器所用的铅料与高质量中原式铜器的铅料来源一致。

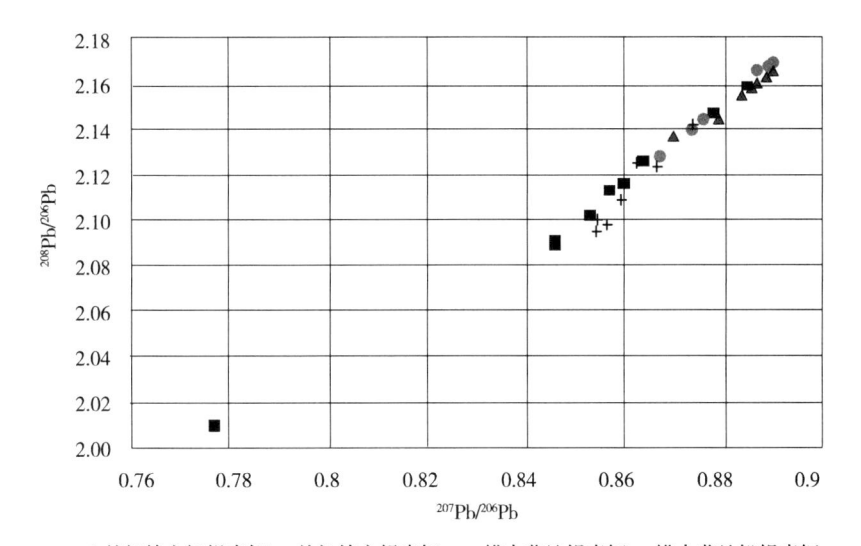

● 曾侯铭文铅锡青铜　+ 曾侯铭文锡青铜　■ 横水墓地锡青铜　▲ 横水墓地铅锡青铜

图3.81　横水墓地铜器与叶家山墓地曾侯铭文铜器铅同位素数据对比图

综合横水墓地铜器风格、微量元素以及铅同位素特征，我们初步认为横水墓地西周中期铜器可能有相当部分为本地生产，且使用了独立来源的铜料。铅料来源则与西周各地高质量中原式铜器相同。由此推测铅料可能来源于中央分配。可见横水墓地铜器的制作背景

---

① 山西省考古研究所编著：《绛县横水西周墓地青铜器科技研究》，科学出版社2012年版。

是比较复杂的，铜料和铅料可能具有不同的来源。以上仅是依旧有限的数据做出的推测，仍需更多资料和数据的支持。

三 腹心之地——周原遗址

周原遗址作为周王朝的核心区之一，历年来出土大量铜器，其中既有窖藏铜器也有墓葬发掘所得。此外，周原遗址在多地发现有铸铜作坊或铸铜遗物，包括李家、齐家、齐镇、周公庙、孔头沟、云塘—齐镇建筑基址等，可见西周时期该地是重要的铜器生产中心。那么作为王朝核心区的周原遗址出土的铜器，自然可作为中央作坊铜器的典型代表。前文对多地诸侯国铜器的探讨表明西周时期尤其是西周早期各地诸侯国普遍存在质量较好的高质量中原式铜器，且数量较大。将周原铜器进行微量元素分组研究和铅同位素分析，并与各诸侯国高质量中原式铜器数据对比，有助于判断这些铜器的生产来源。

为实现这一目的，我们对周原遗址出土的 37 件铜器利用 ICP-AES 方法进行了微量元素的测定，所测铜器中 21 件来自孔头沟遗址宋家墓地，16 件来自姚家墓地（附表一）。37 件铜器的年代从西周早期延续到西周中、晚期。微量元素分组结果显示 37 个数据主要分布在 1、2、3、6 共四个组别，其中 6 组占到 54%（图 3.82）。联系到叶家山和晋侯墓地高质量中原式铜器主要使用了 1、3、6、12 四组原料，可见周原铜器所用原料与地方诸侯国高质量中原式铜器所用原料大体相同。从这个角度而言，我们判定为地方诸侯国高质量中原式的铜器极有可能源于周原等地的中央式作坊。当然周原遗址的微量元素数据有限，且除 1、3、6 组外，未见 12 组的现象也需要注意。

至于以上微量元素组别所指征的原料类型还需要结合铅、锡含量具体分析。所有数据中仅有 4 个数据锡含量在 2% 以下，其中 2 个 1 组数据和 1 个 3 组数据均为红铜器，1 个 6 组数据则为铅青铜，由此可知 1、3 组可能指征的是铜料来源，6 组则可能受到铅料影响。

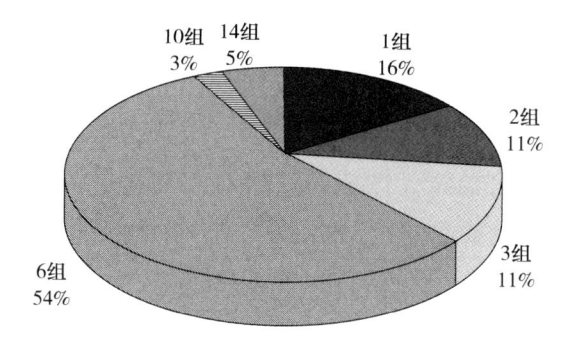

图 3.82　周原遗址出土铜器微量元素分组比重图（数据量：37 个）

锡含量在 2% 以上的数据分布在包括 1 组在内的多个组别，因此推测锡料的添加对微量元素组合无明显影响。含锡青铜可分为锡青铜和铅锡青铜两类，其中锡青铜分布在 1、3、6 三个组别，均占有相当比例，可知三个组别可能均指征铜料来源，铅锡青铜中以 6 组数据占绝对主要比例，明显受到铅料添加的影响（表 3.11）。可见周原铜器数据与晋侯墓地等铜器数据情形一致，1、3 组应当指征铜料来源；6 组则既指征铜料来源，也有部分数据受铅料添加的影响，所添加的铅料当是含有砷、锑元素的铅料。

表 3.11　　　　　　合金类型与微量元素分组关系表

合金类型 \ 微量分组	1 组	3 组	6 组
锡青铜（20 个数据）	20%	15%	45%
铅锡青铜（11 个数据）	0%	0%	73%

关于周原遗址的铅同位素研究，近年来已经完成周公庙、孔头沟、李家以及云塘—齐镇多个地点遗物的分析。上述地点测定的样品多来自于铸铜作坊，更加直接的指向生产地。样品时代涵盖西周早期和西周中晚期。郁永彬在其博士论文中将以上地点的数十个铅同位素数据与叶家山出土的高质量中原式铜器铅同位素数

据进行了对比，认为上述地点的数据与叶家山铜器数据均存在重合区域①。可见铅同位素分析与微量元素分组研究指向相同的结果。周原遗址出土的铜器，作为中央作坊铜器的代表，使用了与地方诸侯国高质量中原式铜器大体相同的铜料，并使用了相同的铅料，这是地方诸侯国高质量中原式铜器多产自于中央式作坊的明确证据。

四 王土之外——高砂脊与炭河里遗址

近年来，湘江流域的望城高砂脊和宁乡炭河里先后发掘两批出土铜器的墓葬，对于认识湘江流域铜器的年代、文化背景等问题具有重要意义。发掘者认为高砂脊和炭河里遗址铜器墓的绝对年代集中在西周早期，因此这里将两批材料置于西周体系下分析。但需要注意的是，这两批铜器均表现出浓厚的商文化风格，其中当有商时期生产的铜器。高砂脊和炭河里处于王土之外又与中原王朝存在密切关联，为我们从另一角度讨论铜器的生产和流通提供了资料。

对于宁乡炭河里和望城高砂脊出土的两批铜器，已分别有学者结合铅同位素分析进行了讨论。这些研究对于深化学界关于湖南青铜器的认识发挥了重要作用，但同时若干关键的考古学问题仍未明确。马江波等先生对于炭河里铜器的研究以铅同位素分析为基础，致力于解决铜器所用原料的矿源问题。他们根据测得的高放射性成因铅数据认为炭河里铜器群年代较早，而炭河里和高砂脊的普通铅数据则与殷墟晚期数据相同，并将部分金属资源指向华北矿山。另外由于湖南本地金属矿床的铅同位素数据与炭河里铜器数据联系较弱，因此认为炭河里铜器似乎未采用当地金属资源②。本书一方面赞同炭河里、高砂脊普通铅数据与中原的关联，另一方面则认为炭河里出土铜器的年代与炭河里遗址的年代当区别看待，尤其对于遗址

---

① 郁永彬：《湖北随州叶家山墓地出土西周青铜器的科学分析研究》，博士学位论文，北京科技大学，2015 年，第 186 页。

② 马江波、金正耀、范安川、向桃初、陈福坤：《湖南宁乡县炭河里遗址出土青铜器的科学分析》，《考古》2016 年第 7 期。

出土的早期铜器需持谨慎态度。此外,我们认为炭河里铜器的生产问题仍不明晰。如炭河里铜器或许未使用当地金属资源,但不能排除部分铜器利用其他原料在当地生产的可能性。

对于高砂脊铜器,内田纯子等学者以鼎为例提出铜器由中原式到本地化的发展过程,并认为本地化过程中铜器所用原料也由中国北部的铅转为中国北部和中部铅的中间线,即两种原料的混合。他们对于铜器及铜器原料的动态观察颇具启发性,但对于高砂脊各类铜器的生产问题仍无详细阐述,其落脚点仍是关于矿料来源的讨论①。

事实上这也反映了国内对于此类问题的研究趋向,即以判断具体矿料的来源地为最终目标。理论上这种方法并无问题,但由于中国境内矿山数据不够系统,尤其缺乏矿冶遗址的完善数据,加之方法本身的限制等因素,使得单纯依靠铅同位素方法判定矿料来源在很多情况下只能停留在推论层面。在这一背景下,我们认为适时的转变问题角度颇为必要。我们主张在矿山数据不够系统的情况下,可将问题着眼点从单纯对具体矿源地的判断转变为对铜器生产背景的解读。本书所谓生产背景主要关注不同风格的铜器是否指向相同或不同的生产者、生产地点,两者间的对应关系又反映了怎样的文化背景。如炭河里和高砂脊铜器中,中原风格的铜器是否直接自中原传入,混合风格的铜器是出自中原人群还是土著人群之手,具有地方风格的铜器又是否一定在当地铸造等。这些问题直接反映了中原王朝与地方势力的文化关系、互动模式。

以此思路为基础,我们主张利用铅同位素数据讨论铜器的生产背景。比如,现有铜器铅同位素数据可分为 A、B、C 三组不同数据,这三组数据对应的来源地或不明确,但三组数据代表不同来源则可基本确定。结合铜器的风格、质量特征,对应不同的数据组,

---

① [日] 内田纯子、向桃初、[日] 平尾良光:《湖南省望城县高砂脊遗址出土青铜器及铅同位素比值分析》,《湖南省博物馆馆刊》第 5 辑,岳麓书社 2008 年版。

再与其他区域铜器数据进行对比,便可讨论铜器的生产问题。这对于理解人群、文化的交流、变迁将起到更为直接的推动作用。

本书即以高砂脊和炭河里部分出土铜器为研究对象,首先理清铜器风格,建立铜器分类标准,再结合铅同位素分析方法讨论数据与铜器分类的关系,从而阐述铜器的生产背景,希望以此进一步理解中原王朝和地方文化的互动关系。

1. 铜器分类研究

炭河里铜器墓主要分布在炭河里城址西北数百米的新屋组二层台地。据报告其中有7座西周时期墓葬,共出土铜器近百件,但多为残片①。发掘者根据出土铜器和墓葬填土陶片将墓葬年代定为西周时期,多为学界认可。本书基本同意对墓葬年代的判定意见,但同时认为墓葬所出铜器来源复杂,其中有不少为商风格铜器,年代可能早至商末周初或商代晚期。因此墓葬本身的年代不等于出土铜器的年代。炭河里出土铜器不仅年代不一,铜器风格也呈现多元化现象。以往对于湘江流域出土铜器的分类,前辈学者多认识到中原风格铜器和地方风格铜器的显著差异。熊传薪先生最早将湖南商周铜器分为中原型、混合型和地方型三类②,也有学者将混合型和地方型统一归并为地方型③。分类标准出现差异的原因之一是出发点不同,有的学者侧重于铜器风格,而也有学者以铸造特征为标准进行分类又或两者兼具。

我们将铜器风格和铸造特征均作为铜器分类的判断标准。炭河里出土铜器按照风格可分为中原型、混合型和地方型三类;就铸造特征而言,则大体包括高质量铜器和低质量铜器两类。其中中原型

---

① 湖南省文物考古研究所、长沙市考古研究所、宁乡县文物管理所:《湖南宁乡炭河里西周城址与墓葬发掘简报》,《文物》2006年第6期。

② 熊传薪:《湖南省商周青铜器的发现与研究》,载《湖南博物馆开馆三十周年暨马王堆汉墓发掘十五周年纪念文集》,1986年。

③ 高至喜:《论中国南方出土的商代青铜器》,《中国考古学会第七次年会论文集》,文物出版社1992年版。

和大部分混合型铜器均属高质量铜器，地方型铜器和少量混合型铜器质量较低。由此，中原型、混合型和地方型三类铜器构成了炭河里出土铜器的分类标准。以下对于具体器物的归类做简要分析。

炭河里出土铜器以鼎、卣、爵等容器数量最多，其次有锸、铲、矛等工具和兵器。属于中原型的铜器几乎都为容器。如鸮卣以云雷纹和鱼鳞纹为基本母题构成卷曲的鸮翼，与殷墟出土鸮卣相近（图3.83，1）；器錾虽不能断定属于何类铜器附件，但錾上附带的羊角兽首以及錾身装饰的扉棱均见于中原地区（图3.83，2）；至于饰蝉体尖叶纹的柱状鼎足，饰三角纹和云雷纹的爵柱以及带凹槽的斝（盉）足都显示出典型的中原风格（图3.83，3、4、5）。炭河里所见混合型铜器以鼎足为代表，如蹄形鼎足上部饰典型的中原式兽面纹，但蹄足的形态在中原地区出现较晚（图3.83，6）；再如外撇的尖锥状鼎足非中原传统，但足上所饰蝉体尖叶纹明显与炭河里的中原型柱状鼎足所饰纹饰相近（图3.83，7）。混合型铜器多是中原纹饰与地方器形的结合，多数铜器铸造质量较高，其生产背景可能更接近中原型铜器。

至于炭河里出土的地方型铜器则以所谓的"越式鼎"和各类工具为代表。发掘者认为炭河里出土的"越式鼎"口沿的年代可能晚至西周晚期[①]。但考虑到同墓出土的其他铜器年代多属商周之际，本书对这种观点暂时存疑。就生产背景而论，该鼎折沿的造型不见于中原地区，鼎耳接口沿下凸棱的形态表明其铸造技术也具有地域特征（图3.83，8）。与"越式鼎"口沿同墓共出的还有蹄形鼎足，上部饰简化的兽面纹，中间有明显范线痕迹（图3.83，9）。相较于混合型的蹄形鼎足，此类蹄足铸造粗糙、体型较大，可能具有不同的生产背景。炭河里出土的刮刀在中原地区尚未发现相同器物，暂定为地方型铜器（图3.83，10）。锸、铲类青铜工具是炭河里出土数

---

① 湖南省文物考古研究所、长沙市考古研究所、宁乡县文物管理所：《湖南宁乡炭河里西周城址与墓葬发掘简报》，《文物》2006年第6期。

量较多的地方型铜器。铜锸在商至西周时期的中原地区出土极少，盘龙城等地有限的发现也与炭河里铜锸区别甚大（图3.83，11）。值得注意的是新干商墓出土有形态接近的铜锸，不知两者是否存在关联。铜铲在中原地区同样数量有限，主要见于殷墟遗址。殷墟出土铜铲的銎部与铲叶分界明显，而炭河里铜锸的銎部则与铲叶连为一体（图3.83，12、13）。总之，炭河里的地方型铜器不仅器形上具有地域特征，铸造质量也普遍较差，表现出与前两类铜器不同的文化背景和生产背景。中原型和大部分混合型铜器虽然反映的文化背景有异，但铸造水平一致，反映出相似的生产背景。

望城高砂脊遗址与炭河里遗址同处于沩水流域，该遗址发现墓葬19座，其中铜器主要出土于AM1、AM5两座墓中①。出土铜器主要包括鼎、尊等容器以及削、刀、矛、戈等工具和兵器。向桃初先生对高砂脊与炭河里遗址出土的陶器、铜器、墓葬进行对比，认为两者属于同一考古学文化②，结论较为可信。高砂脊出土铜器的风格和铸造水平与炭河里铜器基本一致，也可分为中原型、混合型和地方型三类，另有一些铜器属性难定。这里首先对所采样的残损铜器进行分析。划定为中原型铜器的包括容器残片、饰件、刀以及属性难定的不明器。一件容器残片上装饰的由对称夔龙纹组成的蕉叶纹以及扉棱均见于中原地区（图3.84，1）；另有残片以云雷纹为地、圆圈纹为界，兽面纹为主纹，也属中原铜器风格（图3.84，2）。其他类别的铜器中，高砂脊出土一类双头龙形的小件铜器，器身饰云纹，其用途不明，暂定为铜饰（图3.84，3），另有残者，当属同类器物（图3.84，4）。考虑到此类铜器纹饰属典型的中原风格，故归入中原型铜器。对于高砂脊出土的不知名

---

① 湖南省文物考古研究所、长沙市博物馆、长沙市考古研究所、望城县文物管理所：《湖南望城县高砂脊商周遗址的发掘》，《考古》2001年第4期。

② 向桃初：《湘江流域商周青铜文明研究的重要突破》，《南方文物》2006年第2期。

器以及铜刀，施劲松先生认为均可在殷墟找到相近者①，故定为中原型铜器（图3.84，5、6）。

判定为高砂脊混合型铜器的包括剑形器和小型蹄足鼎。剑形器形似短剑，中起棱，器身饰中原风格的宽带云纹，但此类器形却非中原传统（图3.84，7）。蹄足鼎同见于炭河里遗址，只是相较而言高砂脊蹄足鼎的铸造水平明显更为粗糙，表明其生产背景或有差异，值得注意（图3.84，8）。高砂脊的地方型铜器包括矛、容器残片、鼎足、圈足等，均素面、铸造质量较差，铜器表面多见孔洞和未处理的范线痕迹（图3.84，12—15）。除以上铜器外，高砂脊出土的一件容器残片装饰的纹饰可能为中原纹饰的变形，其是否属混合型铜器难以判定（图3.84，9）。另外带兽形附饰和兽首的器鋬也非典型中原型铜器，似为混合型铜器（图3.84，10）。圆銎接两分叉的鐏形器在中原地区未见完全一致者，但与殷墟甚至台西所见铜鐏可能属同类器，其为中原型铜器的可能性更大（图3.84，11）。上述三件铜器的性质难以判定，仅给出推测性意见。

除上述铜器外，高砂脊还出土多件鼎等完整铜器。鼎分大、小两型，多数学者认为有的大型鼎与中原同类器如出一辙，当为中原传入品，而小型鼎则表现出本地风格，可能为当地铸造②。笔者也赞同这种观点，本书分析的一件高砂脊蹄形足便属小鼎鼎足，划为混合型铜器。

总体而言，高砂脊铜器的分类与炭河里铜器大体相同。两地出土的中原型铜器均质量较高，地方型铜器普遍质量较差，混合型铜器则两者兼有。高砂脊和炭河里两遗址出土铜器应当具有相同的文化背景和生产背景，可作为整体进行分析。尽管根据器形、纹饰、

---

① 施劲松：《对湖南望城高砂脊出土青铜器的再认识》，《考古》2002年第12期。
② 施劲松：《对湖南望城高砂脊出土青铜器的再认识》，《考古》2002年第12期。［日］内田纯子、向桃初、［日］平尾良光：《湖南省望城县高砂脊遗址出土青铜器及铅同位素比值分析》，《湖南省博物馆馆刊》第5辑，岳麓书社2008年版。

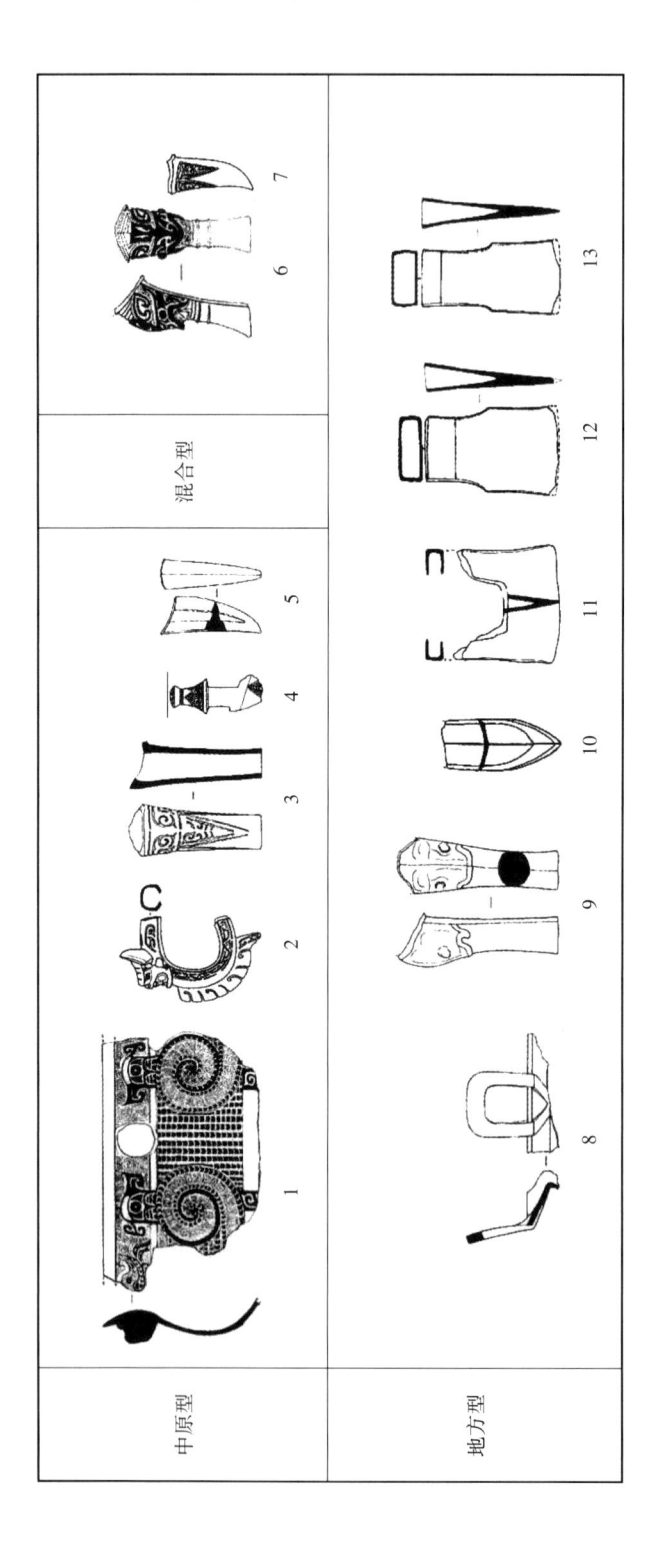

图 3.83 炭河里出土铜器分类图

1. 鄂句残片（M10:4） 2. 器銎（M10:7） 3、6、7、9. 鼎足（M10:1, M2:6, M2:1, M4:2） 4. 爵柱（M8:7） 5. 斝（盉）足（M4:25）
8. 鼎口沿（M4:19） 10. 刮刀（M9:1） 11. 锸（M8:4） 12、13. 铲（M8:9, M8:10）

第三章 "授命分器"——西周时期的铜器流通体系　243

铸造质量可将两地铜器划为不同类别，但这些铜器为中原传入还是本地制作依然不明，这就需要对铜器所用原料来源进行研究。铅同位素方法是用以分析铜器原料特征的主流方法，本书即对炭河里、高砂脊出土铜器采样进行铅同位素测定，以探究铜器的生产背景。

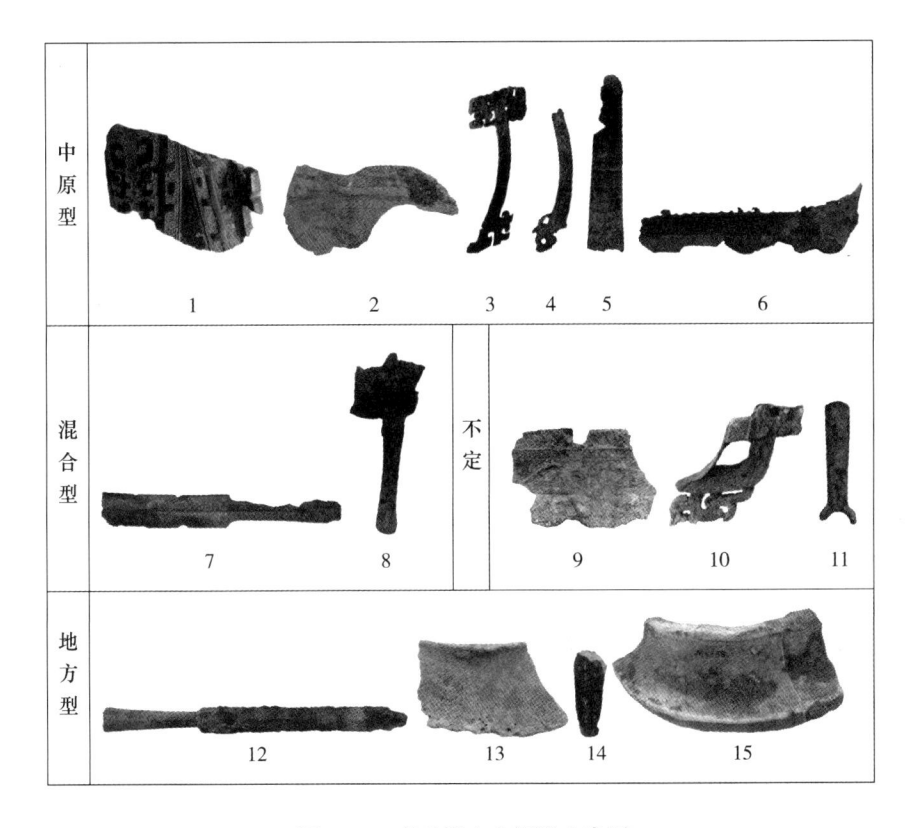

图3.84　高砂脊出土铜器分类图

1、2、9、13. 容器残片（M5:28、M5:71、M115:9、M5:61）　3、4. 铜饰（26、42）　5. 不知名器（M1:21）　6. 刀（M1:37）　7. 剑形器（M1:34）　8、14. 鼎足（M5、M115:1）　10. 器錾（M115:2）　11. 镈形器（40）　12. 矛（M1:36）　15. 圈足（M5:58）

2. 微量元素分析及铅同位素分析

对于炭河里和高砂脊遗址出土铜器，已有马江波、内田纯子等学者进行过铅同位素分析，主要论证了铜器所用原料的地质学来源[1]。本书以探究炭河里和高砂脊出土铜器的生产背景为目的，对炭河里出土的21件铜器以及高砂脊出土的17件铜器进行了采样分析。所采样品与以往研究有部分重合，也有不少数据为新测，可互为补充。其中马江波等先生的论文中（以下简称马文）发表有具体数据可供参考。马文共发表铅同位素数据26个，其中14个数据的样品本书并未检测。故本书分析也引用马文的14个数据，由此共有炭河里铅同位素数据35个。对于内田纯子等学者的成果，由于并未发表具体数据，本书仅参考其铅同位素比值图在后文讨论。

以上数据涵盖中原型、混合型、地方型三类铜器，可供讨论不同风格铜器的生产来源。前文分析的全部铜器也均在采样范围内。由于大部分铜器锈蚀严重，本书仅对保留有金属基体的炭河里2件样品和高砂脊3件样品进行了成分分析。测试设备采用了北京大学考古文博学院的ICP－AES设备，得到5件样品的主量和微量元素数据。从主量成分来看，所有样品锡含量均在2%以上，铅含量中仅有1个数据在2%以下，也就是说共有4个铅锡青铜数据和1个锡青铜数据（附表一）。炭河里铜器的2个数据均为铅锡青铜。相较而言，马文发表的5个炭河里成分数据中，1个为铅锡青铜，2个为铅青铜，另有2个数据为锡青铜，类型更为多样。加之马文数据，共有炭河里铜器主量成分数据7个及高砂脊铜器主量成分数据3个。就微量元素而言，炭河里和高砂脊的4个数据砷元素相对较高，另外也有几个数据的锑元素和银元素略高，由于数据量有限，此处不做深入讨论（附表一）。

本书所做的铅同位素分析在北京大学地空学院以MC－ICP－MS方法完成（附表二）。根据铅同位素分析结果，与以往研究重合的样

---

[1] 马江波、金正耀、范安川、向桃初、陈福坤：《湖南宁乡县炭河里遗址出土青铜器的科学分析》，《考古》2016年第7期。［日］内田纯子、向桃初、［日］平尾良光：《湖南省望城县高砂脊遗址出土青铜器及铅同位素比值分析》，《湖南省博物馆馆刊》第5辑，岳麓书社2008年版。

品，所测数据也与以往数据基本相符。相较而言，本书所测高砂脊数据与内田纯子等先生测得的高砂脊数据基本分布在同一范围内，并且数据更为集中。测得的炭河里数据与马文发表的数据也大体处于同一范围，主要区别在于本书仅测得 1 个高放射性成因铅数据，而马文中共测得 6 个，其中 1 个数据与本书重合。因此本书引用马文的 14 个数据中有 5 个为高放射性成因铅数据。

首先，依据以上数据，我们将炭河里和高砂脊两地出土铜器的数据进行对比，发现两地主要部分的铜器数据基本处于同一范围内，指向相同的原料来源（图 3.85）。但炭河里铜器数据分布范围更广，表明其所用原料也更为复杂（图 3.85）。这是否与炭河里作为中心遗址的地位及铜器来源的多样化有关是值得思考的。

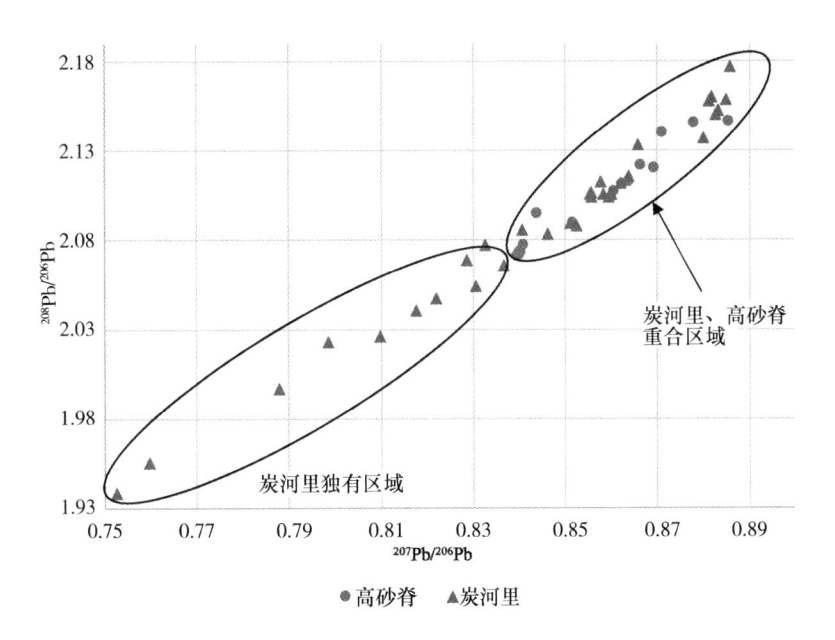

图 3.85　炭河里铜器与高砂脊铜器铅同位素数据对比图

其次，我们认为，将炭河里、高砂脊铜器数据与其他地区数据进行对比尤为必要。考虑到炭河里和高砂脊铜器年代多属商末周初，又显示出与中原地区的密切关系，因此当与中原地区商末周初的铜器数据进行对比。金正耀先生对殷墟遗址出土的 178 件铜器进行铅同位素研究，发现了高放射性成因铅的普遍存在。此类特殊铅的数据在殷墟一期占 78%；在殷墟二期占 81%；殷墟三期比例开始下降，占 38%；到殷墟四期时，所分析的 34 件铜器中仅有 2 件属高放射性成因铅数据，其余普通铅的 $^{207}Pb/^{206}Pb$ 比值绝大部分集中在 0.88—0.90 的范围内①。至于西周时期的铅同位素数据，包括琉璃河燕国墓地在内的多个西周诸侯国墓地出土铜器均有铅同位素研究成果②。我们将已发表的西周各诸侯国铜器以及殷墟四期铜器的铅同位素数据进行综合对比，发现大部分数据均集中在较为固定的范围内，$^{207}Pb/^{206}Pb$ 比值约在 0.85—0.90 之间（图 3.86）。平尾良光先生认为殷墟四期开始青铜器集中使用普通铅原料，西周早期的彊国墓地和西周中晚期的曲沃曲村墓地绝大部分铜器数据也集中在普通铅区域③。这表明自商末至西周时期，中原地区所用铅料的主要来源当基本一致。至于其具体来源，平尾良光先生认为是中国北部的辽宁、山东等地区。马文认为其中部分原料来自华北地区。

明确了商末、西周时期中原地区铜器的铅同位素数据特征，便可将炭河里、高砂脊铜器数据与中原地区铜器数据进行对比。既然炭河里与高砂脊铜器文化背景相同，因此将两地铜器暂时统称为湖南铜器作为整体研究。对比研究中，依照前文对高砂脊、炭河里铜

---

① 金正耀：《中国铅同位素考古》，中国科技大学出版社 2008 年版。
② 张利洁、赵福生、孙淑云、殷玮璋：《北京琉璃河燕国墓地出土铜器的成分和金相研究》，《文物》2005 年第 6 期。崔剑锋、吴小红：《铅同位素考古研究——以中国云南和越南出土青铜器为例》，文物出版社 2008 年版。金正耀、[美] W. T. 蔡斯、[日] 平尾良光、[日] 马渊久夫：《天马—曲村遗址西周墓地青铜器的铅同位素比值研究》，载《天马—曲村 1980—1989》第 3 册，附录五，科学出版社 2000 年版。山西省考古研究所编著：《绛县横水西周墓地青铜器科技研究》，科学出版社 2012 年版。
③ [日] 平尾良光、[日] 早川泰弘、金正耀、[美] W. T. 蔡斯：《古代中國青銅器の自然科學の研究》，载 [日] 平尾良光编《古代東アジア青銅の流通》，东京鹤山堂 2001 年版。

器的分类，将两地铜器整合为湖南地方型、湖南混合型以及湖南中原型三类铜器。将湖南铜器与商末、西周时期中原地区铜器的铅同位素数据对比，发现两批数据有相当部分处于同一范围内，而另有一些湖南铜器数据在此范围之外（图3.86）。本书测试的处于中原数据范围内的有高砂脊的铅锡青铜（M111∶5）和锡青铜（单位号不明）数据各1个，可能分别指向铅料来源和铜料来源。马文发表的5个确定的合金数据中有4个均在中原数据范围内，其中包括2个铅青铜数据、1个铅锡青铜数据以及1个锡青铜数据。可能表明此范围内的铅料、铜料来源大体一致。

处于中原数据范围外的数据大体可分为三个区域。第一个区域的$^{207}Pb/^{206}Pb$比值约在0.83—0.86间（图3.86）。由于缺乏系统的矿山数据，对于这一区域的矿源难以判断。马江波等先生将炭河里普通铅数据与部分湖南本地金属矿床数据进行对比，认为关联较弱，从而否定本地矿源的可能，可供参考。但无论该区域数据指向何种矿源，其最为重要的特征是与中原地区商末至西周时期的原料数据不同，故其对应的原料可定义为非中原型原料。理论上讲，中原数据范围之外的三个区域的数据均应定义为非中原型原料，但考虑到第二、三个区域的数据又各有其特征，故分别以其特征命名，从而做此区别。从逻辑而言，第一区域的这类非中原型原料虽矿源不定，但利用非中原型原料进行生产，其表达的含义当不同于在中原地区发生的铜器生产活动，可能指向了中原地区之外的铜器生产。该区域内有高砂脊（M5∶58）和炭河里（M4∶19）的铅锡青铜各1例，当指向铅料来源。

第二个区域内本书所测的仅有一个数据，$^{207}Pb/^{206}Pb$比值为0.75，对应的是一件残片（炭河里M4∶32）。根据马文测试结果，炭河里铜器中另有5个数据处于此范围内，包括1个锡青铜数据。该类数据属于典型的高放射性成因铅，主要流行于殷墟一、二期，殷墟三期开始比例下降，四期时极为少见（图3.86）。

第三个区域介于前两个区域范围之间，$^{207}Pb/^{206}Pb$比值约为

0.8—0.83（图3.86）。该范围内的数据在地质学上较为少见，而又处于几批数据之间，我们认为可能是高放射性成因铅与中原型原料或非中原型原料混合的结果。可见从原料来源来讲，湖南铜器所用原料包括商末西周时期的中原型原料、非中原型原料、高放射性成因铅类型原料以及可能由上述几类原料混合形成的原料，表现出多元化特征。该区域合金成分可知的有炭河里的1个铅锡青铜数据（M4∶17），当指向铅料来源。

结合铜器类型可进一步判断铜器的生产背景。将铜器类型与原料类型结合分析，发现中原型原料数据范围内大部分都为典型的中原型铜器，这部分铜器当是中原地区直接传入的（图3.86）。另外，湖南地方型铜器和少量混合型铜器也使用了中原型原料（图3.86）。这指向两种可能性，一是重熔中原铜器制作了这些地方风格的新铜器，二是中原型原料以某种方式直接流入湖南地区，考虑到当时的文化格局，我们认为以前者可能性为大。

其次，非中原型原料的数据范围内分布有地方型铜器，以此种原料生产本地风格的铜器也容易理解（图3.86）。但部分中原型铜器和混合型铜器也使用这种原料制作，中原铸造技术与非中原型原料相结合，其中一种解释便是中原人群使用其他来源的原料在当地生产铜器（图3.86）。可能的混合型原料数据范围内也分布有中原型、混合型、地方型三类铜器，这与非中原型原料反映的现象本质上是相同的（图3.86）。

高放射性成因铅数据共有6个，考虑到混合型原料中高放射性成因铅类型的原料是重要来源之一，推测可能有相当数量的高放射性成因铅铜器被重熔并与其他原料混合使用（图3.86）。由于马文发表的5个铅同位素数据无对应铜器图片，铜器风格无从得知，无法深入讨论。马文根据高放射性成因铅数据推测炭河里铜器群年代较早。但考虑到炭河里铜器生产中可能涉及重熔再利用的现象，以及遗址本身的年代跨度等方面，我们认为尚无法依此对遗址或铜器群的年代进行判定。另外尽管大部分高放射性成因铅铜器风格未知，但其主要出土于炭河里 M4、M8 等单位，这些单位中共存的铜器至少有中原型、地方型铜器，构成复杂，对墓葬年代的判断更需谨慎。

综上而论，中原型原料、非中原型原料、可能的混合型原料数据范围内均分布着中原型、混合型、地方型三类铜器，可见炭河里和高砂脊铜器的生产背景极为复杂。本书所引用的马文数据中，仅3个数据有对应图片可知铜器风格，其他则性质不定。但从数据分布来看，所引用的数据符合以上分析。

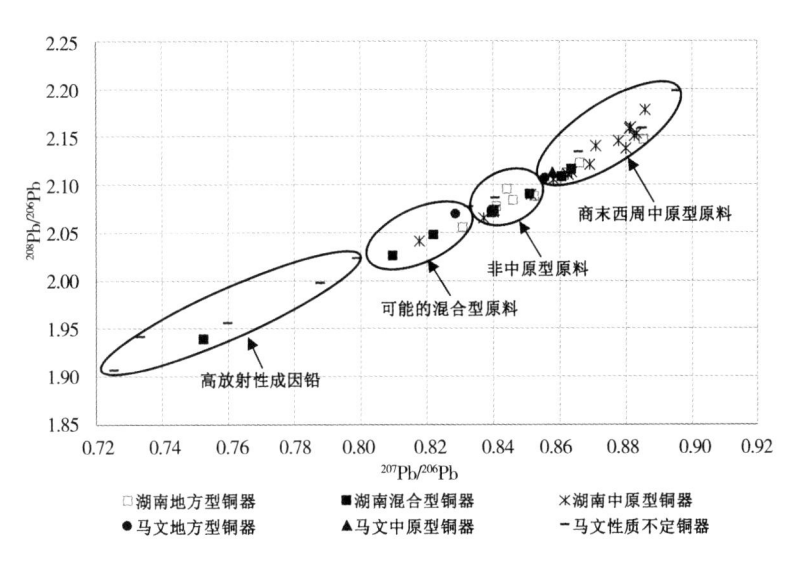

图 3.86　湖南铜器铅同位素数据分布图

（商末西周中原型原料的数据范围由殷墟、琉璃河墓地、横水墓地、晋侯墓地等地数据确定）

通过对炭河里和高砂脊出土铜器的分类和铅同位素研究，对于两地铜器生产背景得出初步认识。炭河里和高砂脊铜器文化内涵一致，均可分为中原型、混合型、地方型三类。铅同位素分析显示两地主要部分的铜器数据集中在同一范围内，应当使用了相同原料，但炭河里铜器数据分布范围更广，原料来源更为复杂。在商末至西周时期的中原地区，殷墟遗址和西周多个诸侯国铜器的铅同位素数据范围较为固定，原料来源较为统一。将湖南铜器与商末西周时期的中原铜器数据进行对比，发现两者既有联系，又有区别。总的来说，湖南铜器主要使用了以下几类原料：中原型原料、非中原型原料以及可能的混合型原料。高放射性成因铅数据共有6例，应是混合型原料的重要组成部分，可能有相当数量的高放射性成因铅铜器被重熔、混合、再利用。结合铜器分类，可知中原型、混合型、地方型三类铜器均使用了上述三种类型的原料，生产背景复杂。

综合上述情况，我们针对炭河里、高砂脊的铜器生产提出一种可能性。既然中原型铜器既用中原型原料生产也用非中原型原料铸造，那么很可能是商人携带了中原生产的铜器来到湖南地区，其中大部分铜器继续沿用，但也有部分铜器被重熔用以铸造混合型和地方型铜器。另外，商人在湖南当地也使用非中原型等多种类型的原料生产中原型和部分混合型铜器。

中原型和大部分混合型铜器铸造质量较高，与之形成鲜明对比的是铸造质量较差的地方型铜器和少量混合型铜器。这些低质量的铜器或许由商人中的低水平工匠生产，但更可能的是当地土著人群在商人影响下铸造的。就原料来源而言，低质量的地方型铜器和部分混合型铜器也使用了中原、非中原、混合三种原料。因此虽然质量高、低不同的铜器可能来自不同的生产线，但铜器所用原料来源是相同的。

根据上述分析，基本可以明确商人携带中原铜器来到湘江流域的事实。另外，高砂脊、炭河里的铜器生产背景呈现出多元化现象。如何借由多元化的生产背景对其背后的文化含义做深入解读是需要进一步研究的方向。本书仅是针对炭河里、高砂脊两个遗址的铜器进行的初步分析。正如施劲松先生认为高砂脊铜器与宁乡出土铜器多有差别，当有不同来源[①]，我们也认为两批铜器当区别研究。炭河里出土6件高放射性成因铅铜器，其数据与三星堆、新干等地铜器

---

① 施劲松：《对湖南望城高砂脊出土青铜器的再认识》，《考古》2002年第12期。

数据一致，主要流行于殷墟前期，当有铜器属于宁乡铜器群的范畴。但由于铜器风格未知，如何看待这些铜器的内涵，正视铜器年代与遗址年代的关联仍待进一步讨论。另外，炭河里、高砂脊铜器的原料类型则以商末西周时期的普通铅类型为主，原料类型的差异也表明炭河里、高砂脊铜器的主体与宁乡铜器群分属于不同时段，不可一概而论。将宁乡铜器群与三星堆、新干甚至城洋铜器群联系起来，置于大的时代背景中考虑长江流域与中原地区的关联或是理解宁乡铜器群的正确途径。

五 其他地点

对叶家山、晋侯墓地等诸侯国铜器的分析表明，西周时期，尤其是西周前期各诸侯国铜器群构成模式大体一致，就生产属性而言，均包含铸造质量较好的高质量中原式铜器和铸造质量较差的本地式铜器两类。铸造质量较好的高质量中原式铜器是西周各地铜器群的主体，广泛见于各个诸侯国。以往关注较少的是铸造质量较差的本地式铜器，一方面由于出土数量较少，另一方面也因铸造水平低，较少有学者对这些铜器予以足够重视。但正是这些低质量的铜器反映出与高质量中原式铜器不同的生产背景，最有可能代表本地产品从而指向诸侯国的铜器生产能力。事实上，除了以上分析地点外，低质量铜器也广泛见于西周时期的其他诸侯国，以下举例说明。

应国墓地位于河南省平顶山市新华区滍阳镇北滍村西侧的滍阳岭上，墓地自西周早期开始历经两周、两汉始终沿用，其中属于应国的墓葬包括西周早期至春秋早期以及春秋中期至战国中期的应国贵族墓[①]。该墓地出土较多的低质量铜器，其中一个原因或许是由于盗墓者在盗墓时倾向于选取质量较好的精美铜器，而遗留了质量较

---

① 河南省文物考古研究所、平顶山市文物管理局：《平顶山应国墓地Ⅰ》，大象出版社 2012 年版。

差的铜器。在西高皇鱼塘中就发现一批低质量的残破铜器，可能是盗墓者丢弃[1]。

这些低质量铜器中一部分为实用器，另外一些铜器包括不少锡器当具有明器性质，如 M50 出土的锡觯、锡觥（图 3.87，16、17）。这些低质量铜器的器类包括鼎、簋、觯、尊、爵、卣、盘、盉等，往往在墓葬中以组合的方式出现。如 M242、M85、M210 以及 M50 均出土多类本地式铜器，应在墓葬中充当铜器组合的一部分（图 3.87）。

与叶家山等诸侯国墓地一样，应国墓地也见有仿制高质量中原式铜器的现象，最为典型的例子有二。一是 M84 出土的应侯甗，整体器形与西周早期的典型铜甗大体一致，纹饰明显模仿高质量中原式铜器。高质量中原式铜甗在口沿下多饰一周纹饰带，而应侯甗将纹饰带简化为两条平行弦纹；高质量中原式铜甗的三足上部普遍装饰浮雕兽面纹，应侯甗虽也装饰兽面纹，但与前者相比，两角构图相异、眉部省略、浮雕方形兽眼也简化为单线条的圆眼，兽面纹显得极不美观（图 3.88，1、2）。相应于拙劣的纹饰，应侯甗的铭文字体也不规整，与高质量中原式铜器的铭文形成鲜明对比（图 3.88）。应国在西周中期有本地制作的应侯铜器出现，这种现象在㮯国墓地中也可见到，或许与某种政治因素相关，是否具有普遍意义还需更多材料的支持。另外一个仿制的例子是 M85 出土的铜鼎（图 3.88，3）。该鼎模仿的是西周中期流行的顾首龙纹圆鼎，如上海博物馆藏的十五年趞曹鼎整器铸造质量较高，口沿下饰对称的顾首龙纹组成的纹饰带（图 3.88，4）。仿制铜鼎整体显得质量较差，不少铸造痕迹未经处理，而口沿下的对称顾首龙纹也简化成对称的"S"形纹饰（图 3.88，3）。

---

[1] 河南省文物考古研究所、平顶山市文物管理局：《平顶山应国墓地Ⅰ》，大象出版社 2012 年版，第 729 页。

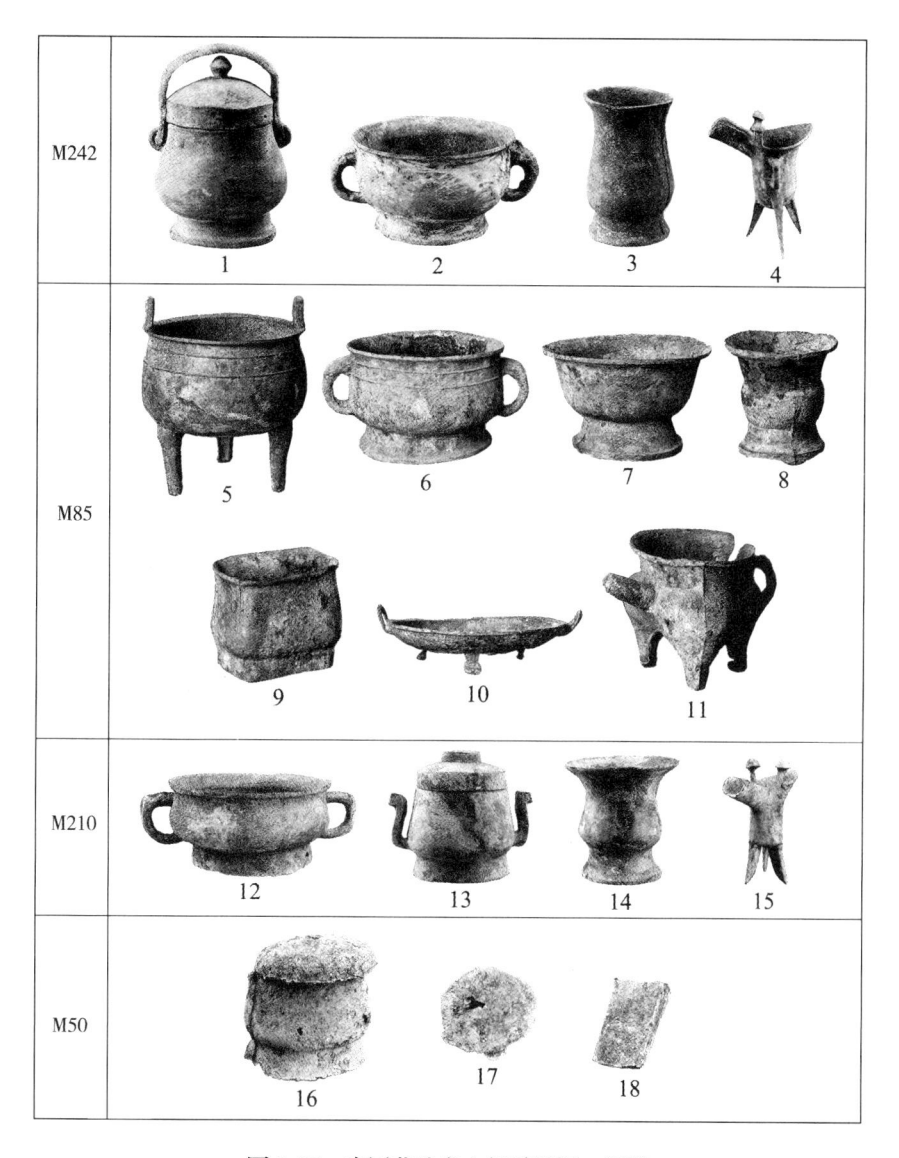

第三章 "授命分器"——西周时期的铜器流通体系 253

图 3.87 应国墓地出土低质量铜、锡器

1. 卣（M242:7） 2. 簋（M242:14） 3. 觯（M242:6） 4. 爵（M242:6） 5. 鼎（M85:1） 6. 簋（M85:8） 7. 簋（M85:2） 8. 尊（M85:5） 9. 觯（M85:4） 10. 盘（M85:9） 11. 盉（M85:13） 12. 簋（M210:4） 13. 双耳卣（M210:5） 14. 尊（M210:10） 15. 爵（M210:14） 16. 锡双耳卣（M50:6） 17. 锡钖（M50:21） 18. 锡斧（M50:22）

图 3.88 应国本地式仿制品

1. 应侯甗（M84：89） 2. 应监甗（江西余干县出土） 3. 鼎（M85：12） 4. 十五年趞曹鼎（上海博物馆藏）

  1978 年河北元氏县西张村发现一批铜器和几件玉器，发现者称器物出于一长方形土坑内①，所发现的铜器组合形式也符合墓葬的特征，因此判断出土单位当为一座墓葬。铭文铜器中臣谏簋铭文提到"井（邢）侯搏戎"，推知此地为西周邢国所在。西张村铜器中尊、鼎为垂腹形态，提梁卣盖已有犄角，属于较为典型的西周中期铜器。

  该地点出土铜器中，有一类铜器普遍素面无纹、铸造水平较差，

---

① 河北省文物管理处：《河北元氏县西张村的西周遗址和墓葬》，《考古》1979 年第 1 期。

器形也有一定地域特点。如铜甗的鬲部极为低矮，与西周早、中期常见的铜甗差别极大（图3.89，1）；铜盉造型奇特，整体呈罐形，带三足，有流有盖，类似的器形罕见于其他地区（图3.89，2）；盘的造型虽无特殊之处，但与铜甗、盉一样，铸造较为粗糙（图3.89，3）。这三件铜器反映的生产背景与高质量中原式铜器截然不同，属于本地式铜器。

图3.89 邢国本地式铜器

1. 甗　2. 盉　3. 盘

虢国墓地位于三门峡市区北部，墓地发现于1956年，是一处大型邦国公墓地，墓葬总数在500座以上。虢季墓（M2001）出土铜器组合完整、数量较多，且有较多铭文铜器，可作为虢国高等级墓葬的代表。该墓分别出土实用礼器和明器各一套。明器组合，包括鼎、簋、尊、爵、盘、方彝各3，觯、盉各2件，铸造极为粗糙（图3.90）。报告根据明器形制认为食器组合包括3鼎2簋，另有1簋形制不同；酒器组合为3尊、3爵、3方彝、2觯；水器组合包括两套1盘1盉的组合①。梁姬墓（M2012）也出土有实用礼器和明器各一

---

① 河南省文物考古研究所、三门峡市文物工作队：《三门峡虢国墓》第一卷，文物出版社1999年版，第528—529页。

套。这些铜明器远距离传播的可能性较小，更可能反映了本地生产的背景。目前已经发现属于虢国的铸铜作坊，尽管具体材料不明，但种种证据指向虢国在西周晚期已经具备独立生产铜器的能力。

图 3.90　虢国墓地 M2001 虢季墓部分明器组合
1. 彝（M2001∶111）　2. 尊（M2001∶108）　3. 觯（M2001∶132）　4. 尊（M2001∶120）　5、6. 簋（M2012∶40、M2012∶24）　7. 盘（M2001∶107）　8. 爵（M2001∶118）

洛阳北窑西周墓地被盗严重，出土材料十分有限，铜器材料主要属西周早期。根据出土铜器的铭文可知，北窑墓地埋葬者多为西周王室重臣和其他高等级贵族，可作为西周王朝核心区的代表性材料。值得注意的现象是，北窑墓地的铜器与各诸侯国高质量中原式铜器存在较强一致性。如西周早期流行的短扉棱+兽面纹纹饰在洛阳北窑、虢国墓地、琉璃河墓地、叶家山墓地等地均可见到十分近似的形式。另一类西周早期十分流行的列旗兽面纹也广泛的见于洛阳北窑和其他诸侯国铜器上。前文关于洛阳北窑铸铜遗址的分析中也指出洛阳北窑出土的多类陶范均可在地方诸侯国铜器找到一致的对应。因此，可以认为洛阳北窑墓地出土的铜器与其他诸侯国的高质量中原式铜器具有极强的一致性，北窑铸铜作坊作为中央式作坊可能是以上铜器的生产地点之一。但中央式作坊并非仅有洛阳北窑一处，周原、丰镐地区的铸铜作坊都是需要关注的地点。

此外，在一些地方诸侯国发现的质量较差的本地式铜器却不见于北窑墓地。这是否反映了王朝核心区铸铜业与地方诸侯国铸铜水平的差异还有待于更多材料的证实。

以上材料表明，西周时期反映本地生产背景的本地式铜器广泛分布在各地诸侯国，这当是一种普遍现象。只是各诸侯国本地式铜器比例较低，暗示诸侯国的铸铜活动不仅技术较差，规模也十分有限。从时间角度看，不少地方诸侯国的铸铜水平和规模是逐渐提高的。西周早期，各诸侯国铜器群从组合到形制表现出极为统一的现象。此时铭文标示属于本国的"某侯作器""某公作器"等几乎无一例外的均属高质量中原式铜器，这是否暗示该类铜器具有某种特定的政治涵义，地方诸侯国无权私自生产？但西周中期时，如弭伯、应侯铜器均有本地仿制品形式，似乎表明诸侯国独立性的增强。西周晚期时，各地普遍流行的明器类铜器从另一个角度暗示诸侯国独立铸铜业的存在。种种迹象表明，西周时期诸侯国普遍存在铜器生产活动，但不同诸侯国之间情况各有差异。

第三节　金文所见的铜料与铜器

商周时期的金文资料中有不少关于各类资源的直接或间接记载，为我们探讨这一问题提供了重要的文献基础。许多依据现有考古材料和科学分析无法解决的细节问题，都可依据金文材料进行分析。何树环先生对西周与赏赐相关的铭文做了系统梳理[①]。铭文中提及的

---

① 何树环：《西周锡命铭文新研》，文津出版社2007年版，第190页。

所赏赐之物主要包括车马、车马饰、旂之属、土地与臣仆、兵器以及金玉。车马器中部分器物如金膺、攸勒、金厄等可被认为是锡命之物，但也有一些在车上不显眼位置的饰物、构件或许可以自行配置或相互馈赠，非锡命之物。旂之属有区分身份等级的作用，属于锡命之物。土地与臣仆的情况较复杂，有的属于锡命，有的为赏功等性质，不属于此范畴。赏赐的兵器主要是弓矢。但赏赐弓矢在赏功、馈飨、射事等铭文中均见，难以定论。除以上类别外，铭文所见其他赏赐之物主要是金、玉。何树环先生注意到"宗彝之属未见于周王锡命之铭文中，反而仅在确定为非锡命之铭文出现"。玉器也是类似的现象，如明确为周王赏赐的情况，均非锡命铭文。由此来看，青铜器、玉器这些礼制系统的核心内容应该不是在锡命过程中赏赐，而是以其他方式赏赐。

除锡命铭文外，金文资料中还有许多其他与资源相关的记载需要系统收集、分析。虑到商周金文资料数量庞大，内容涉及极广，为了尽量全面收集金文资料，我们以吴镇烽先生编著的《商周青铜器铭文暨图像集成》① 为主要参考，结合《殷周金文集成引得》②对晚商至东周时期相关的金文材料进行系统检索、收集。具体的方法是，先根据《殷周金文集成引得》收集相关铭文资料，再利用检索关键字的方法在《商周青铜器铭文暨图像集成》中全面检索。我们所检索的关键字一部分直接指向资源本身，如金、玉、马、盐、矿等，另一部分则包括与资源和资源分配相关的量词和动词，如作为重量单位的钧、钣，反映铜器制作的铸、作，反映贡赋和赏赐的献、宾、贡、服、易等。通过这些金文关键字的系统检索，基本上可将商周金文中与资源相关的资料囊括其中。下文以关键字为线索，分别讨论金文中所见的资源与社会。

关于与金属资源相关的铜器铭文。

---

① 吴镇烽：《商周青铜器铭文暨图像集成》，上海古籍出版社2012年版。
② 张亚初：《殷周金文集成引得》，中华书局2001年版。

金文中与金属资源相关的字最多见的就是"金"字,"铜"字极为少见,另有▇字,虽具体释读学者有所异议,但其字意为铜锭之意为多数学者赞同①。钧、钣作为重量单位多与金属相关。另外,铸、作则与铜器生产相关,也当纳入本书分析。但经过系统检索后发现凡是带有钧、钣的铭文均带有金字,发生重合。而铸字出现极少,表示铸造铜器主要使用作字。因此综合考虑后主要对带有金字和作字铭文进行讨论。根据前文的分析可知商周不同时期的资源流通模式均有不同,因此分析需按时段进行。商时期的金文材料十分有限,西周时期则大体分为早、中、晚三期。前文研究虽未涉及东周时期,但考虑到金文材料以东周时期居多,对比东周金文材料也有助于理解商、西周时期的情况。因此将东周材料也囊括于此。

一 带"金"字铭文

1. 赐金

第一,铜料的赏赐。

"金"在商周铭文中出现较为频繁,按时代来讲,西周早期约有"金"字铭文36例;西周中期有43例;西周晚期查到32例;东周时期则超过180例。以上统计数据仅以铭文内容为准,对于属于一套的多件铭文相同铜器仅做一例铭文计算。排除人名等个别情况,绝大部分"金"字铭文大体可以归为三类铭文。一是易(赐)金类,一是孚金类,还有一类是献金铭文。这三类铭文均与铜料资源的流通密切相关。

易金类铭文是"金"字铭文的最主要类别,往往记载了王、大臣、诸侯等赏赐吉金的事件。这里也可大体分为两类,即赏赐铜料和赏赐铜器。首先,针对赏赐铜料的情况来讲,对于赐金的主体的判断就显得较为重要。赐金者无疑是拥有铜料的人群,他们可能是

---

① 刘传宾:《说"金"字的一种特殊形体》,复旦大学出土文献与古文字研究中心网站,2010.12.1. http://www.gwz.fudan.edu.cn/SrcShow.asp? Src_ID=1318

铜料的分配者，也可能是铜料的中转者，但至少表明该人群至少有掌握铜料的能力和权利。我们按时代分别统计了赐金者的身份。西周早期时，赐金辞例在所有带"金"字铭文的辞例中比重最大，十分常见。赐金者最为常见的是王和重臣，其次可见一些地方诸侯，如邢侯、燕侯等。还有个别的辞例仅为人名，无法判断身份（表3.12）。但从比例而言，赐金者绝大部分为王或高级别的贵族。这也表明在西周早期，大部分的铜料可能掌握在王室手中，再行分配。尤其值得注意的是一些地方诸侯国也应当掌握有铜料，尽管诸侯国的铜料是由中央分配还是另有渠道直接获得还难以确定，但金文材料明确表明一些诸侯国不仅掌握铜料，还可进行再分配。更为有趣的是，根据前文的分析可知燕国墓地及邢国墓地中都可见反映本地生产背景的本地式铜器，金文资料也确实表明两国掌握有铜料，由此推测两国应当使用了其所掌握的铜料在本地进行过铜器生产活动。

西周中期时，关于赐金的辞例中，赏赐铜料的辞例明显变少，而更多的赏赐车马器等铜器。铜器的赏赐后文有专门论述，就铜料的赏赐而言，由周王进行的赏赐似乎开始减少，地方诸侯及大臣等其他人群在比例上更大（表3.13）。

到了西周晚期和东周时期，赐金辞例已经非常少见，特别是由王主导的赐金活动近乎消失（表3.14）。由此来看，从西周早期到东周时期，赐金的活动见于金文的频率逐渐减少，更值得关注的是王作为赐金主体主要见于西周早期，西周中期明显减少，到西周晚期及之后极为罕见，这表明由周王或王朝中央主导的铜料再分配活动主要发生在西周早、中期，尤其是西周早期，西周晚期及东周时期，这种中央再分配的模式可能发生较大变化，伴随着地方诸侯国铜器制造的逐渐独立化，中央对地方的铜料分配也较为少见。赐金辞例的历时性变化实则是与周代铜器的制作背景的变化相吻合的。前文针对各诸侯国铜器生产背景的分析中，可以看到西周早期各诸侯国表现出较强的一致性，铜容器可能主要来自于中央的直接分配，但西周中期开始，一些诸侯国的铜器制作开始逐渐独立起来。东周时期，各地诸侯国铜器的本地制作背景则已经非常明确。金文记载与考古现象实是吻合的。

表 3.12　　　　　　　　西周早期的赐金者身份

赐金者类别	赐金与受金者
王	王→𩵦妩遣　王→师馀（俞）　王→禽　王→又（右）事（史）利 王→作册折　王→小子生
诸侯	井（邢）戾（侯）→麦　相戾（侯）→臣戋? 匽（燕）戾（侯）→寡（宪）
大臣及其他	臣卿→公违　朙（明）公→六师　朙（明）公→矢令　公→比 大（太）俘（保）→臣栨　大（太）俘（保）→史（使）叔 陶子→（陶）㚸　伊妩→辛吏（事）

表 3.13　　　　　　　　西周中期的赐金者身份

赐金者分类	赐金与受金者
王	王→羕（鲜）　王→柞白（伯）
诸侯	㝬（胡）戾（侯）→遹
大臣及其他	白（伯）犀父→（御）史竞　伯雔（雝）父→彔　内史→甹（并） 师醮（雍）父→㪔　中（仲）羑（竞）父→取（贤）　辛宫→畲（舍）父　大矩→豐

表 3.14　　　　　　西周晚期至东周的赐金者身份举例

时代	赐金与受金者
西周晚期	虢中（仲）→公臣　皇君尹弔（叔）→射　令宰僕→噩 同中（仲）→幾父
春秋晚期	筥（桓）武霝（灵）公→尸（夷）

第二，铜器的赏赐。

锡金辞例中除了单纯的锡金外，还有不少直接赏赐铜器的辞例，这类辞例也非常重要。西周早期的金文中，直接赏赐铜器的辞例较少，主要仍是以铜料的赏赐为主（表 3.15）。赏赐铜器的几例铭文中如小盂鼎（《集成》02839）："……（誕）王令賞盂，□□□□□，弓一、矢百、畫虢（皋）一、貝冑一、金冊一、戚戈二、矢蠆八……"賞賜的主體是王，被賞的銅器包括箭鏃、戈等兵器，另有金冊。另外一例記載賞賜兵器的銅器是小臣宅簋（《集成》04201）："……白（伯）易（錫）小臣宅畫冊、戈九、易（錫）金車、馬兩（兩）……"記載了伯錫小臣銅戈等物。兩例銘文直接指明了兵器的流通現象。另外，小臣宅簋中所見的金車是金文中常見辭例，但如何斷句仍不確定，或者為金、車或者金車為一物。西周早期的保員簋（《新收》1442）記載："……儠公易（錫）保鼎（員）金車……賞賜者為儠公。獻簋（楷伯簋）。"（《集成》04205）記載："……楷（楷、黎）白（伯）令氒（厥）臣獻（獻）金車……"，其銘文是否表明黎伯之下的臣子也可能有製作銅器或掌握銅料的能力，還難以斷定。總的來看，西周早期時，直接賞賜銅器的例子較少，有也多是兵器等小件銅器，我們認為銅容器多是以賞賜吉金，再自行定做的模式生產的。此外，與銅料同時賞賜的物品有鬯、臣、牛等，物品的賞賜並未形成某種固定組合（表3.15）。

表3.15　西周早期金文所見賞賜銅料、銅器及其他物品表

器名	賞賜物品
憲鼎	貝、金
小盂鼎	弓一、矢百、畫虢（皋）一、貝冑一、金冊一、戚戈二、矢蠆八
叟簋（相侯簋）	帛、金
叔簋	芬（鬱）鬯、白金、牜（犛）牛
小臣宅簋	宅畫冊、戈九、易（錫）金車、馬兩（兩）
小子生尊	金、芬（鬱）鬯
作冊折尊	金、臣
矢令尊	鬯、金、小牛

第三章 "授命分器"——西周时期的铜器流通体系

到了西周中期，尽管铜料赏赐的现象减少，但由周王进行的铜器赏赐现象明显增多，赏赐铜器的类别主要以各类车马器等小件铜器为主，并且与其他物品形成固定组合（表 3.16）。除周王的赏赐外，同卣（《集成》05398）上还见有"矢王易（锡）同金車、弓矢"的铭文，这与小臣宅簋等铜器铭文反映了同样的现象，即除周王外，其他贵族也可直接进行铜器赏赐。

表 3.16　西周中期金文所见赏赐铜料、铜器及其他物品表

器名	赏赐物品
番生簋盖	朱市（韍）、心（葱）黄（衡）、鞞鞣（䩨）、玉睘（環）、玉㻌（琮）、車、電軨、奉（賁）緟較（較）、朱鞹（鞎）、㒼蕲（靳）、虎冟（幦）、熏（纁）裏、造（錯）衡、厷厄（軛）、䓫（畫）鞎、䓫（畫）輴（䡇）、金童（鐘）、金豙（軏）、金簟弻（茀）、魚葡（箙）、朱旂旜（旜）、金芳（芫）二鈴
牧簋	鹭（秬）鬯一卣（卣）、金車、奉（賁）較（較）、䓫（畫）輴（䡇）、朱鞹（鞎）、㒼蕲（靳）、虎冟（幦）、熏（纁）裏、旂、余（驂）馬三（四）匹
曶簋	戠（緇）市（韍）冋黄（衡）、鋚、彶
召簋	玄（玄）衣、滮屯（純）、戠市（韍）、幽黄（衡）、金雁（膺）
由盨盖（原名古盨盖）	金車、旂、㚔㫃（市？）、幽黄（衡）
豐尊	金、貝
同卣	矢王易（錫）同金車、弓矢
吳方彝盖	鹭（秬）鬯一卣（卣）、玄（玄）衮衣、赤舄、金車、奉（賁）㒼朱虢靳（靳）、虎冟（幦）、熏（纁）裏、奉（賁）較（較）、畫鞎、金甬（筩）、馬三（四）匹、攸（鋚）勒
獻盤	仲（佩）戈（緇）市（韍）絲亢、金車、金彶
師䫏鼎	玄衣、䚵（黹）屯（純）、赤市（韍）、朱黄（衡）、綐（鑾）旂、大（太）師金雁（膺）、攸（鋚）勒
㢸伯師耤簋	玄（玄）衣、黹屯（純）、銖（素）市（韍）金鈧（衡）、赤舄、戈琱戚、彤沙（緌）、攸（鋚）勒、綐（鑾）旂
師瘨簋盖	金勒
覭簋	赤市（韍）、幽黄（衡）、金車、金勒、旂

续表

器名	赏赐物品
彔伯戜簋盖	瑿（秬）鬯一卣（卣）、金车、桒（贲）㝅（幬）鞃（较）、桒（贲）㐫朱虢（鞃）靳（靳）、虎冟（幦）宷（朱）裏、金甬（甬）、晝（畫）轊（輯）、金厄（軛）、晝（畫）䡎、马三（四）匹、鋚勒
衛簋甲	仲（佩）、戈（緇）市（韍）殳（朱）亢、金车、金旗

西周晚期，周王赏赐铜器等物品的模式与中期无大差异，一些车马器仍是主要的赏赐物品（表3.17）。整个西周时期，均可看到以周王为主的车马器、兵器等小件铜器的直接分配，但这并不等同于各地诸侯国的车马器、兵器均完全由中央分配。事实上，我们对叶家山等地车马器、兵器的分析表明，地方诸侯国的车马器、兵器当主要在本地生产。金文材料提示我们，除了本地生产的铜器外，可能也有部分车马器、兵器等小件铜器来源于中央分配，如同部分铜容器一样。各诸侯国所见的车马器、兵器中，往往会有少量的铸造精致甚至带有铭文的铜器，这些精致的小件铜器的制作背景是我们需要特别考虑的。

西周晚期的公臣簋甲（《集成》04184）记载："虢中（仲）令（命）公臣：'䨞（司）朕（朕）百工，易（錫）女（汝）马乘、鑣（鐘）五、金，用事。'……"这则铭文直接表明虢仲对公臣直接赏赐铜钟、铜料的史实，更重要的是虢仲命公臣掌管其百工，说明其拥有独立的手工业生产能力。综合来看，西周晚期时虢国可能已经掌握铜料并独立进行铜器生产。

表3.17　西周晚期金文所见赏赐铜料、铜器及其他物品表

器名	赏赐物品
三年师兑簋	瑿（秬）鬯一卣（卣）、金车、桒（贲）鞃（较）、朱虢（鞃）、函靳（靳）、虎冟（幦）、熏（纁）裏、左厄（軛）、晝（畫）轊、晝（畫）䡎（輯）、金甬（甬）、马三（四）匹、攸（鋚）勒

续表

器名	赏赐物品
師𠭰簋	叔（素）市（韍），金黄（衡）、赤舄、攸（鋚）勒
師克盨	䯣（秬）鬯一卣，赤市（韍）、五黄（衡）、赤舄、牙僰、駒車、奉（賁）較（較）、朱虢（鞹）、靣（靷）䡈（靳）、虎冟（幎）、熏（纁）裏、畫轉（轉）、畫幨（幭）、金甬（䈽）、朱旂，馬三（四）匹、攸（鋚）勒，素（素）戉（鉞）
呈盨（寅簋）	䯣（秬）鬯一卣（卣）、乃父市（韍）、赤舄、駒車、奉（賁）較（較）、朱虢（鞹）、靣（靷）䡈（靳）、虎冟（幎）、熏（纁）裏、壽（畫）轉（轉）、壽（畫）幨（幭）、金甬（䈽）、馬三（四）匹、鋚勒
卌三年逑鼎甲	䯣（秬）鬯一卣（卣）、玄袞衣、赤舄、駒車、奉（賁）較（較）、朱虢䡈靳、虎冟（幎）熏裏、畫轉畫幭、金甬、馬三（四）匹、攸（鋚）勒
毛公鼎	䯣（秬）鬯一卣（卣），䣙（祼）圭𤨒（瓚）寶，朱市（韍）、心（葱）黄（衡）、玉環、玉瑹（琮）、金車、奉（賁）𦃇較（較）、朱䡇𠦪䡈（靳）、虎冟（幎）、熏裏、右戹（軛）、壽（畫）轉、壽（畫）幨（幭）、金甬（桶）、造（錯）衡、金疃（踵）、金豪（䡅）、鞃（䩕）、晟（盛）、金簟（簟）弼（茀）、魚葡（箙）、馬三（四）匹，攸（鋚）勒、金𩰫、金雁（膺）、朱旂二鈴（鈴）

2. 俘金

商周金文中，有一些关于俘金的铭文记载。俘金也可大体分为两类，一类是俘器，一类是俘料。关于俘器的记载，可以西周早期的叡侯鼎（《集成》02457）为例，铭曰："叡（䚅）医（侯）隻（獲）巢，孚（捋）氒（厥）金冑，用乍（作）肇（旅）鼎。"若按字面意思理解，该则铭文反映的现象有可能是将所俘铜器进行回收、重熔，用以铸造铜容器的现象。这也是获取铜料资源的一种形式。类似的可能与回收、重熔相关的铭文还有西周中期的师同鼎（《集成》02779），铭文为："孚（掠）戎金冑卅、戎鼎廿、铺五十、鐱（劍）廿，用鏿（鑄）丝（兹）䑗（尊）鼎，子₌（子子）孫₌（孫孫），其永寶用。"对于金文所见的回收、重熔现象，牛津大学的杰西卡·罗森爵士在2015年12月召开的"古代欧亚大陆的金属流通研讨会"上已经指出，并提到上述铭文材料。我们赞同商周时期存在着铜器的重熔现象，尤其是对所俘获的外族之器，不符合本土需求而进行重熔的现象合乎逻辑，但对于重熔的规模仍是难以衡量的一个问题。相较而言，金文中关于俘料的记载可能更具启发意义。

西周早期时，俘铜料的铭文可以下面三则为代表：

過伯簋（《集成》03907）：

　　迿（過）白（伯）從王伐反㭛（荆），孚（俘）金，用乍（作）宗室寶隣（尊）彝。

狱馭簋（《集成》03976）：

　　狱駿（馭）從王南征，伐楚㭛（荆），又（有）得，用乍（作）父戊寶隣（尊）彝，𠬝（吴）。

員卣（《集成》05387）：

　　鼎（員）從史旟（旗）伐會（鄶），鼎（員）先内（入）邑，（員）鼎孚（俘）金，用乍（作）旅彝。

其中，過伯簋和狱馭簋均记述了周王伐长江中游的荆楚，并有所得，结合安州六器等其他铭文资料，也可得知西周早期周王朝与荆楚之间多有冲突，甚至于昭王殒命于此。从考古学文化来看，此时，地处荆楚尤其是鄂东南的土著势力中以大路铺文化人群最为重要。我们在前文对长江中、下游商周时期的采矿遗址、考古学文化进行了系统梳理，认为西周至春秋时期，长江中游地区的采矿遗址主要为大路铺文化人群所控制。从叶家山的情况来看，西周早期周王朝的铜料资源可能有部分来自于长江中游地区。种种现象表明，此时长江中游地区的土著势力与周王朝之间应当存在着铜料流通。而诸多铜器铭文记载了此时周王朝对荆楚多有征伐，并有俘金，其背后的动因是什么还难以确定。或许与铜料资源有关，或许出于政治因素。但俘金可能并非战争的主要目的，战争劫掠铜料也很难维持周王朝稳定的铜器生产。对于俘金更为恰当的理解，一方面是肯定此时荆楚出产铜料，另一方面，俘金与俘人、俘牛在本质上并无差别，只是抢夺资源的一种形式。至于周王朝征伐荆楚是为了铜料资源还是其他原因仍是待解之谜。

西周晚期金文资料中，关于俘金的记载可以下四则铭文为代表：

伯䍩父簋铭文（《首阳吉金》，107 页）：

> 佳（唯）王九月初吉庚午，王出自成周，南征伐㲋虪（子）、囗桐潏（遹）。白（伯）䍩父從王伐，窺（親）執噝（訊）十夫、䜌（馘）廿，得孚（俘）金五十匀（钧），用乍（作）寶毁（簋），玘（揚）。用言（享）于文且（祖）考，用易（錫）萬年亖（眉）壽（壽），㞢（其）㒼（萬）年子=（子子）孫=（孫孫）永寶用言（享）。

翏生盨铭文（《集成》04459）：

> 王征南淮尸（夷），伐角瀷（津），伐桐遹，翏生從，執噝（訊）折首，孚（俘）戎器，孚（俘）金，用乍（作）旅盨，用對剌（烈），翏生眔（暨）大媥（妊），㞢（其）百男、百女、千孫，㞢（其）邁（萬）年䖒（眉）壽（壽），永寶用。

仲偯父鼎铭文（原名仲偁父鼎）（《集成》02734）：

> 唯王五月初吉丁亥，周白（伯）邊坙（及）中（仲）偯（偁）父伐南淮尸（夷），孚（俘）金，用乍（作）寶鼎，㞢（其）萬年子=（子子）孫=（孫孫）永寶用。

師袁簋銘文（《集成》04313）：

> 王若曰：師袁，叟（拂）淮尸（夷），繇我貟（帛）晦臣，今敢（敢）博（薄）氒（厥）眾叚（暇），反（返）氒（厥）工事（吏），弗速（蹟）我東馘（國），今余肇令女（汝）遂（率）齊帀（師）、曩、釐（萊）、僰、尸、左右虎臣，正（征）淮尸（夷），即賢（賢）氒（厥）邦嘼（酋），曰冄、曰𢍆（棻）、曰鈴、曰達，師袁虔不夾（墜），夙（夙）夜卹（恤）氒（厥）牆（將）旗（事），休既又（有）工（功），折首執噝（訊），無諆徒駿（馭），歐（毆）孚（俘）士女、羊牛，孚（俘）吉金，今余弗叚（暇）組（俎），余用乍（作）朕（朕）後男鳘隮（尊）殷（簋），其禸（萬）年子＝（子子）孫＝（孫孫）永寶用亯（享）。

相较于西周早期的俘金铭文，此时最大的变化是由周王朝与荆楚的矛盾转变为与南淮夷的矛盾。上述铭文中，除俘金外，还可见俘士女、牛羊，可见在战争中，铜料与人口、牛羊等都是劫掠的同等对象。同样的，我们无法确知周王朝与南淮夷的战争是否与铜资源有关，但此时南淮夷当独立掌握铜料，并生产"戎器"，这在金文中是可确知的。只是限于材料，该地区与周王朝之间是否存在大规模的铜料流通还不明确。

综上所述，目前俘金类铭文所带给我们的信息一方面是荆楚、南淮夷在不同时期都已经独立掌握了铜料来源，并可能开展了一定规模的铜料生产。另一方面，周王朝在对南方的征伐中，获取了一定量的铜料，但所获铜料的多少还难以衡量，并且我们认为以俘金铭文为依据建立周王朝南下"掠铜论"是缺乏充分依据的。周王朝征伐南方，其中原因之一或许与为建立稳定的铜料来源有关，但将"掠铜"作为常态，认为周王朝的主要铜料来源来源于劫掠则令人难以理解。俘金应当只是表象，对于冲突背后的动因进行探讨是更为重要的思考方向。

3. 献金

金文材料中除锡金和俘金外，还有一类献金铭文。这类铭文数量较少，西周早期时基本不见献金类铭文，西周中期时，较为重要的两则铭文分别为小臣守簋盖和敔簋盖的铭文。小臣守簋盖（《集成》04180）铭文为：

> 佳（唯）五月既死霸辛未，王事（使）小臣守事（使）于夷，夷賓（儐）馬兩（兩）、金十鈞，守叡（敢）對駲（揚）天子休令（命），用乍（作）豐（鑄）引中（仲）寶殷（簋），子＝（子子）孫＝（孫孫）永寶用。铭文记述了夷向小臣守馈赠马匹、铜料。敔簋盖（《集成》04213）的铭文更为重要，全文为：戎獻（獻）金于子牙父百車，而易（錫）盌（魯）敔（殷）敖（敖）金十鈞，易（錫）不諱，敔（殷）敖（敖）用祁（祡）用壁，用侑（頡）、稽）首，亡（其）右子歆事（吏）孟，敔（殷）敖（敖）黃（貺）用豹（豹）皮于事（吏）孟，用乍（作）寶殷（簋），敔（殷）敖（敖）亡（其）子＝（子子）孫＝（孫孫）永寶。

这则铭文表明戎与齐国之间存在着大规模的铜料流通现象。

尽管小臣守簋盖和敔簋盖中所指的夷和戎属于哪个具体族群不明，但两则铭文尤其是敔簋盖的铭文表明至少在西周中期，个别地方诸侯国有着独立获取铜料的行为和权利。西周时期铜料的流通模式，可能并非简单的中央集中再分配模式，诸侯国应当有独立获取铜料的能力和权利。这一点在叶家山曾国墓地、强国墓地以及晋侯墓地的分析中已经得到证明。

战国中期的陳侯午簋（《集成》04145）有铭文曰：

> 隹（唯）十又三（四）年，墜（陳）医（侯）午台（以）群者（諸）医（侯）貺（獻）金，乍（作）皇妣孝大妃祭器錌鐘（敦），台（以）羍（烝）台（以）嘗，保有齊邦，永岦（世）毋忘。

铭文表明战国时期的铜料流通可能十分复杂。

另外，献金铭文中，除了贡献铜料外，还可见献器铭文。著名的鄂侯馭方鼎（《集成》02810）铭文中有：

> ……噩（鄂）医（侯）駿（馭）方内（纳）壺于王……。

类似的献器铭文还有几例，如西周中期的齍卣（《新收》1452）铭文为：……丙公獻（獻）王籨（馈）器，休無遣（遣、譴），内尹右衣（殷）獻（獻），公龕（飲）才（在）官（馆），易（錫）齍馬……。西周中期的晶簋（蜺簋）（《集成》04159）铭文为：隹（唯）正月初吉丁卯，晶（蜺）造（延）公。公易（錫）晶（蜺）宗彝一隊（肆）、易（賜）鼎二、易（賜）貝五朋。晶（蜺）對剔（揚）公休，用作辛公殷（簋），芇（其）萬年孫子寶。

这些铭文启示我们西周时期铜器生产背景可能是多元化的。

4. 其他类别铭文

以上几类铭文涵盖了大部分反映铜料流通的金文资料。此外还有一些铭文无法纳入以上类别，需要单独讨论。较为重要的如西周中期后段的儵匜（《集成》10285），全文铭文较长，与铜料相关的部分为：

> ……佼（鞭）女（汝）五百，罰女（汝）三百乎（鋝）。白（伯）剔（揚）父廼（乃）或（又）吏（使）牧牛誓曰"自今余敢燹（擾）乃小大史（事）。""乃師或㠯（以）女

（汝）告，劓（則）致（致），乃俊（鞭）千，黥（幭）䵝（剭）。"牧牛劓（則）誓。乃曰（以）告事（吏）䢉、事（吏）䨋于會。牧牛䩿（辭）誓成，罰金。儵（䵣）用乍（作）旅盉。

铭文记载牧牛除了被给予相应的刑罚外，还要缴纳一定量的铜料作为罚金。这表明西周中期时，铜料可以为个人所拥有，并有可能以复杂方式流通。

另一条极为重要的铭文是曾伯霥簠（《集成》04631）所载铭文：

佳（唯）王九月初吉庚午，曾白（伯）霥（漆）恧（哲）聖元＝武＝（元武，元武）孔嵩，克狄（逖）濮（淮）尸（夷），卬（抑）燮鄦（繁）湯（陽），金衢（道）鏤（錫）行，具既卑（俾）方，余羉（擇）其吉金黃鏽（鋁），余用自乍（作）遞（旅）臣（簠），㠯（以）征㠯（以）行，用盛稻梁，用眷（孝）用㫐（享）于我皇文考，天賜（錫）之福，曾霥（漆）叚（遐）不黃耇，徦（萬）年黌（眉）耆（壽）無疆（疆），子＝（子子）孫＝（孫孫），永寶用之㫐（享）。

其中关于"金衢（道）鏤（錫）行"的记载成为学界讨论的热点。我们认为这条铭文需要结合其他铭文资料，放在时代背景中诠释含义。春秋早期的晋姜鼎同样有关于铜料流通的重要记载，证明当时晋、楚之间可能存在盐铜贸易。我们对此专门论述，认为长江中游的大路铺人群与楚、晋形成了铜料交流线路，而"金衢（道）鏤（錫）行"的时空背景实际与此有很大程度的关联。这则铭文提示我们的另一个重要问题是，讨论金属资源时，铜、铅、锡资源应当分别讨论，并有可能有着不同的流通方向和模式。目前关于锡资源的流通还缺乏证据，但此时铜料由长江流域向中原流通的现象是肯定存在的。

二 带"作"字铭文

金文中作字出现的频率非常高,通常在铭文末尾以"作宝尊彝"等辞例形式出现。对于作字的讨论,我们认为最重要的是关于"用作"与"自作"的差别。根据不完全统计,西周早、中期的金文中,最为常见的是"用作"辞例。关于"自作"辞例,根据我们的检索,目前最早的可能见于西周中期晚段的䚡伯盘(《集成》10167),铭文全文如下:

> 隹(唯)八月既生霸庚申,辛□□胃□鱼□月䚡(䚡)白(伯)方□邑,印*山,睗(锡)三國,□内(入)吴,□□□亟斿西□,鼎立,□邑百,□攸(鉴)金,自乍(作)朕(浣)般(盘),廾(其)萬年霝𦉢(寿)、黄耇,子=(子子)孫=(孫孫),寶用于𥝩(新)邑。

到西周晚期时,"自作"的辞例开始逐渐增多,目前所见铜器至少包括食生走馬谷簋(《集成》04095)、伯家父簋盖(《集成》04156)、曾仲大父蛸簋(曾仲大父螽殷)(《集成》04204)、羌仲无簋(《集成》04578)、欣仲鬻履盘(《集成》10134)、楚公逆鐘(《新收》891)、𤴘鼎(《集成》02540)、曾伯宫父穆鬲(《集成》00699)等。

至春秋时期,大部分铜器铭文均含"自作"辞例。我们统计的180例铭文中,带有"自作"辞例的达到103例,可见其普遍程度。

从"用作"到"自作"的转变,根据字面意思来看,可能反映了整个铜器生产背景的变化。"自作"铜器最可能反映了其在本地生产的制作背景,而"用作"则不明确。但仅从字面词义显然不能对铜器的生产背景作确切判断。我们在前文根据铜器风格、制作水平及科技分析,对西周诸侯国的铜器生产进行了全面分析,认为在西周早期,各诸侯国铜器群大部分均属于质量较好的高质量中原式铜器。从西周中期开始，一些诸侯国的铜器铸造日趋独立。东周时期，地方诸侯国独立制作铜器的背景已经比较明确。从这个角度来讲，从"用作"到"自作"的转变实则是与整个铜器生产背景的转变相吻合的。"用作"的实际含义可能是在中央式作坊进行定做，"自作"则当表明铜器很可能出于本国作坊。当然，以上只是结合铜器铭文和铜器风格对铜器生产大趋势的判断，对于具体铜器的生产背景还需结合多方面材料综合考量。

以上对金文中所见铜资源的生产和流通现象进行了系统梳理。结合金文材料可知赐金是最为主要的铜料流通方式，赐金的主体包括王、王室大臣以及地方诸侯等高级贵族。赐金活动在西周早期以王的赐金最为多见，西周中期逐渐减少，到西周晚期和东周时期逐渐消失。这或许暗示了中央对铜料的控制逐渐变弱。从铜器本身的分析来看，从西周早期到西周晚期以至于东周时期，确实存在各地诸侯国铜器从风格统一，到地方制作背景逐渐突出的现象。金文资料也充分表明西周时期铜料的流通与获取方式非常复杂，绝非仅仅是中央对铜料集中再分配，即便是中央的集中再分配也主要是以铜器产品的订制方式实现的，这在叶家山、晋侯墓地等地的铜器分析中已经比较明确。而且这种铜器的订制、分配模式也随时间逐渐瓦解。金文资料中可以看到周王室对车马器等小件铜器进行直接分配，从这个角度来看，车马器可作为成品直接分配，而铜容器尤其是带有"某侯（公、伯）作宝尊彝"的铭文铜器在西周早期可能主要是地方诸侯接受所分配的铜料再向中央作坊订制。总的来看，整个西周时期对于铜料和铜器的生产和流通存在一个共同的趋势，即中央管控逐渐放松，地方诸侯日益独立。

地方诸侯不仅可以作为赐金主体向下属赐金，齐国等诸侯国还可以独立获取铜料，曾国、晋国、夨国在不同时期也有独立获取铜料的行为，可见周王朝对于地方诸侯国获取铜料的行为是不加限制的。对于铜器铸造则是在西周早期实行有条件的限制，但之后也逐渐放松。

结合金文中关于周王朝与南方荆楚、南淮夷的战争及相关的"俘金"记载,我们认为西周早期的荆楚地区和西周晚期的南淮夷地区都可能存在铜料生产的活动,并且至少在西周晚期、春秋初期有铜料向中原地区流通。但周王朝向南方用武的背后动因仍不能确定。

大体来看,金文中所见的关于铜料流通和铜器生产的记载与我们前文结合科技分析和考古学分析得出的结论基本吻合。但金文资料也显示出西周时期铜料的流通实则是极为复杂的,不仅有王和高级贵族赏赐铜料、铜器的活动,铜料还可能作为等价物以罚金等特殊形式流通。但这些复杂流通的背后,我们仍可大体看出西周王朝对于铜料和铜器的管理体制。简单地说,就是对铜料资源的获取和流通几乎不做严格管控,各地诸侯国可能均有独立获取和流通铜料的权利,王畿之内的大臣、贵族等也可以各种形式流通铜料。铜器生产除了在西周早期对"某侯(公、伯)作宝尊彝"这类可能具有特殊政治意义的铜器进行控制外,地方诸侯国也可以制作铜器。并且在西周中期和晚期,一些诸侯国的青铜铸造业逐渐独立起来,并最终在东周时期,实现了各国铜器制造的广泛独立。这从"用作"和"自作"辞例的时代变化上也可看出。但需要说明的是,关于西周时期诸侯国铜器生产的论述只涉及主流趋势,不同诸侯国之间的情况差异较大,需要具体问题具体分析。

三 小结

对于西周时期铜器流通体系的研究我们集中于对西周前期的讨论。由于缺乏丰镐遗址铜器材料,本书以周原遗址作为王朝核心区的代表。地方诸侯国则依据族姓分为姬姓和非姬姓封国两大类。至于湖南高砂脊和炭河里则属于王土之外的个例。以叶家山墓地为例,可对西周早期诸侯国铜器的来源得出初步认识。叶家山墓地出土铜器可分为曾国铭文器、商铭文器、其他诸侯国或区域器、铸造质量较好的不明族属铜器、本地式铜器以及本地式仿制品共六类。其中前四类铜器大部分铸造质量较高，风格一致，可统一称为高质量中原式铜器，后两类铜器则铸造质量较差，风格也具有地域特征，可称为本地式铜器。

以新的微量元素分组法分别对以上类别铜器进行研究，结果表明，曾国铭文铜器等各类高质量中原式铜器使用了相同类型的铜料，而低质量铜器使用的铜料类型明显区别于高质量中原式铜器。这表明包括曾侯铭文铜器在内的绝大部分高质量中原式铜器可能均来自统一的生产地点。相较而言，低质量铜器表现出从"形"到"料"的差别，生产地点当不同于高质量中原式铜器。将叶家山墓地出土的高质量中原式铜器数据进一步与晋侯墓地出土的高质量中原式铜器的数据以及周原遗址出土铜器的数据进行对比，分析显示三个地点的铜器所用的铜料类型基本一致。据此认为叶家山墓地出土的高质量中原式铜器可能主要来自于王朝中央的作坊，而本地式铜器当为本地生产。铅同位素分析的结果也显示包括叶家山墓地、晋侯墓地、周原遗址等西周各地出土的高质量中原式铜器数据分布范围较为一致，指向统一的铅料来源。但叶家山墓地出土的低质量铜器也使用了与高质量中原式铜器相同的铅料，提示我们研究青铜器原料的来源需要对铜、铅、锡分别讨论。对于叶家山墓地出土铜器的研究表明，该地包括曾侯铭文铜器在内的大部分铜器均可能产自中央式作坊，由中央进行分配，另外，叶家山本地也可能存在有限的铜器铸造活动。

我们对其他诸侯国铜器的分析显示出类似情况，西周前期铜器分配的主流便是中央对地方的分配，地方诸侯国的铸造活动居于次位。这在姬姓封国表现得尤为明显，大部分铜器均来自于中央分配，显示出与周王朝的密切关联。非姬姓诸侯国则表现出更多的独立性特征。从西周中期开始，强国等非姬姓封国的铜器铸造业已经相当独立，与周王朝逐渐脱节。总的来说，由周王朝主导的铜器分配是与分封制相适应的。周王朝不仅对诸侯国封土授民，还分配铜器，"授命分器"是此时资源分配的主要特征。地方诸侯国反之也要向中央贡赋资源，曾国、晋国就可能贡赋铜料资源。这种资源分配模式随着地方诸侯国势力的增强而逐渐瓦解，最终形成东周时期诸侯争霸的局面。

第四章

资源与社会

第一节 初现分封——早、中商时期

一 早、中商时期的铜器生产格局

通过以上研究，我们对早、中商时期的资源流通模式得出了初步认识。目前早、中商时期铜器中发表有微量元素数据的主要有郑州商城、盘龙城以及城洋青铜器群。郑州商城铜器数据主要集中在1、2、4、9共4个微量元素小组中。城洋地区中商时期的青铜容器从器形、纹饰、铸造工艺来看当是直接来自郑州商城，铜矛也有可能来源于郑州地区。青铜容器分布在1、2、4、5四个小组，其中2、5组分别只有1例数据，铜矛主要分布在4、9组。因此城洋地区出土的直接来自郑州地区的铜器集中在1、4、9组，这与郑州商城数据相符合。除考古发掘品外，赛克勒所藏商代青铜器中有部分早、中商时期铜器。我们对这些铜器进行了微量元素分组研究。7件铜器平均分布在1、2、9三个小组中，这三个组也是郑州商城青铜器常见的三个组（图4.1）。以上数据表明，郑州商城流行使用的1、2、4、9组原料是商王朝核心区流行的原料类型。与之对比，盘龙城铜器使用的原料类型包括

1、2、5、11四个组别，与郑州商城铜器既有关联又有区别。城洋铜器群中的本地式铜器所用原料也有部分与郑州商城原料重合，另有部分不见于郑州商城。盘龙城与城洋地区出土的部分铜器均在原料上显示出地域性特征，暗示其本地生产的背景。此外，近年来安徽阜南台家寺遗址的发掘获得重要收获，发现了大量中商时期的陶范等铸铜遗物，是早、中商时期中原之外铜器生产的明确证据①。

从早、中商时期的青铜器生产格局来看，郑州商城、盘龙城以及城洋铜器群所在的汉中地区具有典型的文化和区位意义。郑州商城属商文化中心区，汉中地区和盘龙城同处于广义的长江水系流域，但文化内涵有所差别。盘龙城的青铜器属典型的商文化系统，但汉中地区的青铜器除从郑州地区直接获取的器物外，还有本地特色的青铜器，我们定义为非商系统。如前所述，根据微量元素分组进行分析，盘龙城的青铜器一部分显示出与郑州地区的密切关联，另一部分的微量元素特征则不见于郑州商城，加之青铜器器形、工艺的观察以及印纹硬陶和原始瓷器的佐证，可以认为盘龙城具有一定区域性或称之为独立性的特征。盘龙城遗址可能存在独立的青铜工业，并且使用了特殊的铜料。汉中地区与盘龙城在某些方面表现出一定的相似性。比如城洋铜器群中早、中商时期的青铜容器当直接来自于郑州地区，郑州与盘龙城之间也可能存在铜器的直接交流。此外，汉中地区在早、中商时期也出现了独立的铸铜活动，铸造极具土著特色的弯形器和铜钺，使用的原料显示出混杂的特征，部分可能源于中原地区。可见在早、中商时期的长江流域，无论是属于商系统的盘龙城还是属于非商

---

① 陈冰白、何晓琳：《安徽阜南台家寺遗址发现商代高等级聚落》，《中国文物报》2017年4月28日第008版。武汉大学历史学院考古系、安徽省文物考古研究所：《安徽阜南县台家寺遗址发掘简报》，《考古》2018年第6期。

系统的汉中地区都出现了独立的青铜铸造活动，并且接触到了区别于郑州铜器所用的原料来源。这对理解当时的青铜文化格局具有重要意义，在远离商王朝核心地区的长江流域，青铜工业已经萌发。非商系统的汉中和具有独立性的盘龙城为南方后续青铜文化提供了发展基础。

图 4.1 赛克勒早、中商时期青铜器微量元素分组

二 印纹硬陶和原始瓷器的流通

除铜器外，印纹硬陶和原始瓷器也属珍稀资源，且可能存在跨区域流通的现象。复原印纹硬陶和原始瓷器的流通过程有助于理解资源流通与社会间的关联。

早、中商时期，黄河流域发现的印纹硬陶和原始瓷器主要出土于郑州商城遗址，此外在藁城台西、洹北商城、郑州小双桥、邢台、大辛庄、耀县北村、华县南沙村等遗址也有发现①。相较而言，南方地区同时期出土的印纹硬陶和原始瓷器在数量和类型上都更为丰富，如盘龙城遗址、吴城遗址、角山遗址、池湖遗址、马岭遗址、闽侯庄边山遗址以及浙江南山窑址等②。

我们曾对南北方印纹硬陶和原始瓷器分开进行了类型学分析，并在此基础上对南北方材料进行了全面对比，这里做简要概括③。我们认为早、中商时期，以郑州商城为代表的中原地区所见印纹硬陶和原始瓷器的所有类型均可在盘龙城遗址找到对应（图4.2）。此外中原地区流行的原始瓷折肩尊也见于吴城遗址以及闽西北的池湖遗

---

① 张忠培：《华县、渭南古代遗址调查与试掘》，《考古学报》1980年第3期。陕西省考古研究所等：《陕西耀县北村遗址发掘简报》，《考古与文物》1988年第2期。山东大学历史系考古专业等：《1984年秋济南大辛庄遗址试掘述要》，《文物》1995年第6期。河北省文物管理处：《磁县下七垣遗址发掘报告》，《考古学报》1979年第2期。唐云明：《邢台尹郭村商代遗址及战国墓葬试掘简报》，《文物》1960年第4期。唐云明：《邢台曹演庄遗址发掘报告》，《考古学报》1958年第4期。河南省文物考古研究所、郑州大学文博学院考古系、南开大学历史系博物馆学专业：《1995年郑州小双桥遗址的发掘》，《华夏考古》1996年第3期。中国社会科学院考古研究所安阳工作队：《1998—1999年安阳洹北商城花园庄东地发掘报告》，《考古学集刊》（15），文物出版社2004年版，第296—358页。河北省博物馆、河北省文管处台西发掘小组：《河北藁城县台西村商代遗址1973年的重要发现》，《文物》1974年第8期。河南省文物考古研究所：《郑州商城——1953—1985年发掘报告》，文物出版社2001年版，第673—674页。

② 江西省文物考古研究所、樟树市博物馆：《吴城——1973—2002年考古发掘报告》，科学出版社2005年版，第154页。江西省文物工作队、鹰潭市博物馆：《鹰潭角山商代窑址试掘简报》，《江西历史文物》1987年第2期。福建博物院：《福建光泽池湖商周遗址及墓葬》，载邓聪、吴春明主编《东南考古研究》第三辑，厦门大学出版社2003年版，第1—35页。福建省博物馆、光泽县文化局文化馆：《福建省光泽县古遗址、古墓葬的调查和清理》，《考古》1985年第12期。福建省文物管理委员会：《闽侯庄边山新石器时代遗址试掘简报》，《考古》1961年第1期。福建省博物馆：《福建闽侯庄边山遗址发掘报告》，《考古学报》1988年第2期。浙江省文物考古研究所、湖州市博物馆、德清县博物馆：《浙江东苕溪中游商代原始瓷窑址群》，《考古》2011年第7期。

③ 黎海超：《金道瓷行——商周时期北方地区印纹硬陶和原始瓷器研究》，上海古籍出版社2018年版。

址等；中原地区多见的印纹硬陶尊形器在闽西北的池湖遗址等也见有相似器形（图 4.2）。闽赣交界地区印纹硬陶十分发达，种类多样，笔者所见的一些未公布材料中有与郑州商城印纹硬陶罐完全一致者，当确为其来源之一。

综合早、中商时期南北各地的材料，我们认为中原地区出土的印纹硬陶和原始瓷器在南方地区的盘龙城遗址以及吴城、池湖等遗址中均可找到对应。其中盘龙城遗址见有中原地区几乎全部类型的印纹硬陶和原始瓷器。相比而言江西地区的吴城等遗址与中原地区存在关联的主要是原始瓷折肩尊，而闽赣交界的池湖遗址等则与中原地区的印纹硬陶有更为密切的联系。盘龙城的材料相较郑州商城而言，与池湖、角山、吴城等遗址的材料表现出更为密切的关联，这些地区发现的部分器物如双折肩尊等只见于盘龙城而不见于郑州商城。由此可以推测该时期中原地区的印纹硬陶和原始瓷器可能来源于吴城、池湖等多个地点，其中不同类型的器物可能源于不同地域，这些区域的印纹硬陶和原始瓷器在盘龙城遗址汇集之后再输往中原地区。至于盘龙城遗址本身是否也生产这两类遗物则尚难判定。

陈铁梅等先生利用中子活化分析技术对原始瓷进行分析，认为商代各遗址出土的原始瓷器可能是在南方的吴城及附近地区生产，但不排除其他地方试图生产甚至成功生产出少量原始瓷器的可能性。盘龙城原始瓷器应为本地生产，但盘龙城同时使用由吴城地区输入和本地烧制的原始瓷器[1]。金志斌先生利用 ICP 技术对商周时期南北各地材料进行分析，并认为早、中商时期中原地区出土的原始瓷器与江西鹰潭角山样品显示出一致特征[2]。这些科技分析的结果与我们的结论相符。

---

[1] 陈铁梅、拉普（Rapp G. Jr.）、荆志淳、何驽：《中子活化分析对商时期原始瓷产地的研究》，《考古》1997 年第 7 期。

[2] 金志斌：《部分商周遗址出土原始瓷及印纹硬陶的 ICP – AES 研究》，硕士论文，北京大学，2009 年，第 78 页。

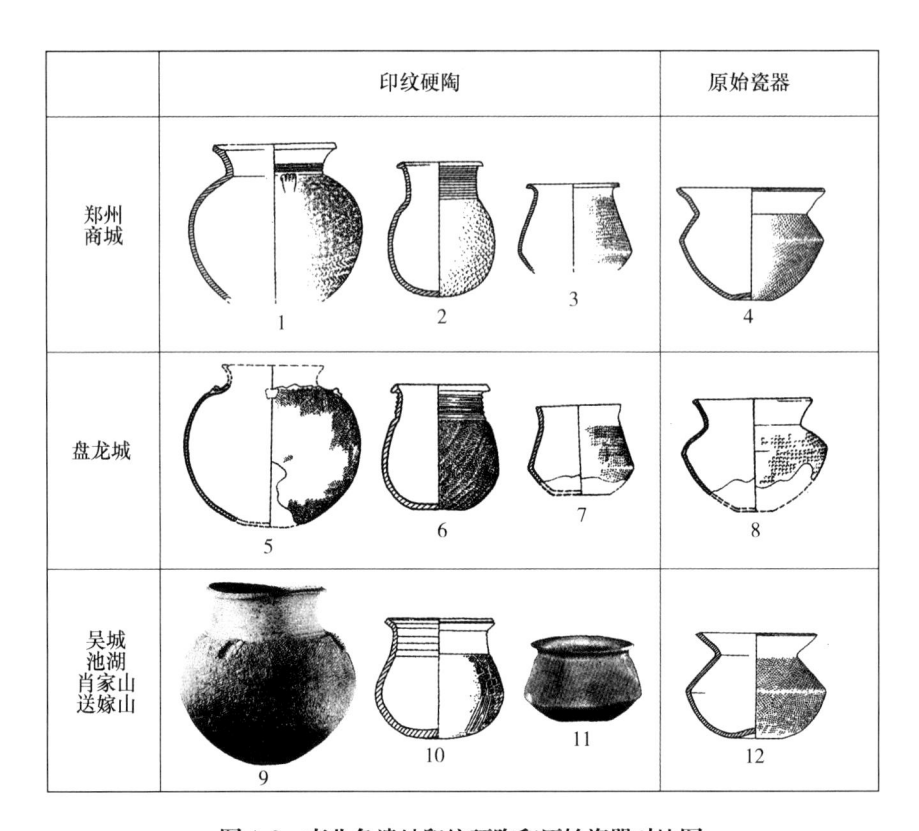

282　资源与社会：以商周时期铜器流通为中心

	印纹硬陶			原始瓷器
郑州商城	1	2	3	4
盘龙城	5	6	7	8
吴城池湖肖家山送嫁山	9	10	11	12

图 4.2　南北各遗址印纹硬陶和原始瓷器对比图

1. 罐（C11. H111：12）　2. 高领折肩尊（C11T102②：77）　3. 敛口卷沿折腹罐（C5T21①：72）　4. 折肩浅腹尊（C5T4①：18）　5. 罐（PLZM3：18）　6. 鼓腹罐（PLZH1：15）　7. 折肩斜腹尊（PYWT5④：5）　8. 折肩斜腹尊（PYWM7：02）　9. 罐（万年肖家山）　10. 高领折肩尊（池湖积谷山 M9：51）　11. 敛口卷沿折腹罐（万年送嫁山 M3）　12. 折肩深腹尊（吴城 1986QSWT16③：12）

物料流通问题是考古学研究中的一个基本问题，我们认为解决流通本身的问题应当只是研究的第一步，我们仍需要对流通的具体含义做出解释，是单纯物品的流通还是物品与思想观念的同时传播？这需要我们在考古学背景下对产品在流通起点和终点的功能等进行讨论。我们的分析表明黄河流域的印纹硬陶和原始瓷器在器类、使用等方面均存在明显差别。但盘龙城、吴城等南方地区遗址中则不见这种差别。我们认为虽然两类器物均是直接源于南方，但商人将两类器物区分使用，并赋予其新的礼制含义。从其他方面来讲，盘龙城遗址虽是典型的商文化遗址，处于商王朝控制之下，但其使用原始瓷器并未遵循郑州商城的器用制度，甚至还独立生产部分铜器，可见盘龙城高等级人群对于这些珍稀资源的获取、生产和使用均保有自身的独立性。

三 中心与周边视角下的资源流通

以上对早、中商时期的铜器、印纹硬陶和原始瓷器资源的流通得出初步认识。以中心和周边的关系为视角，可对这种流通模式做更为清晰的阐释。

如前文所述，中心与周边的关系需要分为商文化区域之内以及区域之外两个层次进行讨论。在商文化区域之内，郑州商城和盘龙城可分别作为中心与周边的代表。盘龙城当是商王朝在南方设置的资源获取据点，印纹硬陶、原始瓷器等资源从池州、角山等遗址汇集到盘龙城，再运往郑州商城。除印纹硬陶和原始瓷器外，盘龙城设置在长江中游更为重要的原因可能是为了铜矿资源。盘龙城附近有铜绿山遗址，但目前铜绿山遗址还不见早至早、中商时期的材料，因此盘龙城人群是否开发了铜绿山铜矿还不能定论。但极为重要的材料是在江西瑞昌铜岭遗址的矿井中发现有典型的商代前期中原式陶斝，我们认为这直接指向中原人群参与了铜岭铜矿的开发。近年来，铜岭遗址附近的荞麦岭遗址有重大发现，其陶器群面貌显示出与盘龙城陶器群的密切关联。将盘龙城、荞麦岭以及铜岭遗址串联起来，可以得出推论：盘龙城作为长江中游的区域性中心应当在一定程度上管控着铜岭遗址的铜矿生产活动。根据微量元素分组研究，盘龙城人群应当掌握有独立获取的原料并在当地生产铜器。若盘龙城人群确实可从铜岭遗址获取铜料资源，则这一现象也容易理解。因此，尽管缺乏确凿的证据，但现有材料依然指向盘龙城控制着铜料资源并收集印纹硬陶、原始瓷器，这些珍稀资源的相当部分用以供给郑州商城（图4.3）。从这个角度而言，盘龙城的区位意义可能是以控制资源为本位，其收集、转运资源的重要性可能大于政治、军事意义。盘龙城所集纳的资源中，对于铜料资源的追求和获取当是主要目的，印纹硬陶和原始瓷器在礼制系统中的作用远低于青铜器，这类资源可能是在铜料南北流通的过程中作为附属品出现的。

盘龙城作为商王朝在周边设立的据点，在将资源转运中心的同时，盘龙城也存在铜器生产和使用印纹硬陶、原始瓷器的情况，且表现出一些特征性因素。也就是说盘龙城与中心的关系不是简单的支配与被支配的关系，盘龙城自身也具有一定独立性。这种兼具权利与义务的特征与西周时期的诸侯国存在一些相似性。

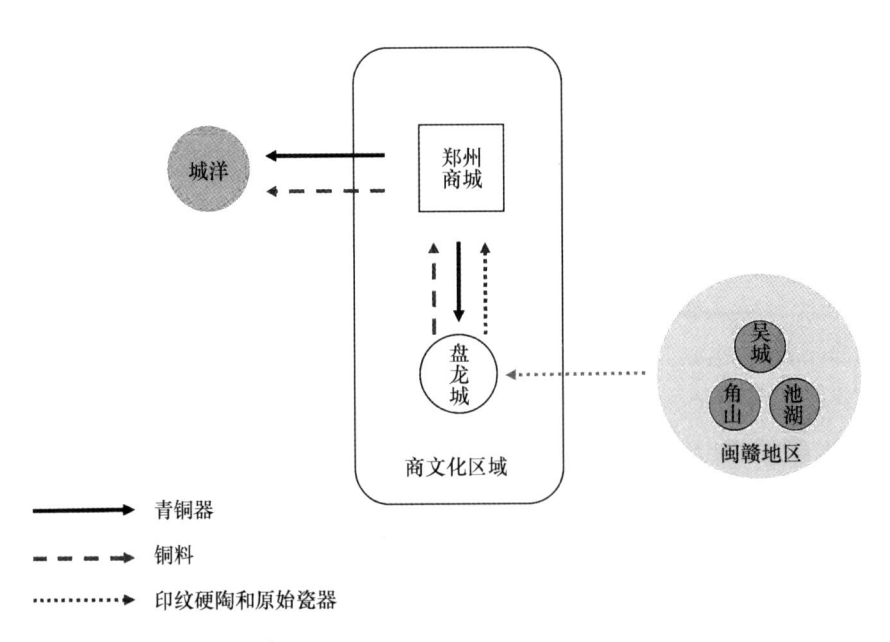

图4.3 早、中商时期资源流通模式图

盘龙城并非早、中商时期唯一的"资源获取中心"。刘莉、陈星灿先生已经系统论述了垣曲商城与资源间的密切联系[①]。早、中商时

---

① 刘莉、陈星灿：《城：夏商时期对自然资源的控制问题》，《东南文化》2000年第3期。

期，商王朝普遍设置地方城址或与政治、军事因素有关，但大多数城址可能是为占据资源区位优势而向中央输送资源。相应于地方型城址的设立，商文化的分布范围在早、中商时期不断扩张，这与对资源的直接开发、获取模式不无相关。从这个角度而言，对资源的追求可能是早、中商时期聚落结构和王朝政体模式形成的一大动因。

在商文化区域之外，我们看到郑州商城向城洋地区输出铜器成品，也可能同时输出铜料资源，但对于资源流通的原因还不明确。在南方，郑州商城通过盘龙城这个据点，将闽赣地区的印纹硬陶、原始瓷器资源汇集、转运，资源的流通方向是由外而内（图4.3）。因此在商文化区域内、外，中心与周边的资源流通是双向的，这背后的原因可能极为复杂，或是贸易，或是军事征服，或是贡赋。无论是哪种原因，资源流通必然是造成这种双边关系的重要因素。

铜器、印纹硬陶、原始瓷器仅是资源的一部分，这些角度的观察初步揭示出早、中商时期建立在资源流通基础上的中心与周边的关系。无论是商文化区域内以城为中心的据点式资源获取方式，还是商文化区域之外未知方式的资源互动，将资源问题看作是影响社会机制、文化变迁的重要动因是一个思考方向，正是原材料、技术等各类资源分布的不均衡，才造成了资源流通的动力，从而形成中心与周边的关系格局。早、中商时期的王朝结构便是建立在对资源的追求之上。

第二节　集权之始——晚商时期

一　晚商时期的铜器流通体系及铜料流通网络

晚商时期是商文明发展的鼎盛时期，青铜器生产的技术、规模达到阶段性的顶峰，甲骨、车马等成为此时新出现的文化因素。社会发展引发对于各类珍稀资源的大量需求。可以说晚商文明的兴起在某种程度上是建立在对资源的获取和掌控上。全面的理解晚商社会，就需要探索该时期资源的生产、流通方式及其对于社会的影响。这种影响可能表现在多个方面，其中最为重要的是中心与周边的关系。由于铜、盐、龟、贝等资源主要分布在周边地区，而中心地区—殷墟遗址仅是资源消费型遗址，对于资源的需求以及资源分布的不均衡构成资源流通的动因，由此也会对中心与周边关系的形成造成重要影响。

前文以微量元素分组法为基础，结合主量元素和铅同位素数据的讨论，对商文化区域内、外的金属资源流通问题做了全面论述。在商文化区域之内，殷墟遗址和前掌大遗址可分别作为中心与周边遗址的典型代表。对包括妇好墓、殷墟西区墓地、前掌大墓地以及赛克勒、弗利尔藏品的微量元素分组研究表明，1、2、9、12四组原料普遍见于中心和周边的商文化遗址，具有较强的规律性。其中1、2组应当指征的是铜料特征，9、12组尤其是12组的出现则与铅料的添加存在密切关联。从中心到周边，铜器均使用了相同类型的金属原料，这表明商文化区域内对于金属原料或铜器成品有着较为严格的管理、控制。由此，中心和周边必然存在金属原料或铜器的流通。根据目前矿冶、铸造遗址的发现情况，我们认为流通方向应当是由中心向周边，且很有可能是铜器成品的流通。晚商时期铜器具有政治、礼制含义，铜器统一由中央进行生产、分配也合乎逻辑。这种对资源严格掌控的政策反映出"中央集权"的一些特性。事实上，晚商时期商文化范围内缩，地方型城址几乎消失，大的聚落结构上确实显示出"中央集权"的特征。在商文化区域之内，可以看到资源的分配模式，但这些资源的具体来源则需要囊括商文化区域之外进行研究。

以金属原料为例，对于金属原料的生产地和消费地，我们根据通常经验提出如下假设：金属原料的消费地，也就是铜器铸造中心，基本都是都邑型遗址，其铜器生产规模较大，需要原料较多，因此可能会出现多种不同来源的原料，殷墟遗址即是此类遗址，使用了1、2、9、12四组类型原料，其中至少包括1、2组两种铜料类型。

相较而言，金属原料的生产地往往出产特定类型的原料，若生产地同时存在铜器铸造活动，那么铜器数据往往会出现集中化现象，以某个微量元素组别为主。根据我们的分析，商文化区域外的城洋地区和皖南地区铜器便具有这种特征。

城洋晚商青铜器以1组占据绝对主要的比例，超过80%，表现出铜料生产地的特征。城洋地区在晚商时期明显与商文化和三星堆文化产生密切关联，似乎发挥着连接两地的桥梁作用。1组铜料恰好也是中原地区和三星堆遗址铜器使用的主要的铜料类型之一，但所占比重均远低于城洋地区，这表明1组铜料可能存在着由城洋向中原地区流通的可能性，至于三星堆铜器由于铸造地点不确定，还尚难判断是否存在铜料流通关系。城洋地区附近的秦岭山区富含铜矿资源，或是铜料来源的可能地点。毗近城洋地区的关中老牛坡遗址曾发现大量炼渣，城洋、老牛坡人群在铜矿资源的开发和流通上存在多种可能的关系。

对长江中下游东周乃至汉代的铜器、铜锭数据进行的综合分析表明，以铜陵为代表的皖南地区以2组铜料所占比例最大，达到60%，该地当是2组铜料的生产来源。另外，2组铜料在三星堆和中原地区也占有一定比例，但均远低于皖南地区。该组铜料或许流通至中原地区，并与三星堆铜器发生某种关联。皖南地区与中原地区的交流在早商时期就可见铜陵西湖镇出土的商式爵、斝；晚商时期，商文化北退，两地的交流可能不再是商文化的直接介入，而是出现了新的模式。至于商文化区域内流行的9、12组铜料，尤其是12组可能主要受到铅料添加的影响，至于其指征的是铅料来源还是铜、铅原料的混合特征则尚不明确。

综上所述，在商文化区域内、外存在两种截然不同的金属资源流通模式。在商文化区域之内，金属原料和铜器生产可能受到中央的严格控制，铜器由中央统一生产再向各地分配。殷墟遗址内部在铜器生产中对于不同原料的选择还可能存在等级规定。总之，晚商时期，商王朝已经形成了严格的铜料流通和铜器生产制度。商文化区域之外，城洋或附近地区、皖南地区生产的铜料向中原地区流通，并汇集于殷墟遗址（图4.4）。值得说明的是，商文化区域内也可能存在金属原料的生产，晚商王朝的金属原料供应地应当是多元的。金属原料的流通方向也不仅仅是由周边地区向殷墟遗址流动，区域之间如长江流域内部也可能存在铜料流通。

从甲骨卜辞和其他文献中关于商代政治体制和贡赋系统的记载也有助于我们理解资源流通体系。商代实行的是内外服制度，所谓内服是指王朝之内的职官，外服是指各诸侯国的首领。商王朝直接统治的王畿地区在甲骨文中有不同称呼，如商、中商、中土、大邑商等，诸侯统治地区称为"四土"。卜辞有载："乙巳王卜，贞今岁商受年。王占曰：吉。东土受年，南土受年，西土受年，北土受年。"（《合集》36975）。卜辞中商王对诸侯下达命令用的是"呼""令"这样的动词，可见其存在政治隶属关系[①]。在商王朝的周边区域，商的封国与敌对势力往往毗邻，因此四土的范围并不稳定[②]。

晚商时期的这种体系近似于西周的分封制度。事实上，一些学者认为商代已经存在分封制度，如胡厚宣[③]、杨升南[④]、董作宾[⑤]、岛邦男[⑥]、李雪山[⑦]等学者便赞成这一观点。当然也有学者提出不同意见，认为商代所谓"侯国"是商王朝武力征服四周"方国"的产

[①] 周自强主编：《中国经济通史（先秦）（上）》，经济日报出版社2007年版，第9—120页。

[②] 王震中：《商代都邑》，中国社会科学出版社2010年版，第482—484页。

[③] 胡厚宣：《殷代封建制度考》，《甲骨学商史论丛初集》，河北教育出版社2002年版。

[④] 杨升南：《卜辞所见诸侯对商王室的臣属关系》，《甲骨文与殷商史》，上海古籍出版社1983年版。

[⑤] 董作宾：《五等爵在殷商》，《中央研究院历史语言研究所集刊》，6本3（1936.1.1）。

[⑥] [日] 岛邦男：《殷墟卜辞研究》，濮茅左、顾伟良译，上海古籍出版社2006年版。

[⑦] 李雪山：《商代分封制度研究》，中国社会科学出版社2004年版。

物，与西周"分封"有本质不同①。无论分封制度如何定义，封国、方国及其与中央王朝的实际关系是我们关注的核心问题。

首先，政治上隶属于商王朝的侯国或封国对商王朝负有贡赋的义务。《诗·商颂·殷武》记载："昔有成汤，自彼氐羌，莫敢不来享，莫敢不来王。"其中来享便是献贡的意思。卜辞中有不少明确的关于献贡及索贡的记载。献贡的主体包括诸侯、王室大臣等。例如"妇好入五十"（《合集》10133）；"贞呼取马"（《合集》8814）。有学者统计进献的类别包括奴隶、牛马羊等牲畜、野兽、谷物、贝、玉、齿、手工业品、盐、占卜所用的龟和骨②。这些卜辞记载与我们复原的各类资源流入殷墟的情况相符合。

至于晚商时期的方国，据孙亚冰先生统计，卜辞所见158个方国中，西方方国55个，东方21个，南方11个，地望不明65个。这些方国中，31个始终与商王朝为敌，46个与商王朝时敌时友，还有67个始终与商王朝为友，商王朝与方国之间的关系十分松散③。可见方国与商王朝之间并无政治上的隶属关系。卜辞中有大量的与方国战争的记载，尤其是武丁时期多次向外用兵。据甲骨卜辞记载，武丁一朝征伐过的部落不下50个，用兵规模经常达三五千人，甚至上万人④。但在武丁之后的甲骨文中，所征伐的一些部落多数不再出现⑤。武丁征伐之地就包括荆楚。《诗·商颂·殷武》记载"挞彼殷武，奋发荆楚"；武丁甲骨中记载："乙未［卜］，贞立事［于］南，右从我，中从舆，左从曾。"（《合集》5504）这些均是武丁时期与长江中游产生联系的证据。但甲骨卜辞中与长江流域相关记载并不多。

---

① 黄中业：《商代分封说质疑》，《学术月刊》1986年第5期。
② 周自强主编：《中国经济通史（先秦）（上）》，经济日报出版社2007年版，第367页。
③ 孙亚冰：《殷墟甲骨文中所见方国研究》，硕士学位论文，中国社会科学院研究生院，2001年。
④ 周自强主编：《中国经济通史（先秦）（上）》，经济日报出版社2007年版，第118页。
⑤ 同上。

有学者对商代晚期的封国进行系统统计，发现大部分封国集中在河南、山西等中原地域。实际位于长江流域的封国较少①。例如湖北秭归的歸伯（见《合集》19175、19512、20502、21741、33070、33069）②。有学者提出吴城遗址为商代方国崇国的遗址③，另有学者认为吴城文化和费家河类型属于虎方文化，吴城是虎方的中心④。李雪山先生则指出虎方地望在曾、方、邓一带，也就是河南省南部偏东方位⑤。但卜辞中并无明确证据。

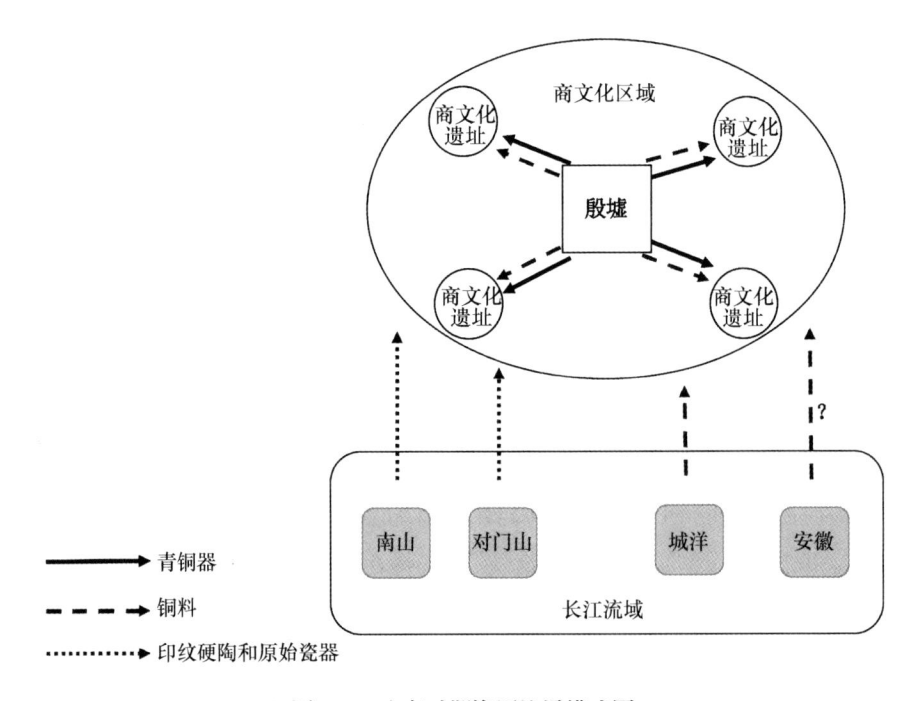

图 4.4　晚商时期资源流通模式图

---

① 李雪山：《卜辞所见商代晚期封国分布考》，《殷都学刊》2004 年第 2 期。郑杰祥：《商代地理概论》，中州古籍出版社 1994 年版。
② 郭沫若：《殷契萃编》，第 1180 片，科学出版社 1965 年版。
③ 宋镇豪：《商代的王畿、四土与四至》，《南方文物》1994 年第 1 期。
④ 彭明瀚：《商代虎方文化初探》，《中国史研究》1995 年第 3 期。
⑤ 李雪山：《商代分封制度研究》，中国社会科学出版社 2004 年版。

总体来说，晚商时期长江流域这些青铜文化与商王朝之间不存在政治隶属关系，这也就暗示了这种关系更多的可能是经济或其他性质的，晚商时期南北资源流通网络或许是某种平等的贸易网络而非由商王朝直接控制的政治性质的网络。

二 商王朝与长江流域土著文化的关联

前文讨论基于金属资源的流通和甲骨卜辞等内容，除此之外，印纹硬陶和原始瓷器可更为有效地将南北串联起来。商周时期中原地区出土的印纹硬陶和原始瓷器多见于高等级墓葬中，数量较少，也属于珍稀资源的范畴。根据我们对这类资源的系统梳理，其在商文化区域内、外也存在流通现象。如殷墟遗址出土的印纹硬陶瓿和原始瓷豆分别源于长江中游的费家河遗址和长江下游的南山窑址（图4.5）。长江流域与中原地区不仅存在金属资源的流通，印纹硬陶和原始瓷器也流入中原地区，甚至可能在流通路径上与金属资源的流通存在一定重合。这对于晚商时期长江流域各区域的青铜文化

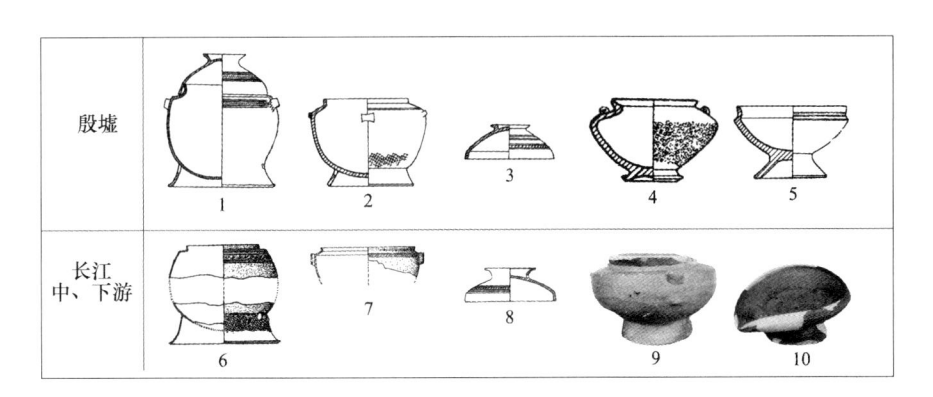

图4.5 殷墟遗址硬陶器和原始瓷器与长江中下游材料的对比

1. 硬陶瓿（殷墟武官北地 M229∶4） 2. 硬陶瓿（殷墟孝民屯 M1278∶1） 3. 硬陶器盖（殷墟小屯84XTM34） 4. 原始瓷尊（殷墟小屯 M1∶1） 5. 原始瓷豆（殷墟84XTH94∶3）
6. 硬陶瓿（对门山遗址 T2H7③∶34） 7. 硬陶瓿［对门山遗址 H1（下）∶11］ 8. 硬陶器盖（对门山遗址 H1②∶46） 9. 原始瓷尊（南山窑址 T202②∶40） 10. 原始瓷豆（南山窑址 T402⑧∶4）

与商文化的关系的研究提供了一个方向。

中商时期之后，随着以盘龙城为代表的地方型城址的废弃，商文化在南方地区呈现迅速收缩的趋势，随之各地土著文化开始发展。到晚商时期尤其是殷墟二期前后，长江流域从三星堆到宁乡再到新干广泛兴起了以大量青铜器为特色的土著文明。这些地区出土的铜器一方面显示出与商文化的密切关联，另一方面也具有显著的地域特色。对于这些土著文明的解读必须置于大的时空背景中进行。尽管各地土著文明各有特征，但由一些特征性铜器仍可将整个长江流域串联起来。具有南方特色的尊和罍广泛见于汉中、三星堆、新干、阜南等地点，几乎遍布长江流域（图4.6）。这些尊和罍共性较强，张昌平先生已经系统论述其为长江流域特色的铜器①。此外三星堆和阜南铜尊上装饰极为相似的双虎噬人纹饰，可能出于长江中游地区的铜鼓上也饰有类似母题纹饰。汉中地区出土的人面具与新干人面具的人面造型几乎完全一致（图4.6）。以上所列的相似因素跨越长江上、中、下游，甚至涵盖汉水流域，将长江流域连为一体。显然此时长江流域各地土著文化依靠水系已经实现极为密切的交流。

将长江流域作为整体来讨论其与商王朝的关联或许更利于理解长江流域土著文明兴起的背景。前文对金属资源以及印纹硬陶和原始瓷器的分析表明长江流域各地的资源均流入商王朝。目前已经揭示出的资源流通现象并不能代表全部情况，实际的流通内容可能更为丰富。总之，从宏观角度而言，晚商时期长江流域当是商王朝的主要资源来源中心。商王朝与长江流域文化交流的主线当是资源流通。任何流通、贸易均是双向的，我们已经看到资源由长江流域输入中原地区，那么反之商王朝又向长江流域输出何种资源呢？根据已有材料，我们看到的最为直观的便是与铜器相关的资源。这可能包括用铜观念、铸铜技术。技术性、观念性的资源也是一类极为重

---

① 张昌平：《论殷墟时期南方的尊和罍》，《考古学集刊》（15），文物出版社2004年版。

图 4.6　长江流域各区域出土的铜尊、铜面具

（地图由陈北辰提供）

要的知识类资源。例如新几内亚的高地居民与其他群体进行贸易的对象不仅包括各类食物、工具等，还包括宗教仪式的相关知识①。无论是三星堆、宁乡还是新干铜器群均可看做是以中原铜器为母题的不同程度的变体。商周时期，铸造高质量铜容器的范铸技术又是高端技术，长久以来为中原王朝所垄断。因此长江流域这些铜器群的铜器技术、设计理念必然来源于商王朝。

当然技术、理念与产地是不同层次的问题。我们并不据此否认长江流域某些铜器在本地生产的可能性，事实上对此我们也找到了明确的证据。目前在长江流域晚商时期遗存中，仅在吴城遗址发现

---

①　［美］傅罗文：《新几内亚、乌干达及西罗马帝国的盐业生产、交换及消费——重庆地区先秦时期盐业生产的比较研究》，陈伯桢译，《盐业史研究》2003 年第 1 期。

有铸铜迹象。该遗址发现有 7 个与青铜冶铸相关的灰坑，根据报告分期年代约当殷墟一期至二期①。我们对其中出土的 5 件冶铸遗物进行了铅同位素研究，结果表明 5 个数据中的 3 个属典型的高放射性成因铅数据，另外 2 个数据则为普通铅。

金正耀先生曾对晚商时期多个地点的铜器进行铅同位素研究，发现高放射性成因铅数据普遍出现在三星堆、新干铜器群，并在殷墟遗址的殷墟一、二期占据主要比例②。结合以上数据，基本可以认为殷墟二期前后，高放射性成因铅类型原料在商王朝和长江流域各地广泛使用，这一时期也正是长江流域各铜器群兴起的重要时段。也就是说，三星堆、新干等长江流域铜器群与殷墟前期铜器群所用的金属原料有相当部分具有相同的来源，当然金属原料指征的是铜、铅或锡仍不确定。在此背景下，吴城样品的数据便显得极为重要。将吴城数据与新干、三星堆以及妇好墓铜器数据进行对比，发现吴城的三个高放射性成因铅数据与其他地点的数据处于同一范围。这也直接证明了该地区存在使用高放射性成因铅原料铸造铜器的活动。新干铜器群属于吴城文化范畴，这表明新干铜器的铸造地点可能就在当地。尽管新干铜器的生产地点与三星堆、宁乡铜器的生产地点需分开讨论，但在长江流域一体化的背景下，新干的发现证明长江流域具有本地生产铜器的能力，这对理解其他铜器群也具有重要意义。

我们认为新干铜器群可能在当地生产并非以此否认其与商文化的关联。在所测定的 5 个吴城数据中，另有 2 个数据为普通铅数据，与殷墟普通铅数据较为相近。这表明吴城所产铜器使用的原料类型可能并不单一。新干铜器数据中尚不见普通铅数据，这可能与数据量较小有关。吴城发现的两类数据均见于殷墟遗址，两地在铜器原

---

① 江西省文物考古研究所、樟树市博物馆：《吴城——1973—2002 年考古发掘报告》，科学出版社 2005 年版。
② 金正耀：《中国铅同位素考古》，中国科技大学出版社 2008 年版。

料上显示出更为密切的关联。除了原料上的关联外，新干铜器尽管可能铸造地点在当地，但大部分铜器铸造水平极高，且多属商文化风格铜器的变体，我们认为这类尖端铸造技术不可能是当地独立产生，其技术系统必然来自商王朝。或许商人工匠直接来到江西参与铜器的设计、生产，或者吴城土著人群在殷墟学成铸造技术回到当地铸造铜器，这两种可能性在本质上是一样的，都属于商王朝对吴城文化的技术输出。新干大墓中大量铜器的出土表明，尽管铜器的器用制度可能存在差别，但以高质量、大数量的铜器来代表高等级的观念是一致的。因此铜器铸造技术对于吴城人群而言显然也是一类重要资源。以吴城文化为例，可以看到商王朝对其输出的资源至少包括铸铜技术。这一点对于理解长江流域其他铜器群的出现均有启示意义。三星堆、宁乡铜器群的铸造地点虽不确定，但其与新干铜器群存在诸多相似之处。从宏观意义来看，新干具有一定代表性。由此理解商王朝和长江流域土著文化的关系则更为清晰。两地之间的交流主要是建立在资源流通的基础之上。长江流域各地向商王朝输入铜料、印纹硬陶、原始瓷器等稀缺资源，商王朝反之影响了各土著文化的用铜观念，并输出铸铜技术资源。这也是长江流域土著文化兴起的一个重要背景。当然，其他类别的资源可能也是两大区域交流的重要内容，当是未来研究的重点。阿尔加瑞等学者提出两河流域中央与地方的交流主要是通过资源的贸易实现的，中央与周边在资源流通的基础上相互依赖，共同构成一个整体①。这或许也是晚商时期商王朝的情况。

三 中、晚商之变——资源、政体、礼制

商时期可以分为特征显著的前后两个时期。中、晚商之际是商

---

① Algaze Guilermo, *The Uruk World System*, Chicago: The University of Chicago Press, 1993. Kohl. P., "The Use and Abuse of World Systems Theory: The Case of the Pristine West Asian State", *Advances in Archaeological Method and Theory*, Vol. 11, 1987, pp. 1–35.

王朝发生剧烈变化的节点。前后变化涉及政治、经济、礼制等多方面的因素，以资源为本位出发，或可寻得其中变化的历史逻辑。根据前文分析，早、中商时期与晚商时期的资源流通模式存在较大差别。早、中商时期在商文化区域之内实行了以城为中心的资源获取模式。这种模式实际上对应于王朝扩张的基本策略。商王朝在周边地区设置地方型城址，集纳各类资源。整个早中商时期，商文化的分布范围是不断扩张的。直到中商后段开始，这种情况开始转变。盘龙城作为地方型城址的代表最能说明问题。盘龙城遗址在经历早、中商时期繁荣之后，在中商三期前后开始废弃，这代表着商文化在长江流域的广泛收缩。随着商文化的北退，长江中游的土著文化迅速代替了商文化。整个晚商时期，在长江流域都少见商文化因素的大范围分布。这种商文化的退缩和土著文化兴起的真正原因还难以判断，或是土著文化的强势迫使商文化的后撤，又或许是商王朝内部势弱而主动收缩。无论哪种原因，相同的结果是中商时期，地方城址废弃，以城为中心的资源控制体系瓦解，商王朝出现"九世之乱"，社会政治体制可能濒于崩溃。

在频繁迁都直到盘庚迁殷之后，商王朝终于得以安定。此时商王朝开始形成新的资源控制体系。晚商时期几乎不见地方型城址，中心都邑也安于一处，整个聚落结构与早、中商时期完全不同（图4.7）。失去了地方城址作为资源中心，商王朝对于资源控制实行了新的模式。金属资源、铜器成品的生产、流通可能均由中央统一控制，地方遗址不再如盘龙城一样被赋予较大的独立权利。对应这种以都邑为绝对核心的聚落结构以及中央集中生产、分配的资源体系，其背后反映的可能是商王朝中央集权式的政治制度。资源控制模式的变化导致商王朝在长江流域不再设置地方中心，直接参与资源的收集、开发，由此商文化的分布范围也明显收缩。商王朝与长江流域土著文化之间形成了一种新的基于资源流通的"贸易"模式。长江流域各地向商王朝输入铜料、印纹硬陶、原始瓷器等资源，反之商王朝影响着各地土著文化的用铜观念，并输出铸铜技术。殷墟二期前后，殷墟和长江流域铜器普遍使用高放射性成因铅原料，这类原料应当有着统一的来源并作为南北贸易的核心，此时南北交流也达到顶峰。但对于这类原料的流通方向还有待探索。

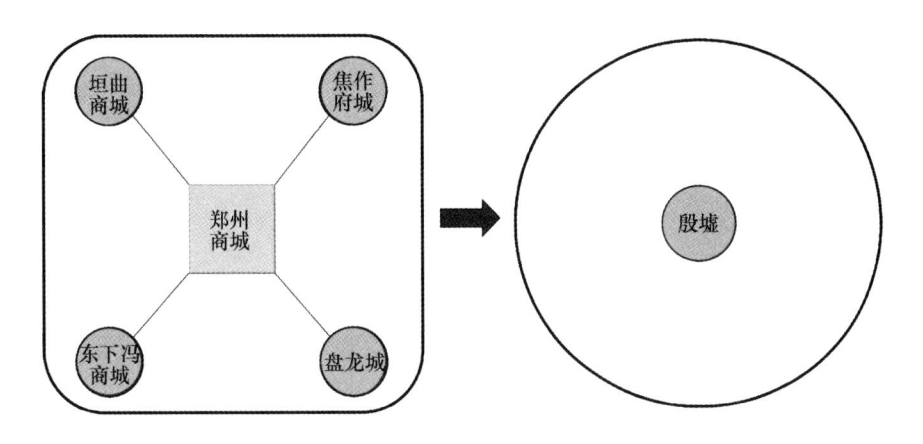

图 4.7　早、中商与晚商时期聚落结构对比图

总而言之，中商时期在以城为中心的资源获取模式瓦解之后，商王朝的政体结构可能也发生较大变化。到晚商时期形成了新的资源体系，与之对应的可能出现了新的政体结构。相应于政体结构的变化，晚商时期礼制因素也发生一系列的重大转变。这表现在铜器、印纹硬陶、原始瓷器、玉器、车马、甲骨等几乎所有礼制因素上。晚商时期铜器相较早、中商时期而言，在装饰风格、铸造技术、数量、体量等方面均发生了根本性的变化，更为重要的是青铜器的器用制度在此时也固定、成熟起来。早、中商时期，青铜器组合尚不稳定，组合形式包括爵；爵、斝；爵、盉；斝；爵、斝、鼎等。晚商时期，以觚、爵为中心的典型的商文化随葬组合正式确立。

印纹硬陶和原始瓷器在中、晚商之际发生了根本性的变化，不仅表现在器类，还表现在器物的功能、文化属性等方面。印纹硬陶的流行器类由早、中商时期的尊形器变为晚商时期的硬陶瓿和硬陶罐，原始瓷器则从折肩尊转变为豆和罐（图4.8）。早、中商时期流行的尊类器作为酒器使用的可能性较大，而晚商时期多见的豆、罐则属食、水器。晚商时期以爵、觚为中心的青铜酒器组合固定下来，印纹硬陶和原始瓷器转变为以食器和水器为主，与青铜酒器共同构成完整组合，这或是晚商时期礼制成熟的一种表现。从器物出土背景来看，在早、中商时期，印纹硬陶多出土于居址之中，而原始瓷器则多见于高等级的墓葬，在小双桥遗址规格较高的祭祀坑中也有发现。到晚商时期，印纹硬陶少见居址中出土，而多出于高等级的墓葬或祭祀坑；原始瓷器呈相反趋势，晚商时期除殷墟王陵区零星的发现外，商文化的高等级墓葬出土原始瓷器数量较少。商文化的随葬制度可能从对原始瓷器的重视转为对印纹硬陶的注重。

玉器也是礼制系统中的重要部分。早、中商时期，玉器仅在郑州商城、湖北盘龙城等地有少量发现，种类较少，常见的包括柄形饰、钺、戈、璧、璜、玦和刀等。这些玉器多没有使用痕迹，应具有礼器性质。晚商时期玉器主要出土于殷墟遗址，与早、中商时期相比，晚商时期玉器在数量、种类、艺术造型、制作技术乃至材质上都有了较大发展。从功能来看，晚商时期玉器不仅保留有早、中商时期多见的璧、戈、钺、刀、柄形饰等礼器类别，还包括斧、凿、锛、铲、纺轮等十多种工具类型，另外像盘、梳、匕等实用器以及各种动物造型的玉饰均有发现。就玉器造型而言，晚商时期玉器一改早、中商时期简单的几何状形制，仅动物造型就有三十余种，如鸟、鱼、牛、马、羊、虎、龟、鳖、蝉、蚕等。其他如人形、龙、凤形制的玉器也有发现（图 4.8）。玉器形制从抽象到具象，由功能单一到种类多样，这表明用玉制度在此时可能也发生一定改变。

除铜器、印纹硬陶、原始瓷器、玉器外，车马埋葬、甲骨文等也是晚商时期出现的新的礼制因素。这些礼制因素均在中、晚商之际发生显著变化，可见商王朝的礼制系统在此时必然有某种重大调整。

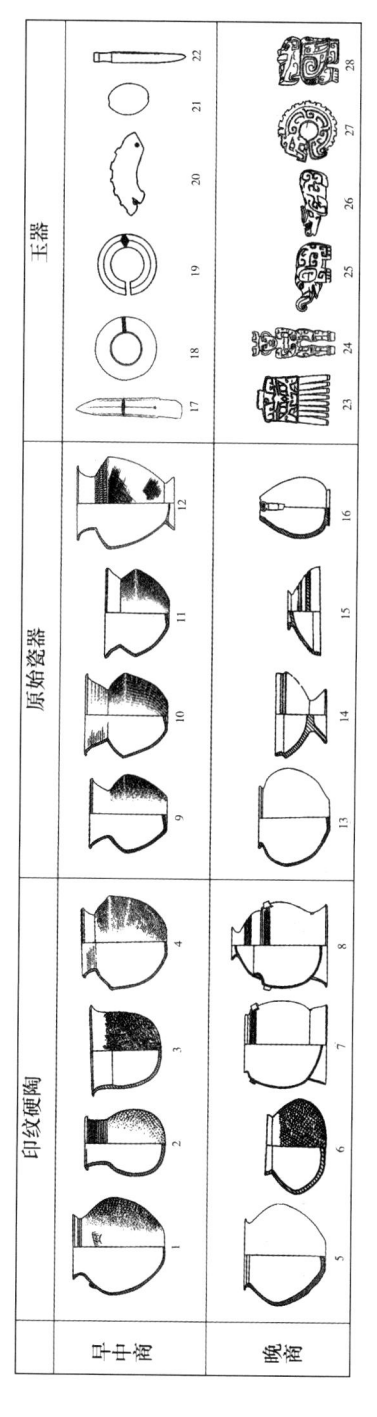

图 4.8　早、中商与晚商时期礼制牺器物对比图

1. 平底罐（郑州商城 C9.1H142∶49）　2. 高领折肩尊形器（郑州商城 C11T102②∶77）　3. 敞口圆底尊形器（藁城台西 T13∶229）　4. 尊（郑州商城 BQM2∶13）　5. 平底罐（殷墟妇好墓 M5∶1319）　6. 瓿形器（殷墟郭家庄 M177∶6）　7. 瓿（殷墟郭家庄 M26∶8）　8. 瓿（殷墟武官北地 M229∶4）　9. 折肩深腹尊（郑州商城 C7M25∶6）　10. 折肩深腹尊（郑州商城 MGM2∶1）　11. 折肩浅腹尊（郑州商城 C5T4①∶18）　12. 圈足折肩尊（96ZSNH1 下∶229）　13. 折沿鼓腹罐（殷墟小屯 F11∶61）　14. 豆（铭功路 BQM1∶27）　15. 器盖（郑州商城 C8M3∶20）　16. 壶（殷墟小屯 M34）　17. 戈（铭功路 BQM1∶17）　18. 柄形饰（郑州商城 C11M148∶2）　19. 玦（殷墟 M5∶557）　23. 梳（殷墟 M5∶469）　24. 玉人（殷墟 M5∶373）　21. 坠饰（殷墟 M5∶511）　22. 柄形饰（郑州商城 C7T34③∶12）　26. 玉牛（殷墟 M5∶410）　27. 玉龙玦（殷墟 M5∶469）　28. 玉斧（殷墟 M5∶513）　20. 璜（郑州商城 MGM2∶4）　25. 玉象（殷墟 M5∶511）

综上所述,从资源、政体、礼制三重因素来看中、晚商之间商王朝的重大变化,可见其中存在连锁反应。首先由于商王朝内部或外部原因导致地方城址废弃,商文化内缩,王朝不稳定,以城为中心的资源体系走向瓦解。为解决这种矛盾,到晚商时期,商王朝实行了新的资源控制体系和政体结构。政体结构的变化又导致政治的表现形式——礼制系统发生重大改变。从资源到政体再到礼制系统,形成了一系列的连锁反应,其中根本在于对资源控制模式的不同。由此可见资源对于社会的重要影响,对内可促动王朝政治、礼制的变化,对外则又成为商王朝与土著文化交流、互动的基础。

第三节　分封定国——西周时期

一　西周铜器的流通体系

西周时期铜器广泛出土于周原等西周王朝的核心区以及各个诸侯国。王朝核心区已发现不少铸铜作坊,其拥有铜器生产能力并无疑问。但西周时期各地诸侯国是否具有独立生产铜器的能力,各诸侯国铜器源于中央分配还是本地生产仍未有定论。我们以叶家山曾国墓地、晋侯墓地、琉璃河墓地作为姬姓封国的代表;以强国墓地和横水墓地代表非姬姓封国;周原遗址代表王朝核心区;另外对周文化区域外的高砂脊和炭河里铜器也进行研究,以此复原西周铜器生产、流通的全貌。

对于具体的研究方法,首先根据铜器形制、纹饰、铭文、铸造水平等建立考古学分类标准,再利用微量元素分组法和铅同位素分析法讨论不同类别的铜器使用的金属原料是否存在异同,以此对铜器生产来源做出判断。

铜器的考古学分类包括两个层次的含义,即文化属性("形")和生产属性("工")。文化属性主要是指该铜器归属于何人何族何国或者具有哪一地区的区域性特征,是针对铜器拥有者而言。这一属性可由铜器的形制、纹饰，尤其是铭文来判定。生产属性则指铜器的生产地点和生产人群，是针对铜器的生产者而言，铜器的铸造技术特征、质量水平往往是判定生产属性的重要依据。对于铜器的两重属性必须要明确区分，明确归属于某国的铜器，其生产地点并不一定在该国；明确源于同一生产地点的铜器也可能以某种分配方式流通至不同诸侯国。只有明确两重属性的差异，才能讨论铜器生产、流通的全过程。

依据以上思路我们对西周各诸侯铜器进行了综合考察，将西周诸侯国铜器共分为八类。前四种为高质量铜器，分别为本国铭文铜器、商铭文铜器、不明族属（中原式）铜器、其他诸侯国或区域铜器，后四种为低质量铜器，分别为本地式仿制品、明器、不明族属低质量中原式铜器以及本地式铜器（图4.9）。从技术特征来讲，其中前四类铜器铸造技术统一，质量较高，统一称为高质量铜器。后四类铜器则普遍质量较差，铸造技术多元化，统称为低质量铜器。从文化背景来说，前三类铜器均为中原风格；第四类其他国或区域铜器既有中原风格又有区域风格铜器；本地仿制品、明器、低质量中原风格铜器也均为中原风格；本地式铜器则为区域性风格（图4.9）。明器与其他类别低质量铜器的区分标准是有无实用功能。本地式铜器有时情形较为复杂，例如中原风格器形与本地式纹饰相结合，这种凡是带有一定本地因素的器物，本书均归为本地式铜器。一般来说，西周早期高质量铜器在一个诸侯国墓地中往往占据超过百分之九十的比例，低质量铜器较为少见。

这八类铜器涵盖了绝大部分诸侯国青铜器，但仍然有个别铜器不完全遵循这一分类体系，例如可能有的本地式铜器铸造质量不低；个别明器与其他低质量铜器之间难以界定；还有一些铜器由于器形过于简单，无法判断铜器类别。尽管如此，这一分类体系已经足够代表西周铜器的普遍情况。以上八类铜器并非会全部出现在某一诸侯国墓地中。此外这一分类虽然反映了铜器的不同文化、生产特征，

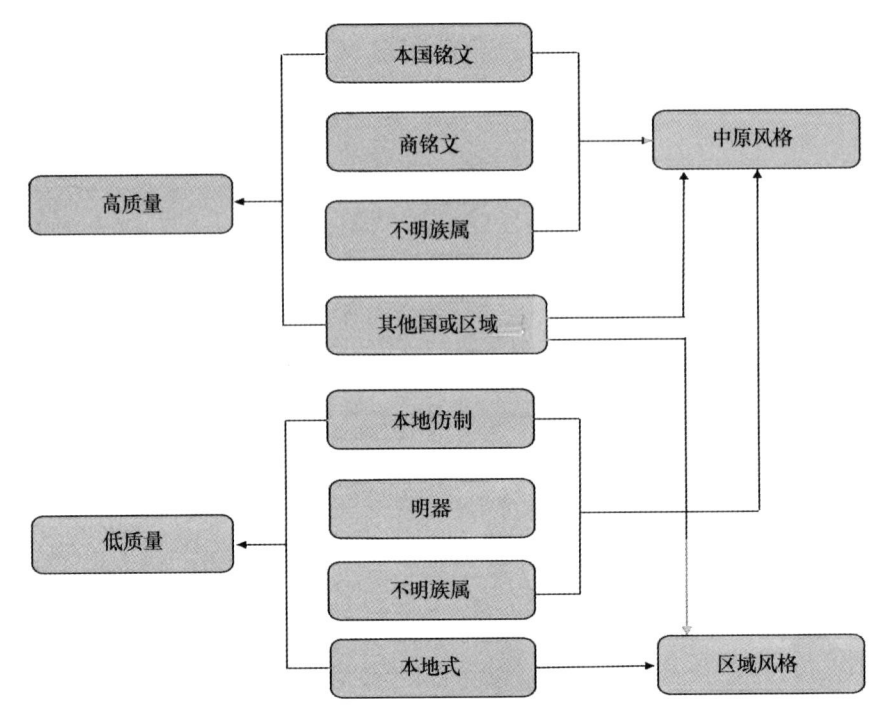

图 4.9　西周铜器分类示意图

但并不能据此判断产地。讨论产地需要对铜器进行系统的科技分析来讨论不同类别铜器所用原料的异同。

我们分别以微量元素分组法和铅同位素分析法来讨论铜器的原料问题。根据微量元素分组研究结果，对比曾国和晋国铜器可以发现两国的高质量铜器表现出相同的微量小组组合，即 1、3、6、12 组。同时他们的低质量铜器则均使用了不同的原料。作为西周中央的代表，37 件周原遗址铜器的微量元素分组集中在 1、2、3、6 组，与曾、晋两国所用的原料大部分相同。这种相似的数据模式表明，从西周王朝核心区到重要的姬姓诸侯国，铜器所用的原料应是相同的。这些铜器尽管出土于陕西、山西、湖北等相距遥远的地域，但铸造技术和器型风格表现出惊人的一致性。我们进一步推断这些高质量的中原风格铜器应当来源于统一的生产地点。而生产地点位于西周王朝核心区的可能性最大。因为目前发现的西周时期铸铜作坊集中在周原遗址和洛阳北窑遗址，都属于王朝核心区①。在这些铸铜作坊发现的陶范，可以在各个诸侯国找到极为一致的铜器②。

对于非姬姓诸侯国，我们分析了弸国墓地铜器③并引用以往学者分析的横水倗国墓地的铜器数据④。两个墓地分别位于陕西宝鸡和山西绛县，都属于具有鲜明地域特色的非姬姓诸侯国。弸国墓地共分析了低质量本地式铜器12件，低质量中原式铜器36件，年代为西周早、中期。横水倗国墓地数据引自宋建忠、南普恒两位先生采用ICP-OES方法分析的14件西周中期铜器，但铜器类别不明。微量元素分组研究表明弸国和倗国墓地的数据则分别集中在4、9、12、16组以及1、2、9组，组合模式与晋、曾、周原完全不同（表4.1）。值得注意的是叶家山低质量铜器和弸国墓地低质量铜器的微量分组组合基本一致，表明两者可能存在原料流通（表4.1）。在考古上也可以看到两地交流的证据⑤。尽管弸国和倗

---

① 周原考古队：《2003年秋周原遗址（ⅣB2区与ⅣB3区）的发掘》，《古代文明》（3），文物出版社2004年版。周原考古队：《周原庄李西周铸铜遗址2003与2004年春季发掘报告》，《考古学报》2011年第2期。魏兴兴、李亚龙：《陕西扶风齐镇发现西周炼炉》，《考古与文物》2007年第1期。周原考古队：《陕西扶风县云塘、齐镇西周建筑基址1999—2000年度发掘简报》，《考古》2002年第9期。陕西省考古研究所：《陕西扶风云塘、齐镇建筑基址2002年度发掘简报》，《考古与文物》2007年第3期。洛阳博物馆：《洛阳北窑村西周遗址1974年度发掘简报》，《文物》1981年第7期。洛阳市文物工作队：《1975—1979年洛阳北窑西周铸铜遗址的发掘》，《考古》1983年第5期。

② 郁永彬、陈建立、梅建军、陈坤龙、常怀颖、黄凤春：《试析西周早期社会青铜工业生产机制——以湖北随州叶家山墓地出土铜器为中心》，《文物》2019年第5期。

③ 黎海超、崔剑锋、王竑、任周方：《论弸国本地风格铜器的生产问题》，《考古》2020年第1期。

④ 山西省考古研究所编著：《绛县横水西周墓地青铜器科技研究》，科学出版社2012年版。

⑤ 黎海超、崔剑锋、王竑、任周方：《论弸国本地风格铜器的生产问题》，《考古》2020年第1期。

国墓地未分析高质量的中原式铜器，但两地与姬姓诸侯国高质量铜器迥然不同的数据模式仍表明两国应当存在独立生产铜器的现象。

表4.1　　西周各地点铜器微量元素分组比重对比表

铜器类别	微量分组	1组	2组	3组	4组	6组	9组	12组	16组	数据量
高质量	叶家山墓地	21%		14%	6%	24%		24%		77
高质量	晋侯墓地	21%	3%	13%		29%		24%		62
高质量	周原遗址	16%	11%	11%		54%				37
低质量	晋侯墓地					37%		48%		19
低质量	叶家山墓地				22%		8%	61%	9%	23
低质量	弳国本地式				17%		17%	41%	25%	12
低质量	弳国中原式				11%	3%	11%	64%	8%	36
不明	横水墓地	14%	72%				14%			14

此外，我们根据国别和铜器高低质量来对西周各地铅同位素数据进行对比。如图4.10所示，^{207}Pb/^{206}Pb比值在0.87—0.89之间的铅锡青铜范围内，曾国、晋国、弳国、燕国、倗国铜器无论质量高低，大部分数据均集中在一个区域。这说明这些国家的铜器所用的铅料来源主体应该是一致的。当然也有一些分散的数据，而且晋侯墓地的数据在这一范围内分布不多。但相同是总体趋势。实际上这一现象已有不少学者注意到。郁永彬等学者曾经系统将西周时期各国铜器的铅同位素数据进行对比，并分析了洛阳北窑，周原等西周王朝核心区的铜器数据，结果表明西周王朝核心区与各个诸侯国的铅同位素数据也基本分布在同一范围[①]。铅同位素数据的一致表明西周时期可能存在对铅料的某种集中控制和分配模式。

---

① 郁永彬、陈建立等：《关于叶家山青铜器铅同位素比值研究的几个问题》，《南方文物》2016年第1期。

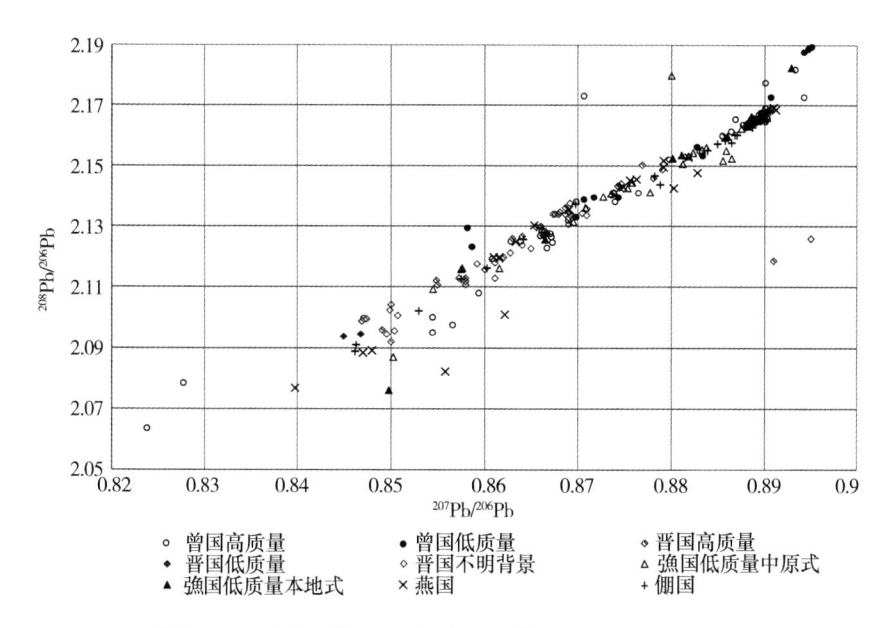

图4.10 叶家山墓地、晋侯墓地、强国墓地、燕国墓地、
佣国墓地铜器铅同位素对比图

以上分析表明，西周时期，尤其是西周早期，一些诸侯国的铜器群构成具有多元化特征。大部分铜器为高质量中原式铜器，这些铜器不仅风格、铸造水平一致，且使用了相同的铜料和铅料制作，应当来源于统一的中央式作坊，由周王朝进行统一生产并以各种方式分配。另外，各地诸侯国也普遍存在独立的铜器铸造活动，只是规模较小，水平较低。诸侯国应当有独立掌握、获取铜料、铅料等金属资源的权利，部分诸侯国独立生产的铜器使用了区别于高质量中原式铜器的原料来源。就族姓来说，姬姓封国铜器群显示出与周王朝更为密切的关系，始终以高质量中原式铜器为主导，但本地也生产铜器。非姬姓封国更多的显示出独立性特征，西周早期时与周王朝联系较多，到西周中期时，本地铸铜业更为独立，逐渐与周王朝脱节。至于高砂脊和炭河里的研究则属于王土之外的个例，另当别论。

明确了诸侯国铜器群的生产背景后，我们进一步以墓葬为单位讨论高等级墓葬铜器组合形式，以此说明不同生产背景的铜器是在怎样的文化背景下出现在同一墓葬中的。通过对西周早期多个诸侯国墓地的分析,我们认为西周早期各诸侯国高等级墓葬铜器组合表现出十分统一的特征。以铜鼎为例,在用鼎制度观念的影响下,通常判断墓葬等级的高低多以铜鼎的数量作为参考依据,我们认为铜鼎的类别同样具有重要意义。西周早期诸侯国最高等级的墓葬中,往往出现有方鼎、夔纹+涡纹圆鼎、分裆鼎、扁足圆鼎以及短扉棱+兽面纹圆鼎几类,这种现象在叶家山 M65、竹园沟 M13 甲组、琉璃河Ⅱ M251 等高等级墓葬中普遍存在(图 4.11)。

各诸侯国铜器组合的一致性表明此时青铜礼制的严格制度。尽管组合固定,但构成铜器组合的铜器往往来源复杂,不仅包括本国铜器还见有商铭文铜器、不明族属铜器甚至有本地式铜器和仿制品参与进铜器组合中。一般来说,往往等级越高的墓葬,铜器来源也相对单纯,等级越低则铜器来源越为复杂。因此,西周早期各个诸侯国墓葬的铜器群多是诸侯国将各种来源的铜器按照统一礼制要求进行组合的。

西周早期的青铜器生产、流通格局是,中央王朝将专为诸侯国生产的铜器、商之遗器以及其他背景不明的高质量中原式铜器统一分配给各个诸侯国,这些铜器构成了西周早期各诸侯国铜器群的主体。诸侯国一方面接受中央分配铜器,另一方面也小规模地生产铜器,并将各种复杂来源的铜器按照礼制组合埋葬在墓葬中。当然诸侯国之间由于各种原因也存在复杂的铜器流通现象,如与赠赙制度相关的铜器,用以送嫁的媵器等。本书讨论的是主流的铜器生产、流通现象,诸侯国之间的铜器流通并非本书讨论重点,不再详细说明。到西周中、晚期时,一些诸侯国尤其是非姬姓封国铜器生产的独立性逐渐增强,西周早期的统一局面被打破,难以用总结性结论进行概括,需结合具体诸侯国进行分析。

除科技分析外,其他证据如铸铜遗迹、遗物的发现以及金文资料的记载也有助于理解西周时期铜器生产和分配问题。西周时期的铸铜作坊主要分布在周原遗址和洛阳北窑遗址。周原遗址在多地发现

第四章　资源与社会　307

器名	方鼎	夔纹+涡纹圆鼎	分档鼎	扁足圆鼎	短雎棱+兽面纹圆鼎
叶家山 M65	M65:47	M65:44	M65:51	M65:41	M65:46
竹园沟 M13甲组	BZM13:19	BZM13:13	BZM13:18	BZM13:17	BZM13:15
琉璃河 ⅡM251		ⅡM251:17	ⅡM251:18	ⅡM251:24	ⅡM251:20

图4.11　各诸侯国高等级墓葬铜鼎组合对比图

有铸铜作坊或铸铜遗物，包括李家、齐家、齐镇、周公庙、孔头沟、云塘—齐镇建筑基址等。李家铸铜作坊、周公庙铸铜作坊以及孔头沟画图寺发掘区铸铜作坊均发现有各类容器、车马器、兵器陶范，产品类别较为齐全。洛阳北窑铸铜作坊的产品类别也较为齐全。此外，在长安张家坡发现西周早期陶范等铸铜遗物；马王村发现西周早期陶范残块。以上材料显示出西周时期，中心都邑类遗址在多地普遍存在铜器铸造现象，且礼器的生产不局限于一地。地方诸侯国出土的高质量中原式铜器可能就产自这些都邑类遗址的铸铜作坊，如洛阳北窑出土的不少陶范在各地诸侯国均可找到对应的铜器。除都邑类遗址外，目前在地方诸侯国也可见到一些铸铜遗物，如在琉璃河遗址发现有容器范；在虢国墓地附近的李家窑遗址发现铜渣、陶范、鼓风管等，上阳城东北角还发现铸铜作坊。这也与我们的观点相印证。

金文资料中有不少直接或间接关于铜器、铜料生产和流通的记载。为此，我们以吴镇烽先生编著的《商周青铜器铭文暨图像集成》为主要参考，对西周时期相关金文材料进行全面检索、分析。通过检索，发现金文中关于铜器、铜料流通的记载主要包括赐金、俘金和献金三类，其中以赐金铭文出现频率最高。西周早期时，赐金的铭文较为多见，赐金的主体多为王、大臣、诸侯等高级贵族，其中绝大部分为王和大臣。这表明铜料分配可能主要由中央控制，但一些地方诸侯国也掌握有铜料。西周中期时，关于赏赐铜料的铭文数量减少，且王作为赏赐者的频率降低，地方诸侯及大臣赏赐铜料的比例变大。到西周晚期和东周时期，赐金辞例特别是由王主导的赏赐铜料活动近乎消失。可见从西周早期到东周时期，中央分配铜料的现象逐渐减少，地方诸侯国逐渐更多的成为分配主体，这与铜器风格的变化是一致的。

就铜器的赏赐而言，西周早期的辞例较少，到西周中、晚期时，由周王进行的铜器赏赐明显增多，赏赐铜器以车马器等小件铜器为主，并与其他物品形成固定组合。这提示我们各地诸侯国出土的车马器虽然大部分可能在本地制作，但少数制作较精的车马器也可能是中央分配的。

金文中反映铜器生产最直接的便是"作"字，该字出现频率极高。此处主要讨论"用作"与"自作"的差异。通过统计，我们发现西周早、中期时，最为多见的是"用作"辞例。"自作"辞例中，西周中期晚段的鑾伯盘可能是最早的一个例子。到西周晚期时，"自作"辞例开始明显增多，至春秋时期，已经极为普遍。从"用作"到"自作"的转变可能反映的整个铜器生产背景的变化。"自作"铜器最可能反映了其在本地生产的制作背景，"用作"的含义虽不确定，但与"自作"必然不同。"用作"到"自作"的变化实际当是诸侯国铜器生产逐渐独立的体现。

综合各地铸铜遗迹、遗物的发现以及相关金文资料，可知西周王朝中央是铜器生产的主导者，但地方诸侯国也存在铜器生产并可获取、分配铜料。从西周早期至西周晚期，王朝中央主导铜器生产的程度逐渐降低，一些地方诸侯国的铜器铸造业日趋独立，最终形成东周时期各地诸侯国广泛发展铸铜业的局面。这与叶家山墓地、晋侯墓地、強国墓地的铜器分析以及其他诸侯国的情况相符合（图4.12）。西周时期的铜器流通体系可以以中央的"分器"和诸侯国的"自产"进行概括。

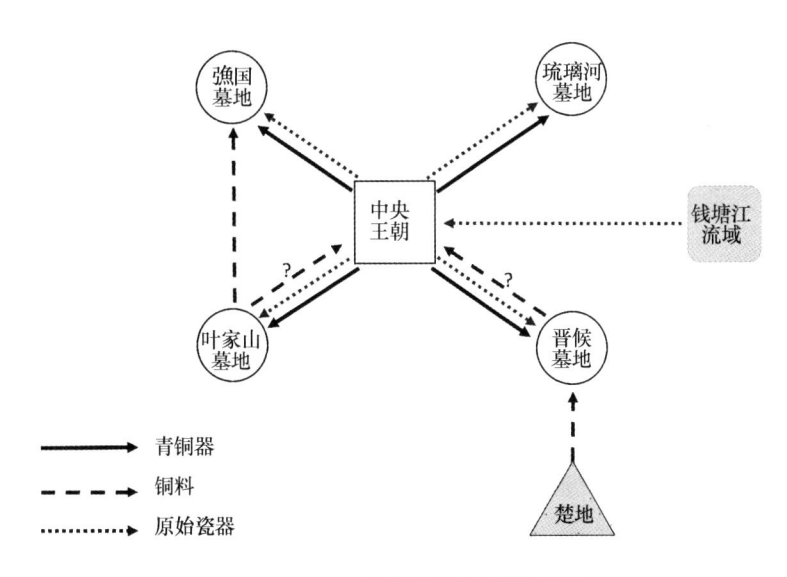

图 4.12　西周时期资源流通模式图

二 原始瓷器的流通

西周时期的原始瓷器多见于高等级墓葬中，与铜器一样也属珍稀资源。对原始瓷器的生产和分配问题进行探索，有助于讨论西周时期珍稀资源的生产、流通模式。我们认为只有明确南、北方原始瓷器的类型及关系，究明南北各地原始瓷是否存在区域性特征，再讨论区域之间的关系，才能对北方原始瓷器的来源得出合理认识，进一步对原始瓷器的流通方式及其反映的文化背景进行探讨。

以此思路为基础，我们首先对北方地区西周时期原始瓷器的类型分布、出土背景、器用组合等方面做了系统梳理。结论认为西周早、中期尤其是西周早期原始瓷类型最为丰富、数量最多，到西周晚期时明显衰落。西周王朝核心地区出土原始瓷器的类型、数量最为丰富，地方诸侯国的发现相对较少，由中央向四周呈辐射状分布。从器形和组合来看，各地诸侯国出土的原始瓷器的器形和组合形式均极为相似，并与王朝核心地区保持一致（图4.13）。这种由中央到地方辐射状的分布状态以及各地原始瓷器从形制到组合均保持高度一致的特征暗示原始瓷器的分配模式与高质量中原式铜器基本相同，可能均是有中央进行统一的控制，按照组合向地方诸侯国分配。这种情况主要出现在西周早、中期，之后一些地方诸侯国铸铜业逐渐独立，原始瓷器也呈衰落状态，由中央主导的资源分配模式逐渐瓦解。

至于北方地区原始瓷器的来源，通过对南方地区西周时期原始瓷器的系统梳理，我们认为南方地区可能存在几个不同的原始瓷器生产中心，其中以德清为中心的钱塘江流域当是北方原始瓷器的主要来源地，北方地区发现的主要类型在此均可找到对应[①]。尽管如此，钱塘江流域出产的不少原始瓷器的大宗器类未在北方发现，北

---

① 黎海超：《金道瓷行——商周时期北方地区印纹硬陶和原始瓷器研究》，上海古籍出版社2018年版。

第四章 资源与社会 311

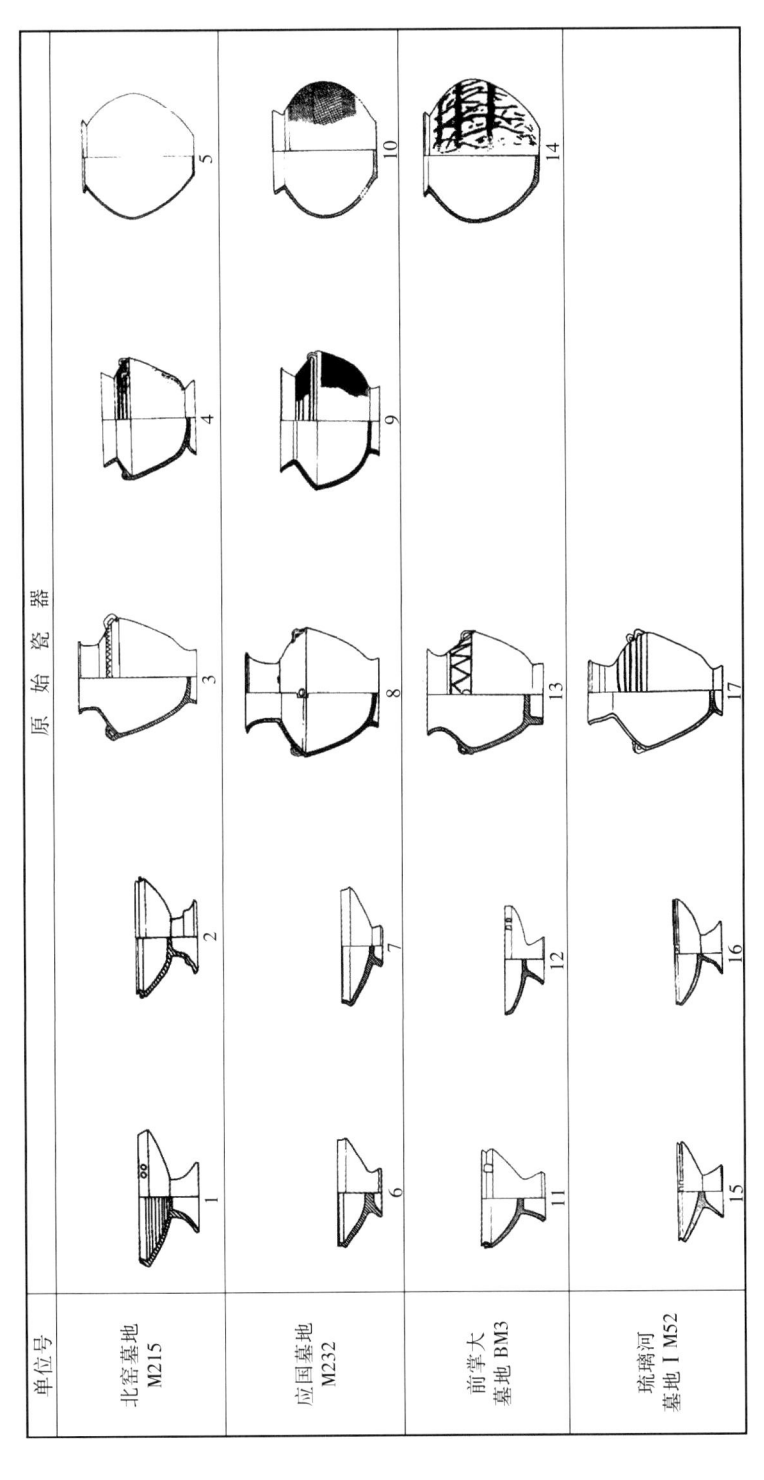

图 4.13 各地出土原始瓷器对比图

1、2. 豆（M215:36, M215:38） 3. 高体罍（M215:47） 4. 矮体尊（M232:0105） 5. 罐（M215:69） 6、7. 豆（M232:068, M232:069） 8. 高体罍（M232:063） 9. 矮体尊（M232:062） 10. 高体罍（M232:0105） 11、12. 豆（ⅠM52:44） 13. 高体尊（BM3:3） 14. 罐（BM3:7） 15、16. 豆（ⅠM52:5, ⅠM52:44） 17. 高体罍（ⅠM52:1）

方发现的原始瓷器大部分类型虽然可在钱塘江流域找到对应，但这些类型在当地多非主流器形，数量不多。也就是说，钱塘江流域虽为北方原始瓷器的产地，但其主流产品和生产重心仍为满足当地需求。另外，北方地区发现的一些原始瓷器类型，如高体尊、三角划纹簋具有周文化特征。这些因素表明周王朝从钱塘江流域进口原始瓷器可能并非是对当地产品的直接挑选，而有订烧的可能性。若此假设为真，那么原始瓷器便是由周王朝在钱塘江流域订烧，再按照周制组合向各个诸侯国分配。西周早期，各地诸侯国高等级墓葬的铜器组合、器形也极为一致，与原始瓷器表现出相同的状态，可见周王朝对于珍稀资源的分配遵循固定模式。

三 资源体系与分封制度

综上所述，西周时期，尤其是西周早期，大部分诸侯国出土的质量较高的高质量中原式铜器，无论是铭文标示的当地诸侯国铜器，还是其他诸侯国或区域铜器，绝大部分均是由中央式作坊进行生产，再向各地分配。另外，不少诸侯国存在使用独立获取的铜料和中央分配的铅料进行生产铜器的活动，只是规模较小、水平较低。可见西周王朝对于铜器生产只是进行有条件的管理，对于地方铸铜活动不做严格限制。至于铜料流通，中央对地方似乎也未严格管理，不少诸侯国均有独立获取金属原料的行为，个别诸侯国所获铜料还可能以贡赋的形式流向中央。原始瓷器与铜器同属高等级人群所掌握的珍稀资源，其分配模式与铜器十分一致，即由中央进行统一控制，按照组合向各诸侯国分配。到西周晚期时，分配活动逐渐停止。原始瓷器较为特别的一点是，其生产地点主要是钱塘江流域，可能存在西周王朝在南方订烧，再进行产品分配的现象。

铜器和原始瓷器的生产和分配模式可能具有普遍意义，西周时期其他珍稀资源如玉器等或许也存在同样的模式。这种以中央控制、分配为主导，地方诸侯国又保存一定独立性的资源生产、分配模式应当也是分封制的一部分。事实上，分封制的本质也是对资源的一种控制模式，中央通过设置具有一定独立性的地方中心来开疆拓土、集纳资源，这种模式与早、中商时期以城为中心的资源获取模式有不少相似之处。在这种资源流通模式下，诸侯国向中央以贡赋的形式供给资源，西周王朝反之向诸侯国分配具有政治、礼制含义的成套的高质量铜器以及成组合的原始瓷器等。西周早期各地诸侯国出土的铜器、原始瓷器在器类、组合上均显示出极强的一致性，且"公/侯/伯作器"均为高质量的中原式铜器，表明在王朝之初这种资源流通模式实行的最为彻底。

但随着时间推移，地方诸侯国势力逐渐增强，与周王朝关系密切的多数姬姓封国仍然遵循这一体系，但非姬姓封国开始显现出明显的独立趋向，这一点尤其表现在铜器生产上。西周中期时，彊国、倗国等非姬姓封国可能都出现了相当独立的铜器铸造业。彊国墓地中，本地生产的铜器此时成为墓葬铜器组合的核心，甚至于"彊伯"铜器也在本地生产（图4.14）。姬姓封国中也出现个别的类似现象，在应国墓地中就出土有西周中期应侯铜器的本地仿制品形式（图4.14）。这种可能具有政治象征含义的"公/侯/伯作器"出现本地生产的形式标志着周王朝与诸侯国的关系开始弱化。地方势强则中央积弱，随着地方诸侯国实力不断增强，最终成东周时期诸雄争霸的局面。

讨论西周时期的资源分配模式有助于我们理解西周社会的发展和解体。在中心与周边的视角下，作为中心的周王朝向周边诸侯国输出的是具有礼制和政治含义的铜器等珍稀品。这种分配形式是中央实行统治的物质表现，青铜器的政治、礼制含义也是周王朝赋予的，其背后必须以统一的礼制观念作为支撑。西周前期，西周王朝注重于直接分配物品以强化统一的礼制观念。西周中期开始，西周王朝逐渐开始建立自己的礼制系统，对诸侯国的控制也开始倚重于周礼维系。因此从这一层次而言，西周王朝向诸侯国分配铜器等资源实际上是推广礼制维系统治的物化表现。这种资源也只有在统一的礼制观念的基础之上才具有意义，当礼制观念开始弱化时，这种

图4.14　西周中期的仿制品"侯/伯作器"
1. 鼎（BRM1 乙:13）　2. 簋（BRM1 乙:6）　3. 应侯甗（M84:89）

对资源的分配也就失去了政治约束力。另外，当实力增强的地方诸侯国有能力独立生产高质量青铜器，构建完整的铜器组合，实现礼制要求时，对于中央王朝的需求便也弱化了。随着维系中央与地方的礼制观念的逐渐瓦解，中央与地方之间的资源流通模式以及两者之间的政治联系也就开始崩溃。这或许也是西周王朝走向灭亡的一个原因。

第四节　商周时期的资源流通模式——王朝资源系统

早中商时期、晚商时期、西周时期是三个资源流通模式各异的时代。从中心与周边的层级结构来讲，主体结构是相同的。若站在中原为中心的视角，可以看到王畿地区为中心，王朝疆域内的诸侯国或地方据点构建成次中心的外围地区。王朝疆域之外，则属于政治上独立的边缘地区。这三个层级的结构之间共同构成了资源流通体系。中央王朝是人口聚集的消费型中心，同时也是高端技术资源（如铜器制作技术）、政治、礼制的中心，但原始资源缺乏（铜、锡、铅、盐、贝、龟等），无法满足消费需求。

维系中央地位的是地方诸侯国或据点构成的外围，诸多外围又有自己的中心。这些外围区域与中央之间具有政治、礼制上的制约，不同时期与中央的关系或紧或松。但最为核心的利益关系是向中央供给资源，维持中央的生存和发展。与此同时，这些外围中心通常具有一定的自主权利，包括集纳资源和消费资源的权利。中央与外围的关系稳定与否，根本上讲取决于资源流通体系的平衡与否。当这些外围的次中心体量逐渐变大，真正的中心势力反而被压缩时，平衡的状态被打破，王朝也将出现崩溃的裂痕。

早中商、晚商、西周三个时期中，早中商和西周时期，尤其是西周时期属于这一典型的分层结构。晚商时期的情况则值得讨论。根据甲骨卜辞的记载，晚商时期也有不少封国，并发挥着与西周诸侯国类似的作用。这些外围中心应当存在。从考古材料来看，晚商时期殷墟之外的周边地区发现了陕西的老牛坡遗址、河南的罗山天湖墓地以及山东地区的苏埠屯和前掌大墓地。但与早中商时期相比，晚商时期罕见城址，外围地区发现的几处等级略高的墓地中，也似乎只有山东地区的墓葬等级达到了"一方诸侯"的高度，晚商时期山东地区确实也是商王朝的发展重点。但总体来说，我们认为目前的考古材料表明与殷墟中心相对的外围结构显示出相对较弱的实力。这或许也反映了晚商时期中心与外围的一种资源配置策略。

谈到第三个层级结构，也就是王朝疆域外的边缘地区。在早中商时期材料相对较少，以盘龙城为代表的外围中心和长江流域边缘地区可以作为代表。我们可以看到考古学文化上盘龙城类型的扩张；铜岭矿井中的商式陶器暗示着商人对铜矿的开采；长江流域多个地点的原始瓷器和印纹硬陶可能在盘龙城汇聚又转运郑州。尽管我们可以基本肯定盘龙城作为外围中心汇聚资源的角色，但盘龙城与其外围的边缘地区之间具体是怎样的关系却无法进一步推论。西周时期得益于大量的铭文记载，我们可以看到西周王朝前期设置汉阳诸姬，频繁讨伐荆楚以至于昭王殒命于此。也可以看到西周后期与淮夷的频繁战争。当然还有来自西北的威胁。这些战争表明西周王朝与边缘地区的关系并不稳固，这也为王朝灭亡埋下了伏笔。晚商时期的边缘地区相比而言更为特别。我们暂且可将长江流域的汉中、三星堆、宁乡、新干统称为长江流域文明体。这一文明体作为晚商王朝的边缘地区与殷墟之间形成了某种基于青铜技术、青铜原料以及其他未知资源的资源流通网络。跳出殷墟为中心的视角，实际上长江流域文明体的各个组成部分也各自可为中心。黄河流域、长江流域的这些青铜文明共同构建成多中心而又连接为一体的整体体系。从长时段的视角来看，更能认识到晚商时期这一整体体系的特殊意义。

将视野扩展到新石器至商周时期，可以发现黄河流域多处于中心位置或作为中心之一。长江流域自良渚文明之后，在二里头、二里岗时期似乎都处于相对衰落的状态。盘龙城是一个独特的存在。真正长江流域的整体崛起大体是在盘龙城废弃之后，长江流域各区域土著文明呈现勃发状态，出现了汉中、三星堆、宁乡、新干等区域性青铜文化中心，长江流域文明体形成。这些区域性文化不仅以青铜器的方式来表现，三星堆、吴城、牛城等城址也证实了这些文化的发展程度。以殷墟为中心的黄河流域文明与长江流域文明体之间建立了密切的资源流通网络。正是缘于这一网络，中国历史上黄河流域文明和长江流域文明第一次联结为一个整体。

若以高放射性成因铅类型的原料作为联结这一整体的表现因素之一，我们可以看到这一整体格局在中商时期开始积淀，在晚商前期形成并达到顶峰，到了晚商后期则走向衰亡。考古学文化的发展与资源流通网络之间大体表现出相同的演变状态，黄河流域与长江流域的联结应该也是随着资源流通体系的瓦解而结束。当然在这一过程中，长江流域的各个文化也表现出一些个性化因素，这些值得将来进一步探讨。

　　本书的研究表明，商周王朝存续和发展的策略基础是王朝中心—封国—疆外之地这几层结构之间的关系。这一关系的本质是一种资源控制、分配、流通模式。王朝的发展与稳定与否在很大程度上取决于中心与周边的资源流通体系平衡与否。这一模式可暂时称作王朝资源系统。在这一资源系统中，中央王朝与各个封国之间本质上是一种资源互换、互利的关系。中央往往严格把握重要的技术性资源，并通过政治、礼制制度维持其王朝核心的地位。各封国在开疆拓土的过程中也在向中央王朝回馈各种资源。这种交换方式从现实意义来说并不对等。因此当诸侯势大，礼崩乐坏时，这种交换的不对等性便被不断放大，以至于中心与周边的关系错位，王朝灭亡。王朝与疆外之地的关系是王朝资源系统的另一方面。商周王朝所需的不少资源都在王朝疆域之外富集，势必发生资源流通。而不同于对于封国的直接政治控制，王朝与疆外之地的关系是极不稳定的。或战或和的关系也使得维持稳定的资源流通网络成为困难。反言之，正是对于资源的需求，导致了王朝与疆外之地产生关联的动力。因此采取何种资源策略是王朝与疆外之地关系的本质。一旦这种策略失衡，同样也会成为王朝灭亡的因素。可以说，王朝中心—封国—疆外之地这三者之间的资源关系极大的影响甚至时常主导着王朝的兴亡。内政外交，归根结底无不源于对资源关系的平衡。

第 五 章

结　语

　　资源是社会存续和发展的基础。商周时期，青铜器等珍稀资源不仅仅是供社会上层消费的奢侈品，而是具有政治、礼制含义的象征性物质遗存，其对于商周社会的重要意义不言自明。本书以青铜器的流通体系为研究重点，在中心与周边关系的视角下，结合考古学分析和新的科技方法，讨论珍稀资源与商周社会的关联。

　　研究表明商至西周时期，资源流通模式可以分为特征显著的三个阶段。早、中商时期是以地方型城址为中心的资源获取模式。地方城址一方面承担向商王朝收集、转运资源的义务，另一方面一些城址也具有生产、消费资源的独立权利。这与后来的分封制度颇有几类相似，此时的资源流通模式可以用"筑城聚珍"来概括。盘龙城是此类城址的典型代表，郑州商城出土的印纹硬陶和原始瓷器多是由盘龙城人群从闽赣地区的池州、角山等地点收集，统一在盘龙城遗址汇集后再转运中原。另外，根据有限的证据推测，盘龙城人群可能也参与了长江中游铜矿的开发并向中原地区转运铜料资源。但盘龙城与郑州商城之间并非单向的政治隶属和军事支配关系，盘龙城出土铜器可能有部分来自于郑州，另有部分是利用特殊原料在本地铸造的。盘龙城的高等级人群也使用印纹硬陶和原始瓷器，但器用制度则有别于中原地区。这些现象表明盘龙城自身具备一定的独立性，中央王朝对于资源的控制政策也较为宽松。除盘龙城外，早、中商时期的其他地方型城址如垣曲商城的出现可能也与资源的控制有关。以城为中心的据点式直接获取资源的方式应是早、中商时期的普遍模式。在商文化区域之外，也可见商王朝与周边文化的资源交流，如城洋地区中商时期的文化遗存就有进口中原铜器成品甚至是金属原料的现象，其背后的文化背景仍不明确。从宏观角度来看，早、中商时期商文化分布区域不断扩张，当与以城为中心的追求资源的模式有关。这种资源模式下的商王朝在前期不断发展，但随着地方中心的实力增强，中央王朝发生"九世之乱"，频繁迁都，商王朝陷入困境。直到中商末期，盘龙城为代表的地方中心遭到废弃，再到盘庚迁殷商王朝才得以稳固。商王朝内乱的原因是否与这种倚重地方中心的资源获取模式有关是值得思考的问题。

晚商时期，商王朝开启了新的资源流通模式。商文化区域之内，殷墟遗址和周边遗址出土铜器普遍使用相同的金属原料，此时商王朝对于金属原料甚至是铜器生产实行了严格的管控。金属原料或铜器成品统一由中央进行生产，再向各商文化据点分配。这种对铜器资源的控制模式反映了商王朝实行了将资源控制权集中到中央的新政策。相应于资源流通模式的变化，晚商时期中心与周边的关系也发生了较大变化。从聚落结构来看，早、中商时期，多设置地方城市，中心都城也多有迁移；晚商时期的地方型城址则几乎不见，盘庚迁殷后不再徙都。商文化的分布范围也较早、中商时期明显收缩。这种以都邑为绝对核心的集权式聚落结构显然与"器料官营"的资源政策相符合。资源模式的变化导致王朝政体结构的更新，进一步还对礼制系统产生重大影响。晚商时期，青铜器、印纹硬陶和原始瓷器、玉器、车马制度、甲骨文字等几乎所有的礼制因素均发生明显变化。由"器料官营"至"集权"统治再到礼制维新，其中存在逻辑发展序列，似可作为定义晚商王朝的关键词。

商文化区域之外，商王朝与长江流域土著文化间形成了以资源流通为基础的文化交流模式。长江流域多个地点的铜料资源流入中原，印纹硬陶和原始瓷器作为流通路线上的附属品也分别由长江中、下游的不同地点向中原流通。长江流域在晚商时期成为商王朝重要的资源输出带。反之，商王朝广泛影响着长江流域各土著文化的用铜观念，并输出铸铜技术资源。殷墟二期前后，长江流域的三星堆、宁乡、新干铜器群兴起，这些地区的铜器虽地域风格显著，但仍以商风格铜器为母题，其设计和铸造技术也必然来自商王朝。另外此时殷墟、三星堆、新干等各地铜器均使用高放射性成因铅原料，显然这类原料是商王朝与长江流域土著文化交流的重要内容，只是流通方向暂不明确。正是以金属资源为核心的资源流通促动了商王朝与长江流域文化之间形成密切的交流网络，这也奠定了晚商时期的文化格局。这一格局的形成或许表明：中国历史上黄河流域与长江流域文明首次联接到同一整体系统中。

西周时期资源的生产、流通是本书讨论的核心。对于西周时期铜器的流通体系，学界仍无定论。本书以叶家山墓地、晋侯墓地、弢国墓地等地点出土的铜器为例，首先根据铜器形制、纹饰、铭文、铸造水平等建立考古学分类标准，在此标准下，结合微量元素分组、铅同位素和主量元素数据讨论各类铜器原料构成的异同，以此推知铜器的生产来源，复原西周铜器的流通体系。以叶家山墓地为例，该墓地铜器群构成较为复杂，大体包括曾国铭文铜器、商铭文铜器、其他诸侯国或区域铜器、不明族属的高质量中原式铜器、本地式铜器以及本地式仿制品。这种分类基本上代表了西周早期各个诸侯国铜器群的构成情况。其中前4类铜器绝大部分铸造质量较好，后2类铜器明显质量较差，分别以高质量铜器和低质量铜器概括。科技分析数据表明，叶家山墓地前4类铜器不仅风格相近，铸造水平一致，使用的铜料和铅料也相同，因此可以明确是产自统一的作坊。后2类铜器不仅铸造水平表现出较大差异，所用铜料类型也明显不同，铅料则与高质量中原式铜器相同，因此可以判断这些本地式铜器应当产自不同的作坊，但铅料或许由中央分配。对比高质量和低质量铜器，两者的差别显而易见。对晋侯墓地等其他诸侯国墓地铜器的分析得出相同的结论，各地诸侯国出土的高质量中原式铜器均使用了相同的铜料和铅料，并与周原遗址出土铜器所用原料相同。因此可以明确这些高质量中原式铜器应当统一来自于中央式作坊，由周王朝统一生产再以各种复杂方式分配至各诸侯国。另外，各地诸侯国普遍出土铸造质量较差的本地式铜器，这些铜器表明诸侯国也存在独立的铜器生产活动，只是规模较小，水平较低。西周早期，各诸侯国的高质量中原式铜器不仅形制、纹饰极为标准化，高等级墓葬的铜器组合也十分固定。因此诸侯国墓葬的铜器群是将中央生产的各类铜器甚至包括本地生产的铜器按照固定的组合拼凑而成的，又以中央生产的铜器占据主体地位。按照诸侯国的族姓区分，可以看到姬姓封国始终以高质量中原式铜器为主，显示出与周王朝更密切的关联。但非姬姓封国显示出较强的独立性特征，尤其是西周中期开始，彂国等诸侯国的铜器生产已经相当独立。西周早期的铜器流通体系随着诸侯国实力的增强而逐渐走向瓦解，最终形成东周时期各自独立的局面。需要说明的是本书仅讨论主流的铜器生产、分配现象，事实上诸侯国之间也会由于各种原因而产生铜器流通。相关研究已有不少，此处不做详论。

西周时期原始瓷器的分配模式与铜器类似，其产地主要位于东南的钱塘江流域，可能是由西周王朝统一订烧，产品集中到中央后，再按照组合向各诸侯国分配。无论是原始瓷器还是铜器的分配，都在西周前期表现得更为明显。这种资源分配模式实际是与分封制相适应的。周王朝在分封诸侯时，除了封土授民外，还按照礼制组合分配青铜器、原始瓷器等具有礼制含义的物品。分配这些礼制物品的根本目的当是以礼制维系统一，巩固统治，因此传播礼器所代表的礼制观念才是中央王朝真实用意。但当这种维系统一的礼制观念在地方开始弱化时，周王朝主导的这种礼制分配也就逐渐失去了意义。实力增强的诸侯国能独立生产高质量铜器，构建礼制系统，其对中央王朝的需求也开始减弱。西周早期建立的礼器分配系统，可能就是在这种背景下在西周中期、晚期逐渐走向瓦解。

地方诸侯国对中央王朝负有集纳资源的义务，西周早期的曾国和西周晚期的晋国就可能向周王朝输入铜料资源。地方诸侯国被赋予较大权利，对于资源享有独立的开发和使用权。正是在这种模式之下，诸侯国才得到广泛发展。当资源过度集中于地方而中央积弱时，王朝解体的不稳定因素便开始凸显。

从早、中商时期历经晚商时期到西周时期，资源流通模式从"筑城聚珍"发展到"器料官营"最终演变为分封制下的"授命分器"。我们由此初步提出商周时期资源流通的理论模式——王朝资源系统。王朝的兴衰在很大程度上取决于王朝中心—封国—疆外之地这三层结构之间资源关系的平衡与否。

以上便是我们对商周时期资源与社会的初步理解。这些观点仅是根据现有材料和数据提供的一种可能的解释，仍存在不少缺憾。本书解释数据时对于相同数据只应用了同一类数据分析方法，更理想的状态应尝试用不同解释方法来解读相同数据，再对比结果异同。尽管我们认为文中分析问题的基本思路是符合逻辑的，但所用的科技分析方法和我们对于铜器的分类方法缘于各种原因都难称完美。微量元素分组法如何解读仍有不少疑问，我们对于铜器的分类虽依照客观标准，但难以摆脱主观影响。另外，本书探讨的核心问题——资源与社会，显然要基于各类资源流通的完整网络。这一网络的建立也必然需要对每一类资源进行系统性的研究。这无疑是极为庞大的工作。本书也只是择其一类，抛砖引玉。笔者无意以此定论商周时期的资源与社会。唯冀来者砥砺前行，为新世纪的中国考古和世界考古增砖添瓦。

参考文献

中文著作

北京市文物研究所：《琉璃河西周燕国墓地 1973—1977》，文物出版社 1995 年版。

崔剑锋、吴小红：《铅同位素考古研究——以中国云南和越南出土青铜器为例》，文物出版社 2008 年版。

陈建立：《中国古代金属冶铸文明新探》，科学出版社 2014 年版。

曹定云：《殷墟妇好墓铭文研究》，云南人民出版社 2007 年版。

郭沫若：《中国史稿（第一册）》，人民出版社 1977 年版。

郭沫若：《殷契萃编》，科学出版社 1965 年版。

何树环：《西周锡命铭文新研》，文津出版社 2007 年版。

黄石市博物馆：《铜绿山古矿冶遗址》，文物出版社 1999 年版。

河南省文物考古研究所、三门峡市文物工作队：《三门峡虢国墓》第一卷，文物出版社 1999 年版。

河南省文物考古研究所：《郑州商城——1953—1985 年发掘报告》，文物出版社 2001 年版。

河南省文物考古研究所、平顶山市文物管理局：《平顶山应国墓地Ⅰ》，大象出版社 2012 年版。

湖北省博物馆：《盘龙城——1963—1994 年考古发掘报告》，文物出版社 2001 年版。

湖北省博物馆、湖北省文物考古研究所、随州市博物馆：《随州叶家山：西周早期曾国墓地》，文物出版社 2013 年版。

湖北省文物考古研究所:《大冶五里界——春秋城址与周围遗址考古报告》,科学出版社 2006 年版。

湖北省文物考古研究所、黄石市博物馆、阳新县博物馆:《阳新大路铺》,文物出版社 2013 年版。

翦伯赞:《中国史纲》(第一卷),生活·读书·新知三联书店 1950 年版。

金正耀:《中国铅同位素考古》,中国科技大学出版社 2008 年版。

江西省文物考古研究所、瑞昌博物馆:《铜岭古铜矿遗址发现与研究》,江西科学技术出版社 1997 年版。

江西省文物考古研究所、樟树市博物馆:《吴城——1973—2002 年考古发掘报告》,科学出版社 2005 年版。

李雪山:《商代分封制度研究》,中国社会科学出版社 2004 年版。

黎海超:《金道瓷行——商周时期北方地区印纹硬陶和原始瓷器研究》,上海古籍出版社 2018 年版。

刘士莪:《老牛坡》,陕西人民出版社 2002 年版。

卢连成、胡智生:《宝鸡𢐗国墓地》,文物出版社 1988 年版。

容庚、张维持:《殷周青铜器通论》,文物出版社 1958 年版。

四川省文物考古研究所:《三星堆祭祀坑》,文物出版社 1999 年版。

山西省考古研究所编著:《绛县横水西周墓地青铜器科技研究》,科学出版社 2012 年版。

王震中:《商代都邑》,中国社会科学出版社 2010 年版。

王时麒、赵朝洪、于洸、员雪梅、段体玉:《中国岫岩玉》,科学出版社 2007 年版。

吴镇烽:《商周青铜器铭文暨图像集成》,上海古籍出版社 2012 年版。

吴棠海:《中国古代玉器》,科学出版社 2012 年版。

夏湘蓉、李仲均、王根元:《中国古代矿业开发史》,地质出版社 1980 年版。

西北大学文博学院:《城固宝山——一九九八年发掘报告》,文物出版社 2002 年版。

张光直：《青铜挥麈》，上海文艺出版社 2000 年版。

张光直：《考古学专题六讲》，文物出版社 1986 年版。

张亚初：《殷周金文集成引得》，中华书局 2001 年版。

赵丛苍：《城洋青铜器》，科学出版社 2006 年版。

郑杰祥：《商代地理概论》，中州古籍出版社 1994 年版。

周自强主编：《中国经济通史（先秦）（上）》，经济日报出版社 2007 年版。

朱炳泉：《地球化学省与地球化学急变带》，科学出版社 2001 年版。

中国科学院考古研究所：《沣西发掘报告：1955—1957 年陕西长安县沣西乡考古发掘资料》，文物出版社 1962 年版。

中国社会科学院考古研究所编著：《殷墟妇好墓》，文物出版社 1980 年版。

中国社会科学院考古研究所：《殷墟发掘报告（1958—1961）》，文物出版社 1987 年版。

中国社会科学院考古研究所、中国历史博物馆、山西省考古研究所：《夏县东下冯》，文物出版社 1988 年版。

中国社会科学院考古研究所：《殷墟的发现与研究》，科学出版社 1994 年版。

中国社会科学院考古研究所：《偃师二里头——1959—1978 年考古发掘报告》，中国大百科全书出版社 1999 年版。

中国社会科学院考古研究所编：《中国考古学·两周卷》，中国社会科学出版社 2004 年版。

中国社会科学院考古研究所：《滕州前掌大墓地》，文物出版社 2005 年版。

学位论文

陈坤龙：《陕西汉中出土商代铜器的科学分析及制作工艺研究》，博士学位论文，北京科技大学，2012 年。

金志斌:《部分商周遗址出土原始瓷及印纹硬陶的 ICP - AES 研究》,硕士论文,北京大学,2009 年。

孙亚冰:《殷墟甲骨文中所见方国研究》,硕士学位论文,中国社会科学院研究生院,2001 年。

田建花:《郑州地区出土二里岗铜器研究》,博士学位论文,中国科学技术大学,2013 年。

杨颖亮:《晋侯墓地出土青铜器的合金成分、显微结构和铅同位素比值研究》,博士学位论文,北京大学,2005 年。

杨州:《甲骨金文中所见"玉"资料的初步研究》,博士学位论文,首都师范大学,2007 年。

郁永彬:《湖北随州叶家山墓地出土西周青铜器的科学分析研究》,博士学位论文,北京科技大学,2015 年。

张利洁:《琉璃河燕国墓地出土铜器的技术研究》,硕士学位论文,北京科技大学,2001 年。

中文论文

安金槐:《谈谈郑州商代瓷器的几个问题》,《文物》1960 年第 8、9 期合刊。

安金槐:《谈谈郑州商代的几何印纹硬陶》,《考古》1960 年第 8 期。

安徽省文物考古研究所、铜陵市文物管理所:《安徽铜陵金牛洞铜矿古采矿遗址清理简报》,《考古》1989 年第 10 期。

北京大学考古系、山西省考古研究所:《1992 年春天马—曲村遗址墓葬发掘报告》,《文物》1993 年第 3 期。

北京大学考古学系、山西省考古研究所:《天马—曲村遗址北赵晋侯墓地第二次发掘》,《文物》1994 年第 1 期。

北京大学考古学系、山西省考古研究所:《天马—曲村遗址北赵晋侯墓地第五次发掘》,《文物》1995 年第 7 期。

北京大学考古文博院、山西省考古研究所:《天马—曲村遗址北赵晋侯墓地第六次发掘》,《文物》2001 年第 8 期。

北京大学考古学系、北京市文物研究所：《1995年琉璃河周代居址发掘简报》，《文物》1996年第6期。

北京大学考古文博院三峡考古队等：《忠县瞰井沟遗址群哨棚嘴遗址发掘简报》，载重庆市文物局等编《重庆库区考古报告集1997卷》，科学出版社2001年版。

北京大学考古学系三峡考古队等：《忠县瓦渣地遗址发掘简报》，载重庆市文物局等编《重庆库区考古报告集1998卷》，科学出版社2003年版。

北京大学考古文博学院三峡考古队：《重庆市忠县哨棚嘴遗址商周时期遗存2001年发掘报告》，载成都市文物考古研究所编《成都考古发现2001》，科学出版社2003年版。

北京大学考古文博学院、河北省文物局、邢台市文物管理处等：《河北临城县补要村遗址北区发掘简报》，《考古》2011年第3期。

北京大学考古学研究中心等：《忠县哨棚嘴遗址发掘报告》，载重庆市文物局等编《重庆库区考古报告集1999卷》，科学出版社2006年版。

北京大学中国考古学研究中心鲁北沿海地区先秦盐业考古课题组（燕生东、兰玉富）：《2007年鲁北沿海地区先秦盐业考古工作的主要收获》，《古代文明研究通讯》2008年总第36期。

崔剑锋、吴小红：《三星堆遗址祭祀坑中出土部分青铜器的金属学和铅同位素比值再分析——对三星堆青铜文化的一些新认识》，《南方民族考古》第九辑，科学出版社2013年版。

种建荣、雷兴山：《先周文化铸铜遗存的确认及其意义》，《中国文物报》2007年11月30日。

承焕生、陈刚、朱海信等：《用质子激发X荧光分析技术鉴别玉器种类》，《核技术》1999年第4期。

陈冰白、何晓琳：《安徽阜南台家寺遗址发现商代高等级聚落》，《中国文物报》2017年4月28日，第008版。

陈坤龙、梅建军、赵丛苍：《城固宝山遗址出土铜器的科学分析及其相关问题》，《文物》2012年第7期。

陈坤龙、梅建军、赵丛苍：《陕西城洋地区出土青铜锡的初步科学分析》，《西部考古》第3辑，三秦出版社2008年版。

陈聚兴：《新干商代大墓玉器鉴定》，载《新干商代大墓》，文物出版社1997年版。

陈铁梅、拉普（Rapp G. Jr.）、荆志淳、何驽：《中子活化分析对商时期原始瓷产地的研究》，《考古》1997年第7期。

陈铁梅、拉普（Rapp G. Jr.）、荆志淳：《商周时期原始瓷的中子活化分析及相关问题讨论》，《考古》2003年第7期。

陈伯桢：《中国盐业考古的回顾与展望》，《南方文物》2008年第1期。

陈伯桢：《世界体系理论观点下的巴楚关系》，《南方民族考古》（第六辑），科学出版社2010年版。

陈淳：《资源，神权与文明的兴衰》，《东南文化》2000年第5期。

常怀颖：《郑州商城铸铜遗址研究三题》，《三代考古》（5），科学出版社2013年版。

曹元启：《试论西周至战国时代的盉形器》，《北方文物》1996年第3期。

曹玮：《从青铜器的演化试论西周前后期之交的礼制变化》，《周秦文化研究》，陕西人民出版社1998年版。

豆海峰：《城固宝山商时期遗存相关问题的探讨》，《考古与文物》2010年第4期。

董珊：《晋侯墓出土楚公逆钟铭文新探》，《中国历史文物》2006年第6期。

董作宾：《五等爵在殷商》，《中央研究院历史语言研究所集刊》，6本3（1936.1.1）。

伏修峰、干福熹、马波、顾冬红：《几种不同产地软玉的岩相机构和无破损成分分析》，《岩石学报》2007年第5期。

方辉：《商周时期鲁北地区海盐业的考古学研究》，《考古》2004年第 4 期。

方勤：《随州叶家山西周早期曾国墓地的发现与研究》，载湖北省博物馆、湖北省文物考古研究所、随州市博物馆《随州叶家山：西周早期曾国墓地》，文物出版社 2013 年版。

冯时：《前掌大墓地出土铜器铭文汇释》，载中国社会科学院考古研究所《滕州前掌大墓地》，文物出版社 2005 年版。

福建博物院：《福建光泽池湖商周遗址及墓葬》，载邓聪、吴春明主编《东南考古研究》第三辑，厦门大学出版社 2003 年版。

福建省博物馆、光泽县文化局文化馆：《福建省光泽县古遗址、古墓葬的调查和清理》，《考古》1985 年第 12 期。

福建省博物馆：《福建闽侯庄边山遗址发掘报告》，《考古学报》1988 年第 2 期。

福建省文物管理委员会：《闽侯庄边山新石器时代遗址试掘简报》，《考古》1961 年第 1 期。

干福熹、承焕生、孔德铭等：《河南安阳新出土殷墟玉器的无损分析检测的研究》，《文物保护和考古科学》2008 年第 4 期。

干福熹、曹锦炎、承焕生等：《浙江余杭良渚遗址群出土玉器的无损分析研究》，《中国科学：技术科学》2011 年第 1 期。

谷岸、罗涵、杨晓丹：《近红外光谱结合化学计量学无损鉴定软玉产地的可行性研究》，《文物保护与考古科学》第 27 卷第 3 期，2015 年。

高西省：《楚公编钟及有关问题》，《文物》2015 年第 1 期。

高至喜：《论中国南方出土的商代青铜器》，《中国考古学会第七次年会论文集》，文物出版社 1992 年版。

高至喜：《晋侯侯墓出土楚公逆编钟的几个问题》，载上海博物馆编《晋侯墓地出土青铜器国际学术研讨会论文集》，上海书画出版社 2002 年版。

胡厚宣：《殷代卜龟之来源》，载《甲骨学商史论丛初编》第四册，成都齐鲁大学国学研究所专刊，1944 年。

胡厚宣：《殷代封建制度考》，《甲骨学商史论丛初集》，河北教育出版社 2002 年版。

黄锡全、于炳文：《山西晋侯墓地所出楚公逆钟铭文初释》，《考古》1995 年第 2 期。

黄凤春、胡刚：《说西周金文中的"南公"——兼论随州叶家山西周曾国墓地的族属》，《江汉考古》2014 年第 2 期。

黄中业：《商代分封说质疑》，《学术月刊》1986 年第 5 期。

河北省博物馆、河北省文管处台西发掘小组：《河北藁城县台西村商代遗址 1973 年的重要发现》，《文物》1974 年第 8 期。

河北省文物管理处：《河北元氏县西张村的西周遗址和墓葬》，《考古》1979 年第 1 期。

河北省文物管理处：《磁县下七垣遗址发掘报告》，《考古学报》1979 年第 2 期。

河南省文物研究所：《郑州商代二里冈铸铜基址》，《考古学集刊》(6)，中国社会科学出版社 1989 年版。

河南省文物考古研究所、郑州大学文博学院考古系、南开大学历史系博物馆学专业：《1995 年郑州小双桥遗址的发掘》，《华夏考古》1996 年第 3 期。

湖南省博物馆、麻阳铜矿：《湖南麻阳战国时期古铜矿清理简报》，《考古》1985 年第 2 期。

湖南省文物考古研究所、长沙市博物馆、长沙市考古研究所、望城县文物管理所：《湖南望城县高砂脊商周遗址的发掘》，《考古》2001 年第 4 期。

湖南省文物考古研究所、长沙市考古研究所、宁乡县文物管理所：《湖南宁乡炭河里西周城址与墓葬发掘简报》，《文物》2006 年第 6 期。

湖北省文物考古研究所、随州市博物馆：《湖北随州叶家山西周墓地发掘简报》，《文物》2011 年第 11 期。

湖北省文物考古研究所、随州市博物馆：《湖北随州叶家山 M65 发掘简报》，《江汉考古》2011 年第 3 期。

湖北省文物考古研究所、随州市博物馆：《湖北随州叶家山墓地考古发掘获阶段性重大成果》，《中国文物报》2011 年 10 月 12 日。

湖北省文物考古研究所、随州市博物馆：《湖北随州市叶家山西周墓地》，《考古》2012 年第 7 期。

湖北省文物考古研究所、随州市博物馆：《湖北随州叶家山 M28 发掘报告》，《江汉考古》2013 年第 4 期。

［日］近藤晴香：《強国铜器生产体系研究》，《古代文明》（第 9 卷），文物出版社 2013 年版。

金正耀、［美］W. T. 蔡斯、［日］平尾良光、［日］马渊久夫：《天马—曲村遗址西周墓地青铜器的铅同位素比值研究》，载《天马—曲村 1980—1989》第 3 册，附录五，科学出版社 2000 年版。

金正耀：《中国学者的首篇铅同位素考古研究论文》，《文物保护与考古科学》2004 年第 4 期。

金正耀、赵丛苍等：《宝山遗址和城洋部分铜器的铅同位素组成与相关问题》，载赵丛苍《城洋青铜器》，科学出版社 2006 年版。

贾秀琴、韩松、王昌燧：《中子活化分析对河南南阳独山玉的研究》，《核技术》2002 年第 3 期。

江西省文物工作队、鹰潭市博物馆：《鹰潭角山商代窑址试掘简报》，《江西历史文物》1987 年第 2 期。

柯鹤立：《试论晋侯邦父墓中的楚公逆编钟》，载上海博物馆编《晋侯墓地出土青铜器国际学术研讨会论文集》，上海书画出版社 2002 年版。

［美］罗泰：《有关西周晚期礼制改革及庄白微氏青铜器年代的新假设：从世系铭文说起》，载《中国考古学与历史学之整合研究——中央研究院历史语言研究所会议论文集之四》，"中央研究院"历史语言研究所 1997 年版。

雷兴山：《论新识的一种周系铸铜工具》，《中原文物》2008 年第 6 期。

雷兴山：《论周原遗址西周时期手工业者的居与葬——兼谈特殊器物在聚落结构研究中的作用》，《华夏考古》2009 年第 4 期。

李学勤：《试论楚公逆编钟》，《文物》1995 年第 2 期。

李学勤：《戎生编钟论释》，《保利藏金——保利艺术博物馆精品选》，岭南美术出版社 1999 年版。

李伯谦：《城固铜器群与早期蜀文化》，《考古与文物》1983 年第 2 期。

李伯谦：《从对三星堆青铜器年代的不同认识谈到如何理解和运用"文化滞后"理论》，载四川省文物考古研究所编《四川考古文集》，文物出版社 1996 年版。

李朝远：《楚公逆钟的成编方式及其他》，《青铜器学步集》，文物出版社 2007 年版。

李雪山：《卜辞所见商代晚期封国分布考》，《殷都学刊》2004 年第 2 期。

李天元：《湖北阳新港下古矿井遗址发掘简报》，《考古》1988 年第 1 期。

李天元：《楚的东进与鄂东古铜矿的开发》，《江汉考古》1988 年第 2 期。

李敏生、黄素英、季连琪：《殷墟金属器物成分的测定报告（二）——殷墟西区铜器和铅器测定》，《考古学集刊》（4），中国社会科学出版社 1984 年版。

李纪建、管清友：《石油双重属性与国际油价波动分析——一个国际政治经济的视角》，《国际石油经济》2007 年第 1 期。

李晓岑：《从铅同位素比值试析商周时期青铜器的矿料来源》，《考古与文物》2002 年第 2 期。

李清临、朱君孝等：《微量元素示踪古代青铜器铜矿料来源的可行性》，《文物保护与考古科学》2004 年第 3 期。

李科友、彭适凡：《略论江西吴城商代原始瓷器》，《文物》1975 年第 7 期。

李水城：《中国盐业考古十年》，《考古学研究》（九），文物出版社2012年版。

李水城、兰玉富、王辉、胡明明：《莱州湾地区古代盐业考古调查》，《盐业史研究》2003年第1期。

李家窑遗址考古队：《河南三门峡发现虢都上阳城》，《中国文物报》2001年1月10日。

黎海超：《长江中下游商周时期采矿遗址研究》，《考古》2016年第10期。

黎海超、崔剑锋、王竑、任周方：《论强国本地风格铜器的生产问题》，《考古》2020年第1期。

罗宏杰、李家治、高力明：《北方出土原始瓷烧造地区的研究》，《硅酸盐学报》1996年第3期。

刘莉、陈星灿：《城：夏商时期对自然资源的控制问题》，《东南文化》2000年第3期。

刘诗中、卢本珊：《江西铜岭铜矿遗址的发掘与研究》，《考古学报》1998年第4期。

刘绪：《晋侯邦父墓与楚公逆编钟》，《长江流域青铜文化研究》，科学出版社2002年版。

刘传宾：《说"金"字的一种特殊形体》，复旦大学出土文献与古文字研究中心网站，2010.12.1. http：//www.gwz.fudan.edu.cn/SrcShow.asp？Src_ID=1318。

卢本珊、刘诗中：《铜岭商周铜矿开采技术初步研究》，《文物》1993年第7期。

卢本珊：《铜绿山古代采矿工具初步研究》，《农业考古》1991年第3期。

洛阳博物馆：《洛阳北窑村西周遗址1974年度发掘简报》，《文物》1981年第7期。

洛阳市文物工作队：《1975—1979年洛阳北窑西周铸铜遗址的发掘》，《考古》1983年第5期。

[英]马克·波拉德、[英]彼得·布睿、[英]彼得·荷马、徐幼刚、刘睿良、[英]杰西卡·罗森:《牛津研究体系在中国古代青铜器研究中的应用》,《考古》2017年第1期。

马江波、金正耀、田建花、陈德安:《三星堆铜器的合金成分和金相研究》,《四川文物》2012年第2期。

马江波、金正耀、范安川、向桃初、陈福坤:《湖南宁乡县炭河里遗址出土青铜器的科学分析》,《考古》2016年第7期。

聂志红:《沃勒斯坦与弗兰克世界体系思想的比较》,《当代经济研究》2011年第12期。

宁景通:《三门峡发现周代窖藏和铸铜作坊》,《中国文物报》1991年5月19日。

[日]内田纯子、向桃初、[日]平尾良光:《湖南省望城县高砂脊遗址出土青铜器及铅同位素比值分析》,《湖南省博物馆馆刊》第5辑,岳麓书社2008年版。

彭子成、孙卫东、黄允兰、张巽、刘诗中、卢本珊:《赣、鄂、皖诸地古代矿料去向的初步研究》,《考古》1997第7期。

彭柯、朱岩石:《中国古代所用海贝来源新探》,《考古学集刊》(12),中国大百科全书出版社1999年版。

彭明瀚:《商代虎方文化初探》,《中国史研究》1995年第3期。

秦颖、魏国峰等:《长江中下游古铜矿及冶炼产物输出方向判别标志初步研究》,《江汉考古》2006年第1期。

石璋如:《殷代的铸铜工艺》,《中央研究院历史语言研究所集刊》(26),1955年。

申斌:《"妇好墓"玉器材料探源》,《中原文物》1991年第1期。

苏永江:《广汉三星堆出土玉器玉料来源的讨论》,载《出土玉器鉴定与研究》,紫禁城出版社2001年版。

苏秉琦、殷玮璋:《关于考古学文化的区系类型问题》,《文物》1981年第5期。

施劲松:《对湖南望城高砂脊出土青铜器的再认识》,《考古》2002

年第 12 期。

宋镇豪:《再谈殷墟卜用甲骨的来源》,《殷都学刊》1999 年第 2 期。

宋镇豪:《商代的王畿、四土与四至》,《南方文物》1994 年第 1 期。

孙华:《关于三星堆器物坑的若干问题》,《四川盆地的青铜时代》,科学出版社 2000 年版。

孙华:《试论城洋铜器存在的历史背景》,《四川文物》2011 年第 3 期。

四川省文物考古研究所等:《忠县中坝遗址发掘报告》,载重庆市文物局等编《重庆库区考古报告集 1997》,科学出版社 2001 年版。

四川省文物考古研究所等:《忠县中坝遗址 II 区发掘简报》,《重庆库区考古报告集 1998 卷》,重庆市文物局等编,科学出版社 2003 年版。

四川省文物考古研究所等:《中坝遗址的盐业考古研究》,《四川文物》2007 年第 1 期。

陕西省考古研究所等:《陕西耀县北村遗址发掘简报》,《考古与文物》1988 年第 2 期。

陕西省考古研究所:《陕西扶风云塘、齐镇建筑基址 2002 度发掘简报》,《考古与文物》2007 年第 3 期。

山东大学历史系考古专业等:《1984 年秋济南大辛庄遗址试掘述要》,《文物》1995 年第 6 期。

山西省考古研究所、北京大学考古学系:《天马—曲村遗址北赵晋侯墓地第三次发掘》,《文物》1994 年第 8 期。

山西省考古研究所、北京大学考古学系:《天马—曲村遗址北赵晋侯墓地第四次发掘》,《文物》1994 年第 8 期。

山西省考古研究所、运城市文物工作站、绛县文化局:《山西绛县横水西周墓地》,《考古》2006 年第 7 期。

山西省考古研究所、运城市文物工作站、绛县文化局:《山西绛县横水西周墓发掘简报》,《文物》2006 年第 8 期。

童恩正等:《中国古代青铜器中锡原料的来源——评中原找锡论》,

《四川大学学报》（社会科学版）1984年第4期。

唐际根：《中商文化研究》，《考古学报》1999年第4期。

唐金裕、王寿芝、郭长江：《陕西省城固县出土殷商铜器整理简报》，《考古》1980年第3期。

唐云明：《邢台曹演庄遗址发掘报告》，《考古学报》1958年第4期。

唐云明：《邢台尹郭村商代遗址及战国墓葬试掘简报》，《文物》1960年第4期。

田建花、金正耀等：《郑州二里岗期青铜礼器的合金成分研究》，《中原文物》2013年第2期。

武汉大学历史学院考古系、安徽省文物考古研究所：《安徽阜南县台家寺遗址发掘简报》，《考古》2018年第6期。

王青：《〈管子〉所载海盐生产的考古学新证》，《东岳论丛》2005年第6期。

王青、朱继平、史本恒：《山东北部全新世的人地关系演变：以海岸变迁和海盐生产为例》，《第四纪研究》2006年第4期。

王青、朱继平：《山东北部商周时期海盐生产的几个问题》，《文物》2006年第4期。

王青、朱继平：《山东北部商周盔形器的用途与产地再论》，《考古》2006年第4期。

王青：《淋煎法海盐生产技术起源的考古学探索》，《盐业史研究》2007年第1期。

王时麒、员雪梅：《论同位素方法在判别古玉器玉料产地来源中的应用》，《首届"地球科学与文化"学术研讨会暨地质学史专业委员会第17届学术年会论文集》，2005年。

王时麒、于洸、员雪梅：《论古玉器原料产地探源的方法》，载《中国玉文化玉学论丛三编》，紫禁城出版社2005年版。

闻广：《中国古代青铜与锡矿（续）》，《地质评论》1980年第5期。

闻广：《中原找锡论》，《中国地质》1983年第1期。

闻广：《中国古玉研究的新进展》，《中国宝玉石》1991年第4期。

闻广、荆志淳：《沣西西周玉器地质考古学研究——中国古玉地质考古学研究之三》，《考古学报》1993年第2期。

闻广、荆志淳：《中国古玉地质考古学研究》，《地学研究》1997年第29—30号。

魏国峰、秦颖等：《古代铜矿冶炼过程中稀土元素的变化研究》，《中国稀土学报》2005年第3期。

魏国峰、秦颖等：《若干古铜矿及其冶炼产物输出方向判别标志的初步研究》，《考古》2009年第1期。

魏峭巍：《央地关系模型在考古学中的应用：现状与趋势》，《东岳论丛》2011年第6期。

魏兴兴、李亚龙：《陕西扶风齐镇发现西周炼炉》，《考古与文物》2007年第1期。

伍献文：《"武丁大龟"之腹甲》，《中央研究院动植物研究所集刊》，1943年第14卷第1—6期。

汪海港、金正耀等：《城洋地区出土部分青铜器的科学分析》，《西部考古》第3辑，三秦出版社2008年版。

徐天进：《晋侯墓地的发现及研究现状》，载上海博物馆编《晋侯墓地出土青铜器国际学术研讨会论文集》，上海书画出版社2002年版。

徐天进：《近年来周原遗址的发掘收获及其相关问题》，《中国考古学》2004年第4期。

熊传薪：《湖南省商周青铜器的发现与研究》，载《湖南博物馆开馆三十周年暨马王堆汉墓发掘十五周年纪念文集》，1986年。

向桃初：《湘江流域商周青铜文明研究的重要突破》，《南方文物》2006年第2期。

岳超龙、朱剑：《中国古代玉器科技研究述评》，《中国科技史杂志》2017年第38卷第1期。

杨永光、李庆元、赵守忠：《铜绿山古铜矿的开采方法研究》，《有色金属》1980年第4期。

杨永光、李庆元、赵守忠：《铜绿山古铜矿的开采方法研究（续）》，《有色金属》1981年第1期。

杨伯达：《"玉石之路"的探索》，《故宫博物院院刊》1989年第1期。

杨伯达：《"玉石之路"的布局及其网络》，载《巫玉之光——中国史前玉文化论考》，上海古籍出版社2005年版。

杨州：《从花园庄东地甲骨文看殷代的玉礼》，《中原文物》2009年第3期。

杨升南：《卜辞所见诸侯对商王室的臣属关系》，《甲骨文与殷商史》，上海古籍出版社1983年版。

杨升南：《从"卤小臣"说到武丁北征的经济目的》，载台湾师范大学国文系、"中央研究院"历史语言研究所《甲骨文发现一百周年学术研讨会论文集1898—1998》，文史哲出版社有限公司1998年版。

闫亚林：《关于"玉石之路"问题的探讨》，《考古与文物》2010年第3期。

燕生东：《山东地区早期盐业的文献叙述》，《中原文物》2009年第2期。

叶祥奎、刘一曼：《河南安阳殷墟花园庄东地出土的龟甲研究》，《考古》2001年第8期。

姚予龙、谷树忠：《资源安全机理及其经济学解释》，《资源科学》2002年第5期。

郁永彬、陈建立等：《关于叶家山青铜器铅同位素比值研究的几个问题》，《南方文物》2016年第1期。

郁永彬、陈建立、梅建军、陈坤龙、常怀颖、黄凤春：《试析西周早期社会青铜工业生产机制——以湖北随州叶家山墓地出土铜器为中心》，《文物》2019年第5期。

殷墟孝民屯考古队：《河南安阳市孝民屯商代铸铜遗址2003—2004年的发掘》，《考古》2007年第1期。

邹衡：《试论殷墟文化分期》，载《夏商周考古学论文集》，文物出版社 1980 年版。

邹衡：《试论夏文化》，载《夏商周考古学论文集》，文物出版社 1980 年版。

张忠培：《华县、渭南古代遗址调查与试掘》，《考古学报》1980 年第 3 期。

张昌平：《商代铜瓿概论》，《长江流域青铜文化研究》，科学出版社 2002 年版。

张昌平：《盘龙城商代青铜容器的初步考察》，《江汉考古》2003 年第 1 期。

张昌平：《论殷墟时期南方的尊和罍》，《考古学集刊》15，文物出版社 2004 年版。

张昌平：《自产与输入——从纹饰风格看三星堆铜器群的不同产地》，《南方文物》2006 年第 3 期。

张昌平：《论随州叶家山西周墓地曾国青铜器的生产背景》，《文物》2013 年第 7 期。

张昌平、李雪婷：《叶家山墓地曾国铭文青铜器研究》，《江汉考古》2014 年第 1 期。

张永山：《殷契小臣辨正》，载胡厚宣主编《甲骨文与殷商史》，上海古籍出版社 1983 年版。

张正明、刘玉堂：《大冶铜绿山古铜矿的国属——兼论上古产铜中心的变迁》，载《楚史论丛》初集，湖北人民出版社 1984 年版。

张利洁、赵福生、孙淑云、殷玮璋：《北京琉璃河燕国墓地出土铜器的成分和金相研究》，《文物》2005 年第 6 期。

朱炳泉、常向阳：《评"商代青铜器高放射性成因铅"的发现》，《古代文明》（第 1 卷），文物出版社 2002 年版。

朱剑、王昌燧等：《商周原始瓷产地的再分析》，《南方文物》2004 年第 1 期。

赵虹霞、干福熹：《拉曼光谱技术在中国古玉、古玉器鉴定和研究中的应用》，《光谱学与光谱分析》2009 第 11 期。

赵宗溥:《青铜文化来源续考》,《矿测近讯》1950 年第 98 期。

赵春燕:《前掌大墓地出土铜器的化学组成分析与研究》,载中国社会科学院考古研究所《滕州前掌大墓地》,文物出版社 2005 年版。

赵丛苍:《城固洋县铜器群综合研究》,《文博》1996 年第 4 期。

钟友萍、丘志力、李榴芬、谷娴子、罗涵、陈瑶、江启云:《利用稀土元素组成模式及其参数进行国内软玉产地来源辨识的探索》,《中国稀土学报》2013 年第 6 期。

周百灵、潘艺:《简析铜绿山古铜矿出土的生产工具》,《考古与文物》2002 年增刊。

周仁、李家治、郑国圃:《张家坡西周居住遗址陶瓷碎片的研究》,《考古》1960 年第 9 期。

周到、刘东亚:《1957 年秋安阳高楼庄殷代遗址发掘》,《考古》1963 年第 4 期。

周原考古队:《陕西扶风县云塘、齐镇西周建筑基址 1999—2000 年度发掘简报》,《考古》2002 年第 9 期。

周原考古队:《2003 年秋周原遗址(ⅣB2 区与ⅣB3 区)的发掘》,《古代文明》第 3 卷,文物出版社 2004 年版。

周原考古队:《周原庄李西周铸铜遗址 2003 与 2004 年春季发掘报告》,《考古学报》2011 年第 2 期。

浙江省文物考古研究所、湖州市博物馆、德清县博物馆:《浙江东苕溪中游商代原始瓷窑址群》,《考古》2011 年第 7 期。

忠县试掘工作组:《四川省忠县㽏井沟新石器时代遗址试掘简况》,《文物》1959 年第 11 期。

中国社会科学院考古研究所沣西发掘队:《陕西长安、户县调查与试掘简报》,《考古》1962 年第 6 期。

中国社会科学院考古研究所安阳工作队:《1969—1977 年殷墟西区墓葬发掘报告》,《考古学报》1979 年 1 期。

中国社会科学院考古研究所实验室:《殷墟金属器物成分的测定报告(一)——妇好墓铜器测定》,《考古学集刊》(2),中国社会科学出版社 1982 年版。

中国社会科学院考古研究所河南第二工作队：《河南偃师商城东北隅发掘简报》，《考古》1998 年第 6 期。

中国社会科学院考古研究所安阳工作队：《1998—1999 年安阳洹北商城花园庄东地发掘报告》，《考古学集刊》（15），文物出版社 2004 年版。

中国社会科学院考古研究所安阳工作队：《2000—2001 年安阳孝民屯东南地殷代铸铜遗址发掘报告》，《考古学报》2006 年第 3 期。

中译著作

［日］岛邦男：《殷墟卜辞研究》，濮茅左、顾伟良译，上海古籍出版社 2006 年版。

［德］弗兰克、［英］吉尔斯：《世界体系：500 年还是 5000 年？》，郝名玮译，社会科学出版社 2003 年版。

［英］罗森：《古代中国礼器——来自商和西周时期墓葬和窖藏的证据》，刘新光译，北京大学出版社 2002 年版。

刘莉、陈星灿：《中国新石器时代：迈向早期国家之路》，乔玉、李新伟译，文物出版社 2007 年版。

［美］沃勒斯坦：《现代世界体系》第 1 卷，郭方、刘新成、张文刚译，高等教育出版社 1998 年版。

中译论文

［美］傅罗文：《新几内亚、乌干达及西罗马帝国的盐业生产、交换及消费——重庆地区先秦时期盐业生产的比较研究》，陈伯桢译，《盐业史研究》2003 年第 1 期。

［美］傅罗文：《专业化与生产：若干基本问题以及中坝制盐的讨论》，吕红亮译，《南方民族考古》（第六辑），科学出版社 2010 年版。

外文著作

［日］白川静:《金文通释》卷四,中村印刷株式会社1973年版。

［日］松丸道雄:《西周青铜器とその国家》,东京大学出版社1980年版。

［日］平尾良光、［日］早川泰弘、金正耀、［美］W. T. 蔡斯:《古代中國青銅器の自然科學的研究》,载［日］平尾良光编《古代东アジア青铜の流通》,东京鹤山堂2001年版。

Algaze Guilermo, *The Uruk World System*, Chicago: The University of Chicago Press, 1993.

Bagley, R., Jessica R., and Jenny F., *Ancient Chinese Bronzes in the Arthur M. Sackler Collections: Shang Ritual Bronzes in the Arthur M. Sackler Collections*, Vol. 1. Arthur M. Sackler Foundation, 1987.

Bagley, R., *Erligang Bronzes and the Discovery of the Erligang Culture in Art and Archaeology of the Erligang Civilization*, New York: Princeton University Press, 2014.

Earle, T. K., Ericson, J. E., eds., *Contexts for Prehistoric Exchange*, New York: Academic Press, 1982.

Ericson, J. E., Earle, T. K., eds., *Exchange Systems in Prehistory*, New York: Academic Press, 1977.

Gideon Shelach, *Leadership Strategies, Economic Activity and Interregional Interaction: Social Complexity in Northeast China*, New York: Plenum Publisher, 1999.

Glenn R. Summerhayes, *Trade and Exchange, Archaeology of*, Oxford: Pergamon, 2001.

Kwang-chih Chang, *The Archaeology of Ancient China*, New Haven: Yale University Press, 1986.

Renfrew, C., Shennan, S., eds., *Ranking, Resource and Exchange: Aspects of the Archaeology of Early European Society*, Cambridge: Cambridge University Press, 1982.

Renfrew, C., Cherry, J. F., *Peer Polity Interaction and Socio-Political Change*, Cambridge: Cambridge University Press, 1986.

Sabloff, J. A., Lamberg-Karlovsky, C. C., *Ancient Civilization and Trade*, Albuquerque: Universityof New Mexico Press, 1975.

Thomas D. Hall ed., *A World-Systems Reader: New Perspectives on Gender, Urbanism, Cultures, Indigenous Peoples, and Ecology*, Lanham: Rowman & Littlefield Publishers, 2000.

外文论文

Arjun Appadurai, "Introduction: Commodities and the Politics of Value", in Arjun Appadurai, ed., *The Social Life of Things: Commodities in Cultural Perspectives*, Cambridge and New York: Cambridge University Press, 1986.

Bagley, R., P'an-lung-ch'eng, "A Shang City in Hupei", *Artibus Asiae*, Vol. 39, No. 3/4, 1977.

Barbara J. Heath, "Cowrie Shells, Global Trade, and Local Exchange: Piecing Together the Evidence for Colonial Virginia", *Historical Archaeology*, Vol. 50, December 2016.

Baron S., Tămaş C. G., Le-Carlier C., "How Mineralogy and Geochemistry Can Improve the Significance of Pb Isotopes in Metal Provenance Studies", *Archaeometry*, Vol. 56, Issue 4, August 2014.

Bray, P. J. and Pollard, A. M., "A New Interpretative Approach to the Chemistry of Copper-alloy Objects: Source, Recycling and Technology", *Antiquity*, Vol. 86, Issue 333, September 2012.

Bray, P., Cuénod, A., Gosden, C., Hommel, P., Liu, R., Pollard, A. M., "Form and Flow: the 'Karmic Cycle' of Copper", *Journal of Archaeological Science*, Vol. 56, April 2015.

Brill R. H. and Wampler J. M., "Isotope Studies of Ancient Lead", *American Journal of Archaeology*, Vol. 71, No. 1, Jan. 1967.

Budd P., Pollard A. M., Scaife B., Thomas R. G., "The Possible Fractionation of Lead Isotope in Ancient Metallurgical Processes", *Archaeometry*, Vol. 37, Issue 1, February 1995.

Cuénod, A., Bray, P. & Pollard, A. M. The 'Tin Problem' in the Near East—Further Insights from a Study of Chemical Datasets on Copper Alloys from Iran and Mesopotamia, *Iran*, Vol. 53, Issue 1, 2015.

Chase W. T., "Lead Isotope Ratio Analysis of Chinese Bronzes: Examples from the Freer Gallery of Art and Arthur M. Sackler Collections", in *The Ancient Chinese and Southeast Asian Bronze Cultures: the Proceedings of a Conference*, the Edith and Joy London Foundation Property, Kioloa, NSW, February 8–12, 1988, Taipei: SMC Publishing, 1996.

Chen K., Rehren T., Mei J., Zhao C., "Special Alloys from Remote Frontiers of the Shang Kingdom: Scientific Study of the Hanzhong Bronzes from Southwest Shaanxi, China", *Journal of Archaeological Science*, Vol. 36, Issue 10, October 2009

Chen K., Mei J., Rehren T., Liu S., Yang W., Martinón-Torres M., Zhao C., Hirao Y., Chen J., Liu Y., "Hanzhong Bronzes and Highly Radiogenic Lead in Shang Period China", *Journal of Archaeological Science*, Vol. 101, January 2019.

Christopher Chase-Dunn and Thomas D. Hall, "Comparing World-systems: Concepts and Working Hypotheses," *Social Forces*, Vol. 71, Issue 4, June 1993.

Elena F. Guarini, "Center and Periphery", *The Journal of Modern History*, Vol. 67, December 1995.

Francis Allard, "Lingnan and Chu During the First Millennium B. C.: A Reassessment of the Core-periphery Model", in Shing Muller, Thomas

Hollmann, and Putao Gui eds., *Guangdong: Archaeology and Early Texts (Zhou-Tang)*, Wiesbaden: Harrassowitz Verlag, 2004

Gale N. and Stos-Gale Z., "Bronze Age Copper in the Mediterranean: A New Approach", *Science*, Vol. 216, No. 4541, May 1982.

Gale N. and Stos-Gale Z., "Lead Isotope Analyses Applied to Provenance Studies", in Ciliberto E., Spoto G., eds., *Modern Analytical Methods in Art and Archaeology*, Chicago: Wiley, 2000.

Hsu, Y.-K., Bray, P. J., Hommel, P., Pollard, A. M., Rawson, J., "Tracing the Flows of Copper and Copper Alloys in the Early Iron Age Societies of the Eastern Eurasian Steppe", *Antiquity*, Vol. 90, Issue 350, April 2016.

Jin Z., Liu R, Rawson J., Pollard A. M., "Revisiting Lead Isotope data in Shang and Western Zhou bronzes", *Antiquity*, Vol. 91, Issue 360, December 2017.

Kane, V., "The Independent Bronze Industries in the South of China Contemporary with the Shang and Western Chou Dynasties", *Archives of Asian Art*, Vol. 28, (1974/1975).

Kohl, P., "The Use and Abuse of World Systems Theory: The Case of the Pristine West Asian State", *Advances in Archaeological Method and Theory*, Vol. 11, 1987.

Liu S., Chen K., Rehren T., Mei J., Chen J., Liu Y., Killick D., "Did China Import Metals from Africa in the Bronze Age?", *Archaeometry*, Vol. 60, Issue 1, February 2018.

Liu R., Rawson J., Pollard A. M., "Beyond Ritual Bronzes: Identifying Multiple Sources of Highly Radiogenic Lead Across Chinese History", *Scientific Reports*, Vol. 8, 2018.

Ling J., Hjärthner-Holdar E., Grandin L., Billström K., Persson P.-O., "Moving Metals or Indigenous Mining? Provenancing Scandinavian Bronze Age Artefacts by Lead Isotopes and Trace Elements", *Journal of Archaeological Science*, Vol. 40, Issue 1, January 2013.

Mckerrell, H. and Tylecote R. F., "Working of Copper-arsenic Alloys in the Early Bronze Age and the Effect on the Determination of Provenance", *Proceedings of the Prehistoric Society*, Vol. 38, December 1972.

Mu, D., Luo, W., Huang, F. Song, G., "The Bronze Artifacts from the Yejiashan Site and the Political Presence of the Zhou Dynasty in the Middle Yangtze Plain: An Application of Lead Isotope Analysis", *Archaeological and Anthropological Sciences*, Vol. 10, 2018.

Mei J., Chen K., Cao W., "Scientific Examination of Shang-Dynasty Bronzes from Hanzhong, Shaanxi Province, China", *Journal of Archaeological Science*, Vol. 36, Issue 9, September 2009.

Oliveier, L. and Kovacik, J., "The 'Briquetage de la Seille' (Lorraine, France): Proto-industrial Salt Production in the European Iron Age", *Antiquity*, Volume 80, Issue 3091, September 2006.

Polanyi, K., "The Economy as Instituted Process", in Polanyi, K., Arensberg, C. M., Pearson, H. W., eds., *Trade and Market in the Early Empires*, Glencoe: Free Press, 1957.

Pollard, A. M. and Bray, P. J., "A New Method for Combining Lead Isotope and Lead Abundance Data to Characterize Archaeological Copper Alloys", *Archaeometry*, Vol. 57, Issue 6, December 2015.

Pollard, A. M., Bray, P. J., Hommel, P., Hsu, Y.-K., Liu, R., Rawson, J., "Bronze Age Metal Circulation in China", *Antiquity*, Vol. 91, Issue 357, June 2017.

Perucchetti, L., Bray, P., Dolfini, A., Pollard, A. M., "Physical Barriers, Cultural Connections: Prehistoric Metallurgy Across the Alpine Region", *European Journal of Archaeology*, Vol. 18, Issue 4, 2015.

Renfrew, C., "Trade and Cultural Process in European Prehistory", *Current Anthropology*, Vol. 10, No. 2/3, Apr. -Jun. , 1969.

Renfrew, C., "Trade as Action at a Distance", in Sabloff, J. A. , Lamberg-Karlovsky, C. C. , eds. , *Ancient Civilization and Trade*, Albuquerque: University of New Mexico Press, 1975.

Richard Blanton, Stephen Kowaleski and Gary Feinman, "The Mesoamerican World System", *American Anthropologist*, Vol. 86, No. 3, Sep. , 1984.

Robert McCormick Adams, "Anthropological Perspectives on Ancient trade", *Current Anthropology*, Vol. 15, No. 3, Sep. , 1974.

Robert S. Santley and Rani T. Alexander, "The Political Economy of Core-periphery Systems", in Edward M. Schortman and Patricia A. Urban, eds. , *Resources, Power, and Interregional Interaction*, New York: Plenum Press, 1992.

Sayre, E. V. , Dodson, R. , "Neutron Activation Study of Mediterranean Potsherds", *American Journal of Archaeology*, Vol. 61, No. 1, Jan. , 1957.

Saito, T. , Han, R. , Sun, S. , "Preliminary Consideration of the Source of Lead Used for Bronze Objects in Chinese Shang Dynasty: Was It Really from the Area Where Sichuan, Yunan and Guizhou Provinces Meet?", Paper Presented at the BUMA-V (The Fifth International Conference on the Beginning of the Use of Metal and Alloys), Gyeongju, Korea, April 21 – 24, 2002.

Shepard, A. , "Rio Grande Glaze-paint Pottery: A Test of Petrographic Analysis", in Matson, F. R. , ed. , *Ceramics and Man*, Viking Fund Publications in Anthropology, vol. 41. Chicago: Aldine, 1965.

Stech T. , "Aspects of Early Metallurgy in Mesopotamia and Anatolia", in V. C. Pigott, ed. , *The Archaeometallurgy of the Asian Old World*,

Philadelphia: University Museum, 1999.

Sun W., Zhang L., Guo J., Li C., Jiang Y., Zartman R., Zhang Z., "Origin of the Mysterious Yin-Shang Bronzes in China Indicated by Lead Isotopes", *Scientific Reports*, Vol. 6, 2016.

Young, W., Whitmore, F., "Analysis of Oriental Ceramics by Non-destructive X-ray Methods", *Far Eastern Ceramic Bulletin*, Vol. 9, No. 1 – 2, 1957.

附 表 一

本书分析铜器的考古背景、ICP-AES 结果及微量元素分组结果（wt%）

地点	器物号	器类	风格	质量	其他特征	分组	Sn	Pb	As	Sb	Ag	Ni	Fe	Co	Zn	Se	Te	Au	Bi
宋家塞地	M10:092	薄片	中原	高	不明	6	12.176	0.664	0.193	0.713	0.084	0.026	0.127	0.005	0.133	0.006	—	—	0.070
宋家塞地	M10:8	车马器	中原	高	不明	2	12.221	0.543	0.120	0.094	0.034	0.037	0.666	0.011	0.365	0.004	—	—	0.090
宋家塞地	M10:076	车马器	中原	高	不明	6	13.812	3.761	0.337	0.457	0.092	0.060	0.209	0.001	0.601	0.019	—	0.002	0.041
宋家塞地	M11:39	容器残片	中原	高	不明	1	0.551	1.293	0.026	0.030	0.063	0.053	0.337	0.014	0.134	0.000	—	0.002	0.039
宋家塞地	M25:15	铜镜	中原	高	不明	6	9.402	4.115	0.190	0.220	0.078	0.080	0.417	0.000	0.517	0.012	—	0.007	0.093
宋家塞地	F1113:21	刀	中原	高	不明	14	9.409	3.663	0.210	0.245	0.098	0.149	1.155	0.004	0.599	0.017	—	—	0.030
宋家塞地	M10:021	车马器	中原	高	不明	6	17.467	4.007	0.144	0.131	0.036	0.024	0.339	0.007	0.141	0.004	—	0.002	0.094

续表

地点	器物号	器类	风格	质量	其他特征	分组	Sn	Pb	As	Sb	Ag	Ni	Fe	Co	Zn	Se	Te	Au	Bi
宋家墓地	M10:08	车马器	中原	高	不明	6	5.583	6.697	0.806	0.365	0.067	0.021	0.090	0.004	0.115	0.008	0.008	0.001	0.076
宋家墓地	H5:11	残片	中原	高	不明	14	10.758	1.506	0.154	0.237	0.030	0.206	1.287	0.001	1.198	0.017	—	—	—
宋家墓地	M10:078	薄片	中原	高	不明	3	15.601	0.258	0.084	0.108	0.016	0.095	0.307	—	0.549	0.010	—	—	—
宋家墓地	M16:4	匕首	中原	高	不明	6	1.401	12.256	0.519	0.492	0.092	0.046	0.034	0.001	0.205	0.007	—	0.008	0.047
宋家墓地	M10:074	薄片	中原	高	不明	1	11.735	0.144	0.072	0.089	0.016	0.027	0.354	0.010	0.152	0.001	—	—	0.057
宋家墓地	M10:093	薄片	中原	高	不明	6	11.004	0.381	0.194	0.180	0.050	0.095	0.577	0.002	0.594	0.010	—	—	0.044
宋家墓地	M11:39	容器残片	中原	高	不明	6	15.137	0.160	0.305	0.115	0.040	0.027	0.317	0.008	0.101	0.008	0.008	0.001	0.085
宋家墓地	M11:07	车马器	中原	高	不明	3	14.181	0.286	0.075	0.131	0.025	0.023	0.154	0.009	0.106	0.003	0.005	—	0.052
宋家墓地	M10:073	薄片	中原	高	不明	10	8.882	0.749	0.061	0.177	0.043	0.120	0.526	0.003	0.672	0.005	—	—	0.018
宋家墓地	H5:10	残片	中原	高	不明	1	11.104	0.164	0.082	0.076	0.050	0.058	0.291	0.002	0.215	0.023	—	0.001	0.040
宋家墓地	M10:081	薄片	中原	高	不明	3	16.348	0.119	0.050	0.100	0.076	0.095	0.380	—	0.366	0.012	—	—	0.057
宋家墓地	H2:2	容器残片	中原	高	不明	6	5.028	1.168	0.130	0.175	0.068	0.020	0.085	—	0.325	0.012	—	—	0.102
宋家墓地	M10:30	车马器	中原	高	不明	6	16.010	0.130	0.100	0.110	0.027	0.030	0.317	0.015	0.010	—	—	—	0.050
宋家墓地	M10:21	车马器	中原	高	不明	6	13.710	1.150	0.180	0.140	0.073	0.042	0.170	0.006	0.010	—	—	—	0.070
姚家墓地	M30:052-1	车马器	中原	高	不明	1	11.966	0.112	0.020	0.080	0.038	0.070	0.286	0.002	0.292	—	—	—	0.032

续表

地点	器物号	器类	风格	质量	其他特征	分组	Sn	Pb	As	Sb	Ag	Ni	Fe	Co	Zn	Se	Te	Au	Bi
姚家墓地	M30	薄片	中原	高	不明	1	12.137	0.286	0.071	0.063	0.027	0.054	0.301	0.002	0.093	0.003	0.011	0.004	0.149
姚家墓地	M24:D3:01	容器残片	中原	高	不明	6	2.240	10.290	1.625	0.318	0.058	0.057	2.135	0.007	0.133	0.001	—	0.008	0.038
姚家墓地	M30:D2:03	容器残片	中原	高	不明	6	6.278	1.157	0.235	0.837	0.093	0.067	0.229	0.003	0.590	—	—	0.004	—
姚家墓地	M30:052-4	车马器	中原	高	不明	6	10.971	4.567	0.211	0.169	0.086	0.047	0.293	0.006	0.129	0.005	—	0.003	0.086
姚家墓地	M23:D1:033	车马器	中原	高	不明	6	6.703	0.489	0.291	0.228	0.063	0.076	0.397	0.004	0.076	0.007	0.015	0.003	0.109
姚家墓地	M30:55	容器残片	中原	高	不明	3	0.485	1.191	0.024	0.125	0.028	0.035	0.432	0.008	0.063	0.002	0.017	0.009	0.042
姚家墓地	M16:D2:10	车马器	中原	高	不明	6	10.690	3.172	1.213	0.328	0.047	0.020	0.264	0.004	0.054	0.003	0.015	0.002	0.076
姚家墓地	M30:15	车马器	中原	高	不明	2	12.632	0.083	0.799	0.069	0.034	0.011	0.393	0.005	0.070	0.005	0.016	0.003	0.055
姚家墓地	M7D4:055	残片	中原	高	不明	2	12.360	3.787	0.140	0.087	0.071	0.014	0.177	0.003	0.088	0.003	0.007	—	0.039
姚家墓地	M30:54	薄片	中原	高	不明	1	0.135	1.507	0.008	0.054	0.021	0.054	0.351	0.009	0.053	—	0.019	0.009	0.040
姚家墓地	M23:12	薄片	中原	高	不明	6	12.902	0.276	0.143	0.171	0.065	0.048	0.122	0.002	0.191	0.004	—	0.002	0.054
姚家墓地	YJM39:5?	车马器	中原	高	不明	6	9.994	0.812	0.491	0.149	0.071	0.030	0.436	0.012	0.099	0.003	0.012	0.004	0.102
姚家墓地	M7:1	车马器	中原	高	不明	2	12.094	5.050	0.148	0.086	0.069	0.017	0.288	0.003	0.083	0.002	0.008	—	0.037
姚家墓地	M30:052-5	薄片	中原	高	不明	6	12.170	3.489	0.477	0.174	0.094	0.021	0.067	—	0.076	0.003	0.011	0.014	0.134
姚家墓地	M23:D1:04	薄片	中原	高	不明	6	11.421	0.478	0.289	0.228	0.062	0.050	0.124	0.003	0.076	0.008	0.015	0.002	0.114

续表

地点	器物号	器类	风格	质量	其他特征	分组	Sn	Pb	As	Sb	Ag	Ni	Fe	Co	Zn	Se	Te	Au	Bi
叶家山	M27:16	盘	本地式	低	—	9	13.900	2.500	0.090	0.040	0.120	0.080	1.270	—	0.050	—	0.010	—	0.050
叶家山	M4:2	鼎	本地式	低	—	12	0.200	23.900	0.500	7.080	1.530	0.020	0.270	—	0.030	—	0.010	0.010	0.170
叶家山	M55:5	鼎	本地式	低	—	12	3.800	7.800	0.220	0.200	0.280	0.050	0.150	—	0.010	0.030	0.020	—	0.070
叶家山	M65:35	盘	本地式	低	—	12	2.300	5.200	0.170	0.250	0.480	0.050	0.270	—	0.100	—	—	—	0.080
叶家山	M65:50	簋	本地式	低	—	12	6.300	15.100	0.230	0.240	0.230	0.040	0.190	—	0.030	—	—	—	0.170
叶家山	M7:2	簋	本地式	低	—	9	8.500	9.800	0.090	0.000	0.090	0.040	0.570	—	0.070	—	—	—	0.050
叶家山	M75:4	簋	本地式	低	—	16	8.300	21.100	0.270	0.100	0.120	0.120	1.220	—	0.170	—	—	0.010	0.150
叶家山	M8:14	簋	本地式	低	—	12	7.200	18.900	0.900	0.130	0.140	0.040	0.110	0.010	0.010	—	0.010	—	0.100
叶家山	M82:2	鼎	本地式	低	—	4	1.100	1.800	0.050	0.010	0.180	0.020	0.210	—	0.020	—	0.010	—	0.030
叶家山	M92:28	簋	本地式	低	—	4	16.600	0.600	0.030	0.010	0.120	0.050	0.790	—	0.020	—	—	—	0.080
叶家山	M105:4	鼎	本地式	低	—	12	0.100	14.100	1.280	11.400	1.330	0.020	0.090	—	0.010	0.020	0.050	0.010	0.170
叶家山	M109:10	尊	本地式	低	—	4	13.900	0.300	0.080	0.050	0.160	0.050	0.250	—	0.020	0.010	0.020	0.010	0.170

续表

地点	器物号	器类	风格	质量	其他特征	分组	Sn	Pb	As	Sb	Ag	Ni	Fe	Co	Zn	Se	Te	Au	Bi
叶家山	M109:4	鼎	本地式	低	—	4	12.800	0.200	0.040	0.030	0.170	0.020	0.190	—	0.010	0.020	0.020	—	0.060
叶家山	M109:9	卣	本地式	低	—	4	14.600	0.400	0.060	0.030	0.090	0.020	0.120	—	0.010	—	0.020	0.010	0.150
叶家山	M111:56	簋	本地式	低	—	12	12.200	4.500	0.490	0.290	0.210	0.060	0.260	—	0.070	0.040	0.020	—	0.130
叶家山	M111:88	鼎	本地式	低	—	12	0.100	4.900	0.160	0.150	0.590	0.020	0.090	—	0.020	0.010	0.030	—	0.080
叶家山	M111:90	鼎	本地式	低	—	12	6.400	20.300	0.290	0.070	0.250	0.050	0.180	0.020	0.010	—	0.020	—	0.430
叶家山	M122:1	簋	本地式	低	—	12	1.400	18.100	0.750	5.760	0.930	0.020	0.120	—	0.020	0.020	0.040	0.010	0.100
叶家山	M23:3	鼎	本地式	低	—	12	0.100	14.600	0.150	3.510	0.940	0.010	0.160	—	0.010	0.020	0.030	—	0.120
叶家山	M55:8	簋	中原	低	本地仿制	12	8.000	21.800	0.370	0.200	0.170	0.060	0.440	—	0.020	—	0.010	0.010	0.170
叶家山	M65:45	鼎	中原	低	本地仿制	12	6.400	13.100	0.290	1.320	0.430	0.060	0.500	—	0.040	0.060	—	—	0.040
叶家山	M8:15	鼎	中原	低	本地仿制	12	2.100	17.200	0.470	0.190	0.220	0.040	0.050	—	0.010	—	0.010	—	0.050
叶家山	M83:1	鼎	中原	低	本地仿制	16	11.200	3.200	0.200	0.090	0.190	0.290	2.830	0.030	0.140	0.010	—	—	0.100
叶家山	M107:7	卣	中原	高	商铭文	4	14.900	0.100	0.010	0.030	0.320	0.030	0.350	—	0.020	—	0.020	—	0.050

续表

地点	器物号	器类	风格	质量	其他特征	分组	Sn	Pb	As	Sb	Ag	Ni	Fe	Co	Zn	Se	Te	Au	Bi
叶家山	M27∶8	觯	中原	高	商铭文	9	13.400	1.600	0.150	0.040	0.150	0.040	0.110	—	0.010	0.010	0.030	—	0.150
叶家山	M92∶22	簋	中原	高	商铭文	4	11.100	0.100	0.030	—	0.320	0.020	0.360	—	0.040	0.030	—	—	0.040
叶家山	M111∶62	簋	中原	高	曾铭文	12	15.100	3.700	0.110	0.080	0.100	0.050	0.060	0.010	0.010	—	0.030	—	0.060
叶家山	M111∶72	方鼎	中原	高	曾铭文	12	11.800	1.700	0.240	0.500	0.140	0.050	0.560	0.020	0.030	0.020	0.020	—	0.070
叶家山	M111∶80	方鼎	中原	高	曾铭文	12	11.500	1.200	0.210	0.480	0.130	0.040	0.400	0.010	0.020	—	0.020	—	0.050
叶家山	M2∶1	甗	中原	高	曾铭文	12	10.800	10.600	0.100	0.080	0.420	0.040	0.370	—	0.020	0.010	0.020	—	0.060
叶家山	M27∶26	方鼎	中原	高	曾铭文	12	10.400	1.900	0.260	0.460	0.150	0.040	1.080	0.020	0.040	0.010	0.020	—	0.070
叶家山	M28∶159	甗	中原	高	曾铭文	4	10.400	0.100	0.010	—	0.390	0.020	0.160	—	0.020	—	0.010	—	0.080
叶家山	M50∶13	方鼎	中原	高	曾铭文	12	12.200	12.100	0.630	0.080	0.230	0.060	0.340	—	0.030	0.010	0.020	0.020	0.200
叶家山	M111∶50	簋	中原	高	不明	8	7.800	12.100	0.070	0.050	0.080	0.120	1.660	0.010	0.100	0.010	0.010	—	0.210
叶家山	M56∶5	鼎	中原	高	不明	12	11.600	8.900	0.080	0.180	0.130	0.050	0.470	0.040	0.030	0.020	0.020	—	0.080
叶家山	M111∶116	壶	中原	高	不明	4	13.400	0.200	—	—	0.130	0.040	0.200	—	0.030	—	—	—	0.030

续表

地点	器物号	器类	风格	质量	其他特征	分组	Sn	Pb	As	Sb	Ag	Ni	Fe	Co	Zn	Se	Te	Au	Bi
叶家山	M111:148	圈足	中原	高	不明	12	12.700	3.100	0.110	0.090	0.180	0.040	0.270	—	0.020	—	—	—	0.040
叶家山	M111:149	圈足	中原	高	不明	16	13.100	2.900	0.190	0.140	0.180	0.110	1.310	—	0.080	—	0.020	—	0.050
叶家山	M111:51	簋	中原	高	不明	12	13.300	6.400	0.150	0.170	0.170	0.080	0.720	0.010	0.080	0.010	0.030	—	0.080
叶家山	M111:53	簋	中原	高	不明	12	12.200	4.700	0.260	0.250	0.340	0.040	0.790	0.010	0.010	—	0.020	—	0.100
叶家山	M111:66-1	鼎	中原	高	不明	7	9.600	2.100	0.060	0.100	0.190	0.030	0.130	—	0.020	—	0.030	—	0.050
叶家山	M111:66-2	鼎	中原	高	不明	12	11.100	9.200	0.250	0.410	0.260	0.030	0.350	—	0.020	0.020	—	—	0.090
叶家山	M111:66-3	鼎	中原	高	不明	12	11.200	9.000	0.260	0.450	0.270	0.060	0.460	—	0.030	0.030	0.020	—	0.090
叶家山	M111:77	鼎	中原	高	不明	12	11.200	5.700	0.210	0.100	0.130	0.020	1.190	—	0.060	0.040	0.030	—	0.050
叶家山	M111:82	鼎	中原	高	不明	9	12.400	5.100	0.130	0.040	0.100	0.020	0.280	0.010	0.040	0.020	—	—	0.050
叶家山	M111:83	鼎	中原	高	不明	4	13.500	7.400	0.080	0.070	0.110	0.020	0.110	—	0.020	—	0.030	—	0.050
叶家山	M126:11	卣	中原	高	不明	9	11.700	5.000	0.350	0.070	0.160	0.070	0.780	0.010	0.040	—	0.010	—	0.100
叶家山	M126:12	簋	中原	高	不明	12	14.500	8.200	0.110	0.190	0.120	0.040	0.210	—	0.010	0.010	0.020	—	0.060

续表

地点	器物号	器类	风格	质量	其他特征	分组	Sn	Pb	As	Sb	Ag	Ni	Fe	Co	Zn	Se	Te	Au	Bi
叶家山	M126:15	爵	中原	高	不明	12	6.800	6.200	0.650	0.200	0.290	0.030	0.170	—	0.020	—	—	—	0.080
叶家山	M126:53	斝	中原	高	不明	16	15.300	7.200	0.210	0.100	0.110	0.080	0.500	—	0.020	0.010	0.020	—	0.050
叶家山	M128:5	鼎	中原	高	不明	1	16.600	0.800	0.030	0.020	0.050	0.050	0.520	—	0.040	—	—	—	0.050
叶家山	M132:6	鼎	中原	高	不明	4	10.900	11.900	0.060	0.060	0.110	0.040	0.110	—	0.010	—	0.020	—	0.090
叶家山	M27:10	斝	中原	高	不明	15	14.700	1.300	0.130	—	0.120	0.160	0.980	0.010	0.140	—	—	—	0.090
叶家山	M27:24	鼎	中原	高	不明	12	13.800	4.300	0.100	0.150	0.140	0.030	0.340	—	0.050	0.050	0.010	—	0.070
叶家山	M27:5	爵	中原	高	不明	4	18.600	0.200	0.030	0.020	0.290	0.070	0.760	—	0.040	0.020	—	—	0.030
叶家山	M50:15	簋	中原	高	不明	4	12.600	0.200	0.040	0.050	0.360	0.080	0.800	—	0.080	—	0.020	—	0.050
叶家山	M65:29	卣	中原	高	不明	12	9.100	10.600	0.270	0.390	0.200	0.050	0.230	—	0.020	—	0.020	—	0.100
叶家山	M75:1	鼎	中原	高	不明	12	6.000	12.900	0.100	0.180	0.330	0.030	0.190	0.010	0.040	—	0.010	—	0.070
叶家山	M76:1	鼎	中原	高	不明	12	9.700	16.000	0.290	0.500	0.120	0.060	0.090	—	0.010	—	0.030	—	0.160
叶家山	M82:7	卣	中原	高	不明	12	13.000	0.700	0.160	0.090	0.150	0.060	0.340	—	0.010	—	0.020	0.010	0.180

续表

地点	器物号	器类	风格	质量	其他特征	分组	Sn	Pb	As	Sb	Ag	Ni	Fe	Co	Zn	Se	Te	Au	Bi
叶家山	M86:14	鼎	中原	高	不明	12	13.000	6.800	0.230	0.180	0.250	0.080	0.820	0.010	0.130	0.030	—	—	0.060
叶家山	M92:21	卣	中原	高	不明	1	6.900	0.400	0.010	0.010	0.080	0.010	0.070	—	0.010	—	0.010	—	0.020
叶家山	M92:26	甗	中原	高	不明	12	12.600	7.600	0.100	0.100	0.350	0.030	0.220	—	0.020	0.010	0.020	—	0.090
叶家山	M109:7	爵	中原	高	不明	4	14.100	0.100	0.010	0.030	0.410	0.010	0.150	—	0.050	—	0.010	—	0.200
叶家山	M109:8	觯	中原	高	不明	4	18.900	0.700	0.070	0.040	0.100	0.030	0.120	—	0.010	0.020	0.020	—	0.050
叶家山	M107:6	甗	中原	高	不明	1	14.800	0.200	0.060	—	0.060	0.070	0.950	—	0.040	0.020	0.010	—	0.050
晋侯墓地	M13:43	鼎	补铸料	低	—	6	3.879	18.103	0.419	0.170	—	0.059	0.251	—	0.019	0.005	—	—	0.033
晋侯墓地	M102:14	盘	补铸料	低	—	12	6.397	23.665	0.206	0.217	0.207	0.023	0.059	0.001	0.086	0.003	—	—	0.037
晋侯墓地	M64:120	甗	补铸料	低	—	6	16.167	0.962	0.176	0.109	0.049	0.040	0.235	0.004	0.022	0.016	—	—	0.175
晋侯墓地	M93:49	鼎	中原	低	—	12	2.724	28.899	0.308	0.215	0.265	0.032	0.197	0.002	0.009	0.005	—	—	0.020
晋侯墓地	M102:3	鼎	中原	低	—	12	8.727	13.918	0.091	0.637	0.211	0.031	0.975	0.018	0.022	0.014	—	—	0.042
晋侯墓地	M102:11	鼎	中原	低	—	12	8.131	14.019	0.093	0.480	0.135	0.023	0.714	0.012	0.016	—	—	—	0.067

续表

地点	器物号	器类	风格	质量	其他特征	分组	Sn	Pb	As	Sb	Ag	Ni	Fe	Co	Zn	Se	Te	Au	Bi
晋侯墓地	M93：46	盘	中原	低	—	12	0.608	5.425	0.188	0.424	0.310	0.017	0.103	0.001	0.009	0.005	—	0.001	0.064
晋侯墓地	M102：22	壶	中原	低	—	7	8.858	7.340	0.080	0.223	0.112	0.022	0.442	0.008	0.022	0.008	—	—	0.077
晋侯墓地	M13：111	罐	本地式	低	—	12	12.020	7.780	0.105	0.199	0.088	0.046	0.215	0.001	0.025	0.015	—	—	0.018
晋侯墓地	M102：19	鼎	本地式	低	—	6	8.272	9.274	0.113	0.398	0.058	0.023	0.900	0.012	0.035	0.003	—	—	0.084
晋侯墓地	M31：4	簋	本地式	低	—	6	11.217	3.650	0.142	0.142	0.060	0.034	0.361	0.014	0.034	0.011	—	—	0.086
晋侯墓地	M8：31	盘	本地式	低	—	14	8.784	0.828	0.098	0.111	0.058	0.150	1.308	0.009	0.018	—	—	—	0.065
晋侯墓地	M9：307	鼎	本地式	低	—	6	11.978	0.374	0.200	0.208	0.072	0.024	0.627	0.011	0.013	0.012	0.004	—	0.131
晋侯墓地	M102：4	觯	中原	低	明器	12	11.048	10.866	0.106	0.230	0.119	0.031	0.566	0.010	0.030	—	—	—	0.075
晋侯墓地	M102：9	簋	中原	低	明器	12	20.180	15.013	0.247	0.684	0.431	0.043	0.155	0.011	0.019	—	—	—	0.116
晋侯墓地	M102：20	鼎	中原	低	明器	13	2.861	3.514	0.032	0.212	0.111	0.101	0.665	0.004	0.020	—	—	—	0.015
晋侯墓地	M102：2	盉	中原	低	明器	12	9.209	2.803	0.095	0.259	0.098	0.022	0.551	0.015	0.023	—	—	—	0.082
晋侯墓地	M13：122	盘	中原	低	明器	6	8.408	14.971	1.034	0.472	0.032	0.038	0.098	0.007	0.013	—	—	—	0.069

续表

地点	器物号	器类	风格	质量	其他特征	分组	Sn	Pb	As	Sb	Ag	Ni	Fe	Co	Zn	Se	Te	Au	Bi
晋侯墓地	M64:124	盨	中原	高	晋铭文	3	15.975	0.149	0.077	0.113	0.049	0.042	1.976	0.008	0.025	—	—	—	0.094
晋侯墓地	M64:139	鼎	中原	高	晋铭文	3	9.953	0.139	0.000	0.154	0.086	0.045	0.621	—	0.105	0.021	—	—	0.096
晋侯墓地	M8:23	簋	中原	高	晋铭文	6	11.871	0.206	0.119	0.154	0.042	0.061	1.331	0.009	0.070	0.024	—	—	0.097
晋侯墓地	M93:44	盘	中原	高	晋铭文	1	11.469	0.681	0.028	0.044	0.038	0.029	0.197	0.007	0.012	—	0.003	—	0.100
晋侯墓地	M8:25	壶	中原	高	晋铭文	2	13.133	0.180	0.169	0.073	0.038	0.038	0.933	0.011	0.035	0.015	—	—	0.206
晋侯墓地	M93:31	壶	中原	高	晋铭文	1	5.938	0.457	0.045	0.088	0.018	0.083	0.605	0.002	0.030	—	—	—	0.009
晋侯墓地	M8:28	鼎	中原	高	晋铭文	6	12.768	0.324	0.108	0.169	0.047	0.070	0.768	0.012	0.050	0.005	—	—	0.154
晋侯墓地	M92:8	壶	中原	高	晋铭文	6	13.739	1.002	0.103	0.213	0.065	0.057	1.117	0.007	0.042	0.005	—	—	0.048
晋侯墓地	M92:9	鼎	中原	高	晋铭文	3	13.111	0.159	0.036	0.109	0.052	0.053	2.466	0.011	0.049	0.016	—	—	0.129
晋侯墓地	M91:401	豆	中原	高	晋铭文	6	11.346	0.509	0.117	0.148	0.043	0.051	1.008	0.007	0.027	—	—	—	0.062
晋侯墓地	M63:82	壶	中原	高	其他国	1	11.170	0.189	0.028	0.054	0.017	0.028	0.608	0.023	0.020	—	—	—	0.114
晋侯墓地	M64:95	钟	中原	高	其他国	1	13.575	0.102	0.084	0.078	0.019	0.043	0.415	0.026	0.041	0.010	—	—	0.123

续表

地点	器物号	器类	风格	质量	其他特征	分组	Sn	Pb	As	Sb	Ag	Ni	Fe	Co	Zn	Se	Te	Au	Bi
晋侯墓地	M64:98	钟	中原	高	其他国	10	5.402	0.223	0.055	0.139	0.067	0.101	1.768	0.010	0.037	0.006	—	—	0.061
晋侯墓地	M64:93	钟	中原	高	其他国	3	4.920	0.545	0.048	0.095	0.080	0.031	2.275	0.010	0.026	0.001	—	—	0.271
晋侯墓地	M64:126	鼎	中原	高	不明	1	5.167	0.239	0.038	0.041	0.037	0.017	1.037	0.008	0.057	0.005	—	—	0.050
晋侯墓地	M13:86	盨	中原	高	不明	6	14.599	0.143	0.228	0.154	0.070	0.038	1.106	0.017	0.031	0.015	—	—	0.180
晋侯墓地	M13:86	盨	中原	高	不明	6	14.161	0.216	0.241	0.206	0.061	0.020	0.561	0.017	0.042	0.006	0.009	—	0.116
晋侯墓地	M13:43	鼎	中原	高	不明	12	12.312	2.645	0.116	0.120	0.089	0.032	0.915	0.011	0.050	0.010	—	—	0.319
晋侯墓地	M33:17	鼎	中原	高	不明	6	10.741	0.968	0.052	0.006	—	0.104	0.005	0.035	0.168	—	0.078	0.119	—
晋侯墓地	M93:39	簋	中原	高	不明	12	13.611	8.642	0.084	0.227	0.167	0.031	0.182	0.006	0.011	—	—	0.002	0.230
晋侯墓地	M64:142	尊	中原	高	不明	6	10.459	0.617	0.139	0.157	0.044	0.022	0.947	0.010	0.014	0.002	0.003	0.001	0.128
晋侯墓地	M92:5	鼎	中原	高	不明	3	3.417	0.302	0.022	0.158	—	0.061	28.933	0.005	0.226	—	—	—	0.000
晋侯墓地	M64:110	簋	中原	高	不明	1	10.240	0.277	0.029	0.046	0.035	0.054	1.476	0.008	0.040	—	—	—	0.049
晋侯墓地	M91:66	簋	中原	高	不明	12	17.976	10.958	0.367	0.331	0.122	0.061	0.393	—	0.026	—	—	—	0.061

续表

地点	器物号	器类	风格	质量	其他特征	分组	Sn	Pb	As	Sb	Ag	Ni	Fe	Co	Zn	Se	Te	Au	Bi
晋侯墓地	M62:76	匜	中原	高	不明	1	11.612	1.109	0.042	0.086	0.065	0.065	0.650	0.012	0.096	0.003	—	—	0.138
晋侯墓地	M62:83	簋	中原	高	不明	6	11.701	3.010	0.186	0.172	0.074	0.033	0.370	0.007	0.023	0.003	—	—	0.117
晋侯墓地	M62:81	鼎	中原	高	不明	13	11.856	4.613	0.068	0.139	0.084	0.204	0.955	0.006	0.028	0.019	—	—	0.079
晋侯墓地	M62:85	簋	中原	高	不明	3	12.684	2.385	0.058	0.093	0.073	0.028	0.094	0.004	0.012	—	—	—	0.127
晋侯墓地	M63:69	鼎	中原	高	不明	14	10.105	2.500	0.207	0.219	0.076	0.138	1.225	0.013	0.019	—	—	—	0.077
晋侯墓地	M63:75	盘	中原	高	不明	12	12.494	8.407	0.102	0.207	0.117	0.034	0.181	0.004	0.017	0.007	—	—	0.088
晋侯墓地	M31:6	鼎	中原	高	不明	1	2.105	1.483	0.029	0.070	0.054	0.028	0.144	0.003	0.017	—	—	—	0.035
晋侯墓地	M93:42	簋	中原	高	不明	12	13.437	15.880	0.167	0.257	0.198	0.048	0.300	0.017	0.017	0.009	—	—	0.078
晋侯墓地	M102:16	盘	中原	高	不明	6	11.998	5.315	0.086	0.119	0.055	0.048	1.169	0.010	0.038	0.003	—	—	0.144
晋侯墓地	M102:14	盘	中原	高	不明	6	3.433	24.219	0.098	0.231	0.064	0.029	0.108	0.001	0.057	—	—	—	0.016
晋侯墓地	M93:43	簋	中原	高	不明	6	15.277	0.957	0.134	0.136	0.062	0.039	0.747	0.010	0.028	-0.005	—	—	0.187
晋侯墓地	M9:434	斝	中原	高	不明	12	10.289	14.382	0.315	0.257	0.099	0.026	0.091	0.001	0.009	0.010	—	—	0.195

续表

地点	器物号	器类	风格	质量	其他特征	分组	Sn	Pb	As	Sb	Ag	Ni	Fe	Co	Zn	Se	Te	Au	Bi
晋侯墓地	M9:312	钟	中原	高	不明	12	9.801	6.582	1.931	0.836	0.136	0.042	0.207	0.016	0.038	—	—	—	0.123
晋侯墓地	M31:1	壶	中原	高	不明	3	12.468	2.417	0.081	0.093	0.052	0.025	0.481	0.014	0.014	—	—	0.001	0.101
晋侯墓地	M9:286	钟	中原	高	不明	6	9.942	24.367	1.888	0.193	0.022	0.019	0.198	0.014	0.021	0.005	—	—	0.379
晋侯墓地	M93:45	匜	中原	高	不明	6	16.406	3.475	0.106	0.116	0.062	0.024	0.103	0.007	0.012	—	—	0.001	0.170
晋侯墓地	M8:20	尊	中原	高	不明	1	8.389	0.118	0.049	0.076	0.040	0.030	0.803	0.016	0.031	0.014	—	—	0.212
晋侯墓地	M62:79	鼎	中原	高	不明	7	12.811	6.146	0.029	0.088	0.097	0.072	0.172	0.005	0.021	0.010	—	—	0.144
晋侯墓地	M63:73	簋	中原	高	不明	7	8.188	8.427	0.063	0.199	0.121	0.041	0.185	0.003	0.022	—	—	—	0.149
晋侯墓地	M31:7	鼎	中原	高	不明	1	0.871	1.576	0.058	0.076	0.061	0.032	0.191	0.008	0.018	0.006	—	—	0.083
晋侯墓地	M64:122	簋	中原	高	不明	12	10.720	2.516	0.818	0.372	0.112	0.021	0.372	0.002	0.023	0.004	0.009	—	0.117
晋侯墓地	M64:140	盘	中原	高	不明	6	27.525	0.208	0.168	0.156	0.058	0.032	1.427	0.001	0.044	0.012	—	—	0.255
晋侯墓地	M93:68	钟	中原	高	不明	12	2.191	23.216	0.214	0.211	0.230	0.034	0.599	0.010	0.026	—	—	—	0.036
晋侯墓地	M93:72	钟	中原	高	不明	12	4.154	10.173	0.231	0.255	0.261	0.023	0.298	0.003	0.011	0.001	—	—	0.055

续表

地点	器物号	器类	风格	质量	其他特征	分组	Sn	Pb	As	Sb	Ag	Ni	Fe	Co	Zn	Se	Te	Au	Bi
晋侯墓地	M93:32	甗	中原	高	不明	2	7.773	2.904	0.377	0.048	0.057	0.023	1.945	0.011	0.029	—	0.014	0.001	0.104
晋侯墓地	M93:37	鼎	中原	高	不明	12	9.236	10.160	0.194	0.305	0.182	0.040	0.493	0.011	0.014	—	—	—	0.045
晋侯墓地	M63:123	盂	中原	高	不明	1	13.669	1.569	0.017	0.058	0.035	0.037	0.272	0.032	0.037	0.005	—	—	0.059
晋侯墓地	M64:109	簋	中原	高	不明	12	11.303	2.061	0.867	0.476	0.105	0.080	0.691	0.003	0.022	—	—	—	0.105
晋侯墓地	M64:120	甗	中原	高	不明	5	10.468	1.759	0.051	0.086	0.048	0.110	0.603	0.009	0.032	0.008	—	—	0.113
晋侯墓地	M93:40	簋	中原	高	不明	12	9.954	15.972	0.141	0.236	0.236	0.040	0.350	0.011	0.020	0.011	—	—	0.078
晋侯墓地	M64:130	鼎	中原	高	不明	1	14.934	0.242	0.054	0.084	0.042	0.044	1.621	0.004	0.066	0.014	—	—	0.089
晋侯墓地	M64:448	卣	中原	高	不明	6	16.437	0.383	0.292	0.596	0.060	0.056	0.255	0.002	0.039	0.013	—	—	0.033
晋侯墓地	M9:445?	尊	中原	高	不明	12	12.397	10.925	0.085	0.221	0.086	0.030	0.226	0.002	0.009	0.003	—	—	0.039
晋侯墓地	M9:428	簋	中原	高	不明	12	10.850	5.000	0.428	2.499	0.141	0.024	0.221	0.007	0.014	0.019	—	0.002	0.202
晋侯墓地	M91:53	簋	中原	高	不明	6	10.232	0.937	0.098	0.137	0.070	0.054	1.471	0.011	0.046	0.004	—	—	0.074
晋侯墓地	M91:137	鼎	中原	高	不明	6	12.764	0.612	0.164	0.131	0.056	0.070	2.037	0.009	0.033	0.002	—	—	0.072

续表

地点	器物号	器类	风格	质量	其他特征	分组	Sn	Pb	As	Sb	Ag	Ni	Fe	Co	Zn	Se	Te	Au	Bi
晋侯墓地	M9:433	卣	中原	高	不明	1	12.177	0.068	0.015	0.044	0.034	0.028	0.106	0.002	0.006	—	0.002	—	0.087
晋侯墓地	M9:348	鼎	中原	高	不明	3	13.114	0.052	0.073	0.087	0.049	0.051	0.604	0.006	0.014	0.018	—	—	0.056
晋侯墓地	M13:104	盘	中原	高	不明	6	3.269	0.416	0.009	0.002	0.000	0.344	0.004	0.011	0.147	—	0.022	0.020	—
强国墓地	BZM3:43	圆顶铜泡	中原	低	—	8	0.377	3.729	0.015	0.023	0.210	0.922	1.635	0.023	0.209	0.017	0.018	0.001	0.025
强国墓地	YG:8	车马器	中原	低	—	4	3.426	2.514	0.027	−0.003	0.433	0.018	0.140	0.000	0.054	0.000	0.017	0.000	0.055
强国墓地	BZM21:27	车马器	中原	低	—	12	3.730	7.084	0.331	0.173	0.270	0.037	0.221	0.003	0.042	0.002	0.020	0.006	0.102
强国墓地	YG:15	铜铃	中原	低	—	12	4.064	2.974	0.237	0.105	0.226	0.032	0.069	0.001	0.169	−0.002	0.027	0.001	0.062
强国墓地	YG:9	车马饰	中原	低	—	4	4.768	0.093	0.006	0.000	0.150	0.063	0.126	0.004	0.028	0.005	0.022	0.002	0.047
强国墓地	YG:19	车马器	中原	低	—	16	6.473	4.738	0.146	0.109	0.209	0.091	0.350	0.008	0.079	0.025	0.001	0.002	0.073
强国墓地	BRM1乙:158	车马饰	中原	低	—	12	8.542	0.863	0.189	0.154	0.183	0.060	0.346	0.013	0.030	0.000	0.025	0.004	0.131
强国墓地	YG:14	车马器	中原	低	—	12	9.333	8.785	0.332	0.438	0.186	0.051	0.077	0.008	0.147	0.000	0.018	0.003	0.073
强国墓地	BRM1乙:132	马衔	中原	低	—	12	9.343	5.040	0.291	0.253	0.163	0.031	0.171	0.007	0.035	−0.001	0.022	0.003	0.129

续表

地点	器物号	器类	风格	质量	其他特征	分组	Sn	Pb	As	Sb	Ag	Ni	Fe	Co	Zn	Se	Te	Au	Bi
彊国墓地	BRM1乙:7	铜鍪	中原	低	—	9	9.853	13.014	0.162	0.037	0.170	0.062	0.512	0.003	0.053	0.018	0.011	0.013	0.145
彊国墓地	BZM3:40	圆顶铜泡	中原	低	—	12	9.891	3.237	0.164	0.116	0.209	0.043	0.231	0.004	0.032	0.002	0.023	0.003	0.095
彊国墓地	BRM1乙	车马器	中原	低	—	12	9.946	12.089	0.334	0.123	0.207	0.038	0.174	0.006	0.056	0.000	0.016	0.003	0.131
彊国墓地	YG:3	车马饰	中原	低	—	12	10.426	8.914	0.255	0.693	0.202	0.080	0.485	0.013	0.062	0.010	0.018	0.004	0.075
彊国墓地	BRM1乙:151	节约	中原	低	—	12	10.975	1.593	0.250	0.157	0.173	0.066	0.548	0.014	0.033	0.006	0.011	0.003	0.082
彊国墓地	BRM1乙:131	马衔	中原	低	—	12	10.992	2.149	0.201	0.298	0.111	0.046	0.161	0.006	0.032	-0.002	0.023	0.002	0.081
彊国墓地	BRM1乙:148	节约	中原	低	—	12	11.221	1.467	0.572	0.165	0.132	0.045	0.146	0.005	0.041	0.015	0.026	0.000	0.105
彊国墓地	BZM3:38	圆顶铜泡	中原	低	—	12	11.269	5.224	0.183	0.116	0.242	0.040	0.472	0.004	0.353	0.006	0.003	0.005	0.098
彊国墓地	YG:1	鞍具	中原	低	—	7	11.305	6.867	0.051	0.083	0.266	0.036	0.147	0.002	0.158	0.008	0.024	0.001	0.063
彊国墓地	YG:23	车马饰	中原	低	—	12	11.520	2.018	0.200	0.275	0.112	0.075	0.265	0.006	0.046	0.018	0.020	0.000	0.073
彊国墓地	BRM1乙:178	车軏	中原	低	—	12	11.592	10.857	0.182	0.085	0.122	0.069	0.236	0.019	0.019	0.000	0.017	0.001	0.081
彊国墓地	BRM1乙:300	车㦸	中原	低	—	12	11.639	10.319	0.195	0.099	0.130	0.060	0.153	0.016	0.055	0.000	0.028	0.001	0.089

续表

地点	器物号	器类	风格	质量	其他特征	分组	Sn	Pb	As	Sb	Ag	Ni	Fe	Co	Zn	Se	Te	Au	Bi
强国墓地	YG:2	车马饰	中原	低	—	12	11.781	8.837	0.330	1.255	0.179	0.068	0.311	0.018	0.054	0.021	0.019	0.002	0.090
强国墓地	YG18-2	圆顶铜泡	中原	低	—	12	12.026	7.306	0.260	1.131	0.310	0.034	0.115	0.002	0.077	0.000	0.026	0.012	0.114
强国墓地	BRM1 乙:71	车马饰	中原	低	—	12	12.316	1.949	0.231	0.150	0.201	0.078	0.651	0.003	0.039	0.019	0.007	0.004	0.143
强国墓地	BRM1 乙:177	车軏	中原	低	—	9	12.354	10.036	0.167	0.067	0.120	0.066	0.241	0.018	0.024	0.019	0.004	0.002	0.071
强国墓地	BZM7:81	车马饰	中原	低	—	12	12.754	11.729	0.214	0.330	0.267	0.053	0.165	0.004	0.029	0.013	0.010	0.004	0.081
强国墓地	BZM13:226	皱具	中原	低	—	13	13.348	6.371	0.059	0.239	0.177	0.300	1.571	0.009	0.047	0.022	0.020	0.003	0.047
强国墓地	BZM20:64?	皱具	中原	低	—	6	13.357	0.130	0.250	0.190	0.070	0.047	0.881	0.002	0.045	0.006	0.018	0.000	0.059
强国墓地	YG:16	车軏	中原	低	—	12	13.760	0.412	0.155	0.118	0.194	0.044	0.225	0.008	0.157	0.007	0.018	0.002	0.174
强国墓地	YG:20	车马器	中原	低	—	12	13.993	2.302	0.285	0.240	0.157	0.053	0.322	0.003	0.341	0.007	0.025	0.006	0.088
强国墓地	BZM13:198	车马器	中原	低	—	9	15.582	0.581	0.170	0.046	0.239	0.077	0.662	0.000	0.077	0.009	0.016	0.000	0.233
强国墓地	YG:4	车马饰	中原	低	—	16	15.650	0.432	0.131	0.097	0.246	0.094	0.924	0.016	0.165	0.000	0.016	0.005	0.362
强国墓地	YG:22	铜铃	中原	低	—	4	17.058	0.562	0.049	0.033	0.090	0.081	0.155	0.041	0.188	0.004	0.021	0.001	0.057

续表

地点	器物号	器类	风格	质量	其他特征	分组	Sn	Pb	As	Sb	Ag	Ni	Fe	Co	Zn	Se	Te	Au	Bi
強国墓地	BRZM1乙:150	节约	中原	低	—	12	17.190	4.154	0.318	0.315	0.219	0.066	0.373	0.007	0.135	-0.030	0.014	0.003	0.093
強国墓地	BZM21:26	车马器	中原	低	—	12	17.459	2.566	0.163	0.287	0.314	0.038	0.430	0.002	0.132	0.019	0.014	0.003	0.075
強国墓地	BZM21:25	车马器	中原	低	—	12	18.170	2.107	0.122	0.228	0.241	0.078	0.653	0.003	0.042	-0.009	0.015	0.002	0.062
強国墓地	YG:21	叶形饰	本地式	低	—	12	3.091	3.348	0.499	0.142	0.301	0.044	0.085	0.000	0.032	0.001	0.018	0.007	0.166
強国墓地	YG:11	透顶铜泡	本地式	低	—	16	6.159	4.592	0.235	0.230	0.233	0.101	0.686	0.002	0.062	0.017	0.000	0.002	0.087
強国墓地	YG:13	蛇形铜泡	本地式	低	—	16	8.786	5.582	0.151	0.146	0.183	0.229	1.109	0.010	0.029	0.012	0.022	0.002	0.086
強国墓地	YG:19	铜芽	本地式	低	—	9	9.494	0.762	0.173	0.068	0.144	0.025	0.100	0.001	0.172	0.003	0.011	0.002	0.070
強国墓地	YG18-4	乳钉铜泡	本地式	低	—	12	10.228	14.602	0.196	0.849	0.241	0.033	0.186	0.002	0.027	-0.001	0.015	0.007	0.094
強国墓地	YG:17	铜芽	本地式	低	—	9	10.245	0.715	0.145	0.068	0.136	0.040	0.103	0.002	0.023	0.002	0.019	0.003	0.067
強国墓地	YG18-3	乳钉铜泡	本地式	低	—	12	10.697	14.486	0.207	0.850	0.242	0.054	0.267	0.003	0.051	0.015	0.019	0.010	0.102
強国墓地	YG:10	透顶铜泡	本地式	低	—	4	10.901	5.100	0.082	0.022	0.140	0.043	0.281	0.002	0.093	0.000	0.001	0.002	0.051
強国墓地	YG18-1	乳钉铜泡	本地式	低	—	12	11.762	20.062	0.356	0.335	0.246	0.048	0.140	0.003	0.059	-0.001	0.018	0.004	0.079

续表

地点	器物号	器类	风格	质量	其他特征	分组	Sn	Pb	As	Sb	Ag	Ni	Fe	Co	Zn	Se	Te	Au	Bi
强国墓地	BZM13	乳钉铜泡	本地式	低	—	12	12.031	9.775	0.275	0.503	0.299	0.023	0.108	0.005	0.104	0.012	0.019	0.002	0.103
强国墓地	YG:12	透顶铜泡	本地式	低	—	9	14.935	3.083	0.085	0.055	0.214	0.040	0.321	0.001	0.219	0.015	0.005	0.009	0.134
强国墓地	BRM1乙:40	铜豆	本地式	低	—	4	15.216	0.077	0.066	0.039	0.149	0.037	0.160	0.002	0.038	0.004	0.023	0.003	0.065
炭河里	M4:17	残片	不明	不明	不明	9	14.761	2.528	0.207	0.041	0.095	0.023	0.754	0.001	0.007	0.005	0.006	0.001	0.045
炭河里	M4:19	鼎耳	地方型	低	地方型	12	2.546	4.305	0.159	0.155	0.250	0.059	0.742	0.000	0.075	0.024	0.000	0.000	0.000
高砂脊	不明	铜饰	不明	不明	不明	1	16.557	0.462	0.078	0.032	0.076	0.011	0.236	0.000	0.008	0.008	0.006	0.003	0.149
高砂脊	M115:5	残片	不明	不明	不明	12	18.327	2.440	0.297	0.121	0.129	0.019	0.542	0.003	0.026	0.000	0.000	0.001	0.048
高砂脊	M5:58	圈足	地方	低	地方型	2	6.572	16.825	0.368	0.063	0.004	0.028	0.163	0.000	0.016	0.000	0.000	0.000	0.063

附 表 二

本书分析铜器及冶铸遗物的铅同位素分析结果

地点	器物号	器类	$^{206}Pb/^{204}Pb$	$^{207}Pb/^{204}Pb$	$^{208}Pb/^{204}Pb$	$^{207}Pb/^{206}Pb$	$^{208}Pb/^{206}Pb$
叶家山	M105：4	鼎	17.170	15.368	37.593	0.895	2.190
叶家山	M109：10	尊	18.206	15.625	38.775	0.858	2.130
叶家山	M109：4	鼎	17.822	15.539	38.134	0.872	2.140
叶家山	M109：9	卣	18.216	15.640	38.679	0.859	2.123
叶家山	M111：56	簋	17.501	15.542	37.873	0.888	2.164
叶家山	M111：90	鼎	17.453	15.527	37.797	0.890	2.166
叶家山	M122：1	簋	17.184	15.367	37.596	0.894	2.188
叶家山	M23：3	鼎	17.187	15.381	37.624	0.895	2.189
叶家山	M27：16	盘	21.780	16.045	41.998	0.737	1.928
叶家山	M4：2	鼎	17.182	15.374	37.614	0.895	2.189

续表

地点	器物号	器类	$^{206}Pb/^{204}Pb$	$^{207}Pb/^{204}Pb$	$^{208}Pb/^{204}Pb$	$^{207}Pb/^{206}Pb$	$^{208}Pb/^{206}Pb$
叶家山	M55:5	鼎	17.785	15.551	38.058	0.874	2.140
叶家山	M55:8	簋	17.446	15.526	37.796	0.890	2.166
叶家山	M65:35	盘	17.406	15.503	37.823	0.891	2.173
叶家山	M65:45	鼎	17.595	15.531	37.945	0.883	2.157
叶家山	M65:50	簋	17.468	15.519	37.803	0.888	2.164
叶家山	M7:2	簋	17.468	15.530	37.823	0.889	2.165
叶家山	M75:4	簋	17.453	15.525	37.798	0.890	2.166
叶家山	M8:14	簋	17.584	15.532	37.866	0.883	2.154
叶家山	M8:15	鼎	17.474	15.534	37.832	0.889	2.165
叶家山	M82:2	鼎	17.901	15.569	38.182	0.870	2.133
叶家山	M83:1	鼎	17.961	15.568	38.216	0.867	2.128
叶家山	M92:28	簋	17.856	15.546	38.195	0.871	2.139
晋侯墓地	M102:19	鼎	18.077	15.660	38.454	0.866	2.127
晋侯墓地	M13:24	车轮	18.421	15.658	38.762	0.850	2.104
晋侯墓地	M13:44	鼎	17.601	15.486	37.883	0.880	2.152
晋侯墓地	M31:34	铜铃	18.393	15.646	38.637	0.851	2.101
晋侯墓地	M31:4	簋	18.474	15.642	38.696	0.847	2.095
晋侯墓地	M31:6	鼎	17.576	15.413	37.801	0.877	2.151
晋侯墓地	M31	鼎	17.929	15.564	38.280	0.868	2.135

续表

地点	器物号	器类	$^{206}Pb/^{204}Pb$	$^{207}Pb/^{204}Pb$	$^{208}Pb/^{204}Pb$	$^{207}Pb/^{206}Pb$	$^{208}Pb/^{206}Pb$
晋侯墓地	M32∶D04	鼎	17.650	15.431	37.836	0.874	2.144
晋侯墓地	M33∶17	鼎	17.759	15.533	38.079	0.875	2.144
晋侯墓地	M62∶74	方彝	17.929	15.582	38.327	0.869	2.138
晋侯墓地	M63∶70	鼎	18.013	15.623	38.444	0.867	2.134
晋侯墓地	M63∶75	盘	17.957	15.599	38.361	0.869	2.136
晋侯墓地	M63∶76	方彝	18.031	15.608	38.400	0.866	2.130
晋侯墓地	M63∶77	觯	17.993	15.612	38.397	0.868	2.134
晋侯墓地	M63∶86	方座筒形器	17.838	15.588	38.195	0.874	2.141
晋侯墓地	M64∶110	簋	18.322	15.663	38.700	0.855	2.112
晋侯墓地	M64∶137	壶	18.535	15.697	38.903	0.847	2.099
晋侯墓地	M64∶147	剑	17.499	15.154	37.279	0.866	2.130
晋侯墓地	M64∶149	匜	18.090	15.607	38.374	0.863	2.121
晋侯墓地	M8∶10	铜牌饰	18.019	15.693	38.450	0.871	2.134
晋侯墓地	M8∶23	簋	17.748	15.585	38.092	0.878	2.146
晋侯墓地	M9∶286	钟	18.601	15.761	39.055	0.847	2.100
晋侯墓地	M9∶312	钟	18.636	15.782	39.117	0.847	2.099
晋侯墓地	M9∶441	簋	18.362	15.605	38.608	0.850	2.103
晋侯墓地	M9∶Jue	爵	18.197	15.598	38.455	0.857	2.113
晋侯墓地	M91∶140	鼎	17.961	15.602	38.328	0.869	2.134

续表

地点	器物号	器类	$^{206}Pb/^{204}Pb$	$^{207}Pb/^{204}Pb$	$^{208}Pb/^{204}Pb$	$^{207}Pb/^{206}Pb$	$^{208}Pb/^{206}Pb$
晋侯墓地	M91:246	戈	18.368	15.604	38.476	0.850	2.095
晋侯墓地	M91:94	簋	18.354	15.606	38.462	0.850	2.096
晋侯墓地	M91:?	钲	18.013	15.477	38.150	0.859	2.118
晋侯墓地	M92:6	盘	17.847	15.535	38.093	0.870	2.134
晋侯墓地	M93:39	簋	17.827	15.496	38.045	0.869	2.134
晋侯墓地	M93:68	钟	17.938	15.589	38.265	0.869	2.133
强国墓地	BZM3:38	圆顶铜泡	17.7588	15.553	38.082	0.8759	2.1446
强国墓地	BZM3:40	圆顶铜泡	17.7711	15.507	38.026	0.8727	2.1400
强国墓地	BZM3:43	圆顶铜泡	17.7716	15.563	38.113	0.8757	2.1446
强国墓地	BZM7:81	车马饰	17.4662	15.525	37.813	0.8889	2.1649
强国墓地	BZM13	圆顶铜泡	18.1208	15.948	39.502	0.8801	2.1798
强国墓地	BZM13:198	车马器	17.4761	15.467	37.602	0.8858	2.1552
强国墓地	BZM13:226	軏具	17.4546	15.525	37.804	0.8895	2.1658
强国墓地	BZM20:64?	軏具	18.3190	15.784	38.771	0.8615	2.1163
强国墓地	BZM21:25	车马器	17.4486	15.516	37.772	0.8893	2.1649
强国墓地	BZM21:26	车马器	17.4750	15.522	37.805	0.8883	2.1634
强国墓地	BZM21:27	车马器	17.4392	15.517	37.770	0.8898	2.1658
强国墓地	BRM1乙	车马器	17.5853	15.540	37.919	0.8837	2.1562
强国墓地	BRM1乙:7	铜銮	17.4508	15.525	37.800	0.8897	2.1659

续表

地点	器物号	器类	$^{206}Pb/^{204}Pb$	$^{207}Pb/^{204}Pb$	$^{208}Pb/^{204}Pb$	$^{207}Pb/^{206}Pb$	$^{208}Pb/^{206}Pb$
强国墓地	BRM1乙:40	铜豆	18.1129	15.376	37.713	0.8497	2.0759
强国墓地	BRM1乙:71	车马饰	17.8013	15.581	38.148	0.8753	2.1430
强国墓地	BRM1乙:131	马衔	17.6151	15.541	37.949	0.8823	2.1543
强国墓地	BRM1乙:132	马衔	18.3352	15.669	38.686	0.8545	2.1096
强国墓地	BRM1乙:148	节约	17.9261	15.587	38.213	0.8695	2.1317
强国墓地	BRZM1乙:150	节约	17.6155	15.559	37.975	0.8833	2.1557
强国墓地	BRM1乙:151	节约	17.6452	15.549	37.954	0.8812	2.1510
强国墓地	BRM1乙:158	车马饰	17.9160	15.602	38.274	0.8709	2.1363
强国墓地	BRM1乙:177	车辄	17.4651	15.521	37.797	0.8887	2.1645
强国墓地	BRM1乙:178	车辄	17.3647	15.393	37.387	0.8864	2.1527
强国墓地	BRM1乙:300	车軏	17.4579	15.517	37.791	0.8888	2.1647
强国墓地	YG:1	鞍具	17.5404	15.532	37.751	0.8855	2.1520
强国墓地	YG:2	车马饰	17.4992	15.541	37.859	0.8881	2.1635
强国墓地	YG:3	车马饰	17.4604	15.515	37.785	0.8886	2.1640
强国墓地	YG:4	车马器	17.9780	15.578	38.220	0.8665	2.1259
强国墓地	YG:8	车马饰	17.4933	15.536	37.845	0.8881	2.1634
强国墓地	YG:9	车马饰	17.7357	15.565	37.978	0.8778	2.1413
强国墓地	YG:10	透顶铜泡	17.6392	15.540	37.986	0.8811	2.1538
强国墓地	YG:11	透顶铜泡	17.6666	15.548	38.032	0.8801	2.1528

续表

地点	器物号	器类	$^{206}Pb/^{204}Pb$	$^{207}Pb/^{204}Pb$	$^{208}Pb/^{204}Pb$	$^{207}Pb/^{206}Pb$	$^{208}Pb/^{206}Pb$
渔国墓地	YG:12	透顶铜泡	17.5299	15.532	37.865	0.8860	2.1600
渔国墓地	YG:13	蛇形铜泡	17.5082	15.559	37.930	0.8886	2.1664
渔国墓地	YG:14	车马器	17.4470	15.521	37.790	0.8896	2.1660
渔国墓地	YG:15	铜铃	17.4971	15.529	37.838	0.8875	2.1625
渔国墓地	YG:16	车軛	18.1292	15.413	37.836	0.8502	2.0869
渔国墓地	YG:17	铜芋	18.1904	15.600	38.496	0.8576	2.1163
渔国墓地	YG:18-1	乳钉铜泡	17.4442	15.517	37.783	0.8895	2.1658
渔国墓地	YG:18-2	乳钉铜泡	17.5924	15.708	38.400	0.8929	2.1827
渔国墓地	YG:18-3	乳钉铜泡	17.4388	15.512	37.771	0.8894	2.1654
渔国墓地	YG:18-4	乳钉铜泡	17.4694	15.521	37.800	0.8885	2.1638
渔国墓地	YG:19-1	车马器	17.4381	15.524	37.786	0.8902	2.1668
渔国墓地	YG:19-2	铜芋	18.1800	15.588	38.468	0.8574	2.1161
渔国墓地	YG:20	车马器	17.8398	15.584	38.197	0.8736	2.1410
渔国墓地	YG:21	叶形饰	17.4985	15.544	37.871	0.8883	2.1643
渔国墓地	YG:22	铜铃	17.9771	15.572	38.282	0.8662	2.1295
渔国墓地	YG:23	车马饰	17.6207	15.538	37.947	0.8818	2.1535
炭河里	M4:35	卣盖	18.586	15.552	38.396	0.8367	2.0659
炭河里	M4:32	残片	21.067	15.860	40.844	0.7527	1.9385
炭河里	M4:7	鼎足	18.174	15.493	37.942	0.8525	2.0877

续表

地点	器物号	器类	$^{206}Pb/^{204}Pb$	$^{207}Pb/^{204}Pb$	$^{208}Pb/^{204}Pb$	$^{207}Pb/^{206}Pb$	$^{208}Pb/^{206}Pb$
炭河里	M8:9	铲	18.744	15.571	38.508	0.8307	2.0544
炭河里	M8:4	镢	17.968	15.491	37.948	0.8622	2.1120
炭河里	M4:25	罕/盂足	19.163	15.670	39.107	0.8177	2.0407
炭河里	M4:12	鼎足	18.011	15.493	37.928	0.8602	2.1059
炭河里	M4:52	卣提梁	17.591	15.526	37.825	0.8826	2.1503
炭河里	M4:17	残片	19.354	15.671	39.203	0.8097	2.0256
炭河里	M4:19	鼎耳	18.196	15.573	38.285	0.8558	2.1040
炭河里	M10:4	斝耳	17.474	15.406	37.744	0.8817	2.1600
炭河里	M2:1	鼎足	18.243	15.525	38.116	0.8510	2.0894
炭河里	M2:6	鼎足	18.968	15.593	38.829	0.8221	2.0471
炭河里	M10:7	器鋬	17.488	15.491	38.070	0.8858	2.1769
炭河里	M12:13	残片	17.492	15.412	37.742	0.8811	2.1576
炭河里	M8:7	爵柱	18.072	15.510	38.052	0.8582	2.1055
炭河里	M9:1	刮刀	17.979	15.531	38.032	0.8639	2.1153
炭河里	M6:1	短剑	18.485	15.641	38.504	0.8461	2.0830
炭河里	M8:10	铲	18.070	15.531	38.026	0.8595	2.1044
炭河里	M10:1	鼎足	17.577	15.524	37.839	0.8832	2.1527
炭河里	M10:16	附件	17.575	15.465	37.564	0.8800	2.1373
高砂脊	不明	剑形器	17.976	15.472	37.884	0.8607	2.1075

续表

地点	器物号	器类	206Pb/204Pb	207Pb/204Pb	208Pb/204Pb	207Pb/206Pb	208Pb/206Pb
高砂脊	M1:37	刀	17.956	15.487	37.905	0.8625	2.1110
高砂脊	不明	铜饰	17.790	15.464	37.722	0.8692	2.1205
高砂脊	M1:36	矛	17.910	15.519	37.998	0.8664	2.1215
高砂脊	M5:71	残片	18.610	15.637	38.583	0.8402	2.0733
高砂脊	M5:64	残片	18.622	15.643	38.579	0.8400	2.0718
高砂脊	M5	鼎足	18.633	15.657	38.633	0.8403	2.0734
高砂脊	M5:61	残片	18.687	15.772	39.148	0.8440	2.0949
高砂脊	M5:28	残片	18.247	15.538	38.123	0.8516	2.0894
高砂脊	M115:9	残片	18.604	15.625	38.543	0.8399	2.0718
高砂脊	M115:2	器鏊	18.605	15.620	38.532	0.8396	2.0710
高砂脊	M115:5	残片	17.746	15.456	37.979	0.8710	2.1402
高砂脊	M115:1	鼎足	18.623	15.645	38.596	0.8401	2.0725
高砂脊	不明	不知名器	17.683	15.523	37.939	0.8779	2.1454
高砂脊	不明	鳞形器	17.465	15.462	37.483	0.8854	2.1462
高砂脊	M5:58	圈足	18.614	15.654	38.668	0.8410	2.0774
高砂脊	不明	铜饰	17.938	15.496	37.898	0.8639	2.1127
吴城遗址	WC:09	炉壁	21.197	15.993	41.531	0.7545	1.9594
吴城遗址	WC:10	熔铜渣	18.490	15.670	38.775	0.8472	2.0965
吴城遗址	WC:11	疑似铜锭	18.057	15.493	37.895	0.8580	2.0986
吴城遗址	WC:13	炉壁	20.684	15.921	41.296	0.7697	1.9965
吴城遗址	WC:14	炉壁	20.791	15.840	41.028	0.7619	1.9734

索 引

C

操作链 57
槽坑 53,125,126,195

D

等时取向 13
地球化学省 11,12,14

F

分馏效应 11
分铸 68,97,98,145,178,275,320
赗赙 146,306

G

高放射性成因铅 12,13,114,115,117—119,233,236,245—248,250,294,297,316,320

H

滑车 129

J

姬姓 139,141,274,275,300,302—306,313,321
九世之乱 296,319
金道锡行 8,160,174,176

K

康德拉捷夫周期 30

L

礼制系统 15,258,284,298,300,313,319,321
列鼎 47,163—166,170,202,204

N

牛津研究体系 36

Q

区系类型 31

S

世界体系 4,28—31,33
衰减曲线 33
四土 288,290

T

土墩墓 19
碳十四 53,130

W

碗口式结构 53,54,124

X

芯撑 97

Y

玉石之路 16,17
殷遗民 145,147,198
媵器 178,306

Z

中心与周边 3—5,28—31,57,65,119,283,285,286,313,314,317—319
铸铜作坊 2,40,56—61,63,134—136,138,139,155,158,160,234,235,256,257,300,303,306,308
族徽 47,145,164,198

后　　记

　　20200202，特意选在今天来做一个总结。这个日子很特殊，是大家所说的千年一遇的对称日，也是我的生日。但于我而言，令我感受更深的是，这串数字或是对人类历史最真实的写照，周而复始，重蹈覆辙。

　　我们希望考古研究能从宏观的视角为人类社会提供一些可供借鉴的史料。资源与社会这一话题围绕着人类生存和发展的核心，解读这一话题考古学有天然的优势。负笈燕园读博后不久，我的导师徐天进先生就与我聊了博士论文的选题。徐天进老师提出以资源与社会、文化的互动关系作为主题，去讨论青铜等资源的南北流通及其与南北文化交流的关系。更重要的是他希望我能对这一课题做一些理论性的思考和探讨。听完老师的话，我既迷茫又莫名兴奋。一直以来，我对一些过于传统的研究题目没有兴趣，徐天进老师所说的恰是我想要做的东西，只是自己并没有信心做好这宏大的题目。本书即是以我的博士论文为基础修改而成的，直到现在付梓将即，我也不敢认为这部小小的书稿实现了我最初的设想。书中已然铺垫了大量的个案研究，初步梳理清楚了几条线索，可理论性的思考，还只是浅尝辄止。但凭借现有的能力和水平，只能暂此划以阶段性的句号。

　　本书的写作过程中，诸多师友提供了巨大的帮助。徐天进老师从提出课题到成文的整个过程付出了很多心血。一方面，他始终帮我把握论文的大方向；另一方面，他为我多方联络，使我得以至各地采样，推荐我去牛津学习，保障研究的顺利进行。唯有不断努力，以谢师恩。亦师亦友的崔剑锋老师是这部论文的主要合作者，全部数据的测量都是在崔剑锋老师帮助下完成。我们共同讨论、分析数据，最终完成论文的构架。还有许多老师以各种方式为论文写作提供了支持，在此要特别感谢陈建立老师、张昌平老师、孙庆伟老师、雷兴山老师、刘绪老师、董珊老师、曹大志老师等诸位老师的帮助。牛津大学的师友也为我提供了很多帮助。罗森（Jessica Rawson）教授引领我突破国界的限制，用不同的视角看问题。波拉德（Mark Pollard）教授是我学习科技的重要引路人。刘睿良博士是与我共同奋进的朋友。还有太多帮助过我的人，请原谅我在此无法一一列举。请所有帮助过我的师友相信，说或不说，这份感激我将永埋心田。

　　完成了这部论文，对于考古学的认识也逐渐清晰起来。我想，在不远的将来，一名完美的考古学家仍是学术功底扎实的田野高手，但是他/她同时也懂得如何应用科技，在某个领域还有相对深入的研究。除此以外，他/她对其他相关学科诸如历史学、民族学、人类学、语言学、政治学、经济学、哲学等有着或多或少的了解。更重要的是，他/她明白考古学是世界上最综合、最交叉的学科，因此，他/她不排斥任何其他学科、方法的介入，绝不会局限自己。归纳起来，文理兼备、虚实结合，通百艺而专一长。是的，这样完美的考古学家也许永远不会出现，但未来定会有很多出色的考古学家不断接近。同时，我也明白这是一条艰难的、漫长的路。我深知自己才薄智浅，仍希望能努力探索，甘为来者人梯。2017年，在川大考古系各位领导、老师的帮助下，我们成立了川大文物分析实验室。实验室从一穷二白，到现在具备了全面的文物分析能力，中间经历了很多波折和困惑。直到现在，我们仍在摸索着前进的路途。

　　我还要对我的母亲、妻子、姐姐说一声谢谢，所有或好或坏的时刻，你们都在无条件的默默支持我，诠释着家人这两个字重重的分量，你们是我人生中最重要的人。最后的几句话，我要留给我的父亲。他是一名普普通通的卡车司机，话很少，但很善良，无论吃多少亏，都默默咽到肚子里。他告诉我，什么事尽力就好，结果不重要。这也成了我做事的原则。我做什么都会尽量努力一点，只是希望能让他骄傲。我 19 岁那年，父亲突然病倒了。当我知道他没有多少时间时，我忽然意识到在他的眼中，他自己只是一个普通人，他从不知道自己也是一名伟大的父亲。那天，我鼓起勇气告诉他，我的每一丁点成就都是因为他，他是多伟大的人。父亲听了却不信，觉得我在安慰他。我却怎么也说不出什么了。

到现在，父亲离开我们已经 12 年了。人生中许许多多不敢触及的遗憾依然那么清晰。没关系，人本来就是要带着遗憾负重前行的。这本书，献给我的父亲，一个伟大的平凡人。

黎海超
2020 年 2 月 2 日于哈佛大学 IQSS 实验室